开放的现代新儒家

方东美、成中英的哲学探索及其学术流派

李安泽 著

人民出版社

序：新儒家的开放精神与
中国哲学的现代重建

　　从 20 世纪 80 年代始，儒学逐渐成为中国学术界讨论的中心课题。这是因为儒学本身具有其内在生命的存在。儒学在经历 19 世纪以来欧风美雨以至五四时代激烈反传统的极端冲击之下，已然沦落到"儒门淡泊，收拾不住"的萧条境地，但它依然是一个代表时代精神的生命体，有一种刚健自强，百折不挠的精神和愈艰苦愈奋发的气概。这从历史的事实来看是不难理解的。如果从深层的文化精神来看，儒学是中国文化生命的主干，它同中国文化生命的根源是联系在一起的。因此，它面对近代以来的危难和困境，仍然僵而不死，乃至历经磨难而浴火重生，再一次实现其凤凰涅槃式的再生。这也说明儒家传统存在多方面的问题。这些在今天已更清晰地为人们所了解，所扬弃。当然，儒学本来是不是这些东西，是一个根本问题。历史的儒学和使历史成为历史的儒学不一定是一回事。而历史是不是只能是一个历史，也是值得讨论的问题。毕竟，从本体论的观点来看，儒学有其超越一个特定时代的根本精神，它是儒学得以不断获得新生，不断发展的根源。儒学本身有一种返本开新，有过能改，不断学习，不断革新的能力。《论语》中说："君子内自讼也。"就是说君子通过自我反省，自我检讨，从而获得一种生命的再生和生命的活力。在历史上，孔子在讲学中体现出其力图恢复传统的意向，表现出他对礼制，对周代的价值观的认同的倾向。这里的礼制具有一般的意义，并不一定限于周代的礼制。孔子说，"齐一变为鲁，鲁一变为道"；又说，礼的损益，"虽百世可知也"。这说明孔子对礼的精神的坚持，他对礼有一种适应时代和环境而不断变革，与时偕进的取向。礼的精神涉及儒家的道德观念，是从人的内在秉性，德性发展出来的。我更强调孔子在后期认识到的易学的精神。如孔子在《易传》中所强调的，"天行健，君子以自强不息"。他在《论语》中讲："天何言哉？四时行焉，百物生焉。天何言哉！"《易传》还说，"穷则变，变则通，通则久"。孔子在此所表达的，其实是文化创造的一种精神和原则，就是要把握一个文化创造的中心和据点，并能适应时代和环境的变化，进而创造新的价值理想和文化局面。这说明，儒家本来不是因循守旧，故步自封的，而是具有一种适时应变，与时偕进的精神。儒学也不一定是一个以标榜正统，定于一尊而著称的一成不变的僵固、封闭的体系，而是一个不断创新，不断发展的开放的体系。这就是说，儒家在原初的意义上具有一种积极的，创造性的精神。这是儒家的开放精神的始基或文化基因。

现代新儒学是因应近代以来特殊的历史条件所谓"三千年未有之大变局"的产物。它的出现，本身就是因应时代和环境变化的结果。也可以说，新儒学的出现，本身就体现出一种开放的精神。现代新儒学是在五四时期激烈反传统的时代氛围中登上历史舞台的。现代新儒家诸贤在中西文化激烈碰撞，各种西学新潮汹涌而来的时代环境中，坚持中国文化的本位立场，同时汲取外来文化。这种文化心态，与五四时期知识分子主流以追求西学新知为尚，转而专门反叛传统是完全不同的。我称之为"后五四建设心态"。而"后五四建设心态"的思考者也不完全一样，基本上有两类：一类是以熊十力，牟宗三等先生为代表，就是立足于传统，用所知西学以诠释中国传统并借以汲纳西学；另一类则是以方东美先生为代表，回归中国哲学源头，同时积极深入探索西方，再回头重建中国传统。现代新儒家诸贤所走的路径并不一样，这是容易理解的。现代新儒家一般都是"接着讲"，其实是接着宋明儒学讲。而方东美先生则强调，要回到中国哲学的源头。方先生从比较哲学和世界文化的历史眼光来看世界文化传统的多样性。他对西方古希腊哲学、印度《奥义书》哲学、基督教和伊斯兰教，乃至西方近现代哲学都有深入底里的研究，同时表现出一种一体欣赏的文化襟怀。他转而反观中国哲学的传统，对儒家哲学的精神之所在尤有一种超乎寻常的洞见。方先生对西方哲学的理解最深，他对中国哲学的重建面也最广。他透过与其他几大文化传统的比较来理解儒家的融合精神、和谐精神，强调中国文化在今天要发展，就必须融合，吸收其他文化。这也可见，在现代新儒家诸贤中，方先生特别注重或者说首倡儒家的开放精神。方先生透过融合，整合西方哲学，建立了自己的一套生命哲学的体系。他一方面从生命自身的直觉体验，另一方面则透过易经哲学来讲生命哲学，注重发挥易经哲学的"广大和谐之道"。他对中国传统哲学的发挥因之比较整体厚重。他重视原始儒家、原始道家哲学，以其境界堪比古希腊哲学之精华，毫无逊色。他还推崇中国大乘佛学，对华严宗"广大和谐的哲学"尤有精湛的研探。

　　我的治学从方先生那里汲取的主要是整体易学和生命哲学的观点。我更进一步强调"入乎其内，出乎其外"的学术路径，认同和继承中庸的"致广大而尽精微，极高明而道中庸"的综合分析论，辅之以当代逻辑与知识论中的概念分析与语言及语境分析。方先生用一种文化现象学的视角，站在一个兼容并包的立场，对世界文化传统作了一个整体布局的哲学思考。问题是我们应该怎样理解这些不同文化传统之间的关系，以及它们的真正意涵所在。我因而强调一个本体论或宇宙本体论的观点。我认为，任何一个文化传统背后都有一个文化主体在创造、在发展，其目标在建立一个人类之我可以安身立命的动态存在框架。而其表达方式则不外宗教信仰或哲学理解和体验两者。这是所有人类文化文明价值创造及发展的根源。即使是宗教，它也具有一个本体论的内涵而为信仰的对象。本体即终极存有，但中文"本体"一词则具有存在根源性、自身创造性、宇宙发生性、自然开展性的含义，远比"终极存有"的概念丰富，反映了中国文化中的原初宇宙体验。我们怎样从天地自然的关系中产生一种创造性的延伸与发展来彰显宇宙生命力，并体现于人类的自身发展是中国哲学的重点所在，也是我的哲学体系自身生命力的焦点所在。于此也可看出，我强调系统的开放性是有一定的理据与内涵的。这是一个本体论或者说生命哲学所必须具有的基础。我们的生命处在一个变动不居、周流六虚的本体世界。它为我们的生命的维持和成长提供了种种可能性的条件和保障，同时又对我们生命的创造和发展提出了基本的考验和挑战。对这个本体世界我们自己其实也是可以体验到的，那就是《周易》说的变易、不易和简易的实在体。我特别提出"易学本体论"，强调易经作为中国哲学的源头活水，具备一种原初的本体论的架构。这是我发展与发挥儒家开放精神的一个要点，也可以说是代表了一个"后后传统"的现代性的立场。我提出了"新新儒学"之说，以对应"后后现代"的时代体验，就是一方面强调理性、合理性的创造与创建，一方面强调独立创造的时间主体性。一方面强调以知识为人的创造提供合理性的空间，一方面强调创造的本体源泉。综合两方面，就是人可以在知识合理性的空间内，进行自由自主的有生命力度的创造。我以此来说明中国早期哲学具有这种开放性的特征。这是我们今天处在这样一个错综复杂、变化无常的时代环境中，需要特别继承和充分发展的。

开放性不是被动地，无条件地接受一切，而是在开放中不断寻求发展。要不断探索和综合有利于我们生命发展的力量，同时建立一个更好适应环境变化，适应时代需要的理论体系，以及相应而起的实践精神和实践方式。我本人从"C 理论"到"易学本体论"的创造和发展，就是这样的一个过程。"C 理论"或者说我的管理哲学综合了儒家、道家、易学、墨家、法家和禅学，并把西方的管理科学都摆在里面，构成了一个管理功能包括计划、领导、决策、组织等诸多环节的综合性应用。我们在今天的世界要有作为，既要竞争又要合作，既要个体的自由又要群体的纪律，既要改革创造又要传承传播。在这一过程中，我们需要不断汲取新知，也离不开人的本体的认知和自觉。我们需要不断汲取有关环境、自我乃至整体宇宙的认知。这个认知当然可以表现为知识系统，变成一种理论在我们心中，以帮助我们进行制度安排、行动决策，乃至针对一个目标来发挥人的自主性的创造。我认为这是人类在后现代境域中对开放性心态的重要性的一个考虑。就是说，开放性不是随便接受外界的事物，而是要基于有利于整体发展，也有利于个人发展的一种文化观点，对所有的行动策略、主观态度以及规划设计等作出力所能及的检讨和调整，以尽可能地适应环境变化和时代发展。因此，所谓的开放性，就是一种最大的适应性、变易性、包涵性以及最大的融通能力和可持续发展的创造能力。这也就是我所说的儒家"有能力的开放性"，可能也是人类今日需要特别充实和发展的一种能力和精神。儒家的开放性，与其他的宗教、文化相比，可以更加凸显出来。譬如说亚伯拉罕系宗教包括基督教、伊斯兰教等，就具有一种显著的排他性的特征。它们对其他文化或"他者"不是开放，而是排斥，是要外面的世界服从自己，而不是与世界建立平等合作、互动共融的关系。这样当然很难将自己与世界联合起来。相反，儒家所具有的开放性，说它和而不同也好，说它和合兼容也好，可以把它理解及诠释为一种在追求创新及发展中对作为他者的异质文化的涵容性与融通性。

　　我在此特别强调我所谓"新新儒学"的开放性，但并不表示过去的或其他的新儒家不开放。但在这一点上，新儒家群体也确乎可以显示出迥然不同的态度和取向。牟宗三先生可谓当代新儒学大家。他讲道德理性，讲良知，强调用直觉的认知达到对真实世界的把握。为了理解和迎合现代性，发挥科学和其他文化的理想，他提出"坎陷"说。牟先生的坎陷说，将科学安排在现象界，把本体的认知是摆在一边了。事实上，他这里没有特别强调儒家"有能力的开放性"。因为开放性，不是将自己的理论纳入一个先入为主的、固定的模式当中。在开放的意义上，应该是各种可能性可以会通融合，并行不悖。科学不妨碍道德的发展，道德也不妨碍科学的发展。我在此强调，开放性包含两个层面的意思：一个层面是由知识引申出来的科学，另一个层面是由道德引发出来的道德哲学和价值观念。这两个层面属于一个整体之中，好像车之双轮、鸟之双翼一样。知识让我们了解世界，价值让我们在认知中把握一个规范和目标。两者并不矛盾，也不是二者取其一，或者仅仅是一方支配另一方的关系。两者可以说是相互发明，相互补充的关系。而且，知识的发展可以引发更好的道德意识；道德意识的加强，也可以激发我们对真理的了解和追求。在这一点，我讲的跟历史上王阳明所倡言的"知行合一"说不一样。因为我把知与行，知与志，知识与价值看作是在整体的融合中相互引申，相互支撑的关系。在个别的具体情况下，不能单纯强调知行合一，而是要强调知识显示实践的真理，进而引申出对价值目标的追求。这里还是有一个先后的问题。这在《易传》讲，"乾知大始，坤作成物"，意思说得很清楚。所以，牟先生以为，透过"智的直觉"将真理把握了，认识也就完成了。其实，这种排斥知识的见解，是有碍于人的基本的，或者说全面的发展的。在根源性的意义上讲，开放性就是融合知与行、知与志、知识与价值，使二者得以整合与融通。因此，所谓开放性，也就是允许更多的可能性，以充实我们的眼光，让我们可以随时随地进行合理性的认知和选择。

　　李安泽教授的大作：《开放的现代新儒家——方东美、成中英的哲学探索及其学术流派》已完稿，嘱余为之作序。本书给我印象最深的是作者有一种开拓、创新的精神。安泽教授矢志于学，他笃学深思，勤学好问，对学术研究有一种发自内心深处的执着和坚持。他对方东美先生的哲学用功颇深，对方先生学术贡献和影响认识到位，我读来觉得颇为难得。而且，他有机会接受我的邀请，来夏威夷跟我从事哲学研究。来访一年，我们相处交谈甚为相得。他对我的哲学有一种亲切的体认和把握，乃能对此课题发生兴趣，系心于此，进而驾轻就熟，得心应手。他在研究中全身心地投入，异常用功，所表现的坚毅卓绝的奋斗精神尤令人感佩，工作效率之高也非同凡响。写述方先生与我，所见尤有独到之处。通读本书，显见作者具有一种强烈的认知、求真的思想能力和整合、会通的学术创新意识。他在对方先生和我的哲学的学术联系作了深入的探讨和把握的基础上，进一步地梳理和整合，进而达致对方先生和我作为一个学术流派的整体的界定和认识。他在书中强调我对知识与价值融合关系的理解，是以知识为出发点来掌握价值，又以价值为导向来建立知识，事实上也提示了一种透过知识以建立更深刻的对世界认知和自我心灵观照的理论体系。尤其是，他提出"开放的现代新儒家"概念，无疑是一个极为生动、传神的表述，也是建立在对方先生和我的哲学精到、准确理解的基础之上的。他强调儒家的开放性，倡言要以开放的精神面对环境和时代的各种挑战。我们要敞开心灵，向世界开放，而不能搞自我封闭。在此，作者无异于为当下儒学和中国哲学的发展，构画了一幅远景。它要求我们以一种开放的心态和精神来进行思想的创造，同时不断汲取新知，不断融合他者。这样，儒学和中国哲学才能真正走向世界，才有前途和希望。这确实是别具新见卓识，也是值得提倡和肯定的。而本书作者用力颇巨，将方东美和我的哲学整合为现代中国哲学发展的一个资源，作为一个学术流派来研究，从而形成当代哲学的一个范本。我甚为欣慰，乐见新书告成，并愉快地向大家推荐。是为序。

成中英

2019 年 3 月 27 日于北京西山庭院

目　录

绪　论

　　在中国现代文化思潮中，方东美、成中英的哲学创构以其显著的理论特色，独树一帜，开创了中国哲学现代重建运动中一个新的学术流派。因其特具的开放性的特征，可名之为"开放的现代新儒家"。"开放的现代新儒家"代表了一种"先深入西方，再回头重建传统"的思想路线，即所谓"后五四建设心态"。其理论实质是在中西哲学融合会通的基础上回到中国哲学传统的再创造，也是在一种深广的现代意识和世界意识的背景下的现代人文觉醒的思想运动。开放的现代新儒家对中国现代思潮诸流派来说，既是理论上的一种突破和创新，又是在新的理论基点上的一种创造性综合与整合，从而为中国哲学的现代重建开拓了一种新的思想模式，实现了理论范式的转换。其开放性精神的特质可归诸中西古今的融合会通，其实是一种中西互释和传统与现代之间双向并建的多元交合的理论观点。作为中国哲学现代重建中的一个新的学术流派和一场现代人文主义的思想运动之肇端，开放的现代新儒家在中国社会现代转型的特殊历史境遇和时代环境中，具有深厚的社会文化基础和广阔的发展前景，亟须从理论上深刻检讨和予以重视。

一、中国现代文化思潮与开放的现代新儒家

　　中西哲学的融合与会通，是 20 世纪以来中国哲学发展的主题和一以贯之的中心线索。围绕着这一主题和中心线索，中国现代哲学的发展，形成了蔚为可观的几大主流思潮和流派。这就是通常所说的文化激进主义、文化

保守主义和文化改良主义。这几大思潮和流派鼎立和相互之间的互动与张力，为中国现代哲学的发展树立了规模和基本的模型。可以说，以新文化运动为起点的中国现代文化思潮，为一场深远的中西哲学的融合与会通以及中国哲学的现代重建运动，拉开了序幕。总体上看，中国现代哲学的发展处在一个新与旧、传统与现代激烈碰撞的大震荡、大断裂、大动乱的时期，是一个前所未有的青黄不接的状态。新思潮为中国哲学的发展带来巨大的生机和活力，但并不意味着理想的目标在现实中的落实和完成。旧有的一套已经颓废死亡，而新的一套却无法建立，在现实的土壤中生根发芽。一个现代性的理想，犹如一个幽灵，在中华大地上徘徊，然而尚难为中国人所完全把握。适合中国现代社会文化的理想范型呼之欲出，却始终是一个众说纷纭、莫衷一是的玄远目标。中国人对现代性的理解，仿佛是陷入了一种盲人摸象的境地，他们彼此争执，却可能俱为一偏，而难以窥其全神全貌。由于中国传统文化衰微已极，导致中西两种文化思潮的相遇和骤然撞击的结果，呈现出一边倒的形势。一时间西风劲吹，西学新潮汹涌而至，乘虚而入。各种现代性思潮纷至沓来，各家各派竞相争鸣。中西文化出现了空前激烈的碰撞与冲突的态势。这种文化的论争，时人称之为"中西古今之争"①。它在新文化运动中臻至巅峰，迄今尚在持续，并无定论。新文化运动中形成了激进派、保守派和改良派鼎立并存的局面。这在中国文化自汉代定儒家为一尊以来，是前所未有的局面。也可以说是中国文化在外来文化的刺激下，向先秦诸子竞秀，百家争鸣局面的一种回复和回归，也是其本身的生机活力借助外部机缘得以恢复和回归的一种外在的表现，其影响必将是极为深远的。

新文化运动中诸流派之间实际上形成了相互对峙乃至互不兼容的格局。这其实是中国文化从传统的僵化统一的格局中挣脱出来后自然衍生的结果。这种"学术将为天下裂"的格局的出现，可以看作是从传统的"大一统"的格局走向多元现代性过程中的一个必然的也是必不可少的环节。从一个更加深远的整体性的眼光来看，诸种思潮之间的整合和融通，乃是通向整全的现代性的一个重要前奏。以此观之，中国现代哲学对于传统哲学来说，是一场

---

① 汤一介：《20世纪西方哲学东渐史》，首都师范大学出版社2002年版，"总序"第9页。

极大的突破。它标志着从传统的大一统的格局中突破出来，并对现代性的诸要素从各自的立场和观点有所把握。他们之间的彼此对峙和互不兼容，表明他们仍然深受传统的、固有的"大一统"的思维模式的影响而一时难以摆脱，因而他们自身无法实现其间的整合与融通。新思潮的诸种流派其实是各有所得，各有所偏。在当时的历史条件下，他们难以克服其自身固有和时代所赋予的局限。我们看到，文化激进主义主要是引进和信奉西方的马克思主义学说，凭借其以唯物辩证法为核心的现代性批判理论，旨在批判和扬弃中国传统文化，反对封建主义，也反对帝国主义。其得在于以其彻底批判的精神，为现代性文化建设开辟道路。其失在于这种批判性的过渡，将导致对中国传统文化乃至西方文化的全盘否定，甚至陷入文化虚无主义的泥淖。文化改良主义主要是接纳和采择西方自由主义及其所代表的科学与民主思想，为现代性的文化建设提示了主要的精神内涵和中心环节。然而由于它在中国传统文化中缺乏深厚的根基，本身又无力与中国传统文化相沟通，故有浮游无根之虞。文化保守主义则是立足于传统，以汲纳西学新知，主要是用西方某种哲学来阐释自己信奉的传统哲学。其得在于坚守传统文化的本位立场，其失则在于与现代哲学整体精神的隔膜和背离。从思维方式或思维模式的层面而论，马列派和自由派都属于"以西释中"，即由一种自己认可的西方哲学或文化的理论体系或观点，来阐释、诠释中国哲学、文化的问题。中国哲学、文化则成为被解释、被阐释，甚至是被消解的对象。其关键在于试图运用西方先进的哲学、文化，以解决中国的问题。相对而言，文化保守派则属于"以中释西"，即坚持一种中体西用论的观点来认识西方、汲纳西方。其关键在于坚持中国传统文化的主体性地位。西化派的问题在于，生搬硬套地搬来西方的一套哲学和文化的观念，作为解决中国文化百病的灵丹妙药，却不看其是否合乎病人的胃口。本位文化的主体性地位被彻底轻忽了。文化保守派的问题则在于，通过中国哲学的一套固有的模式或框架来认识、汲纳西方，却导致其与西方现代文化意识整体性的隔膜和曲解。可见，新思潮诸流派之间互持的张力，构成了现代性文化建构中不可或缺的要素和动源。问题在于，中国传统文化大一统的格局虽然解体了，而传统的"单元简易心态"和凝固僵化的思维方式并没有随之消失，反而成为阻碍中国现代文化诸种流派走向进一步融合、会通的阻力，导致对现代性整体的理解的偏差和曲解。这说明，中国现代性思潮的发展，客观上需要一种思维方式的突破。而其中的关键则是思想模式与思想范式的突破和创新，必须从中国传统的"单元简易心态"及其思想模式中挣脱出来，实现新的理论突破。

正是在这种时代背景下，一股新的思想潮流乃沛然而兴。我国学术界在经历新文化运动以迄至改革开放以来西学东渐、中西学术文化深度交流与会通的历史巨变以来，中国文化的现代发展经过批判性的反思和创造性综合，一股建设性地重建传统的思潮乃告诞生和形成。这股思潮以方东美、成中英等"开放的现代新儒家"为代表。他们的出现，代表了一种"先理解西方，再回头重建传统"，即在中西会通的基础上重建传统文化的思想路线，或所谓的"后五四建设心态"。开放的现代新儒家的创立，不仅指示了一种新的思想路线，也标志着一种思维方式和思想模式的突破。它力图挣脱固有的单元文化心态的限制，在经过中西文化的双向交流和会通的基础上，而追求和实现一种"在中西互释中挺立"的理论突破，重新理解和把握中国传统的精神要义。与一般意义上的现代新儒家单向度地立足于传统以接受和学习西方，毕竟有所不同。广义上的"开放的现代新儒学"，其实是一场中国文化现代意识觉醒的运动，并不一定局限于方东美、成中英本人所囿的狭窄范围，甚至也突破了以方、成二氏为中心、为代表的学术团体的限域。它主要是指一种已然形成而方兴未艾的学术思潮，对突破固有的单元文化心态有着自觉的意识，主张在一种深层次的中西融通的文化自觉意识下致力于本位文化的重建和再创造。概而言之，作为一个正在形成和发展的学术流派，"开放的现代新儒家"代表了一种"先理解西方，再回头重建传统"或者说"出乎其外，入乎其内"，实际上就是经由中西比较和会通，再回归中国传统的思想路线。他们在理论上力主回归中国哲学的源头，其实是标举一种理论的综合创新，为中国哲学的现代重建提供一种价值学的目标，从而再开大本大源。他们的哲学实质上可以归源于中国传统易经哲学的一种创造性诠释和重建，具有极大的开放性和涵容性的特点。可谓是中国哲学在世界哲学的理论背景下，寻求现代重建的一种理论试探和实践。

方东美、成中英都以现代新儒家著称于世。他们在学术上存在师承关系。方、成二氏的哲学在理论上具有一脉相承的内在联系。他们的哲学具有突出的、显著的共性特征，在中国现代文化思潮中事实上已然形成了一个理论特色十分鲜明的学术流派。因其特具的开放性的特质，故可名之为"开放的现代新儒家"。方东美可谓"开放的现代新儒家"的开创者、创建者。他的哲学会通中西，涵摄众家，复回归于中国哲学本位，进而建立了一个生命本体论的哲学体系，为"开放的现代新儒家"开拓了一条创造性的学术路线，并为其发展树立了基本的规模。成中英则可谓"开放的现代新儒家"的继承者、奠基者。他秉承会通中西、回归传统的学术宗旨，力主一种中国文化本位的中西互为体用论的理论和方法，建立了一个本体诠释学的理论体系，力图为中国哲学的现代重建提示一条具有创发性的理路，为"开放的现代新儒家"的建立奠定其理论的基础，并指点其未来发展的方向。概而观之，开放的现代新儒家与中国现代文化思潮诸主要流派既密切关联，乃至深相接纳，又卓然特立，独树一帜。其要旨乃是在中西哲学传统深度融合的基础上对于中国哲学传统的一种现代意识的觉醒和重建。

对照中国现代文化思潮其他诸流派尤其是一般的现代新儒家，"开放的现代新儒家"体现了如下的一些显著的理论特征：

第一，"先理解西方，再回头重建传统"的思想路线，即所谓"后五四建设心态"。方东美、成中英的哲学探索，都经历了一个比较曲折的历程。他们在哲学研究和创新活动中，走出了一条经由比较哲学的世界整体哲学回归本土哲学的独特的理论探索路径。与老一辈的现代新儒家的代表人物如梁漱溟、熊十力等终生囿于中国传统文化的本位文化视野不同，方东美、成中英都是经过了严格的西方哲学的训练，并竟其大半生乃至毕生之功，致力于西方哲学的消化与理解，乃得深入西方哲学的堂奥和核心。西方哲学方面的精湛造诣，使他们对中国哲学的认识不仅仅是出于情感和信仰的认同，更多是理性的认定。系统的西方哲学的训练为他们厘清中国哲学的范畴提供了方便的工具，有助于他们对中国哲学精神的深度把握。不仅如此，他们由此得以克服单元文化心态的局限，力图在哲学研究中开辟出一条在中西互诠互释中挺立的本土哲学重建的道路。这不仅是对西化论的"以西释中"的思想路线的矫正和扬弃，同时也是对文化保守派的"以中释西"的思想路线的一次极大的理论突破和超越。可见，"开放的现代新儒学"本质上是在现代条件下寻求中国传统哲学重建的一次理论试探和努力，在根本上则是一种对传统哲学深层的体用论或中体西用论的思维模式或思想范式的更新和突破，进而导向一种世界整体哲学视野下的中国哲学的创新和重建。其突出的理论意义尚有待进一步的探讨和历史的检验。毋庸置疑的是这一试探和努力应引起足够的关注。

第二，比较哲学视野下本土回归的理论路径。"开放的现代新儒家"力主的"先深入西方，再回头重建传统"的思想路线和理论主旨，主要是通过比较哲学的理论方法和路径来实现的。方东美、成中英的哲学研究都具备一个深广的比较哲学的理论视域和方法。比较哲学视域的运用，使他们对中国哲学的重建具备一个宏阔的世界哲学的理论背景，从而突破了固有的单元文化的狭窄视野和思想格局，也使其哲学重建具备了突出的世界意识和至为深远的文化意涵。比较哲学在方、成二氏的哲学中具有十分突出的地位。方东美从中西整体思维出发，揭示和评判中西哲学精神，并从思想模式着手将其归结为"圆融和谐"与"二元对立"的理论类型。成中英也是在世界整体哲学的背景下来把握中西哲学精神内涵的特质和类型，乃将中西哲学定位为知识与价值相反相成又互补统一的有机整体。可见，方、成二氏通过中西哲学的互诠互释的比较研究和双向批评，使中西哲学得以相互呈现和定位，并最终从惯常的中体西用的思想模式走向一种中国本位意识的中西互为体用论的理论模式。可以说，方、成二氏经由比较哲学回归于中国传统重建一途，为他们在中西会通的大背景下进行哲学重建和创新提供了保障，也为中国哲学的现代化与世界化开拓了一条可靠的理论途径。

第三，"回归中国哲学的原点"的思想取向。在世界哲学发展中一个相当普遍的事实是，大凡创造性的思想总是要回到其哲学创造的源头，在那里获得新的活力和精神动源。而人类精神的发展，几乎所有大的传统都是表现为向"轴心时代"所开创的传统的回归。① 在现代中国哲学重建运动中，有

---

① 参见王树人：《文化融通与方东美》，李安泽：《生命理境与形而上学——方东美哲学的阐释与批评》，中国社会科学出版社 2007 年版，"序"第 5 页。

两条大的思想路线值得重视。这就是一般的现代新儒家"接着讲"的思想路线和"开放的现代新儒家""回到中国哲学的原点"的思想路线。一般的现代新儒家诸哲都有强烈的"道统"意识，主张中国传统哲学的复兴，其实是宋明儒学即宋明心学或理学的重新阐释。这就是所谓"接着（宋明儒）讲"的思想路线。与此迥乎不同的是，"开放的现代新儒家"不同意"接着讲"的思想路线，也不赞同"道统"意识。他们主张要全面地认识和把握中西文化传统，在融会贯通的基础上回归于中国传统哲学的再创造，从而重建中国哲学的传统。而且，与一般的现代新儒家学者以先秦儒道墨诸家哲学为中国哲学的源头不同，他们认定在此之前，中国哲学尚存在着一个更久远的传统，主要是易经哲学的传统。因而易经可谓中国哲学的源头。据此，他们对中国传统哲学的阐释，多富于开放性与包容性精神，并主张讲中国哲学传统应摒弃道统意识，也反对独尊儒学，应诸家并重，不执一偏。儒学只是中国传统哲学的一个组成部分，也不要片面强调某家某派。基于对中国传统哲学整体的、统贯的理解，他们将中国哲学重建的眼光投向中国哲学的原点，力主恢复中国哲学原初的生命力和健康饱满的生命境界。方东美、成中英都不赞同将重建中国哲学传统的任务寄托于宋明儒学，无论是心学抑或是理学的复兴。要而言之，一般的现代新儒学其实是宋明儒学即道德形上学的重建，而"开放的新儒学"则是中国传统易经哲学的创造性诠释与重建。这是两者在哲学发展路径上的一个基本的分歧。"开放的现代新儒家"力主回归中国哲学的原点，实际上是为中国哲学的重建提供一个新的价值学目标，通过中国传统易经哲学的创造性诠释，以恢复中国哲学的生机活力，进而再开大本大源。

第四，以易经哲学为原型的本体哲学建构。方东美、成中英都有一套本体哲学的创构，其实质是中国传统易经哲学的一种创造性诠释。方东美在融会西方柏格森生命哲学、怀特海过程哲学以及中国传统哲学尤其是易经哲学的基础上，提出了一套独特的生命本体哲学的创构。成中英的本体诠释学，根植于中国哲学尤其是强调整体创生作用的易经哲学，同时汲纳现当代西方哲学主要是诠释学、分析哲学的理论方法和思想成果，力图在传统的本体框架内纳入现代哲学理性化的方法意识，进而衍生出其本体哲学的整体创生，一体多元，体用相涵互须的理论。可以说，它是在现代世界哲学的宏观背景下，对中国哲学尤其是易经哲学的一种创造性诠释。进而论之，方东美、成中英以易经哲学为原型的本体哲学架构，与现代新儒学通常的心本体、理本体哲学的现代重建的理路相比，已有实质性的突破，代表了中国哲学现代重建与创新中一条崭新的理论路径。易经哲学的创造性诠释的理论建构，为中国哲学的现代重建重开大本大源，也为中西哲学的会通以及中国传统哲学的整合提供了理论的凭借和坐标。可以说，"开放的现代新儒家"正是借助易经哲学的创造性诠释，从而树立了其哲学开放性的理论体系与特质，进而涵摄中西哲学于一体，乃至融通中国传统诸家哲学，为中国哲学的现代转型奠定了理论基础。

第五，"生生而和谐"的根本精神与价值理想。方东美、成中英从其生命本体哲学的观点，将宇宙万有的存在看作是一个"生生而和谐"的实质性过程。方东美在对中国传统哲学诸家作融会贯通了解之后，尤其是经过比较哲学的观点，将世界在根本上视作精神性存在，也就是生命存在的领域，是普遍生命流行贯注的境域。而人是宇宙间最高的精神性存在，人既分享了天地自然的广大悉备的生命精神，复参与其创造进化的历程。故人也可以发挥自己的生命精神，完成德配天地的生命理想。他进而认为中国哲学的根本精神就在于深体广大和谐之道，了悟人类与一切生命都浩然同流，生生不息，创进不已。生命的价值也就在于全体生命的完成，在于这种充沛圆融的"太和"境界的实现。方氏主张以所谓中国哲学的广大和谐精神与西方哲学的二元对立性格相抗衡，可谓其文化保守主义立场的集中体现。成中英从生命存在的本体论观点出发，认为构成生命整体的诸要素之间乃具有内在的、实质的整体和谐与辩证统一的关系。也就是说，生命存在从本体的、实质的意义来看，是一个和谐的、统一的整体。他认为中国哲学就是一种根源于易经哲学的以普遍和谐为特征的"和谐"哲学。其最显著的特点就是将世界理解为一种本质的和谐或和谐化的过程，并倾向于通过和谐化的方式解决现实世界的矛盾和冲突以及种种问题。而矛盾和冲突却只是暂时的、非本质的现象，是缺乏本体性自觉的表现。可见，"开放的现代新儒家"认同于易经哲学和中国传统的"天人合一"思想，着力发挥中国哲学的和谐精神，并以此与西方二元对立的矛盾、冲突的思想相抗衡、相竞争，进而促进中西哲学的会通、融合。

第六，融合会通的理论特色。中国传统学术大都追求"通"的境界，断认世间所有的学术最终都可以融合会通，所谓"道通为一"。这与现代学术的专业精神似乎格格不入。"开放的现代新儒家"则既追求专业哲学，又追求融合、会通的境界，体现出鲜明的理论特色。当然，其最显著的理论特色当是中西哲学的融合会通。方、成二氏的治学都经历一个"先深入西方，再回头重建传统"的曲折历程。他们深入西方哲学的堂奥和核心，又自觉地回归于中国哲学。方、成二氏经由比较哲学回归于本土哲学的重建，力图以其易经哲学的本体架构涵摄、笼括中西哲学的全体，致力于世界诸大文化传统的融会贯通，进而导向一个整体性的世界哲学的系统。从中国本位文化的视角来看，他们致力于中国传统哲学主要传统乃至其内部诸学派的融合会通。二氏由其独创的易经哲学的理论观点，将中国传统哲学的发展视为一个有机统一的整体，整个中国传统哲学得以整合、统合为一个一以贯之的辩证统一的有机整体。而就现代学科之间的横向联系来说，"开放的现代新儒家"还明显地表现出寻求学科之间整合、融合的理论趋向。方东美追求宗教、哲学与艺术"三者合德"的结合，乃至倡言一种诗与哲学融合的诗性化哲学。成中英则力求哲学、宗教与科学相结合、相融通的理论境界。他还着力将其哲学的形而上的理论与形而下的社会实践相结合，开辟出其本体伦理学和管理哲学的理论领域。"开放的现代新儒家"注重融合会通的理论特色，与现代哲学寻求跨文化、跨学科的融合会通的趋势相符合，与中国现代哲学追求中西会通的时代精神乃至与中国传统学术贵在融通的精神也是一致的。

二、"广大和谐之道"：方东美哲学的理论特质及其作为"开放的现代新儒家"的开创者的贡献

在 20 世纪中国现代哲学家群体中，方东美是一位特立卓行、引人注目的人物。他为中国哲学的现代转折与创新作出了可贵的探索与努力，并以其宏富学养和睿见卓识赢得了"一代大哲"的美誉。方东美是一位具有世界眼

光与现代意识的哲学家。他以学院派的教授和专业的哲学家而闻名于世，亦被公认为现代新儒家的重要代表人物。他一生潜心研究哲学思潮，冀能了悟其源流正变。他深入西方哲学堂奥，又自觉地回归于中国哲学，走过了一条曲折的学术探索历程。成中英先生指出，方东美的哲学路线代表了一种"先理解西方，再回头重建传统"的精神方向，即所谓"后五四建设心态"①。方氏由此为中国现代哲学发展开辟了一条全新的思想路线。基于其对中西哲学的深刻理解，他提出以形上学的途径研究哲学，并区分中西形上学的类型，进而在此基础上建构起一套以生命为中心的本体哲学构架。与现代新儒家遵循传统哲学的心本体、理本体的哲学重建路径不同，方东美在综合中国传统哲学尤其是易经哲学以及西方柏格森的生命哲学、怀特海的过程哲学的基础上，提出了一套独特的生命本体哲学。生命本体哲学是方东美对中国传统哲学尤其是易经哲学创造性诠释的理论结晶，也是他对西方哲学有选择地采纳利用的结果。方氏的生命本体哲学无论是就其思想内容还是理论形式都与传统的心本体、理本体哲学已有很大的突破。它标榜回到中国哲学的源头，而实质上是对中国哲学的一种创造性的诠释和重建。方东美生命本体哲学，其哲学创构不仅在于实现中国哲学的现代转折，同时也志在弥补西方哲学之不足，具有深刻的现代意义与世界意义。

要而言之，方东美哲学体现了融贯东西，涵摄众家，复以中国文化为本位的特征，代表了中国哲学在现代条件下寻求重建与发展的一种尝试与方向。他通过比较哲学研究，最终回归于中国文化本位。因此，他重建中国哲学传统的工作具备了世界总体文化的宏阔背景，有着深远的文化意蕴与现代意识。他强调讲中国文化传统，应该诸家并重，虽然他以儒家为中国文化精神之主脑，但他并不赞成定儒家为一尊的做法，尤其反对"道统"观念。他不同意"接着（宋明儒）讲"的路线，而是把眼光投向中国哲学的原点。他主张回复原始儒家道家哲学健康饱满的生命境界。他的生命本体哲学的标出，表明其哲学创构开辟了一个崭新的境界。可见，方东美哲学确实具有开创性特点，他为中国哲学的现代重建开创了一条崭新的道路和方向。方东美

---

① 成中英：《论中西哲学精神》，东方出版中心 1996 年版，第 384 页。

可谓"开放的现代新儒家"的开创者。虽然方氏也常被归为现代新儒家的人物，但他的哲学与一般的现代新儒家相比，确实是独树一帜，具有显著的理论特色，标志着一种重大的理论突破。总括起来，方氏哲学的基本思想和理论特色体现在以下几个方面：

其一，"后五四建设心态"："先深入西方，再回头重建传统"的哲学重建之路。与新文化运动主流的激进派和改良派专意于以西方哲学的思想观点和理论学说展开对中国传统哲学的批判决然不同，与现代新儒家立足于传统哲学的本位立场，接纳、汲取西方哲学的思想理论，也有所不同。方东美哲学代表了一种"先理解西方，再回头重建传统"的思想路线，即所谓"后五四建设心态"。这实际是中国哲学在经历新文化运动的激烈反传统的彻底批判以及新一轮中西文化深度融合的思想运动，得以突破单元文化心态的限制，进而在世界哲学的宏阔背景下追求现代重建的思潮，其实质是中国传统哲学文化在新的理论高度探索和追求其理论重建的一种现代意识觉醒的运动。从这一意义来说，方东美不仅开创了中国现代哲学和中国现代文化思潮中的一个重要学派，更重要的是他开启了一场中国文化在一种深广的世界意识和现代意识下自我更新和重建的思潮和运动，其文化意义和深远影响都将是难以估量的。方氏本人对中西哲学两方面都有着不同凡响的造诣。有人甚至据此称他为在真正贯通中西学术的现代学人中，"唯方先生一人"①。尤其是对西方哲学的全面而精湛的了解，为他更加深入地领会中国哲学之精神，提供了一个不可或缺的"他山之石"和独特坐标。方氏得以从中西整体思维的思想架构来定位和评判中西哲学精神，透显出他本人特具的理论视野和思想观点。方东美经由比较哲学和中西会通的理论探索的曲折路径，回归于中国传统哲学，使他对中国传统哲学的认定和把握，能够具有一种深刻的批判意识。他对汉儒董仲舒"天不变，道亦不变"的思想观点和独尊儒学的主张，予以严厉的批判；对宋儒的道统意识和道德中心主义也是针砭有力，并坚决不赞同就宋明儒学"接着讲"的理论路径。可见，方东美对中国传统哲学的批判是极其犀利而严苛的。但是，方氏对中国传统哲学整体而深入地批

---

① 参见沈清松：《现代哲学论衡》，台湾黎明文化事业公司1985年版，第496页。

判，其理论宗旨乃在于借此达致中国哲学的创造性重建。他对中国哲学的重建，涵盖面至为广泛，包括传统哲学儒道墨释诸家，而不是拘于某家某派，也不是独尊儒学。相反，他是一种兼容并蓄的态度，体现出相当开放的理论胸襟。这也是他与一般的现代新儒家大相径庭的所在。

其二，中西会通：比较哲学视野下的本土回归。方东美是在中西融合的理论背景下从事哲学思考的。方氏的哲学研究具备一个宏阔的比较哲学的理论视域。比较哲学的研究视域的开拓，为他在世界整体思维的理论架构下审视和衡论中西哲学精神，提供了重要的方法论和理论观点。可以说，比较哲学是方氏哲学的一个重要环节和有机组成部分。方东美在哲学探索中走出了一条在东西方融汇的理论交点上重建中国哲学的路径。方氏在早期比较哲学作品《哲学三慧》中，深入揭示中国、欧洲和印度文化的精神特质和哲学造境，并着重考察和比较了古希腊哲学和文艺复兴以降的西方近现代思潮以及中国思想文化在整体上的造境及其文化形态。方氏寄望于世界诸种文化之间相互借鉴与批评，相互学习，取长补短，共同创制新型文化理想的宏愿，即他所谓的"三者合德"的理想文化类型。他提出通过诸种文化之间的"自助"与"他助"相结合，侧重于坚持中国文化的本位立场，同时借鉴和汲取西方文化的优长，促使中国传统文化的现代化，并借此作为解救世界文化危机的根本出路。方氏这种文化保守主义的信念在他后期的比较哲学研究中更加突出地表现出来。方氏后期的比较哲学以形而上学为中心，直探中西哲学精神之内涵与底蕴。他认为中国哲学的精神就在于圆融和谐的智慧，即他所谓的"广大和谐之道"；而西方哲学则是一种以"矛盾对立"为特征的"二分法"思想，它始终不能脱离"二元对立"的思想模式和格局。相对而言，中国哲学精神具有根本上的优越性，适足以构成对西方哲学的挑战，也是解救其理论困难的唯一解药。方东美通过比较哲学一途回归并认同于中国本位文化立场。由此，方氏对中国哲学的认识和理解，具备一个中西整体思维的宏观架构与理论背景，从而摆脱了习见的单元文化心态的限制。他对中国哲学精神的认定与发挥因而具有更加深厚的思想内涵。要之，中西哲学比较与融合会通的理论视域的开辟，为方氏从事中国哲学的重建和中国传统哲学的现代化与世界化提供了重要的理论方法和途径。

　　其三，回归中国哲学的源头。方东美经过比较哲学的途径回归于中国传统哲学。因此，他对中国传统哲学的阐发表现出兼容并蓄和比较开放的精神。他阐发中国哲学传统，走的是一条与众不同的路线，体现了他本人对中国哲学独特的认知与界定。他明确指出，我们处于当前的文化危机之下，要复兴文化的生机，可以借鉴西方文艺复兴的做法。他说："我们如今受外力的刺激，如果回顾西方，尤其是古希腊，再对照原始儒家，倒非常相似。如果我们了解希腊哲学深刻的话，也可以因而了解我们本身。西方十四世纪时要复古，回到古希腊。"① 他事实上是为中国哲学文化的现代发展指出一条新的道路，即像西方文艺复兴回到古希腊的道路一样，中国文化的现代复兴也要回到先秦，回到中国文化的源头，重新恢复原始儒家道家哲学的精神。这种恢复当然不是简单的复古，其意义在于为中国哲学文化在现代条件下的重建发掘有生命力的思想资源。因此，虽然他认同儒家的文化价值取向，以儒家为"纯正中国人的代表"，但他并不认为儒家可以代表中国文化全部，他甚至对传统儒家提出了极严苛的批评。他主张中国哲学传统应诸家并重，不执一偏。中国传统哲学儒道墨或儒道释诸家应当融合会通，而不可独尊一家一派。他反对"道统"意识，也不同意"接着（宋明儒）讲"的思想路线。他指出汉儒定儒家为一尊和宋儒的道统意识的剧烈危害，是造成中国学术文化创造性精神萎缩的根由。他认为，后起的汉儒、宋明儒学的境界已经坠落，比不上原始儒家。因此，他不是把重建传统的任务寄托于宋明儒学的复兴，而是把眼光投向了中国哲学的原点，主张恢复原始儒家道家哲学的健康饱满的生命境界。其原意不是复古，实际上是为中国哲学的重建提供一个价值学目标，通过创造性诠释恢复中国哲学的生机活力，从而再开大本大源。方东美尤其强调易经哲学作为中国哲学传统中的源头和根本地位，以其为最能体现中国哲学以生命为本源的哲学精神。他对易经哲学的创造性诠释，为中国哲学的现代重建，提供了一个价值学的目标和理论的原型。可见，方东美主张回归中国哲学的原点、源头，它在形式上是对传统的回归，而其实质则是对中国哲学的重新建构。它实际上揭示了一条独具一格的中国哲学发展

---

① 　方东美：《原始儒家道家哲学》，台湾黎明文化事业公司 1983 年版，第 8 页。

的思路。

其四，新的时代条件下易学与生命本体论的建构。方东美重视和强调易经在中国哲学中的根本地位，提出易经为中国哲学的源头，并力图以易经哲学来贯穿、会通中国哲学史。他还进一步通过对易经哲学的创造性诠释和理解，建构起一套独特的生命本体哲学的理论体系。他指出："我们处在这个时代，接触过印度、西方的哲学思想之后，哲学的观点又和从前不同了；因此对于《周易》不仅仅讲狭义的《周易》哲学，同时也可以讲广义的《周易》哲学，以《周易》纯粹的儒家思想来贯通佛家华严的思想；同时以近代的法国柏格森的思想，或是英国的怀特海来说，也可以多方面地贯通。如此看来，因为我们接触的哲学传统多了，我们可以拿近代人的眼光来看《周易》，而弥补《周易》之不足。"① 与一般的现代新儒家运用现代哲学的方法诠释传统的宋明儒学的心本体、理本体哲学的路径，迥然不同。他在综合西方柏格森生命哲学、怀特海过程哲学和中国传统的易经哲学的基础上，提出了一套独特的生命本体哲学的理论体系。方东美认为，易经哲学是一套生命本体哲学。不仅如此，易经哲学作为中国哲学的源头，其根本精神和思想要义得以贯穿、会通于中国传统哲学诸流派当中。在他看来，中国传统哲学的本体论就是"一个以生命为中心的本体论，把一切集中在生命上"②。中国传统哲学主要流派的形上学，均是以生命为"本体至真之境"。儒家所以追原天命，率性以受中；道家所以遵循道本，抱一以为式；墨家所以尚同天志，兼爱以全生。就是因为天命、道本和天志，都是生命之源。他因而把原始儒家、原始道家和墨家都视为一套以生命为中心的生命本体哲学。儒、道、墨诸家的统会，就在于对生命价值的积极肯定。乃至于中国哲学后期的全幅发展，包括后来的大乘佛学和新儒家哲学，其思想体系都是生命精神的发泄。总之，中国哲学的主流，就是对于生命哲学奥义的发挥，是"合唱生命之礼赞"③。方东美以生命为中心来重新审视和诠释中国传统哲学，并以此来会通中西哲学，从而开创了全新的理论视域，也标志着一种创造性的哲学系统的

---

① 方东美：《原始儒家道家哲学》，台湾黎明文化事业公司 1983 年版，第 148 页。

② 方东美：《原始儒家道家哲学》，台湾黎明文化事业公司 1983 年版，第 158 页。

③ 方东美：《原始儒家道家哲学》，台湾黎明文化事业公司 1983 年版，第三章。

成立。

其五，"广大和谐之道"：中国哲学的根本精神。方东美从比较哲学的视角，认为中国哲学的精神就在于广大悉备的圆融和谐精神，即他所说的"广大和谐之道"。这是方氏以西方哲学为参照系，对中国哲学精神所作出的一般的界定和结论。总体来看，方东美对中国哲学的"天人合一"思想表示推崇和认同，而对西方文化的"天人相分"、"二元对立"思想则表示贬抑和拒斥。这是方氏哲学中一以贯之的根本性思想。他将中国哲学的原则归结为"融贯"、"合一"、"圆融"、"和谐"等特征。要而言之，"和谐"是中国哲学最根本的精神。而西方哲学在他看来则是一种以"矛盾对立"为特征的"二分法"思想，它始终不能脱离"二元对立"的思想模式与格局。相对而言，中国哲学精神在根本上具有优越性，是西方二元对立思想所无法比拟的。因此，中国哲学适足以构成对西方哲学的挑战，并解救西方哲学的问题和困境。这是方东美哲学的根本观点和宗旨所在。他自己曾陈述其哲学宗旨为"欲凭借我广大悉备、圆融和谐之中华智慧，向彼处处不脱二元对立，时时陷入困惑疑难，在在表现橛裂型态之西方思想方式，展开挑战"①。方东美认为，中国哲学一向不用二分法形成对立矛盾，而是注重机体的统一，以一种全体的视域，透视宇宙一切差别境界，再于其中求其会通与综合，从而形成一个"旁通统贯"的系统。中国哲学各家很早就发展了中国哲学的这一主要特性，就是能够观照人和世界的全体，确信人和世界从其根源上都是连成一体的整体，都是中和的实质性系统。中国哲学各家都认为人与宇宙全体之间是普遍联系、广大和谐的关系，体现为彼是相因的交感和谐的中道。这种和谐统一的思想原则在中国几大主要哲学流派儒、道、释诸家都得以贯穿与体现。相反，西方哲学的特性则是以"二元对立"、"二分法"为特征的分离型思想，其根本的特征就是视世界与自我为矛盾的对立，由此产生了人与宇宙之间的人为分隔，从而出现了世界统一性的严重难题。而只有中国哲学才能解决这一理论难题。

其六，"广义的现代新儒家"：扩大范围讲儒家。方东美通常也被归为现

---

① 方东美：《中国哲学之精神及其发展》上册，台湾成均出版社 1984 年版，第 11 页。

代新儒家的代表人物。20 世纪 90 年代两次由大陆学者（方克立、黄克剑）编纂的"现代新儒学辑要丛书"中，方东美的名字都赫然列入其中，即是明证。但方氏讲儒家确实有其与众不同之处。虽然他承认儒家为中国文化精神的代表，但他并不认为儒家可以代表中国文化的全部。他说："我们现在讲儒家要扩大范围，不只讲孔子，孔子弟子如商瞿、孟子也要讲，如此扩而充之，先秦的显学如墨家，原始道家也要讲，又六朝隋唐后构成中国文化重要成分是佛学，也都要讲。"① 他认为，中国文化的精神就体现在原始儒家、原始道家、大乘佛学与宋明儒学这四大文化传统的会通处。因此，他反对定儒学为一尊，也反对道统意识，指出其导致文化精神沦丧与堕落的祸害。他认为讲道统不如讲学统，也就是秉着兼容并蓄的态度对中国文化传统予以客观公允的研究和重新阐释。方东美如此"讲儒家"，显然与那些站在儒家本位的立场排斥佛道，甚至对同是儒家的不同派别也要攻击的做法，截然不同。方东美讲儒家的立足点与出发点也是异乎寻常的。他研究文化传统，主要是为了抉发其中所蕴蓄的智慧，以扩充和培养文化的生机；讲历史文化，是为了复兴文化，克服当前的文化危机。他说："谈到文化复兴，应当把我们民族在不同时代不同的学术真实价值重新体认，然后不是回顾、复古，而是以它为一个根据向前走。"② 如此看来，方东美"讲儒家"，不仅要讲儒家，还要讲儒家以外的几大传统，甚至于把世界几大文化传统包括中国、印度、希腊和欧洲都笼括在内，也就不足为怪了。理解了这一层，我们也就不难理解方东美"讲儒家，由宋儒说起"，"以宋明理学可以代表原始儒家，也是一种误解"的观点了。应当说，方东美这种见解实际是有所指的。实际上，一般的现代新儒家往往喜欢以儒家道统自命和以捍卫道统自任，他们讲儒学又专以上接宋明儒学为路径。比如，熊十力及其门下弟子接续陆王心学，冯友兰"接着讲"的是程朱理学。此两派学人都喜谈心、性、理、命，都有强烈的道统意识。由此可见，方东美对宋明儒学的认真梳理和细致分析，以及所做的连他自己也承认"持论过苛"的论断，都使人联想到其用心可能更有一

---

① 方东美：《原始儒家道家哲学》，台湾黎明文化事业公司 1983 年版，第 137 页。

② 方东美：《原始儒家道家哲学》，台湾黎明文化事业公司 1983 年版，第 137 页。

番深意。方东美本人的学术研究，涵盖面至为广阔。他在对中国传统哲学诸家作融会贯通的理解的基础上，力图实现世界诸种优美文化价值的统会和创新。在此前提下讲儒家，乃至"扩大范围讲儒家"，可谓广义的新儒家，开放的新儒家。

三、"合外内之道"：成中英哲学的理论特质及其作为"开放的现代新儒家"的奠基者的贡献

在当代中西文化由激烈碰撞、冲突走向深度对话、融合的时代背景下，当代新儒家的重要代表人物成中英先生经过对中国传统哲学的自我省思与批判，提出了中国哲学现代化与世界化这一代表时代精神及其发展方向的理论课题。他自觉地认同并追随方东美先生所开创的"先深入西方，再回头重建传统"的中国哲学重建的思想路线，即所谓"后五四建设心态"。实际上，他本人也是以方东美的学术传人自任。他在哲学研究中走出了一条"出乎其外，入乎其内"的独特路径。成中英力主一种"在中西互释中挺立"的思想方式和理论范式的突破。他通过中西互诠互释的比较研究来彰显中国哲学的智慧和精神特质。他所倡言的中国哲学的现代重建，具备世界哲学的宏观背景，进而导向一个世界整体哲学的建构。他的中国哲学的现代化与世界化的理论，成为其学术研究中贯彻始终的主题。成氏在深入西方哲学的核心之后，回归于中国哲学的本位立场。他明确地提出，必须回到中国哲学的原点。他标举易经源头说，就是以易经为中国哲学的源头活水。毋庸置疑，本体诠释学在成氏哲学体系中据有核心的地位。成中英本体诠释学的理论建构，乃是根植于中国传统哲学的根本精神，又充分汲纳西方哲学主要是分析哲学、诠释学的理论方法，力图在中国传统哲学本体架构内纳入现代哲学理性化的方法意识，归根到底乃是中国传统哲学尤其是易经哲学的一种创造性诠释。成氏还注重运用本体诠释学的理论方法，来观照中西哲学的全体。中西哲学在知识与价值的相互关联的整体架构内成为相反相成、辩证统一的有机整体。同样，在本体诠释学的整体视域下，中国哲学史上表面上相互对立

的流派和各家各派，因而成为辩证联系、有机统一的整体系统。他还强调，必须将中国传统哲学与现代生活的实体相衔接、相结合。他的管理哲学和整体伦理学，可以视为本体诠释学的两个应用领域。成中英还着重发挥中国哲学的和谐精神，体现在他对中国和谐化辩证法与西方冲突辩证法的比较研究以及和谐文化与冲突文化的论析乃至对中西天人关系的重新论释。成氏用知识与价值的平衡与统一或仁智并举的理念来诠释儒家传统的精神特质，也显见其特具的哲学睿识。可以说，成中英乃是真正具备世界眼光和现代意识的中国哲学家。他对中国哲学的重建是多方面的，又是整体性的。因此，成氏可谓"开放的现代新儒家"的奠基者。

现代中国哲学客观上要求建立一种中国文化本位意识的现代哲学的理论体系。成氏本体诠释学便是这一思想主旨的一个成功试探和理论典范。也正是在这一意义上，成中英树立起作为开放的现代新儒学的理论体系的奠基人的地位。成氏本体诠释学实质上是对中国传统的体用论思维的重要突破与发展，尤其是对现代新儒家群体中流行的中体西用论思想模式的重大突破与超越，对实现中国哲学从传统向现代的理论范式的转换具有关键性意义。成氏经由中西哲学的比较研究，走向一种中国文化本位意识的中西互为体用论的理论模式，实现了传统的中体西用论的理论模式向现代思想范式的转型。他从中西互诠互释的比较研究中，回归于中国传统哲学的重建，从而彻底克服本位文化的立场固有的单元文化的简易心态，进而开拓出一种世界整体哲学视野下重建中国哲学的宏大理论架构。其关键在于这是一种思维方式和思想模式的根本转型和建立。具体地说，就是从传统哲学体用论或中体西用论的思维模式和理论范式转化为一种中西互为体用的思想模式和理论范式的确立。从思想方式的层面而论，中国传统的体用论思维的理论要旨在于，体与用之间其实是一种不对等的范畴关系。其中"体"居于主导地位，而"用"居于从属地位。因而中国传统哲学往往可以归诸本体论思维，甚至忽略方法论。在现代中国哲学中，这种体用论思维其实仍然据有主导地位。一般的现代新儒家，无论是新心学还是新理学，其深层的思想模式基本上都可以归结为中体西用论。即便是激进反传统的西化派、马列派，大要也只是用其认可的西方哲学的某种学理学说，作为解决其意想中的中国文化的问题的手段与工具。也就是说，他们所理解的西方哲学，其实是表面的、肤浅的，其深层的思想仍然不脱中国传统的单元简易心态。当然也谈不上中西哲学的融会贯通了。以此而论，方东美从中西哲学的比较、会通中，回归于中国传统哲学的本位立场，固然突破了单元文化心态，但方氏哲学仍残留着中体西用论的浓重色彩。这从他对本体与方法、知识与价值乃至中西哲学关系等问题的认识与处理得以体现出来。成中英沿循方东美开辟的中西哲学比较、会通的理论路径，通过中西哲学互诠互释的比较研究，树立了一种中西互为体用的思想模式和理论范式，不仅突破了方东美哲学的理论局限，也是对传统哲学的体用论思维模式和现代新儒学中广为流行的中体西用论的思想模式的根本突破，标志着一种新的思维模式和理论范型的建立。成中英主张要在体用互动互用的理解与思考中发展新的体用关系，也就是以西方文化之体用结合中国文化之体用，发展出一个整体的中西体用互动互用相互补充的过程，最终由中西文化的融合导致一个新的有机体的诞生，从而创造一个新的体用。① 成氏哲学的中西互为体用论，为中国哲学的现代转型奠定了理论的范型，属于一种思想模式和思维方式的重大突破。成中英进一步主张，中国哲学的重建，须借助西方哲学的理性形式更新中国哲学的本质，并将中国哲学的智慧灌注到现代生活当中，进而开拓出科学与民主的生活世界。因此，成氏既不同意全盘西化论，断认此路不通；也不赞同现代新儒家以德性或价值本位立场涵盖、统摄现代生活领域的思路，断认其无法真正回应西方的挑战，也是没有前途的。

　　成中英对开放的现代新儒家的拓展及其理论贡献主要体现在以下几个方面。

　　其一，成中英认同于方东美所开创的"先理解西方，再回头重建传统"的中国哲学重建之路，即他所谓"后五四建设心态"。他自承，他自己以西学为专攻，并回头重建中国传统，这种"后五四建设心态"乃是认同于方东美先生，而与熊十力、牟宗三、唐君毅等立足传统，吸取西学的路径，毕竟不同；与五四时代的学者倡导西学新知，专以反叛传统，破坏传统为事，也

① 　参见成中英：《合外内之道——儒家哲学论》，中国社会科学出版社 2001 年版，第 9 页。

是绝然不同。① 成氏由此乃决志追求西方学术和哲学，以反哺中国传统，走上了一条曲折的学术探索历程。他在此后的学术生涯中虽求学西方，不曾忘怀中国传统哲学；深入西方哲学的核心，转而谋求中国哲学的重建之道，其曲折的学术道路的抉择都是受其师方东美的影响，并以方氏为效法对象的。他通过中西哲学比较一途，回归于中国传统哲学的重建。这既不同于西化派的"以西释中"，以破坏性的反叛传统，谴责传统为事；也不同于文化保守派主要是现代新儒家立足于传统哲学主要是宋明理学或心学的传统，以汲纳和吸收西方哲学。他在中西互诠互释的比较研究中走向一种中国文化本位意识的中西互为体用的理论范型，实现了思想范式的重要突破，为中国哲学从传统走向现代奠定理论基础。可以说，成氏中西互为体用论的标出，是对中国传统的体用论思维的重要发展和突破，尤其是对一般的现代新儒学中体西用论思想模式的突破与超越，实现了思想范式的重要转换。进而论之，成氏哲学从中西互诠互释中开拓出中西互为体用的理论境域，进而建构起本体诠释学的整体创生，一体多元，体用相涵互须的理论体系，表明其哲学已完全摆脱和超越了本位文化的立场及其固有的单元文化的简易心态，是对传统哲学体用论思维或中体西用论的重大的理论突破和超越，标志着中西哲学的融合已臻至新的理论境界。

其二，比较哲学是成氏哲学的重要组成部分。成中英从中西互诠互释的比较哲学一途，回归于中国传统哲学的重建。因此，他的中国哲学重建，具备一个世界整体哲学的宏阔背景。他运用比较哲学的理论观点和方法，以把握中西哲学的精神内涵和类型。中西哲学在本体诠释学的理论架构下被定位为知识哲学与价值哲学，两者在一个总体哲学的框架内成为相反相成、互补统一的有机整体。成中英注重用比较哲学的理论视域来发挥中国哲学的和谐精神。他着重从深层的本体论、方法论的层面考察和比较了中西哲学的特质和类型，中西哲学的和谐化辩证法和冲突辩证法成为其比较研究中的一个重点。中西辩证法和中西哲学得以在一个更加深广的理论境域统合与展示。成中英对世界哲学诸大辩证法系统的比较研究，是从根源性的本体层面探索

---

① 参见成中英：《论中西哲学精神》，东方出版中心 1996 年版，第 385 页。

世界哲学诸种类型的异同，从而也是从根本上将中国哲学的重建研究，推进并纳入世界哲学的轨道之中。这本身就是在施展一种高层次的和谐化辩证法。成氏还关注在当代全球化和多元文化对话时代处境中和谐文化与冲突文化面临的机遇和挑战，力图为中国文化的世界化和世界文化的融合、整合，提供一个源于中国哲学的智慧洞见与和谐化的方案。成氏比较哲学研究的理论特色在于，从中西哲学的互诠互释的理论视域，逐步趋向一个比较完整的世界哲学的整体理论体系，从而摆脱了单向的本位文化的"以中释西"或西化论的"以西释中"的褊狭思路的失误与不足，进而开拓出比较哲学研究中西互诠互释的双向的理论进路，也为世界哲学的建构铺垫了一条可行的道路。成氏比较哲学研究实质上是在新的理论基点上对中西哲学的一种重新定位和诠释，为中西哲学的双向重建提供一个理论的中介和模型。

其三，成氏强调，中国哲学的现代重建，必须回到中国哲学的原点。此说包含多重丰富的理论涵义，属于成氏哲学中一个极具特色而关键性的命题。成中英明确提出易经为中国哲学的源头活水说。此说为中国哲学史别开新解，将中国传统哲学的起源，追溯至远古传说中的伏羲时代，并断认先秦的儒道墨诸家都是源于这一传统，都是从不同方向对这一传统的阐释和继承。成氏力主易经哲学为整个中国哲学的源头活水和得以创生发展的原点。原始儒家、道家哲学乃至全幅的中国哲学史都源生于此。正是在这一意义上，他称以往的中国哲学史为"断头的哲学史"。[①] 由于易经哲学在中国传统哲学中其实据有根源性的、根本性的地位，易经哲学所体现的本体创生精神也必然贯注、流行于中国哲学的传统当中，因而易经哲学乃成为中国传统哲学一以贯之的统摄性原理，整个中国哲学史据此乃成为一个辩证统一的、统贯综合的整体系统。可见，易经哲学还具有整合、统合中国哲学史的意义。不仅如此，成氏所说的回归中国哲学的源头易经哲学，还意味着中国哲学重建的一种形上学原理，其实质是对传统易经哲学的一种创造性诠释与重建，是在更高层次上对中国传统哲学的现代重构与恢复。正如西方近代文艺复兴运动标榜"回到古希腊"一样，其实是代表了一种在新的理论基点上重

---

① 参见成中英：《易学本体论》，台湾康德出版社 2008 年版，"自序"。

建中国哲学的重大理论立场和观点。它显示出与一般的现代新儒家诸哲所标榜的"返本开新"而实际上是"接着（宋明儒）讲"的理论立场和观点，迥然有别。

其四，成氏哲学也因而可以归为易经哲学的形态。在当代新儒家群体中，成中英向以对易经哲学的重视而著称。他不仅开创当代新易学的研究领域，也将传统易学的研究推进至当代显学的地位，可谓无出其右。成中英承接方氏易学的思想路径，将现代易学的发展开拓至新的理论境地。他在阐发方东美哲学的本体架构时指出："这一本体架构可以表达为易经的思维模式，亦即'太极无名'，'情理两仪'，'哲学三慧'，'文化四相'，'诠释八阶'，'道通为一'。"① 这种对方氏哲学的理解和诠释不仅简明扼要，而且不乏创见。从此也可见方氏哲学完全是易经哲学的型态。不仅如此，这一论析对我们理解和把握成氏易经哲学的本体意蕴和方法意识，同样具有重要的启发意义。其实成氏哲学也是以易经哲学为其理论出发点和原型的。成氏哲学力图在传统的本体框架内纳入现代哲学理性化的方法意识，进而衍生出其本体哲学的整体创生，一体多元，体用相涵互须的理论。其本体诠释学归根结底乃是易经哲学的一种创造性的诠释。可以说，易经哲学成为他融合与会通中西哲学，思考哲学基本问题乃至创构哲学体系的理论原点。他从对易经哲学的独特领悟、理解和诠释中，发展出了一套易经哲学体用相生、一体二元的本体架构，复由此拓展出本体与方法互基统一，知识与价值互生相长的理论原则。成氏在其本体诠释学的理论建构中，努力将传统哲学的智慧与现代生活相嫁接、相衔接，力图实现知识理性与道德理性的结合与整合，将现代理性与传统德性统一、纳入到一个共同的理论框架。在此，成中英从易经哲学的理论原点，提出了本体与方法互涵，过程与结构互融，部分与整体互动的本体诠释学的基本模式，并以此作为其沟通中西哲学以构建世界哲学，涵盖现代生活实体以实现中国哲学现代转型的理论基础。可见，成氏的哲学创构，是在中西会通的世界哲学的理论背景下，对中国传统哲学尤

---

① 成中英：《方东美哲学的本体架构》，李翔海编：《知识与价值——成中英新儒学论著辑要》，中国广播电视出版社1996年版，第286页。

其是易经哲学的创造性诠释和理论重建，从而为中国哲学的现代重建奠定理论根基。

其五，成氏哲学注重从比较哲学的视域发挥中国哲学的和谐精神。成中英从生命存在整体性的本体论观点出发，认为生命存在从本体的、实质的意义来看，是一个和谐的、统一的整体。他认为中国哲学就是一种根源于易经哲学的以普遍和谐为特征的"和谐"哲学。其最显著的特点就是将世界理解为一种本质的和谐或和谐化的过程，并倾向于通过和谐化的方式解决现实世界的矛盾和冲突以及种种问题。而矛盾和冲突只是暂时的、非本质的现象，是缺乏本体性自觉的表现。可以说，成氏的本体和谐论和整体性和谐思想完全是根源于中国传统哲学的。成中英由对中西形上学的剖分即从内在超越与外在超越的区分开始，展开对中西哲学精神形态及其特点的分析。他以西方"外在超越"型形上学和"二元对立"精神相对照，从"内在超越"型形上学的界定和分判中，断认中国哲学在根本上是一种根源性的"本体创生"精神以及由此衍生的以"中道涵容"的"和谐化"为实质的和谐精神。大体上来说，亚伯拉罕系的宗教属于"外在超越"的形态，其超越性的精神以一个外在的绝对的"上帝"为中心。而中国儒家、道家则属于"内在超越"的形态，其超越性精神以天道为中心。成中英由中西形上学的比较中，认同于中国哲学的天人合一精神，以及由此彰显的以"中道涵容"、"和谐化"、"中和"为实质的和谐精神。他从中国哲学的"中和""和谐"与西方哲学的"矛盾"、"冲突"的比较中，将"和谐"视为实在界基本状态和构成的本质。相反，矛盾和冲突则不属于实在界，它不过是事物、自然界和谐状态的失序与失衡。[①] 他还力主通过中国文化所蕴含的中道涵容精神来解除西方文化二元对立和上帝意识蕴涵的矛盾冲突与狭隘的排他性，强调运用中国儒学和易经哲学的中道涵容与和谐精神，更好地推动多元文化之间的协调，以及世界诸大宗教之间的沟通，实现世界文明的整体重建和整合。

其六，成中英在对儒家传统的界定和定位上，实际上提出了一套独具一格的解说和标准。缘于各自的立场和理论观点的歧异，现代新儒家在这一

---

① 参见成中英：《论中西哲学精神》，东方出版中心1996年版，第180页。

问题上分歧和争议很大。鉴于港台新儒家主流坚持道统说，并以孟子和陆王心学一系为儒学正宗，成中英乃有一段意味深长的辩解。他说："如果以熊十力为正统来界定新儒家，我不属于这个派别；如果把方东美先生也划进新儒家的阵营，我也可以算是新儒家。"① 成中英一般被公认为现代新儒家第三代的代表人物之一。对此，他本人甚至也表示认可和接受。现代新儒家群体在对儒家现代复兴的认识上几乎可以达成共识，但在涉及师承、儒学的历史分期、学派及其评价等问题上却是分歧严重。争论的焦点则集中于儒学的发展方向。一般的现代新儒家认可的儒学正统可能有歧异，但他们所主张的儒学复兴实际上是宋明儒学的复兴，他们就宋明儒学"接着讲"的思想路线并无二致。而开放的现代新儒家则力主"回到中国哲学的原点"。他们所主张的儒学复兴，实质上是中国传统哲学主要是易经哲学的一种创造性诠释。成中英明确地提出，易经为中国哲学的源头活水说，并强调以易经哲学作为统摄性原理来整合、统合中国哲学史上诸多分歧、对立的学派。这样，儒家与道家在阴阳互补、对立统一的原理下可以形成辩证统一的关系；儒学史上的孟学与荀学，陆王心学与程朱理学也因而可以形成互补统一，兼容相涵的一体。更重要的是，他以易经哲学为原型，力图在传统哲学的本体架构内纳入现代哲学理性化的方法意识，并由此拓展出一套本体与方法互基统一，知识与价值相涵互生，德性与理性兼容平衡的理论原则。可以说，成氏本体诠释学实际上乃是对中国传统哲学主要是易经哲学和儒家传统的一种创造性诠释。他进而强调儒学的现代发展，必须与现代生活的实体相结合，同时开拓出容纳科学与民主的生活世界，从传统的德性与现代理性的相统一、相衔接中，寻求一个新儒学理论系统的建立。可见，成中英新儒学的理论建构，可谓是一个传统与现代之间双向并建的进程。因其特具的与现代生活的相关性及其理论与现实之间双向的、交互性的品格，他以此自许为"新新儒学"的典型。② 这也是他有别于一般的现代新儒家的一个重要分野所在。

① 成中英：《论中西哲学精神》，东方出版中心 1996 年版，第 180 页。
② 参见成中英：《合外内之道——儒家哲学论》，中国社会科学出版社 2001 年版，第 391 页。

四、开放性的精神维度：中西古今的融会贯通即中西
互释和传统与现代双向并建的多元统合的观点

以方东美、成中英为代表的开放的现代新儒家在中国现代文化思潮中异军突起，成为一个方兴未艾、蔚为可观的学术流派乃至思想运动，并不是偶然的。它的诞生和形成其实具备中国现代社会文化发展的深厚基础。中国现代文化思潮经过对传统文化的深刻的批判反思，以及中西文化融合、交流的不断深入，在此基础上出现了一股重建传统的思想趋势和动向。尤其是改革开放以来，随着中外文化交流的不断深入与发展，中国社会文化的现代意识与世界意识也在不断深化与进步。同时，回归传统，重建传统的意识也与日俱增。以方、成二氏为中心的开放的现代新儒家代表了一种"先理解西方，再回头重建传统"的思想路线，即所谓"后五四建设心态"，正是这一中国现代社会文化发展新趋向在理论上的体现。总体来看，"开放的现代新儒学"思潮及其理论建构，适应、顺应了中国社会现代化的历史进程和社会发展方向，从而展现出极大的理论生机与活力，具有巨大的社会需求的空间和基础。可以说，开放的现代新儒家的理论建构是中国社会现代化的历史进程的理论结晶，也是其理论的总结和反映。本质上它是中国文化在一种深广的世界意识和现代意识的思想背景下自我觉醒和重建的思潮和运动。开放的现代新儒家可谓中国现代文化思潮的产儿，它本身也是其中的一员和一个重要的不可分割的组成部分。其问题意识、理论形态与思想内涵以及思想方法，都是与中国现代文化思潮息息相关，尤其是与现代新儒学思潮声息相通。开放的现代新儒家的理论创新，既是对中国现代文化思潮各主要流派的思想观点和理论学说的一种扬弃和超越，同时又是对新思潮各派思想要义的一种创造性的综合与整合，从而在新的理论基点上为中国文化的复兴和传统的重建奠定基础。由此可见，以方东美、成中英为代表的现代新儒家的理论创构，为中国哲学的现代重建开辟了一条新的思想路线。这就是经由中西哲学广泛而深入的融合会通，回归中国传统哲学的重建。它经过对中西哲学传

统融会贯通的理解，以及最大限度地接受和汲取现代西方哲学的思想成果，在此基础上回归于中国传统哲学的重建，从而突破了本位文化立场固有的单元简易的文化心态，开创了一种"在中西互释中挺立"的新的思想模式和理论范式。

开放的现代新儒家经由中西哲学的比较，最终回归于中国哲学的重建一途。他们力主的"在中西互释中挺立"的理论模式，是对新思潮中主流的西化派的"以西释中"，乃至保守派的"以中释西"的理论模式的超越和突破，进而为中国现代哲学的转型树立理论的根基。方东美作为这一思想路线的开创者，他在其哲学探索的理论和实践中，反对任何"全盘西化"的论调。他认为，将中国社会文化的发展置于西洋思想的基础上并以其为指导思想，就是"忘本"。他对一般的现代新儒家延续宋明儒学道德中心论的思想统绪，也是针砭有力。方东美从中西哲学的殊异背景出发，凭借中国传统的易经哲学，又借鉴和吸收怀特海的机体哲学的相关理论，形成了一种机体主义的方法论。机体主义依据内在相关性或互摄性原理将宇宙看成一个具有内在统一性的多元复合体。方氏以此反对"孤立的思想系统"，因为"孤立的思想系统"只能局限于个别的领域、角度和方法，而不能懂得将这些不同的方法、角度和领域综合起来，形成整全的理论视域。他的看法是："中国哲学在方法上，不管建立哪一套系统，总是要求博大精深，把多元对立的系统化成完整的一体。"① 成中英照样不同意全盘西化论，也不赞成中体西用论的观点。成中英从整合中西本体思考的架构中树立和构建一种整体创生和多元开放的理论境界。他在中西哲学的互诠互释的双向批评和建构中，趋向一种中国文化本位意识的中西互为体用论的理论模式，从而实现了理论范式的转换。其本体诠释学就是体现中西哲学融合的理论结晶。其理论思考可以归源于易经哲学中"观"的思维模式的原型。"观"乃是一种观察和理解世界整体性的方法论，具有极大的涵容性和融摄性的特征。可见，他们从中西哲学的双向比较和融合会通中，开拓出一种多元交合的理论观点，对于本位文化立场乃至新思潮中流行的单元简易的文化心态及其所蕴涵的单一化的理论模

---

① 方东美：《原始儒家道家哲学》，台湾黎明文化事业公司 1983 年版，第 27 页。

式有所扬弃和超越，其实是一种思想模式的突破与创新。

开放的现代新儒家经由中西哲学的融会贯通的理解，回归于中国哲学的重建，其理论建构体现了对于传统思维的一种实质性的突破，对于新思潮诸流派的思想观点实际上是一种破斥和否定。但这种否定是一种批判性的扬弃，而不是全盘的否定。毋宁说乃是在新的思想高度的一种创造性综合和整合。就方氏哲学对传统哲学的批判来说，他对汉宋儒学均有相当严苛的批评。他严斥汉儒定儒学为一尊，导致儒家传统创造精神的萎缩，以及"天不变，道亦不变"的思想违背原儒精神要义。他对宋儒走向道德理性主义的剖析，鞭辟入里，对宋儒各以正统自居互争道统的做法，更是抨击有力。就方氏哲学对西方哲学的汲取和吸收来说，可谓是全方位的，涉及柏拉图哲学，中古哲学以及近现代哲学主要是以康德、黑格尔以及尼采、海德格尔尤其是柏格森、怀特海等为主。虽然他深透地批评西方科学主义思潮，但他力图将科学的理性精神涵摄、融入自己的哲学之中，终于形成其别具特色的生命哲学的理论体系。而他深入西方哲学的堂奥，则是为了回归中国哲学的重建。他对中国哲学的重建面至为宽广，涵括儒道佛诸大传统，乃至儒家传统的各流派也被囊括在内。成中英申称对中国传统哲学的彻底批判和反思，主张赋予中国哲学以一种普遍的理性形式，实质则是一种对中国传统哲学的批判性的思考和重建。成氏哲学对西方哲学的汲取和采纳，涵盖面相当广阔，从古希腊至于中古乃至近现代哲学都有所采撷，尤其是对现代分析哲学、诠释学和现象学等。成中英提出，回归中国哲学的原点，其实是在世界意识和现代意识的思想背景下对中国传统哲学的一种创造性诠释和重建。可见，方、成二氏的哲学创新，与中国现代哲学思潮的基本方向是一致的，同时也是在新的理论基点上对新思潮诸流派的合理思想的一种创造性综合与整合。

开放的现代新儒家从一种多元现代性交汇的理论观点，回归于传统哲学的重建，表现出对传统的多元性的体认与涵容的立场。可见，开放的现代新儒家既是现代的，又是传统的，是一种现代思想与传统精神相汇合、相融通的观点。不仅如此，开放的现代新儒家对现代性的认识是多元的，对于传统精神的认同也是多元的，在总体的精神取向上表现出广大涵容的开放性的特征。由于开放的现代新儒家对传统精神的认同，不是仅局限于儒家传统，甚至还涵括儒道释等多元性的传统，所以它其实是一种广义的、开放的现代人文主义。方东美融摄、综合西方柏格森生命哲学和怀特海过程哲学以及中国传统哲学尤其是易经哲学，从而建构了一个独特的生命本体哲学的理论体系。他的生命哲学对现代性精神的融摄、汲取，还包括现代科学的理性精神，从而使其哲学建构体现出更加丰富的现代性的精神品质。他本人对近现代西方流行的科学主义或科学唯物论思想，乃至其他所有的由逻辑分析方法建构的"孤立的思想系统"都不以为然；而是倾向于将它们综合、会通起来，进而形成一个整体性的观点，其实是一种多元交合的理论观点。方氏由此重释传统，因而更能体认传统思想的多元性特征。他认为中国传统哲学体现在原始儒家、原始道家、大乘佛学与宋明儒学等四大传统的汇合、会通。成中英融摄多元现代性思想而提出整体理性的建构。他结合西方分析哲学、诠释学的思想方法和理论观点以及中国传统哲学主要是易经哲学的本体架构，创立了本体诠释学的理论体系。在本体诠释学的整体观照下，中国传统哲学呈现为一个多元统一而又辩证联系的有机整体的系统。可见，方、成二氏从易经哲学的创造性诠释中，拓展出一种多层面的、多元统合的整体观，涵括了传统与现代交汇的理论视域，其中也融摄了传统的多元性与多元现代性的观点。

开放的现代新儒学代表了一种传统与现代之间交融、汇合的理论观点。但这并不是一个凝固的、封闭的观点或思想系统，而是一个发展的、开放的理论视域，在理论的实践中表现为传统与现代之间的互动和双向并建的建构和过程。具体地说，它一方面展现为从传统的立场对现代性精神的界定、批评和融摄、涵摄，另一方面又展现为从现代的观点来界定、批评和融释、接纳传统，此两者构成一个双向并建的进程和结构。也可以说，传统与现代之间经过相互诠释与界定，趋向一个双向的互动和交互性的共建共构的思想历程。借用一个诠释学的话语来说，从传统到现代和从现代到传统，构成了一个完整的"诠释学的循环或圆圈"，两者皆为不可或缺的环节或过程。以此而论，新思潮中的西化论者以现代性的理论观点判释传统，保守派则从传统的立场来融摄现代性思想，这两个方面作为当代开放的现代人文主义思想发展的两翼，两者并行不悖，共同汇合成一个整全性的现代人文主义思想运动。传统与现代之间这种复杂的运动和双向并建的历程，在西方文化从中古到近现代的演变中得到清楚的说明。我们看到，中世纪神学是以神学信仰来统摄、涵盖理性的精神，而近现代哲学的主流思想则是以理性的观点来界定和容纳超越性的信仰，两者趋向一个相互的诠释和双向批评与并建的思想与实践的历史进程。传统与现代之间的互动与双向的对流运动，乃是由人类文化理想与现实之间深刻的矛盾运动的机制所引发与决定的。传统哲学总是要不断地回溯历史的经验和文化的传统，从中领会和把握一种根源性的价值学原理，并以此为据点向前进，进而把握现实的世界现代哲学则力图以理性的精神直接面对和把握现实的世界，同时也从传统中得到新的启示，从而不断地发明和开拓自己的传统。人类文化发展的历史证明，传统与现代的单向发展，无论是中古文化抑或现代性文化都可能带来人类文化的封闭以及由此造成的宰制或停滞。中西文化发展中的这些理论和实践，需要从新的理论高度予以整合和会通，进而开拓新的思想境界。开放的现代新儒学力图融摄、涵括东西方这些相反的、对反的思想运动于一身，汇合为一种传统与现代相涵互动、并建共构的理论视域，进而建构一个开放的整全的现代人文主义的思想运动。它既不是局限于传统的立场以判释现代，也不是局限于现代的观点来诠论传统，而是要融合二者成为一个整全的理论视域，展开为一个传统与现代之间的互动和双向并建的历史进程。这也可以说是开放的现代新儒学的真实思想涵义。

在开放的现代新儒学的发展历程中，方东美与成中英的哲学建构成为两个密切关联的环节，两者分别代表了现代人文主义在现代与传统之间交互性的互动与双向并建的思想运动两个重要的方向，也是构成开放的现代新儒学从传统到现代和从现代到传统的相反相成又相互作用的两个环节。也可以说，两者的汇合构成开放的现代新儒学的思想运动的一个完整的"诠释学循环或圆圈"。方东美的生命哲学的建构可谓代表了开放的现代新儒学从传统到现代的思想运动的发展方向。方氏以易经哲学为原型，汲取和综合西方柏格森生命哲学、怀特海过程哲学，其生命哲学主要是从传统哲学价值本位的立场，涵摄和容纳现代理性精神。他从中国传统儒、释、道诸家哲学的会通、统合中，寻求一种价值学统一的原理。方氏内在超越的形上学，强调理想与现实之间的"双回向",即价值理想与现实世界的双向互动与结合,但归根结底可归诸一种价值本体论。其中心论旨乃是依据价值本体的内在超越原理,将所有的真善美的价值世界贯穿起来,以灌注于现实世界,并以此作为他回向现实,范导文化的标准。成中英的哲学建构可谓代表了开放的现代新儒学从现代到传统的思想运动的发展方向。成氏也是以易经哲学为原型,吸收和汲纳西方诠释学、分析哲学的理论方法,从而建构其本体诠释学理论体系的。成氏本体诠释学强调知识与价值的统一,知识哲学与价值哲学的双向的互动与并建成为其哲学建构的一个基本原理。然而成氏哲学的思想主旨乃是以现代性的理性原则来重释传统,进而赋予中国传统哲学以普遍的理性和知识形式,以理性化的知识哲学的形式来重释传统的价值哲学。由此可见,方、成二氏的哲学分别从传统哲学的价值本位的立场,以涵摄和兼容现代的理性精神,或者是以现代性的理性精神为准则,来重新诠释传统哲学的价值系统,开拓出中国哲学现代重建的重要的精神维度,体现了开放的现代人文主义以传统涵摄现代和以现代涵容传统的思想运动的两个重要方向,从而汇合成一个完整的开放的现代新儒学运动的两个密切关联的环节,并为其整体发展奠定理论的基础。

开放的现代新儒学或开放的现代人文主义,与中国现代文化思潮中的其他几个主要流派相比照,其建基于传统与现代之间的互动与双向并建的多元开放的精神和思想特征,得以更加清晰地呈现出来。新思潮中的西化派,由于汲取和采纳西方现代性思想的单元的理论观点,而没有进一步融合会通地形成一种多元现代性的视域,对于传统的认识倾向于一种偏执的否定的极端主张;同样,新思潮中的传统派,由于持守、认同一种传统哲学的本位立场,并没有形成对于传统思想的多元统合、会通的理解,对于现代性的认识,也是局限于固有的本末体用的旧式框架,而不能得识大体,从而在整体上与现代性精神相违碍。他们不仅与西化派截然对峙,即使是传统派内部的新心学或新理学,彼此也是扞格不通,凿枘不入。总体上来看,由于新思潮受到传统的大一统的思想模式的影响,其偏执的思想倾向和"单元简易心态",易于造成一种"孤立的思想系统",而不是一种广大的融会贯通的思想观点,尤其是缺乏传统与现代之间兼容与相互并建的理论视野和观点,终于导致新思潮的思想匮乏和后继乏力，甚至出现了在新形势下回复到旧的传统的窠臼的局面。在新思潮发展中这是十分值得检讨和反思的。西方现代性思潮的发展，不仅形成了一种多元的现代性的观点，而且在西方传统的基督教与现代性的理性精神之间，已渐趋形成一种兼容并蓄的思想趋势。当然，这种思想趋势还有待进一步的整合与会通，并从理论上予以认识和总结。由此也见得，开放的现代新儒学或开放的现代人文主义对于中国哲学的现代重建和中西文化思潮的当代发展的积极意义。但这并不是说，开放的现代新儒学的思想系统的建构已告完成，乃至可以成为其他方向的思想运动的理论准绳或一成不变的理论依据。相反，这恰恰表明，方、成二氏开启的这一场开放的现代人文主义思潮和思想运动，更可能只是处于开端和起点的状态。它的未来发展正需要一个不断开拓和自我超越的反复的进程。这本是其开放性思想内涵应有之义。

总之，方东美、成中英开创的开放的现代新儒学既是一场在深广的世界整体意识和现代理性精神的思想背景下中国哲学现代重建的思潮，也是一场建基于传统与现代双向并建的现代人文觉醒的思想运动。方、成二氏主张一种"先理解西方，再回头重建传统"的思想路线，其实是经由中西比较哲学的路径再回归于中国传统哲学的重建。其哲学建构具备一种比较哲学的理论视域，在双向的中西互诠互释的比较研究中，蕴涵了一种思想方式的突破和创新，并最终确立了一种中国文化本位意识的中西互为体用论的理论范式。他们标榜回到中国哲学的原点，其理论建构综合和结合中国传统的易经哲学和西方现代哲学的理论方法，进而拓展出一种多元统合的整体观。这种多元开放的思想观点和理论模式的树立，是对新思潮中流行的"单元简易心态"和固有的本末体用思维的重大突破和超越，标志着中国哲学现代重建中一种新的思想模式和理论范式的确立。可以说，开放的现代新儒学的理论建构，对于新思潮既是一种超越与扬弃，又是一种综合与整合，从而在整体上对中国现代文化建设具有拓展新思路，开辟新方向的作用。进而论之，开放的现代新儒家在其哲学探索的理论实践中，事实上开启了一种基于传统与现代之间的互动与双向并建的现代人文觉醒的思想运动。这是一种基于现代的观点并经由批判的反思进而重建传统以及基于传统的观点来批评现代进而融摄、涵容现代的反式的双向并建的思想路径，两者的汇合为一个开放的现代人文主义思想运动奠定了基本的规模和理论的基础。可以说，开放的现代新儒家从传统与现代的矛盾运动的理论思考中发展出了一种双向的互动和相涵互生、兼容并蓄的理论观点，它既是对中国现代社会文化发展历史实践的客观总结和反映，甚至也是对世界范围内大的文化传统在现代转型的宏观历史运动中的运行机制和规律的深刻揭示和把握。质言之，开放的现代新儒家所开拓的广大涵容的多元开放的精神和思想方式，突破了文化发展中的闭锁心态，并力图在新的理论基点上重新整合、融合传统与现代，为传统文化的现代转型提供新思维新思路，进而为中国现代人文觉醒运动开拓新境界新局面，具有极为深远的文化意蕴。

五、开放性的潜在维度：超越性的"合外内之道"与其他发展趋向

方东美、成中英倡导一种对等的、交互性的中西互诠互释的比较研究，其比较哲学已然深入到中西哲学的核心——形上学。然而，就其对中西形上学类型的剖分及其思想内涵与关系的判释与梳理来看，方、成二氏的比较研究尚未能完全摆脱本位文化的立场的限制。换言之，他们是从中国文化本位立场来理解和界定中西形上学的系统并进而疏释和处理两者的关系的。方东美依据中西形上学的显著特征将其划分为"超越"与"超绝"的类型。这种剖分与学术界通常将西方哲学的形上学界定为"外在超越"而将中国哲学的形上学作为"内在超越"的涵义大体等同。方氏认为，西方"超绝"型的问题在于深溺"二分法"，以至于整个世界呈现为"两橛二分"、"二元对立"的状态。而只有中国"内在超越"型的形上学才是唯一正确与合理的形态。方氏断认西方形上学的二元对立模式的缺陷在于和谐的重要性被忽略和曲解，而典型的中国形上学则恰是深体广大和谐之道，体现为圆融和谐的生命精神，因而可以克服西方二元对立思想的理论难题和弊端。成中英将本体的安立作为其哲学的首要问题。他也是从"内在超越"的理路来理解本体的

超越性的。在他看来，西方基督教或亚伯拉罕系的宗教，属于"外在超越"的形态，其超越性精神以一个外在的、绝对的"上帝"为中心；而中国儒家则属于"内在超越"的形态，其超越性精神以"天道"为中心。他认为，儒家人文精神根源于天道的创造精神，而不是外在的、位格化的创造主或人格神的上帝。这也是中西宗教和文化精神的根本分野所在。成氏由中西形上学的比较中，认同于中国哲学的天人合一精神。他通过与西方哲学的"矛盾"、"冲突"和"二元对立"思想的比较，凸显中国哲学"和谐"、"中和"及"中道涵容"思想的特点和优势。显然，成氏仍然是将外来文化作为融摄、转化的对象。可见，方、成二氏认同于中国传统哲学内在超越的思路，其本位文化的立场是一致的。

值得注意的是，方、成二氏这种对待外来文化的立场，与现代新儒家群体的立场是一致的。他们大都倾向于认同和肯定中国哲学的"内在超越"的传统，而对西方"外在超越"的传统则表示批评和贬抑。这种以本位文化的立场来诠释和理解外来文化的心态，在中国有着源远流长的历史积淀和强大的惯性，以至于外来文化的中国化几乎成为一种思维定式。历史上的佛教中国化就是显著的实例。现代新儒家学者也大都对此津津乐道，来为他们坚持本位文化立场，汲纳、消化西方文化作辩解。殊不知，佛教中国化的思路固然造成历史上中国佛教哲学的巨大成就，但同时在一定程度上也造成了对佛教原有的"离世"、"弃世"、彻底批判现实以及诸法平等精神的疏离和曲解，实在是中外文化交流史上值得检讨的一大事端，不可一味美化。现代新儒家学者喜欢谈论基督教的中国化，却不大喜欢谈论中国文化的基督化，就是源于这种根深蒂固的文化心态。他们还惯于在中西文化间作判教式的比较。唐君毅在《生命存在与心灵境界》中将儒教判为最高的"天德流行境"，佛教的"我法二空境"次之，基督教的"归向一神境"又次之，就是显见的一例。① 现代新儒家学者在对待基督教的态度上，其要在于坚持儒家传统的主体性地位，并力图以儒家"内在超越"的理路来理解和诠释基督教"外在超越"精神。方东美也不例外。他抨击西方宗教的"神人相分"的传统，造

---

① 参见单波：《心通九境——唐君毅哲学的精神空间》，人民出版社 2001 年版，第 278 页。

成了他所说的人的"疏离"问题，其实是对西方宗教"外在超越"精神的拒斥和否定。而他唯独认同怀特海的过程神学，其实也是从"内在超越"的观点对西方传统的"外在超越"的上帝观念的一种认同和重新诠释。同样，成中英倾向于用儒家的天道观念来重新诠释基督教的上帝，还将上帝理念与天道思想的融合作为当前宗教对话和文化发展中的一个趋向。① 这实际上仍然是从中国文化的本位立场来诠释外来文化，或者说是基督教中国化的思路。

可见，对于当代中国人文主义思潮发展来说，如何从中国传统主流的以"天道"为中心的"内在超越"的思想脉络中，开拓出"外在超越"的向度，可谓是一大严峻考验。中国学术界虽也有意识到这一问题的重要性，但一直难以形成重要的共识。不管怎样，当代中外文化交流的时代环境与中古时代已发生实质性改观。中古时代那种各大传统可以各安其位，独立存在和发展的历史境遇已一去不复返了。人类在当下已义无反顾地进入全球化时代，世界诸种文化之间的双向或多向交流已属常态。而客观、如实的理解作为"他者"的客位文化则是所有文化交流的必要前提。一味地固守本位文化的立场，来诠释外来文化的习惯思维和做法，已与当代的时代环境不尽契合，也易于造成对外来文化的误读和曲解，甚至会造成文化发展中新的闭锁心态。基督教"外在超越"精神在西方文化传统中居核心位置，把握这一点对理解西方文化的整体精神至关重要。既然西方思想家如海德格尔、怀特海可以借鉴和汲取东方哲学的思想内涵，从西方主流的"外在超越"的传统之外开辟出"内在超越"的思想趋向，中国思想家为什么不可以效法这种思路和做法，进而将西方"外在超越"精神也纳入东方思想的轨辙中呢？而且，对于"外在超越"思想的归属，利玛窦早就指出原属中国。一些当代学者经过认真研究，也得出了确系本有家珍的结论。② 中国学者又何必如临大敌，

---

① 参见成中英：《21 世纪的新探索：天道、人性与文明》，《新觉醒时代——论中国文化之再创造》，中央编译出版社 2014 年版，第 64 页。

② 参见何光沪、许志伟《对话：儒释道与基督教》中陈来观点。他在文中指出："并不是所有儒家思想家仅仅主张'超越而内在'，或'内在而超越'。原始及早期儒家明显容纳了宗教位格的天的观念。"（社会科学文献出版社 1998 年版，第 149 页）

必欲拒之门外而后快呢？特别是方、成二氏一向力主回到中国哲学的源头。对于原始儒学的天道思想所涵括的"内在超越"与"外在超越"的两个向度，理应给予进一步的重视和检讨。当代中国思想家中的台湾新士林哲学提出了"外在超越"与"内在超越"并重的理论建构。不过，他们是从神学的"外在超越"的观点来诠释"内在超越"思想的。一些海外思想家和神学家在其理论探索中也认识到"外在超越"与"内在超越"相结合的课题。如杜维明积极推动多元宗教和文化之间的平等对话。南乐山甚至提出"基督徒儒家"或"儒家基督徒"这一在"波士顿儒学"中开始流行的概念。可见，在当代多元文化背景下，从儒家的本位文化立场出发，以儒家的"中道"原则涵容"内在超越"与"外在超越"两个向度，开创儒家新的"合外内之道"，应是一个不错的思路。在此基础上，形成以儒释耶和以耶释儒双向对流的渠道和思想交流的机制。对此，可以借鉴和结合中国历史上的儒、释、道三教合一的理论和实践，开拓出诸教之间双向互释或多向互释的思想路径，造成新的儒、释、耶"三教合一"的格局或多元宗教融合、会通的局面。

现代人文主义思潮和跨文化对话与融合相偕并行，同时还面临着跨学科的对话与融合的课题。随着现代学科体制和诸多专业领域的建立，出现了与之相反的在各学科之间横向联系与相互整合的趋势。不仅自然科学与社会科学内部是这样，甚至是自然科学与人文学科之间也出现了跨学科融合与整合的趋势。一些新兴的交叉学科纷纷应运而生。现代学科由不断分化转向不断联合的趋势，在某种程度上表现向中国传统"道通为一"即追求全体融会贯通境界的复归。方、成二氏在其哲学研究中都很重视当代学科之间融合与整合的趋势，并在理论上予以总结和探讨。方东美提出以科学为基础的集"宗教、哲学和艺术"于一体的"三者合德"的哲学。据此，他设计的理想世界是一个"上下回向"的立体式结构。在下层的生命境界中包括物理世界、生理世界和心理世界，它们属于形而下的领域；上层的生命境界包括艺术世界、道德世界和宗教世界，属于形而上的领域。他所构想的生命理想蓝图是个上下有阶、次序井然的序列。从下层的自然境界沿着"上回向"的路径，可以达到上层的艺术、道德和宗教的价值世界。而上层的价值领域也可以沿"下回向"的路径下贯于现实世界。他所祈望的是一个各个生命境界融合会通的理想境界。成中英也是寻求一种科学、哲学和宗教相互融合与整合的理论境界。但他更偏向于强调科学理性对于学科整合的作用和意义。实际上，方、成二氏的理论观点可以看作现代知识领域和科际整合中的两个重要趋向。方氏的观点可谓是代表了传统的价值学统会的原理，而成氏则更倾向于通过科学理性的原则来实现科际整合。显见，这是两种对反的科际统合、整合的原理，两者并行不悖，在实际的运行中科学理性的原理显示出更大的活力与效力。但问题是这两种原理之间的整合并没有完成。这也是造成当前科际整合中发生紊乱的一大主因。

我们看到，传统的价值学统会的原理冀望于建立一个井然有序的立体式的世界，可以说，它属于科际整合的纵贯的原理；而科学理性的知识学统合原理所建构的是一个平面的世界。可以说，它属于科际整合中的横向原理。单向度地肯定传统的价值学统会原理，是不切实际的。因为现代科学理性所推进的学科整合已显示出一往无前的力量，并通过建立整秩的规范和制度确立起在历史文化领域中的主导地位。而单向度地肯定科学理性的知识学统合原理，也是势难久远的。因为科学理性的发展甚至期待着将所有价值世界的秘密都清晰地揭示出来，这实际上也是不可行的。老子在《道德经》中提出"知其白，守其黑"，或许人类知识与文化的发展就是在持守永恒的价值领域与开显常新的知识领域的二律背反的矛盾运动中开拓自己的道路。必须设法将这两种趋向结合起来，形成双向的互动，作为人类知识与价值创造相统一的依据。人类知识的创造一面沿循传统的价值学原理，一面遵循科学理性的知识学原理，两者并行不悖，呈现为双向的互动。这种知识与价值之间双向并建的原则所期待的更可能是一个如帝释天的因陀罗网式的网络结构。人类知识各部门犹如因陀罗网上的宝珠，珠光宝气，光光相映，又彼此摄入，相互辉映，结合成一个密接连锁而美丽庄严的新世界的图景。各个学科门类之间，不再是传统的主从关系，而是一种主伴关系。它也不局限于各自的领域，而是以各自的本位立场，来汲取和接纳其他领域的知识和价值。比如，一个处于道德领域的道德家，可以通过汲取科学知识的素养和训练艺术的才情以及修持宗教的奥义来帮助其成就其道德的完善。同样，艺术家、科学家乃至宗教家也是如此，都是各守本位，又兼收并蓄。如此各个学科领域彼此之间都可以展开对等的交流与双向的互动，又可以广泛地结为一体，从而造成一个人类文化的大发展大繁荣的局面。

　　总括言之，方东美、成中英开启的开放的现代新儒学在当代理论发展中，开拓出一种中西互诠和传统与现代双向并建的多元交合的思想路径，代表了中国哲学现代重建的一种新思路新观点，也可谓是中国现代人文主义发展的一种新趋势新方向，具有极大的涵容性和开放性的特征。方、成二氏在中西互释中开拓出一种比较哲学的理论视域和新的思想范式，在传统与现代的双向并建中开辟现代人文主义发展的新道路。其思想观点既是批判性的、革命性的，又是建设性和创造性的，体现出在新的理论基点上突破传统开拓创新的理论特质。一言以蔽之，开放的现代新儒家就是要在中西古今的融合会通中开创中国哲学理论发展的新方向。它对中国传统哲学来说，经过批判性的反思和创造性的综合，达致对传统的重建和创新。它对于中国现代文化思潮诸主要流派来说，既是一种批判和扬弃，又是一种超融与整合，突破了流行的"单元简易心态"和固有的思想模式，实现了思想方式的重要转换。不仅如此，其开放性的思想内涵还体现在其不断吸收、消化当代人文发展中的新思想新观点，不断面对当代学科整合中的新问题新课题，和不断突破自我、扬弃自我，进而寻求新的理论生长点和发展方向的理论特质。可见，开放的现代人文主义既是一个开放的理论体系，也是一场开放性的思想运动。作为中国哲学重建中独树一帜的学术流派，其理论创新体现出思想原创性的无比生机和活力；而作为一场初见端倪的现代人文觉醒的思想运动，也正展露出其方兴未艾的无限前景来。

第一章　会通中西，回归本源

——方东美哲学探索的历程

方东美（1899—1977），名珣，字东美，又字东英，以字东美行世。安徽桐城人，出身于桐城极负盛名的方氏家族，祖籍今安徽枞阳县义津镇杨树湾村大李庄。方氏为中国现代著名哲学家，亦被公认为现代新儒家重要代表人物。其人以哲学思想之造诣而见重于世，因其造境博大宏深，学贯中西，被时人推尊为"一代大哲"。方氏治学，融贯东西，涵摄众家，复以中国文化为本。他自述，"我在家学渊源上是儒家，在精神性向上是道家，在宗教情感上是佛家，而在哲学训练上是西家"①。方氏一生著书立说，讲学不辍，其掌教杏坛凡五十年，号称弟子三千。著名教育家梅贻宝曾羡称，中国近数十年的哲学师资，多出自方氏门下。足见其德业教泽，可谓懿欤盛哉！近世名人蒋介石氏，亦以师事之，执弟子礼。在他殁后，他的不少弟子与后学如成中英、刘述先、陈鼓应等都接连撰文、演讲，由衷地赞叹其师醇美的人格、德行和学术成就，并表示绍传其学。成中英即以方东美的学术传人自任。当代著名思想家，新儒学的巨擘杜维明推许其为"哲学家的风骨"。台湾学者沈清松更称，在真正贯通中西学术的现代学人中，"唯方先生一人"，可见推崇备至。而在 20 世纪 90 年代两次由大陆学者编纂的"现代新儒家辑要丛书"中（分别由方克立、黄克剑主编），方东美的名字皆赫然列入其中。对于一位终生究心于中华学术文化的学人来说，他的身后殊遇，足以说明其平生志业正被越来越多的世人所理解和接纳。哲人泉下有知，或可含笑于九

---

① 《方东美先生演讲集》，台湾黎明文化事业公司 1979 年版，第 48 页。

泉矣。

方东美的一生，是作为学院派的教授和专业哲学家而名于世的。处身于中国现代这样一个华夏民族亘古未有的大转折、大动荡、大动乱的历史时期，方东美的学术生涯也难免遭致播迁、跌宕和曲折的经历。他的哲学思想亦可谓大时代的折射和反映，是时代精神凝萃而成的理论结晶。时人抑或可以透过方氏学问人生的轨迹来反观其哲学思想之蕴涵。方东美的学术历程富于曲折性。他一生潜心研究哲学思潮，冀能了悟其源流正变。他的治学历程大体上经历了这样三个阶段：一、早年读书，再留学西方，为后来的学术生涯铺垫基础；二、中期以教授西方哲学为业，同时研治中西哲学，为承上启下的学术创获期；三、晚期由西方转向东方，实现了他专门研究与弘扬中国哲学的夙愿。循其迹而索其情，可知方东美不是现实世界的宠儿和勇猛的悍将，但他却可谓精神世界的宠儿和骄傲的王子。他的不同凡响之处，不仅在于他走过了一条异乎寻常的治学道路，更在于他为中国文化发展指出了一条具有独创性的致思路线。

一、"名门之粹，东英早发"：方东美
早期的读书和求学岁月

桐城是古皖大地上一颗璀璨的明珠。此地山川秀美，人文荟萃，传统文化的最后一抹余晖便照临于此，这便是名闻遐迩的桐城文派。当桐城派鼎盛之时，桐城享有"文都"之称号，有"天下文章出于斯"之盛誉。桐城毗邻历史文化名城安庆，凭临大江，其地理形胜以"雄奇峻秀，甲于江左"而著称。然而此地灵秀异常的山水，似乎更多地沐浴着一层文化的灵光，不断地被古往今来无数巨星的光彩所照耀。桐城境内，"大江环绕，望之若浮"的浮山的摩崖石刻，早已刻下诗仙李白登临绝顶，凭江行吟的卓异风姿。而投子山则留下赵州谂和尚与投子大同禅师驻足论辩禅法，驰骋机锋的足迹。唐宋以来，桐城文风渐趋兴盛，而迄明清时代则臻至极盛，以至于乡谚有"五里三进士，隔河两状元"之美谈。据考证，桐城县在明朝中进士者

达 80 人，中举人者计 165 人。而在清朝则中进士者 154 人，中举人者 628
人。清朝有名的父子宰相张廷玉、张英就出自桐城。至今在民间还广为流传
着"六尺巷"和其他耳熟能详的故事，作为桐城和传统文化辉煌和活力的久
远见证。在中国近代以来的历史上，桐城一直吸引着人们的注意。它曾是太
平天国与湘军争夺的一个主战场。在戊戌维新的风云际会中，属于中国最早
一批新式学堂的桐城中学宣告诞生。然而最引人注目的人文景观，还是一大
批在中国现代文化史上留下不朽名字的人物。他们中有中国现代杰出的思想
家、社会活动家和爱国民主人士章伯钧，著名美学家朱光潜，著名美学家、
哲学家宗白华，著名黄梅戏表演艺术家严凤英……与这些巨星交相辉映的还
有一大批文化名人，如学者舒芜，作家方令孺，戏剧导演方绾德，诗人方纬
德……都是从这一片古皖大地上联袂走来。仿佛这是一片神奇的土地，有着
说不完的风流。正所谓造化钟神秀，一方山水孕育出一方人物。"一代大哲"
方东美便是古皖大地这一片文化灵根深植的土地上所孕育出的一块美质深
蕴，灵异无比的奇石和"灵胎"。这一瓣儿"奇石"自幼吮吸自然的精华和
造化之功，承受先世的遗泽和教化，以及自身所特具的禀赋与慧根，加之他
后天的艰苦努力与锻造之功，终于凝结成他灵性勃发的哲学生命和妙理纷披
的哲学体系。

　　方东美的家世，桐城方氏家族是一个望重江南的名门望族。这个家族
之所以赢得崇隆的声望和高贵的门楣，主要是因为它是一个世代相传的书香
门第以及在文化传承上赓续不绝的传统。宋代文天祥在《方氏族谱》序中
称："方氏显于周汉，以达我朝，声光显赫，流泽及后者，何其盛哉！"台湾
学者梁实秋、大陆学者钱理群甚至推举其为"中国第二大文化名门"，仅次
于曲阜孔氏。方东美的祖辈中有两位大名鼎鼎的人物，他们的名字即便是在
整个中国文化史册上也是熠熠生辉。他们便是明末清初的大哲学家方以智，
和一代文学宗师、桐城派鼻祖方苞。据考，前者为方东美第十四世族祖，后
者为其第十六世族祖。如果说桐城这片生养他的土地带给方东美的是最初的
对文化的灵感，那么，他的先祖则直接赋予了他那一份独特的文化基因。

　　方以智（1611—1671），字密之，号曼公，明清之际哲学家。早年主盟
复社，为"明季四公子"之一，颇以文章誉望动天下。曾追随南明桂王政

权，明亡后为避清兵追捕，出家为僧。据今人余英时的《方以智晚节考》，以智晚年因反清复明失败，乃效法大宋丞相文天祥，自沉于赣江惶恐滩。方以智学识渊博，不仅熟谙中国传统的学术，对新近传来的西学也能精研深究，被认为是中国 17 世纪百科全书式的伟大学者。他在《东西均》中已明确指出，西学"详于质测而拙于通几"，理学则排除"质测"而专谈"通几"，理学和西学各有偏颇。因此，须将二者结合起来。其论说实为近世中西会通、融合论之先声。以智博学能文，精于易理，其学以博综为旨，论学析之以"质测"、"宰理"、"通几"之域，且合而治之。不仅首倡先河，实已俱含近代科学、人文与哲学分科之理。他倡言儒佛合流，融合三教。还总结中国古代哲学的朴素辩证法和华严宗的法界缘起思想，提出了"合二为一"的哲学命题。其科学与哲学思想，启发后起之桐城文派乃至有清一代之学术思想，实为关键之枢纽。

方苞（1668—1749），字灵皋，号望溪。是清代文学中影响最大的流派桐城文派的开创者和首领。桐城派因其另外两位开创者和代表人物刘大櫆（1698—1780）、姚鼐（1731—1815）均是桐城人而得名。方苞曾因替同乡戴名世《南山集》作序并在家中私藏其刻版，后受此案牵连，被逮下狱，几乎论罪问斩。后得赦，官至内阁学士、礼部侍郎。方苞自言其"学行继程朱之后，文章介韩欧之间"。他继承中国传统文化"文以载道"的正统思想，又以程朱理学为纲维，主张写文章须将"义理"、"考据"、"辞章"三方面结合起来。他的《狱中杂记》、《左忠毅公逸事》都是记人记事的佳作，属于散文中的名篇。其语言含蓄精练，叙事简洁生动，能够通过叙事来表现作者坚持的"义理"，不事渲染和雕饰，旨趣清真雅正，达到了相当高的文学成就。他所开创的桐城派之所以产生巨大影响，跟他所标榜的古文之"义法"，即与程朱理学有关。因为它适合了统治阶级牢笼人民思想的现实政策之需要。桐城派在中国文化史上是一个巨大的存在，它总结了封建时代"文以载道"的思想传统，确立了文学为宣扬封建社会正统思想以及为封建王权和现实政治服务的宗旨，由此产生一套完整的封建社会正统文学理论的体系。它曾独步有清一代文坛，其影响一直延及民国。在清中叶由刘大櫆、姚鼐等倡导践行而达致鼎盛。晚清得曾国藩、吴汝纶等人之弘扬扶持，在获致传统文化最后的辉煌之后，经新文化运动的荡涤方告湮灭。

毋庸置疑，方东美的这两位祖辈，皆可称作封建时代文人士大夫即传统社会中"士人"的典范。他们处于传统社会改朝换代这样"天崩地坼"的变故之际，能够挺立知识分子的人格和士人的气节，孤怀独抱，苦心孤诣，在代表正统的朝廷灭亡后，究心于传统社会与历史文化得以维系的精神之维和形上之道，以维护华族的文化传统于不坠。这从方以智对晚明政权的生死相依，舍命护持和后来的置身空门却心怀儒家之道，以及方苞为标榜义理，维持圣学而开桐城派之先河，都可以作为绝佳的例证。也可见桐城方氏，果然名不虚传！无独有偶的是，中国历史在经历大约三百年的轮回之后，又进入了新一轮的天翻地覆，政权更迭之际。而这一次革故鼎新的巨大变故，在华夏民族的历史上比以往任何一次朝代更迭都更加复杂和彻底，显得尤为不同寻常。而方东美的抉择，若细加揣摩，从中似乎可以品味出其与远祖在精神血脉上竟存在着一脉相承，潜相关通的气息。考东美先生一生之行状，在在透显出一位旷世大哲卓尔不群，壁立千仞的傲岸品格。要破译他这种性格的密码，从其家世中流传的那一份沉重的文化担当意识中，仿佛可以探得些许个中消息。

方东美的祖居地，今枞阳县（枞阳原属桐城县辖内，解放后置县）义津镇，依山傍水，其地理相当的闭塞，是一个典型的中国乡土社会。然其濒临本县最大的湖泊菜子湖，以此与长江水运航道沟通便捷。本地这种农耕社会特有的"七山一水一分田，还有一分是家园"的半封闭的自然地貌，也成为解读桐城文派何以在此地域发祥兴起的一个客观因素。据考证，方东美生父为续堂公。长兄道怀，终生务农。次兄义怀，曾任桐城中学校长及县教育局长。方东美谱名德怀，幼年即父母双亡，赖长兄抚养长大。所幸他与次兄蒙长兄之养育，皆得成材。方东美自述从小在一个浸润着儒家氛围的家庭中长大，三岁便开始读诗经，且自小便喜爱读庄子。由此略知，方东美出自传统社会中一个颇负声望的耕读之家，家境可能小康以上。由于幼承庭训，加之禀赋凤慧，少小时代的东美便在师长辈的督导下，课诵四书五经之类的儒家经典，乃至道家等传统文化的经籍，沐浴古典文化之熏陶。就这样，传统文化的因子源源不断地输入了他幼小心灵的深处，并潜移默化地扎下根来。

　　桐城虽然地理闭塞，却是个得风气之先的地方，在教育上尤其如此。属于全国较早输入西学，实行新式教育的地域。东美 14 岁，跨入桐城中学读书。桐城中学地处龙眠山麓，环境幽美，古色古香。他在这里开始接受新式教育。当时清廷刚被推翻，恰值一个新与旧大碰撞的时代。不过在少年东美的心目中，新学与旧学仿佛并没有那么严重的突兀感和对立感。他一面把兴趣投向中学，一面又如饥似渴地学习数学、几何、物理、化学等新知识。他门门功课都很优秀，国文课尤为突出。他的作文总是被评为全年级第一，甚至在整个桐城中学也享有名声。方东美的中学时代就这样在新学、旧学并进的途径上发展着。这其实要归功于该所中学的创办人吴汝纶先生的办学思想。吴汝纶既是洋务运动首领曾国藩的传人，又是维新运动的推动者。他的指导思想是以中学为本，以西学为器用。这种理念在他为桐城中学撰写的楹联中即可一目了然。上联是："后百十年人才奋兴胚胎于此"；下联曰："合东西国学问精粹陶冶而成"；横批为："勉成国器"。观其百年树人，会通中西之立学宗旨已是十分醒目！这种思想被贯彻于桐城中学的创办与实践当中。当时桐城中学的学生方东美和他的同学朱光潜，后来分别对西方哲学和西方美学产生兴趣，应该说与这所学校的风气大有关系。他们不负前贤所望，卓然成家，也是对其创办者的办学宗旨和精神的最好纪念。

　　但是中学与西学在根柢上毕竟属于两个不同的体系。少年时代的东美，对此还不能深究，但长期徜徉于中学与西学之间，不能不使他有所触发。他甚至在内心暗暗发誓，自己一定要以毕生之力汇通中西学术，以求有功于人类文化，造福于世界。但有时也甚苦恼，他曾亲眼目睹程朱理学在乡间的祸害。当他看到那一座座贞节牌坊掩没了多少年轻女子的青春与血泪，他的心禁不住悚然颤栗，他敏感的心灵嗅到了"饿死事极小，失节事极大"的命题背后透露的阵阵阴森恐怖，甚至是血腥的气味。他甚至终生都没有对程朱理学说过多少好话。因为他诗人热切的感受力，对人类存在的痛苦有着如同身受的敏感，他也许从此时起已对传统文化的病根有所发觉并开始思索。

　　1917 年，方东美满怀对西学的憧憬与热望，步入金陵大学，开始了他的大学生涯。金陵大学是一所有名的教会大学，由美国人创办，他选择了哲学系。方东美的入学动机很难考究，这很可能与当时新旧思潮一时并至的激荡，以及他从小就受到中学与西学兼容并蓄的浸染有关。早年的熏染与前辈的训诲，都使他决心径入西学的殿堂，一探究竟。金陵大学由外国人主办，在此可直接地学习原汁原味的西方学术思想与科学知识，而不必假手国人的译介与转手。他深厚的中学功底，也让他倾心于哲学。特别是哲学在当时是一个最让中国青年怦然心动的字眼，也是一个最让他们困惑的问题。此时，方东美已是一个俊美而有着飘逸风度的青年，他正满怀对未来的梦想以及对自己抉择的坚定信心来到南京这个令他新奇与兴奋的地方，开始了新的人生起点。

南京为六朝古都，是中国南方最负盛名的历史文化名城之一。此地东拥紫金山为城，北凭天堑长江为池，其地形险要，向称虎踞龙盘之地。历史上曾有十个王朝在此建都立国。然而金陵古都的地理形胜，却也被抹上了一层江南山水特有的情调。此地有悠悠千古的秦淮河，水光潋滟的玄武湖和莫愁湖，还有古清凉台、扫叶楼、栖霞山等说不尽的名山胜水，风流故迹。透迤在故都的山川风物之间，东美的诗情与哲思，宛如春日和风里放飞的风筝，酣畅淋漓地舒展着自己的空间。东美的生命与古都的山川风物之间仿佛已达致一种契合无间、融为一体的境界。也可说，是古都空灵的山水赐予他一种解读生命奥秘的灵感，这种灵感也伴随他破解哲学的困境。他此后的一生都倘徉在中学与西学，哲思与诗情，具相之境与抽象之理，入世与出世……等一系列的矛盾迷宫中，但他却总能把握一个最佳的切入点，而不致迷失其中。

大学时代的生活是无比的充实与欢愉的。他像一位健将，遨游于知识的海洋，体会着胜利的欢乐。作为一名学生，他总是优秀的，因为他的各门功课都能无可争议地作出证明。尤为难得的是，他不仅学业精良，还积极地投入社团活动与其他社会活动，表现得相当活跃。他是学校学生自治会的会长，学报《金陵光》的总编辑，还参加了少年中国学会，并作为会刊《少年世界》的总主编。1918 年，当时世界上最负盛名的美国哲学家杜威来华讲学，在南京的演讲会上，方东美作为学生组织的学术团体"中国哲学会"的会长与代表，曾恭逢其盛并致辞欢迎。

此中特别值得一提的是，方东美与少年中国学会的种种因缘。时值列强环伺，国家多难之秋，那个时代几乎所有的热血青年，对于国族的前途与命运尤是热切关怀。1919 年，他们乃发起、组织了"少年中国学会"。这可能受到梁启超"少年中国"说之启导，也可能受到国外"少年意大利学会"等之启发。然而方东美确是一位热情的参与者、组织者。他曾担任会刊《少年世界》之总主编，后又充任《少年中国》之编辑。他们相约集合同志，砥砺精神，研究学术，讨论问题，以期纾解国家危难。这正是该学会的宗旨"本科学的精神，为社会的活动，以创造少年中国"①。他们还决议凡为官、纳妾、信教者自动脱离学会。由此也可见他们是一群心地光明，理想高尚的青年。"少年中国学会"成立于五四运动前后，存在时间约七年。会员人数百许人，时人称为"108 将"，实际计有 120 人许。会员构成成分相当复杂，可谓网罗了当时中国各方面的青年精英。有代表左派的恽代英、邓中夏、张闻天、刘仁静、毛泽东等，有代表右派后来成为中国青年党领袖的左舜生、曾琦、李璜等，也有代表中间派的田汉、王光祈、宗白华、方东美等。这些青年翘楚的聚会，因其意气的相投，犹如群星荟萃，显出云蒸霞蔚的气象。然而世事的演变多有出乎意料者，以致"少年中国学会"后来成为方东美终生挥之不去的难解心结。晚年的他忆及于此，也是感慨万千。此事约为数端。其一为他与同是"少年中国学会"会员及发起人王光祈的交往。事情大约是这样的。光祈的女友系其本人的晚辈，此为"少年中国学会"同人所诟病，他们两人乃相约共赴异域以避群议，而此情为东美所知悉，即驰函申以大义，严叱其非，竟使一对佳偶就此永诀。而光祈后来客死异域，自此黄泉碧落，断无再会之期。此情可哀复可叹。这说明青年时代的东美处事决绝，而缺少世故的圆通，以此也可见他个性中冷峻的一面。由此一端，也可知东美在学会中确有无可争议的地位与影响力。

方东美个性中除了理性与冷峻的一面，还有热烈与激情的一面。这使他容易走入时代的旋涡和中心。方东美上大学期间，正是新文化运动如火如

① 《方东美先生演讲集》，台湾黎明文化事业公司 1979 年版，第 302 页。

荼的年代，这在中国现代史上是一个真正的大事件。在这一场新思潮狂飙突进的年代，中华民族的心灵在经受太久的桎梏与暗黯后，终于获得了一次千载难逢的大宣泄、大展现、大鸣放的机遇。五四就是这样一个反抗正统权威、标榜个性解放的风骚独领的年代。方东美们也一道如痴、如醉、如狂。他们组织学会，发表演讲，热情地欢呼"德先生"与"赛先生"。方东美此间还翻译了一本 D.L.Murray 的《实验主义》，于 1920 年由中华书局出版。这也算是他当年拜服于"科学"与"民主"思想的一次实践的记录。不仅如此，他本人甚至还参与和组织了这场学生运动。五四运动爆发翌日，各地学生代表恽代英、田汉、刘仁静等纷纷来到南京，策划在宁、沪响应北京五四运动。方东美很自然地成为当时南京学生运动的组织者之一。但他们发现困难其实很大。方东美与几位"少年中国学会"会友乃商定利用金陵大学的有利背景，作为运动的大本营和突破口。然而此情很快为校方觉察，乃作出决定宣布学校即日起开始放假，以图阻挠。方东美立即带领同学找校方理论，还怒气冲冲地宣称，若不取消放假，就要动手打人。校方被迫答应。此后，又做了其他紧急的筹措与安排。第二天南京的学生运动如期开展。于是，五四的风潮在南京火热地鼓荡起来！方东美也因此被同学戏称为"方怒美"。

但是，对方东美来说，这股热烈的激情并没有持久。因为方东美在这股山呼海啸、席卷一切的风潮面前，他以冷峻的哲人的心扉，也嗅到了某种令他不安的气息。方东美已有意无意间，开始远离新思潮，而采取超然旁观的立场。他后来对新思潮则多采取缄默或批评的态度。而这种态度，正是所有文化保守主义的精髓。

方东美严于自持，律己甚严，成就他本人芳洁的个性。他在本质上是一个具有灿烂才情的青年。他的生命中还有的一面却是诗人的烂漫。他的多方面的才华是公认的。据说，因为中学功底甚佳，以至于当时的金陵大学流传着这样的话头，选聘国文教师需经方东美和黄仲苏这两位中国学生同意！所有这些，无疑助长了一种氛围，使东美飞扬的个性得以潜滋暗长，并让他本性中热爱自由、痛恶束缚的品格获得尽情绽放的空间。然而，金陵大学本是一所教会大学。因此，凡是祈祷、唱颂，以及其他的一些宗教仪式在所难免。而这些"劳什子"却为方东美所厌烦，乃至深恶痛绝。每当学校组织这些有关的教事活动时，他起先有些好奇，后来是忍耐，再后来便是忍无可忍，避之唯恐不及。最后竟至于公开地诋毁与抨击。这似乎有点像现代的中国人，在受命聆听各种主义的教义，率相领受其教化时的感觉一样。看来东美有幸成为第一批享有这等待遇的中国人了！方东美不寻常的反应，马上为校方当局所获悉，一份开除这个捣蛋鬼的动议已经形成，理由是"做礼拜时不读圣经而看小说"。议案已成，只等校长鲍尔文大人的签署了。哲学系教授汉密尔顿博士闻讯，爱才心切，仗义执言，事情才化险为夷，结局当然是从轻发落了事。

大学四年的光阴很快逝去，方东美以优异的成绩毕业了。学校当局打算推荐这个名副其实的高才生去美国本土的学府继续深造。这对于方东美来说可算是天从人愿。他多年来潜藏心底的一个愿望便是要对西学有一个根本的了解。现在幸运居然送上门来，他就要到执西方世界之牛耳的美国去学习哲学，亲身感受西方世界心脏之脉动，探究西方文化之精髓。这让他如何不喜出望外呢！1921 年 8 月，方东美辞别亲友，搭上远涉重洋开赴美国的轮船。在当时许多人的眼里，方东美属于幸运儿。因为不少年轻人都把出国留学当作人生发展的捷径，而留学美国则是首选目标。现在命运之神居然将这宝贵的机会抛给了方东美，也将他在迈向学术王国的道路上更推进了一大步。

来到美国后，他先入威斯康星大学攻读硕士学位。一年后，他以《柏格森生命哲学述评》的论文获得硕士学位。在征得校方的同意后，他中途转入俄亥俄大学研究黑格尔哲学，一年后返回威斯康星大学，并以《英美新实在论之比较》通过博士论文的答辩。三年的留美深造，锤炼了他的思想，也使他受到西方哲学的严格训练，为他日后的学术研究走出一条会通中西的路径做了很好的铺垫。

在美数年的留学生活，让他有机会对西方世界有切近的观察和了解，也加深了他对西方文化的认识。他发现自己过去的认识，不少是由虚幻的错觉而产生的盲目崇拜，而现在则能够以一种现实的、理性的和批评的眼光重新审视西方文化的全体。如他认为，美国文化属于"商业主义"的文化，他们富于活动力，而且有持久的精力。美国人富有俗气，他们既不好文学，又不好艺术。故他在美国所得关于美国的印象，远没有在国内时所想的好。①可见，方东美在内心深处已开始对中西文化作全盘衡量。不过要真正作为一项研究来说，这些还只能算作初步的契机。

有人说，一个人青年时代的思想与经历，是他整个人生的底本，他其余的人生不过是这个底本的注脚而已。这种说法或许有些绝对和夸张，但并非全无道理。我们希望从方东美最初的人生履历，来寻绎他今后思想发展轨迹背后的原始动因。毋庸置疑，方东美属于当时受到完备教育与学术训练的中国青年，他正按照自己特有的方式实现着自己。

二、"如琢如磨，大器乃成"：中期的教学研究与蹉跎岁月

1924 年春夏之交，方东美学成归来，开始了他跻身杏坛的学术生涯。他先是受聘于武昌高等师范大学哲学系，担任副教授。因他是"少年中国学会"的会员，同道们又邀他继续担任《少年中国》与《少年世界》的编辑。次年，方东美来至金陵故地，任教于东南大学（中央大学前身）哲学系，不久升为教授，当时不过二十来岁。他戏称自己为"我这毛头小教授"②。

应该说，这个"毛头小教授"在人生舞台上的第一个亮相是够漂亮，够精彩的。然而，生活犹如一个严峻的考官，不断地向人们逼问一些严肃的课题。当时的中国正处于大革命的高潮来临之际。革命的势力正在聚集力量，以求对中国顽固的封建势力进行决战。而革命阵营内部各种势力也在展开激烈的分化组合。方东美便亲身见证和经历了当年青年心目中代表和象征进步的组织——少年中国学会的解体，同时经受了其对他心灵所造成的震撼和阵痛。这也可看作革命对这位未来的哲学家在思想上一次真正的考验。少年中国学会集合了一群当时中国最优秀的青年，他们意气相投地走到了一

---

① 参见《少年中国》第四卷，1923 年第 1 期"会员通讯"，转引自黄克剑、钟小霖编：《方东美集》，群言出版社 1993 年版。

② 《方东美先生演讲集》，台湾黎明文化事业公司 1980 年版，第 312 页。

起。这里曾留下了方东美年轻时代一段最美好的记忆。但是大革命风潮的来临，却直接导致了这个学术团体的终结。原因其实很简单，因为少年中国学会并没有一个明确的指导思想和统一的信仰。在学会的起始阶段，这个问题尚不突出。而当革命形势逼近，少年中国学会的会员们也因各人信仰之分歧，而很快分化为泾渭分明，乃至势不两立的派别：一方面是坚信共产主义的恽代英、邓中夏、张闻天等，一方面是坚持国家主义的曾琦、李璜、左舜生等。这些中坚人物的严重对立，终于导致了学会的解体。

　　方东美于此一时期的生活，表面上看来是平静的。他似乎也越来越安于大学教授传道授业的生活方式。但他自己清楚，其内心并没有停止一种渴望。这种渴望来自古圣先贤的教诲和自己对完美人格的期许。中国古代有所谓"立功、立德、立言"所谓"三不朽"的事业。明代大儒王阳明则有第一等人"须做第一等事"的所谓"知行合一"论。方东美努力在思想上与古圣先贤寻求共鸣。但是，现实的政治环境已让他视现实政治如泥淖，唯恐陷入其中。对于现实政治的失望、回避态度，让他把对政治的热情深藏于心底。但这并不表示他对政治的热情已泯灭。他给世人的印象则多半是道貌岸然，心如古井的神态。但在某种机缘的刺激下，他深藏心底的激情又会如火山爆发般突涌出来。1927年因宁汉分流而发生的"一一·二二"事件，提供了他爆发政治激情的短暂片刻。当时蒋介石已被迫下野，一批学生往国民政府请愿，引发学潮，竟遭到野蛮的枪击，致多名学生死伤。方东美闻讯，愤然而起，带头抬棺游行，向政府抗议。终于迫使责任人时任国民政府主席的李烈钧引咎辞职而告终。

　　1928年，方东美与高芙初女士结婚，俩人琴瑟和鸣，伉俪情深，携手走过半个世纪。育有长子天华，次子天觉，三子天倪和幼女天心。亦可谓一段世间难得之佳缘。然而，在此之前，方东美其实尚有一段婚姻，而由此引起的风波还不小。方东美原配为盛氏，两人育有一女。方、盛二氏为本庄世戚。大概是方东美对这桩旧式婚姻不满，乃提出离婚。这在方东美看来，是冲破旧礼教，移风易俗的壮举，理所当然。而在古风犹存的桐城，却被视为悖情越礼，伤风败俗乃至大逆不道的事，绝对不能接受！本来，乡亲们对本乡出了方东美、朱光潜这样非同寻常的大才子，也是破格礼遇，引以为荣。

谁知方东美衣锦归乡后做的第一桩事，就是休妻！在熟悉古装戏的乡亲们心目中，这种作为不就是《铡美案》中的陈世美吗？而陈世美是应当论罪处斩的！于是，方、盛二氏的族长，前来劝诫，连二兄义怀也认为他洋墨水喝多了，昏了头。时任桐城县长朱佑三，本是前清举人出身，向奉程朱理学为神明。他责问方东美："当了洋博士，便要数典忘祖吗？难道你忘了贫贱之交不可弃，糟糠之妻不下堂的古训！"调解终于无效。方东美乃将诉状递到法院，成为桐城地方法院判决的"第一桩离婚案"。开庭那天，人山人海，整个县城几乎是万人空巷。四镇八乡，都赶来看县长大人如何审理当世的《铡美案》！由于法庭狭小，县长朱佑三便改在县衙广场来审理。一时之间，群情激愤，现场秩序大乱！站在原告席上的方东美，招致众人的唾骂，处境尴尬，乃愤而提请县长，"这岂只是侮辱我个人的人格，也是在侮辱法律的尊严，损害当局的声望！"朱佑三对曰："众怒难犯，民意难违。方博士应体谅民众心情。"方论法理新潮，朱对伦理人情。当此之时，被诉人盛氏，中途离开会场，径直爬上城外山巅，呐喊若允判她被休，便跳崖寻死。现场顿时像炸开了锅，叫骂狂呼的声浪，几乎淹没了方东美。此案后，哀伤透顶的方东美，逃也似地离开了古城。终其一生，再也没回故里。迄今，故乡对这位已是名满天下的一代大哲，仍是淡漠以对，不愿提起。方东美在桐城故里从此得了个"方世美"的谑称。

　　老实说，一向意气风发的方东美，何曾显现过如此时的虚弱、难堪？乡亲们骂他忘了本，丢了根。他也真的有些失魂落魄了。他本来是那么的自信，深信自己的抉择是正确的，确信自己代表了新时代的方向。然而，当他静处无人时，他开始有些踌躇，甚至是动摇了。虽然外在的法理的审判已经结束，并随着时间的推移而渐为世人淡忘。而在他内心深处，另一种意义的法庭，即情与理的审判却正在进行，而且一辈子也没有结束。他扪心自问，有些愧疚难安。他索性一任思绪信马由缰。他甚至由此契入，让思维由具相之域臻入抽象之境，寻绎中国之为中国，中国人之为中国人之形而上之理。然而，他在这里却遭遇到真正的困顿。是的，方东美！这个一度的新时代的代表及其真实的代言人或文化意符，确曾是那么骄傲，意态昂扬，踌躇满志。但当他本人直接面对那个生养他，而现时却有些陌生的故土，那个对他来说有些遥远并日益远之而去的乡土中国时，他发现自己是如此的脆弱、惶恐和胆怯！那种曾经浸入血液深处浃骨浃髓的对乡土的亲密感似乎也一并随风而逝！而当他遽然警觉，有一群他不那么喜欢的人，正在对这个他所撰之而去的乡土中国，进行改装，重组，并用现代的色彩来涂抹，包装时，他的内心仿佛不由自主地战栗起来，一种不祥之感在心底已然弥漫开来。

方东美在经历离婚风波的重创和冲击之后，找到同乡的至交好友朱光潜诉说了心中的委屈。在诸位师友的慰勉和爱妻的规抚下，方东美在表面上很快地恢复了。他更加拼命地投入到象牙塔和他心目中的名山事业。这一时期在学术上跟他常相切磋，来往密切的好友，有时任中央大学校长罗家伦，以及哲学系宗白华、李证刚、熊伟等同事，还有中文系的梁实秋等。经过一段时间坚持不懈的沉潜用功，这样积学功深，蓄势待发，方东美的学术生命终于迸发出灼人的光华。臻至 20 世纪 30 年代中期，是他早年哲学创造的一个巅峰期，也是他哲学体系的奠基阶段。

稍加留意，便不难发现方东美思想成长的轨迹，与他早期的学习生涯以及时代环境之间有着天然的联系。他早期的学习兴趣在于西方哲学，尤其是柏格森生命哲学，英美新实在论和美国实验主义等。但他的这些兴趣也有所倾斜，如他对柏格森生命哲学的兴趣始终未减。而他对新实在论和实验主义的青睐，只是缘于他对生命的关怀。他对实验主义曾翻译过一本小书，后来嫌其浅薄而放弃了这种思想。方东美对西方生命哲学尤其是柏格森生命哲学的关注，正与当时现代新儒家诸先贤所见略同。20 世纪初现代新儒学思潮的一个重要趋向，便是引介西方生命哲学，通过融摄西方生命哲学而致力于儒家哲学的改造与重建，并谋求与新文化运动中广泛流行的科学主义相抗衡。在当年的"科玄论战"中，胡适、陈独秀标榜"科学的人生观"。张君劢等则针锋相对，认为人生观问题非科学所能胜任。张氏援引生命哲学为同调，以为它可与中国传统儒学的思想相契合。同一时期的梁启超、梁漱溟、熊十力等都有类似见解。他们都对西方生命哲学思潮不约而同地大表赞赏，并希望以此为中介，来与中国传统哲学相会通。

方东美并没有参与科玄论战。但从他的第一部哲学著作《科学哲学与人生》来看，当年这一场中西文化大论战，对方东美的思想影响既深且巨，乃至于科玄论战的问题意识成为他哲学思考与创构的切入点。如果说每个时代都有其中心的问题，那么中西文化问题便是 19 世纪初乃至整个 20 世纪中国在思想文化领域所面对的主要问题。从方东美早期对于生命哲学的关注，以及科学与哲学关系的疏解，一直到他自己成熟的生命本体哲学的创构，这中间一以贯之的线索是相当清晰的。换言之，方东美哲学并没有偏离他所处时代提出的中心问题，只不过他是以自己特有的方式作出解答而已。

出版于 1936 年的《科学哲学与人生》一书，是他在给学生上课时的讲稿的基础上完成的。方东美充分考虑到学生的思想兴趣与程度，乃选定此题。这也说明，由于科玄论战的展开，影响所及，科学与玄学（哲学）的关系问题已成为一般知识青年普遍关注的焦点。在这部为适应普通听众而作的论著中，对许多问题的探讨多是平浅的，但也有一些议论用意颇深，已涉及他后来哲学体系的核心的思想。他首先指出科学与哲学的分野，二者各自的功用与范围。但他又认为科学与哲学之间的关系并不是截然分开，而是相互作用，你中有我，我中有你。这说明方东美对于科学与哲学的认识已与科玄论战把科学与"玄学"理解为根本对立的两造，已有很大不同。他还对科学主义对于科学的误用提出批评，不同意"价值中立"的"科学宇宙观"，而认为哲学恰可补其缺失，因为哲学正是集中于意义的探讨与价值的评判。

方东美在书中乃揭橥其哲学的基本观点。他提出："哲学思想，自理论看，起于境的认识；自实践看，起于情的蕴发。我们若能把境的认识与情的蕴发点化了，自能产生一种珍贵的哲学。"① 他用如下的简要图示来总括哲学思想之结构：

方东美用情与理的关系来说明哲学的产生，标出其哲学的核心观念。他用"情理连续体"、"情理集团"和二者的"函数关系"来说明哲学的对

① 方东美：《科学哲学与人生》，台湾成均出版社 1980 年版，第 10 页。

象，而哲学的能事即在于"衡情度理"，既要探寻其意境中属于时空方面的理，又要发抒此意境中属于价值方面的情，概之为"纵览宇宙理境，发抒人生情蕴"。方东美关于哲学的这些见解，实已构成其生命哲学的思想骨纲和理论基点。他在以后的著作中还要大加发挥。

方东美对生命哲学及其意境的阐发，从他 1931 年发表于中央大学《文艺丛刊》上的《生命情调与美感》一文来看，那种方东美式的文化生命的格调已显露无遗。在另一篇美文《生命悲剧之二重奏》中得以进一步展开。该文是 1936 年春他在中国哲学会在南京公开的会议上所宣读的论文。在 1937 年中国哲学会的年会上，与会者又分享他的另一篇妙作《哲学三慧》。这些文章意趣高妙，富于韵致，能将文学之美韵与哲学之沉思相得益彰地融为一体。它们共同展示了诗哲玲珑剔透的诗思和对中西文化的妙悟，以及他对文化哲学的不凡造境。方东美的哲学及其文稿，甫一问世，即受到学界的关注。最早对方氏哲学作出整体定位与评述的，是我国著名哲学家贺麟先生。他于 20 世纪 30 年代即在其著作《当代中国哲学》中指出："接近唯心论，但不着重理性或心灵诸概念，而特别注重生命的情调，当推方东美先生。方先生博学深思，似乎受尼采的影响较深，然而他并不发挥'权力'的观念，而注重生命，精神与文化。他于讨论东西哲学文化，可以说提供了一个虚怀欣赏的态度。"[1]

《生命悲剧二重奏》，用两种类型的生命悲剧为喻，来演绎古希腊文化与近欧文化的理论效果。文章将哲学家沉雄的思想力，着意用文学家的旖旎手法衬托出来，每将神奇之理，绵邈之情，展布在晖丽的帷幕以摹状两种文化的剧场效应。起首处即以一句名谚"乾坤一戏场，生命一悲剧"来导入正题。又引用萧伯纳的说法，生命中有两种悲剧，一种是不能从心所欲，一种是从心所欲，并以此为准，来揭发、评点古希腊与近欧两种文化之底蕴。从心所欲的悲剧，是指古希腊的生命情调，它代表一种艰苦卓绝，积健为雄的生命精神，是由深透回远的痛苦润饰而成的生命类型。而反观不能从心所欲的悲剧，则指近代欧洲人由浮士德精神所代表的生命类型。他认为，近代欧

---

[1]　转引自颜玉科：《方东美哲学思想研究述评》，《孔子研究》2005 年第 3 期。

洲人的文化思想，崇权尚能，灵奇生变，启发智慧，诚应倾倒，但其哲学核心却不无缺陷。因为，"近代欧洲思想之主要潮流却表现为驰情入幻的趋势，所以我们不妨称之为'虚无主义的悲剧'"①。

《生命情调与美感》亦为一篇美文。与同期的其他几篇文章风格、旨趣相近。只是其视野更为开阔，意境更为深远。作者运用现象学的描绘技法，如诗如戏地揭示出希腊人、近欧人和中国人的生命情调与美感。他自述该文既非哲学上的抽象思想，亦非艺术上的特殊理论，"其要旨乃在以'坐客'幽情，鉴赏乾坤中几出生命诗戏之韵味而已"②。可见，他此处的着力点，不在于哲学理论上的探讨，而在于运用文学的比兴手法，比观、喻示三种文化的戏剧效果，由三种文化的生命情调的抉发，而至于对其文化形态的全体结构的整体观照与领悟，进而洞悉民族生命精神之内蕴。

《哲学三慧》可称方东美此期比较哲学研究的代表作，是他运用比较哲学的方法对希腊、近欧与中国三种文化类型进行比较研究的理论结晶。他将中国文化与西方文化中的古希腊与近欧文化相并列，称为"哲学三慧"。方东美用这种方法判释东西文化，无疑为比较哲学研究提供了一个独特视角。可以说，他立论的宗旨在于探讨民族文化之"共命慧"。而他基于本人对东西文化独特体认之"自证慧"，重新疏解、诠释东西文化范型，这也表明他的哲学造诣已臻至精湛的境界。《哲学三慧》实际上是方氏独特的哲学理论体系的一个纲脉式的提要，标志着一种新的文化哲学的诞生。他认为，哲学之造境，应以批导文化生态为主旨，始能潜入民族心灵深处，洞见其情与理。这种见解与《生命情调与美感》之论旨显然并无二致，可谓异曲同工。而他在此更表达了陶铸众美，熔世界诸种优美文化于一炉而创制新型理想文化的希望。

方东美在写作这些文稿时，已面临日寇侵华威胁日趋严峻之际。后来形势危殆，《哲学三慧》与《生命情调与美感》二文，竟成为作者历经战争离乱后的残存文字。本来方东美拟将《生命情调与美感》写成一书，连同

---

① 方东美：《生生之德》，台湾黎明文化事业公司 1979 年版，第 20 页。
② 方东美：《生生之德》，台湾黎明文化事业公司 1979 年版，第 113 页。

《哲学三慧》作为序文一道出版，未料稿本在寄往上海刊载时因日寇发难，而成灰烬。后来日寇攻陷南京，连同他的平日积稿也"俱殉家国"。这种遭遇，方东美多年后回忆起来，依然不免"郁伊悄悗"，嘘唏不已。

对于这一场中华民族的大浩劫，方东美有着锥心之痛，欲哭无泪，而终于平静以对。作为一位哲学家，他在亲眼目睹与见证华族食此惨不忍言之战争苦果后，并不是专以申饬、斥责外寇之不义为事。他引用《尚书·盘庚》之语为训诫，"唯汝自生毒，乃败祸奸凶，以自灾于厥身"，转而对中华文化这一古老国族赖以维系与传承的精神根基进行清理，护持与培植。此犹一个人在遭遇横逆后，不唯是怨尤他人，而是反躬自省。由东美先生身上我们可以察识这是怎样的文化国度，才能孕育出如许博大的哲学灵魂！他曾以千年神木突遭妖风霉雨侵袭为喻，表达自己对于维护中华文化精神于不坠的信念。并赋诗言志："蟠摩天地自高华，千百年来玉树花。活态生香能寿世，似梅人格辑邦家！"与大多数国人齐心协力地投身于国家富强的实践相比，方东美矢志不渝的梦想与追求显得迂远而沉静，而这恰也体现了他作为哲学家之职志所在。

1937 年春，日寇侵华意向已极明显，全民抗战即将发动。当时方东美任南京国立中央大学哲学系教授，应教育部之邀，在中央广播电台发表演讲。他仿效费希特告德意志民族书，以广播演说的形式向全国的中学生倾心谈论中国人生哲学，冀能激发其热爱国家民族及中华文化之精神，共同奋起与日寇作誓死决战，直至最后胜利。4 月间共播讲 8 次，每次 20 分钟，后讲稿由教育部委托商务印书馆印成书册，免费分赠全国中学生。此书即是《中国人生哲学概要》，可视为他在国难期间告中华民族书。吴经熊于 1977 年忆及，"民国二十六年，日阀侵华益亟。蒋委员长召集庐山会议，共商大计。此会为我与东美先生谋面之始。会中，东美先生即席起立，大声疾呼，力言民族精神与文化命脉之重要。半小时的讲话中，慷慨激昂，声泪俱下。自蒋委员长以下，与会人员皆为之动容。其忠愤之气，耿介之性，于此流露无疑"。① 方东美的演讲，无疑对激发和鼓舞全国人民尤其是广大青年与顽

① 　方东美：《中国哲学之精神及其发展》上册，台湾成均出版社 1984 年版，第 15 页。

寇作殊死搏斗，奋战到底的抗战精神，发挥了至为显著的功效和深远的影响。在这种伟大的抗战精神召唤下，全国人民同仇敌忾，共赴国难。而学者们也以唤起民众，培植民族精神为职责，与国家共渡危难。在伟大的抗日战争中，中国人民团结御侮，民族精神空前地高涨，爆发出了势不可当，令任何外寇心碎胆裂的伟大力量！

抗战初期的蹿身远走，方东美以前的藏书几乎丧失殆尽。1937 年 10 月，方东美随中央大学迁居四川重庆沙坪坝嘉陵江畔。他在避居山城时，却于深山古刹中意外地发现大批佛教经论。这让苦于无书可读的方东美如获至宝，就好比阿里巴巴用魔钥在他面前一下子打开了一个神奇的宝藏一样，令他兴奋不已。在极其艰苦的条件下，他埋首于佛经与易经的研究，使他对中国哲学的研究大为长进。他自嘲自己于此期间，是靠读佛经，作歪诗度日。他将自己居住的陋室命名为"坚白精舍"，透露出身处逆境却淡安坚贞，诗情不改的心境。而他在此间作的"歪诗"，后多被收入《坚白精舍诗集》，却被诗界同行视作珍宝。美学家朱光潜称其诗"兼清刚鲜妍之美"。钱锺书得闻诗哲仙逝后，不禁慨叹："中国古典诗人如方东美者，从今往后绝矣！"

说到方东美在此期间研修佛学，还涉及到他与另一位现代学界名人熊十力的交往。他们二人都属于现代新儒家丛林开宗派的人物。故他们二人的交往实已蕴含了超越个人交道的含义。事情本身并不算太复杂。他们两人之中熊十力要年长十四岁，但若论起资历来，却是平辈的同事。他们进大学任教的时间大体相近，甚至在武汉时就开始共事。后来熊十力至北京大学教授佛教哲学，而方东美则在中央大学开设西方哲学。现在却因战乱之故，共聚山城，两人自然分外欣喜。十力先生却因其讲师的身份，不被已编入西南联大的北大收留。方东美得知老友生活无着，便命学生唐君毅前去请来中大给哲学系师生演讲，还同校长罗家伦商量聘请熊十力的事。十力应约前来，其演讲也大受欢迎。只是后来应梁漱溟之约请，转赴勉仁书院任教，此议遂罢。

东美素知十力对佛教内学造诣甚深，今得幸遇，岂可错过切磋讨论之良机，便去信探究起佛家"性字究作何解"的佛教义理。谁知熊收信后，却产生误会，以为方一向研究西方哲学，今来信与商佛学是诬他不懂佛义。方东美除以多通书函辨明己意外，还寄诗一首："惊涛卷石翻沉冤，啼鸠伤春泣断魂。物不得平犹泄愤，人非丧志怎忘言？"表述自己被老友误解的苦闷心情。若单就此事而论，自表面观之，此事可见二位大哲在个性上若相抵牾。熊先生独标自我，率性而为，却不喜就一名相而细加辨析；而方先生却一丝不苟，对于学理的探究决无草率之意。进一步而论，也反映了二人在治学方法上的差异。方受到西方哲学方法的严格训练，故对佛教的范畴也要细致辨析；而熊则囿于传统哲学的方法，不习惯做此等工作。归根结蒂来说，还是二氏论学之根源有别。熊之论学融会儒佛，归宗大易，其要却在于阳明之学；这与方氏融贯中西，会通诸家有相通处，然其要终在原始儒道哲学。故方氏有批评熊"先生思想深入宋儒圈套"之语。① 熊、方二氏这段交往甚至演为现代新儒家丛林的一段著名公案。后来熊氏一脉以新儒"正统"自许，而方氏之学不属于此列。这样说来，熊、方二氏之争执至今尚未有结语。

方东美在蛰居山城时，还会见了来访的时任印度教育部长（后任印度总统）拉达克利希南博士。这个机缘促成他与印度文化结缘，也成为他逐渐由西方转向东方的重要契机。据说，拉达克利希南曾问方东美，站在中国人的立场，是否满意外国人介绍中国哲学？方东美认为这是拉氏的善意挑战，他当即答曰"不满"。其实，是时方东美对中国哲学早已情有独钟。他在思想上最终转向东方看来只是机缘问题。在重庆期间，方东美与印度文化结缘尚有另一情节。1941 年，印度诗哲泰戈尔既逝，中国哲学会公推方东美代挽诗以为吊唁。方即受命，乃作诗一首，辞曰："东方道种智，证得依林薮。园丁新月夜，玄览净群有。归神托性天，博大真人后。灿烂死中生，发心狮子吼。逝者全其天，荣名长不朽。生人绵博爱，万古以为寿。"其中不乏警句隽语，极赞泰翁人格、精神、功绩及其对东方文化之贡献，摹画传神，褒赞得宜，而以诗相吊，尤称允当，诚为难得一见之大手笔！

抗战胜利后，方东美举家迁回南京。于书肆之间，竟偶尔寻得几本旧

---

①　方东美：《中国大乘佛学》，台湾黎明文化事业公司 1984 年版，第 165 页。

日藏书，亦是哑然失笑。然而，好景不长。正当他准备自此安之若素，一如既往地度过他穷窗寂寞，皓首穷经的书斋生涯时，不料内战爆发。国民党政权在大陆的统治宣告结束了。1948 年，他迁居台湾，开始了后半生的学术生涯。

三、"殊语传深意，终然是夏声"：
晚岁的传道授业与学术生涯

赴台后，他的学术趋向的一个重要转向，就是向传统文化回归！为明自己专心治学之志，他乃跟自己订立约法三章：第一，不应宴请或作无谓之应酬。第二，不应报纸或刊物之约作文章。第三，不应外界之请开会或演讲。此约为期十年。方东美不折不扣地遵行，除非在极个别的情况下。

方氏一贯主张，国家的建设与发展，须以纯正的民族文化为基础。从这一立场出发，他反对一切"全盘西化"的论调，也反对马克思主义的基本观点。他认为以外来的西洋思想作为国家发展的理论基础和指导思想，都不能代表中国的精神，都是"忘本"。这是方氏文化保守主义的基本论调。方氏对于自由主义的政治观从来没有表示过好感。他称现代西方式的民主政治为"向下看齐"的民主，颇有不屑之意，鼓吹中国传统的精神"向上看齐"的"德治主义"。他对中国自由主义头号代表人物胡适的学术思想几乎是完全排斥的，一笔抹杀的态度，对其反感也从不隐瞒。坊间至今流传着方东美骂胡适的传闻。扼要说来，方氏对胡适的批评和责难，主要有以下数端：一、鼓吹"全盘西化"，以为西方文化比中国文化优胜，这是"外国的月亮比中国圆"；二、以中国没有科学，没有文化，这根本不是事实；三、运用西方哲学的逻辑方法来研究中国哲学，违背了中国哲学之精神；四、鼓吹民主政治，与中国传统的"内圣外王"的"德治主义"和贤人政治的精神相违；五、所倡新文化运动，倡言白话文，斩断了中国传统文化的根本和命脉；六、所倡"西化主义"，对于西学不知追源溯本而只知舍本逐末，以西学中物质层面的科技文明作为西方文明之全部。① 总之，方东美彻底反对胡适"全盘西化"的文化观，对他所倡导的新文化运动基本上持否定态度。

可见，由于立场和观点的分歧，方氏作为中国现代文化保守主义一个重要方面的领军人物，但他对同属于文化保守主义阵营的其他学者不是一味肯定，甚至是以相反方面的批评居多。这是由于虽然他们在肯定中国传统文化的基本立场上是一致的，但是在具体的思想观点上，又存在一些重要的分歧和差异。观其评价与臧否人物所奉之标准，主要有政治的标准，学术的标准和道德的、人格的标准。例如，梁漱溟，在新文化运动一片"打倒孔家店"的声浪中，挺身而出，为孔子声辩。新中国成立后，梁漱溟在政治上与共产党是合作的朋友，但他在某些思想观点上能坚持己见，敢于直言相谏，体现了古之"诤友"、"谏臣"和"节义之士"的风度。方东美便称其为"贤如梁漱溟先生"。但是，他又不同意梁漱溟在《东西文化及其哲学》中提出的"文化三路向"说，以为梁对印度佛学"根本未曾了解"，对西方文化的了解也"很浅薄"。② 方氏动辄指责他人"不懂中国哲学"或"不懂西方哲学"，在不经意间流露出一种对自己学问的极端自负和对他人的倨傲态度。在此，方氏也将梁氏在比较哲学领域的开拓者的地位，一笔略去不提了。

方氏与熊十力的交往相对较多。新中国成立后，熊十力曾上书中央，提出"马列主义毕竟应当中国化"的建议。方氏便对他稍有微词，批评他"用历史唯物论的语法"，"把儒道思想安排到近代科学唯物论及历史唯物论，自然是极大的误解"③。但是熊十力毕竟是坚持自己独立思想的学者。因此，方氏又对熊十力表示了较多的理解和谅解。方东美对另一位现代新儒家的代表人物冯友兰，却多是贬抑、排斥，甚至斥之为"蓄起胡子冒充宋儒"，在人格上诋毁冯为假道学先生，主要是深恶冯先生以一位新儒大家的身份却在"文化大革命"中趋奉形势，倡言反孔。只可惜方氏未睹事态演变之全局。

---

① 参见《方东美先生演讲集》，台湾黎明文化事业公司 1979 年版，第 209 页。
② 方东美：《原始儒家道家哲学》，台湾黎明文化事业公司 1980 年版，第 4 页。
③ 方东美：《原始儒家道家哲学》，台湾黎明文化事业公司 1983 年版，第 6 页。

　　方东美与港台新儒家另一重要代表人物牟宗三之间，亦有过节。两人虽同以治中国哲学为业，置身于同一片天地，却很少来往。究其原因，一方面源于两人之个性抵牾而致早年交恶，一方面则源于学术观点之分歧。论起来，方、牟二人之间，方东美年长十岁，要属于前辈。因为方东美与熊十力氏为朋友与同事，属于同辈之间，而牟宗三则一向以继承熊门学脉自居。方东美在晚年讲学中，极力反对"讲儒家由宋儒说起"，认为"以宋明理学可以代表原始儒学，也是一种误解"。他还特别强调反对"道统"意识。这种议论指向所有"接着（宋明儒）讲"的流派，当然也包括牟宗三在内。但是，方氏的批评并没有引起积极的反馈，反招来牟氏的反唇相讥，称："他们不喜欢理学家，也不喜欢论语，不喜欢孟子。""他们用美学的观点来讲儒家"，"其实这是很差劲的。""严格来讲，他们用这种美学的态度来讲儒家，这是不负责任的。"① 方、牟之间的过节与纷争，在特定的侧面反映了港台新儒家阵营内部"居庙堂之上"与"处江湖之远"的流派之间的抵牾和较量。

　　世事纷纭，讵难论定。然而，方东美迁台后教书育人事业取得巨大的成功，却是一个毋庸置疑的事实。著名教育家梅贻宝曾称，中国近数十年来的哲学师资，多出自方氏门下。他们对台湾哲学界发挥了巨大影响。方门弟子号称三千。其中最著名的有成中英、刘述先、陈鼓应、释净空等。早期的弟子还有唐君毅、程石泉、陈康等，以及傅伟勋、邬昆如、孙智燊、沈清松、冯沪祥、傅佩荣和安乐哲（Rogers Ames）等。这些"方门"弟子，在回忆当年听课情形时，几乎无不表示由衷赞叹。可见，方东美作为一代名师确有其夺人的光彩与魅力。成中英回忆："在大学中，启发我的哲学兴趣并引导我进入哲学堂奥的，是方东美先生。他讲授的'哲学概论'这门课，有如潜艇、飞船，把听者带到海底龙宫、云霄九天，去欣赏各种瑰宝珍藏，并领略银河繁星之美。"② 他甚而从外文系转入哲学系。方东美的"哲学概论"乃成为引导他踏入哲学殿堂的门径。刘述先回忆："东美师的哲学概论给我

---

① 转引自蒋国保、余秉颐：《方东美思想研究》，天津人民出版社 2004 年版，第 392 页。

② 李翔海编：《知识与价值——成中英新儒学论著辑要》，中国广播电视出版社 1996 年版，第 524 页。

打开了一个思辨的神奇而丰富的世界，他的演讲有如天马行空，不能尽记，但却把人的精神整个提了起来，深觉学问世界的宫室之富，庙堂之美，简直琳琅满目，美不胜收。"① 傅伟勋说："他的讲课极富哲学灵感，有如天马行空，又有启发英才的一种魔力。"② 由这些众口一词的赞誉，即可想见方东美当年讲授哲学课的盛况！他的学问、人格深刻地影响了他的学生们。方东美多元开放的文化胸襟，中西融合的治学方法和诗哲交融的独特气质，都给人以无穷的启迪和感染。成中英说，方东美先生代表了一种"先求理解西方，再回头重建传统"的所谓"后五四建设心态"，并认为"这与熊十力先生立于传统之上，吸取西学不完全一样"③。刘述先说："东美师最大的贡献是在给人一种精神上的提升与启迪。"④ 傅伟勋则说："我从方师所学到的是庐山顶峰展望诸子百家的哲学胸襟与不具我执我见的欣赏能力。"⑤ 他的这些学生都能够绍传其学，光大师门，成为享誉中外的哲学家。方门弟子中不乏从多个精神方向传承其师的学术。如陈鼓应以道家研究著称，鼓吹中国文化"道家文化主干说"，自成一家之言。释净空，俗名许运鸿，出家后成为一代佛教领袖，向全世界广宣佛法，倡"华严经十大愿王导归极乐"，弘扬净土法门。唐君毅很早就趋从方东美学习，后来在精神上追随于熊十力门下，但他的"心灵九境"的哲学创构的包容性质与美学向度，很明显地受到方东美的影响。仅举数端，也可略见方门确具博大气象。

1956 年，方东美用英文写成《中国人的人生观》（*The Chinese View of Life*）一书。该书在方东美学术生涯中的重要意义在于，它代表了方氏后期学术回归东方的重要转折，同时也是他早期应拉达克利希南的善意挑战，而决心用英文向西方世界介绍中国哲学的夙愿的初步实现。方东美撰写此书时，世界文化思潮之主流，在西方中心主义文化观的支配下，西方思想界将

---

① 刘述先：《理一分殊》，上海文艺出版社 2000 年版，第 159 页。

② 傅伟勋：《从西方哲学到禅佛教》，生活·读书·新知三联书店 1989 年版，第 4 页。

③ 李翔海编：《知识与价值——成中英新儒学论著辑要》，中国广播电视出版社 1996 年版，第 533 页。

④ 刘述先：《理一分殊》，上海文艺出版社 2000 年版，第 154 页。

⑤ 傅伟勋：《从西方哲学到禅佛教》，生活·读书·新知三联书店 1989 年版，第 4 页。

整个中国文化看作无足轻重或正在消解的对象，诚可谓西风正烈。同时中国文化界受此影响，纷纷主张彻底铲除中国传统文化，完全输入外来新文化。面对此世变之亟，方东美忧心如炽，乃忧愤著书立说，慨然为中国文化仗义代言，大声疾呼，希望西方世界对"中国的心态"有"同情的了解"。方东美在该书的序言中阐述了他撰写此书的良苦用心和原委。他怀着无比的悲悯之情，表达了对于因中国文化精神的沦丧而造成现代世界的空前劫难的深刻忧思。他说："因为中国心态的沦丧，不但对我们中国人是一项极严重的打击，对整个世界也是如此：我们正在尝此苦果，付出无数的血泪代价。长此以往，整个世界亦将血泪斑斑，同遭苦难。"① 他著作该书的宗旨就是"阐扬中国的慧心"，"希望英语世界对中国心态能有同情的了解"，摆脱过去因偏见而造成的对中国文化这一博大精深的人类精神宝库的"毫无同情"或"视而不见"。他还严肃地批评了一些本土人士的"妄自菲薄，自毁长城，污蔑中国的遗产宝库"，致使"长久以来，中国心灵的精神一直暗而不发，至今未振"②。

方东美认为，疯狂的战争正把人类导入穷途末路。要寻求人类长久生存的途径，就必须要在思想上克服"以冲突矛盾为主"的意识形态，发扬中国文化的"广大和谐之道"。他说："本世纪的最大特色，就是疯狂的战争连续不断，深深玷污了人类良心。在这变色的世界中，思想混乱，世变晦暗，人类显得如此阴郁，如此厌倦，我们必须探求某种方法，为人类重新开拓出路，发扬生机，那才是一个真正的福音。本书作者虽然也对此世变深感悲慨，但仍相信人类精神足以克服任何暴烈风雨，获得最后胜利。本书所要表达的人生观，就在坚决反对以冲突矛盾为主的意识形态。因为这种错误思想至今仍在猖獗，到处在世上为害，唯有发扬广大和谐之道才足以克服，确保人类的生存可大可久，充满幸福。"③ 因此，他把该书的中心思想概括为："所谓'中国的心态'扼要来说，就是深悟广大和谐之道，因而深体世上所有人类与一切生命都能浩然同流，共同享受和平与福祉。其根本便是

---

① 黄克剑、钟小霖编：《方东美集》，群言出版社1993年版，第60页。

② 黄克剑、钟小霖编：《方东美集》，群言出版社1993年版，第60页。

③ 黄克剑、钟小霖编：《方东美集》，群言出版社1993年版，第61页。

了解到不论人或宇宙，都足以生生不息，创进不已。本书即在阐扬此中心思想，这种思想足以从根本处杜绝灾祸。唯有在这样的境界，一切生命与万有都戒惕谨慎，谨防邪恶势力，人类才不会沉沦坠落，陷入分裂。我常提到唯有如此，所有互相矛盾的偏见，彼此割裂的虚伪，所有丑恶的屠杀，死亡的悲伤，以及顽劣的破坏，都将被一一克服，而融入一体和平的欢乐大合唱。"①

"殊语传深意，终然是夏声！"用英语向西方世界传扬中国文化的精神，是方东美晚期学术活动的重头戏。1964 年，第四届东西方哲学家会议在美国夏威夷大学召开，方东美以中国哲学家的身份与梅贻宝、陈荣捷、吴经熊、谢幼伟、唐君毅等中国学者一道莅临会议。他在会上宣读了《中国形上学中的宇宙与个人》的论文。这篇神思飞扬，辞采华美却不失典雅韵致的文字，顿时惊动四座。英国牛津大学麦克慕兰教授（Prof. Ira Mcmorran）惊叹："真未想到一位东方人，以英语著述，向西方介绍中国哲学，其英语造诣如此优美典雅，求之于当世英美学者，亦不多见。"美国哲学家路易·韩（Louis Han）更称他为"一代奇才，伟大的中国学者"。主办者摩尔教授（Prof. Charles Moore）更叹服："我至今才知道谁才是中国最伟大的哲学家！"当时已年逾九旬的日本禅学大师铃木大拙先生，或许更能契悟该文精湛的结构中所含蕴的玄思妙理，评点该文："冠绝一时，允称独步，不愧精心结撰，压卷之作！"

中国哲学家方东美与日本禅学大师在东西方哲学家会议上的相会，本身就富有象征意味。当时铃木大拙正向西方介绍东方禅学，引起整个西方世界的轰动和经久不衰的禅学热。方东美向西方哲学界宣扬中国哲学天人合一、生生而和谐之精义，也激起轩然大波！西方哲学家在国际学术会议上遭到来自中国哲学家的严肃批评和凌厉挑战，方东美当是开其先河者。在这次会议上，他以哲学家的睿智、诗人的激情乃至宗教家的热忱，挺身而出，慨然代中国文化发言。正因为他对中西文化均有着罕与其匹的非凡造诣，故他对中国哲学精神尤能发出深湛、精到之洞见，而对西方哲学的批评也更能切

---

① 黄克剑、钟小霖编：《方东美集》，群言出版社 1993 年版，第 60 页。

中要害。这让早已习惯于高高在上、睥视一切的西方哲学家在震慑之余也大开眼界。该文纵论儒、释、道三种人格类型及其种种优美的价值,其要无非在于阐发人与宇宙可致雍容洽化,和谐统一的形上原理,而摒弃单纯"二分法"或"二元论"为真理。他的这一基本思想在下一届东西哲学家会议所提交的论文《从宗教、哲学与哲学人性论看人的疏离》中得到了进一步坚持和发挥。如果前文偏于阐扬中国哲学的优美精神价值,那么,后文则偏重于揭发西方文化价值核心的缺失,并把"人的疏离"问题归结于两极对立原理所隐含的"二分法"或"西方心态"之咎。

方东美对于中西文化的这种迥异流俗的疏解,在当时无异于截断众流,产生令人目眩神迷的效应。其真实的意义要放在中西文化交流这一宏大的历史背景下才能洞察清楚。中西文化的交往过程在相当长的一段历史时期内都体现为一种单向的、不平衡的格局,就是西方文化挟其优势向中国文化的主动挑战和进攻,而中国文化则处于被动接纳、学习的消极防守态势。而在经过一段时间之后,西方文化的优长为中国文化所了解与掌握乃至化为己有,中国文化便可以在战略上展开反攻,并且把自己本具的、内在的优美性展示出来。方东美的这一事例不是偶然的现象,也不能孤立地看待,它标志着中西文化的交往已开始扭转以往那种单向的、不平衡的交往过程,而走向真正意义上的双向交流与对话,开始趋向相互论释、相互批评的双向交流过程和良性循环。当然,这是一个漫长的历史过程。方东美等人的努力固然代表了一种十分重要的转折,但这种转向的征兆可以说还是相当微弱,远远不能说已经完成。另外,我们亦须警惕,方东美从中西文化形而上的核心价值层面立论,指认中国文化自有其永恒的意义和优胜的价值,这并不能取消中国文化在具体的、现实的层面所存在的诸多问题。可见,方东美对西方哲学界的挑战,不能简单地理解为替本土文化争一日之短长,而更应理解为两种文化交流过程中出现了一种至为重要的转机。

方东美于此期间,曾数次应邀访美,讲学于彼邦高等学府。此后,他曾利用台大两年休假时间应聘于密西根州立大学,担任哲学客座教授,演说中国哲学思想之主流及其要义。方东美本人曾这样坦陈自己的心迹:"区衷所志,厥欲凭借我广大悉备、圆融和谐之中华智慧,向彼处处不脱二元对立、时时陷于困惑疑难，在在表现橛裂形态之西方思想模式，展开挑战。"①
他发现，当时的美国青年中有不少人对他所宣讲的中国哲学之义谛会之于
心，作同情理解。与十多年前之状况相较，已有不少改观。

方东美从美国归来后，遂放下以往讲授了大半辈子的全部西方哲学课
程，而专门教授中国哲学课程。他终于实现了在学术上回归东方的夙愿。这
是方东美在他终生泛滥于东西诸家之后思想上的最后归宿，也是他生命的最
后归宿。一位以探索哲学真理和人生真谛为终生志业的哲学家，终于在他生
命的晚期找到了自己最终的精神归宿！方东美在学术思想上历经一段漫长而
曲折的探索历程而最终回归东方，展现了一位东方大哲的卓越风采。

方东美的晚年是他的学术生命绽放异彩的阶段。他以自己对中华文化
的赤子之诚和老而弥坚的壮志，谱写了一首他自己生命中最绚烂多彩的华美
乐章，他本身就是其生命哲学的一首赞歌！自 1966 年 10 月始，方东美便开
始了他晚年传续中国哲学慧命的事业，鞠躬尽瘁，死而后已。十年内，他曾
三度系统讲授中国哲学。首度历时四年（1966—1970），讲授上古哲学、魏
晋玄学、隋唐大乘佛学、宋明新儒学，内容涵摄全幅中国哲学史。再次历
三载（1970—1973），讲课因退休故停，截止于大乘佛学。退休后他不顾年
迈，再上讲台，受聘于天主教辅仁大学，再度开讲中国哲学，直至罹病住
进医院，他的讲课才被迫辍止。他的这些讲课内容，后来被整理成书，在
他谢世后陆续出版。这便是《原始儒家道家哲学》、《中国大乘佛学》、《华
严宗哲学》、《新儒家哲学十八讲》等著作的面世。这些书成了一代大哲方
东美于其生命的晚期，殚精竭虑，极深研几，将全副心血尽瘁于他所热爱
的中华学术文化的见证。它们记录了方东美中国哲学研究最终成熟的思想
成果。

1973 年 11 月，方东美在台北耕莘文教院作题为《中国哲学对未来世界
的影响》的演讲。这次演讲与他前两次国际会议上的发言在气势上遥相呼
应，但其意旨则更为深远，犹如一座精美建筑的盖顶石。在这篇演讲稿里，
衬托出方东美哲学思想的整体风貌和特殊神韵。它回应了他早年融汇世界众

---

① 方东美：《中国哲学之精神及其发展》上册，台湾成均出版社 1984 年版，第 1 页。

多优美文化创造新奇境界的超人理想，凝结了他晚年哲学思考的精髓，将他所梦寐以求的理想文化与人格类型，以一幅精心设计的"人在世界理想文化中的蓝图"而给予集中而完整的表述。他的这幅人的生命与理想世界的构画诚然是一伟构，它是方氏沉浸于东西文化的哲学思考中几十年学力和慧思的集中展现。这里还寄托了他对中国文化乃至世界文化复兴的深厚期待。可以说是一位东方大哲在其生命即将走向终点时，以其全副生命的光华对中国文化和世界文化所作出的美好祝愿与无尽期许。

自 1972 年起，方东美开始以英文阐述中国哲学。1976 年，他完成精心结撰的英文巨著《中国哲学之精神及其发展》(Chinese Philosophy：Its Spirit and Its Development)。本书是凝聚了方东美终生研究中国哲学的心得体会与理论创获的鸿篇巨制，也是他晚期中国哲学研究的一部代表作。他终于完成了用英文系统介绍中国哲学的愿望！方氏从比较哲学的视角，断认中国哲学的精神就在于广大悉备的圆融和谐精神，即他所谓的"广大和谐之道"。这是他以西方"二元对立"思想为参照系，对中国哲学根本精神的一般界定。同时，就中国本位文化的立场来看，方东美从儒、道、墨或儒、道、释等多元文化交合的观点来考察和探讨中国哲学的根本精神，认为中国哲学精神就在于多种文化的会通、会合之处，方氏这一观点的确比那种固执于一家一派或定某家某派为一尊的狭隘观点，要显得开放和宽容。他从"内在超越"的理论视域，将符合这一基本特性的思想流派，如原始儒家道家，中国大乘佛学以及宋明清新儒学划入自己的理论范围，并认为中国哲学的根本精神，就体现于这几大主要传统的会通、会合之处。可见，方东美对中国哲学精神的理解，确是别开生面，启人新思，颇多创发之论。此亦方氏晚年学术思想之结穴处。

1973 年恰是一代宗师方东美执教杏坛五十周年，他终于光荣地退休了。在 6 月 8 日专门举办的纪念茶会上，这位耄老的哲人，手持蜡烛分传与会的中外各国同学，在一片烛光交互辉映之下，他即席发表谈话，拈取当场人人手上烛光相照之事相，阐明华严互摄之妙理，殷勤咐嘱，寄予他对学生们传承中华文化精神的无限微意。人们只听到一个苍老而舒缓的声音在周围扩散开来。这是一个发自昔日曾朝夕相处的长者心底的声音：

现在，我们证明了每一位都有内在的本体、内在的作用，内在的光明，照耀一切的一切。所以，现在大家点了这个灯，你照我，我照你，你照他，他又照他，在这辗转相照的时候，我们再借《华严经》里面的手法，这一个本体，这一作用，也就是这个光明生命的显现，是自己在自己；而"一"——这个本体，这个作用，又在其他一切的"一"互相贯串起来形成的"一切"，这是"一"在"一切"；同时反转过来说，那个"一切"，它又是光明的本体，光明的作用，它显现它的光明的时候，那个"一切"又在"一"，"一"又在"一"，"一"所形成的"一切"，于是最后一切在一切！这样一来，产生这一个光明，在那个地方彼此辗转增加它的功用，提高它光明的普遍性，永恒性，悠久性，无穷性！①

1977 年，这位在风风雨雨中耕耘杏坛五十春秋的长者，终于不堪岁月的重负，其生命之薪火，已燃至尽端。而在此前数月，他还坚持迈上讲台，面对他的学生，口吐莲花，宣示无尽的妙理。此诚一幅至为壮美的生命画卷！当他确知已罹患绝症，内心其实很平静。他只是关心，《中国哲学之精神及其发展》英文稿之译还中文。乃特意召还在美弟子孙智燊，嘱其"徐徐为之"。还对手头的比较哲学巨作《生命理想与文化类型》没有完稿，有些遗憾，乃指示智燊将其写作提纲一并公布于世，其嘉惠后学，启发来者之意甚为著明。后此纲目对哲学同人甚具启迪，尤其对方门后学之哲学进展，实有启导，具有指示方向的意义。此亦其欲将生命之最后的光华与能量，全副留播世间，致于"一切都清清爽爽的结束"之无尽愿心最终实现耶！面临生死交关之际，虽然哲人自知实已契入圆智，他的生命也早已觅得皈依处，但他依然认为外在的皈依形式亦不可免，乃在侍者的陪护下，正式皈依于广钦长老座下。这位不识字的长老赐其法名"传圣"，不期然竟十分得体合式。处于弥留之际的东美先生，思想依然十分清明，他已完全契入无上圆明、空寂之境。在他临终前两个月写下的两首无题诗验证了哲人在他生命最后关头

① 《方东美先生演讲集》，台湾黎明文化事业公司 1979 年版，第 291 页。

对于人生奥理的体悟：

> 狂邪趋智慧，所得只狂邪。
> 心性融万类，安得落一边。
> 主体不自觉，所觉堕客因。
> 主客不相即，边见证狂邪。
>
> 我自空中来，还向空中去。
> 空空何家有，佳心亦无处。①

　　一代诗哲，他的生命尽头，竟是这样飘逸，洒脱，意蕴无穷！哲人其萎矣！他将一曲荡漾着空灵圆融，安详永寂的生命情调，留传给世人，仿佛一曲永不消逝的曲调，在永恒的生命星空回荡！

---

① 方东美：《坚白精舍诗集》，中华书局 2013 年版，第 492 页。

第二章　生生之德与和谐之道

——方东美哲学的基本思想

中西哲学的冲突与融合，构成了 20 世纪中国哲学发展的一条主线。中国现代几乎所有创造性的哲学家都在这一领域作出了自己特殊的理论建树和贡献。方东美就是这样一位在中国现代哲学史上具有重要地位的哲学家。他不仅以其原创性的哲学体系独树一帜，而且以其独特的学术历程和致思路线，享誉学林，并对当代学术思想发生了相当深刻的影响。

一、"出入中西，回归本源"：方东美哲学的主要特征

在中国现代文化思潮错综复杂、波澜壮阔的历史篇章中，文化保守主义以其传统文化的本位立场和文化建构的创造精神，正越来越受到人们的关注和重视。他们在中西文化激烈交锋，诸家争鸣，竞领风骚的中国现代文化的总体格局下，独辟蹊径，坚持中国传统文化的本位立场，同时吸纳西方哲学，为中国文化的现代转折开辟出一条通道来。方东美的哲学创新活动与文化保守主义在精神方向上是一脉相承的。在中国现代哲学思潮中，方东美以其独创的哲学体系，富有个性化的思想和独特的治学路径，成为"独树一帜、壁立千仞"的人物。在 20 世纪中国现代哲学家群体中，方东美是一位卓立特行，引人注目的人物。他为中国哲学的现代转折与创新作出了可贵的探索与努力，并以其宏富学养和睿见卓识赢得了"一代大哲"的美誉。方东美是一位具有世界眼光与现代意识的哲学家。他以学院派教授和哲学家名闻

于世，亦被公认为现代新儒家的重要代表人物。他一生潜心研究哲学思潮，冀能了悟其源流正变。他深入西方哲学堂奥，又自觉地回归于中国哲学，走过了一条曲折的学术探索历程。有论者指出，方东美的哲学路线代表了一种"先理解西方，再回头重建传统"的精神方向，所谓"后五四建设心态"。基于其对中西哲学的深刻理解，他提出以形上学的途径研究哲学，并区分中西形上学的类型，进而在此基础上建构起一套以生命为中心的本体哲学构架。与现代新儒家遵循传统哲学的心本体、理本体的哲学重建路径不同，方东美在综合中国传统哲学尤其是易经哲学以及柏格森的生命哲学、怀特海的过程哲学的基础上，提出了一套独特的生命本体哲学。生命本体哲学是方东美对中国传统哲学尤其是易经哲学创造性诠释的理论结晶，也是他对西方哲学有选择地采纳利用的结果。方氏的生命本体哲学无论是就其思想内容还是理论形式与传统的心本体、理本体哲学相比都已有很大的突破。他标榜回到中国哲学的原点，而实质上是对中国哲学的一种创造性的诠释和重建。方东美生命本体哲学，其哲学创构不仅在于实现中国哲学的现代转折，同时也志在弥补西方哲学之不足，具有深刻的现代意义与世界意义。

要之，方东美哲学体现了融贯东西，涵摄众家，复以中国文化为本位的特征，代表了中国哲学在现代条件下寻求重建与发展的一种尝试与方向。他通过比较哲学研究，最终回归于中国文化本位。因此，他重建中国哲学传统的工作具备了世界总体文化的宏阔背景，有着深远的文化意蕴与现代意识。他强调讲中国文化传统，应该诸家并重。虽然他以儒家为中国文化精神之主脑，但他并不赞成定儒家为一尊的做法，尤其反对"道统"观念。他不同意"接着（宋明儒）讲"的路线，而是把眼光投向中国哲学的原点。他主张回复原始儒家道家哲学健康饱满的生命境界。他的生命本体哲学的标出，表明其哲学创构开辟了一个崭新的境界。可见，方东美哲学确实具有开创性特点，他为中国哲学的现代重建开创了一条崭新的方向和道路。

方东美是在中西融合的背景下从事哲学思考的。他的哲学研究具备一个深广的比较哲学的理论视野。他在哲学探索中，走出了一条在东西方融会的交点上重建中国哲学的路径。面对西方文化的挑战和传统文化的严重危机，他明确地反对任何全盘西化的主张，也不同意"接着（宋明儒）讲"的路线，如冯友兰、牟宗三等现代新儒家人物所主张的，借用西方哲学的一些方法（主要是逻辑分析方法）致力于传统哲学（主要是宋明理学和心学的哲学体系）的重新诠释与复兴。他主张，要在深入、全面地了解、认识中西文化传统的前提下，融会贯通，重建中国哲学传统。他在融汇西方柏格森生命哲学、怀特海过程哲学和中国传统的易经哲学的基础上，提出了一套独特的生命本体哲学。生命本体哲学的建构，是他对中国传统哲学尤其是易经哲学创造性诠释的理论结晶，也是他对西方哲学有选择地采纳利用的结果。方东美的哲学创构为中国哲学的现代转折开辟了新的方向与道路，具有至为深广的内涵与意义。方东美通过比较研究，发现中西文化各有短长。因此，他主张通过中西文化的融合，从而使传统文化走上现代化、世界化的道路。实际上，他认为中国文化具有更完美的价值，他断认中国哲学"天人合一"的思想模式和方式恰恰是对治西方"二元对立"的思想模式与方法的一剂良药。中国哲学的"广大和谐之道"与圆融和谐精神对西方二元对立的分离型思想和矛盾斗争的意识形态构成了深刻的挑战。因此，他强调，从事哲学研究必须具备传统文化的本位立场和"中国人的心态"。这是方氏文化保守主义心态的集中体现。方东美在比较哲学的背景下，回归于中国传统哲学。他对中国传统哲学的阐释，表现出一种比较如实的信念和相当开放的精神。他认为，中国哲学精神之最高成就体现于儒释道诸家思想的会通处。虽然他认同儒家文化的价值取向，认儒家为"纯正中国人的代表"，但他并不认为儒家可以代表中国文化之全部。他甚至对儒家传统提出了极严苛的批评。他反对"道统"意识，也不同意"接着（宋明儒）讲"的路线。他对儒家不同寻常的诠释确乎体现了他的睿见卓识，但也不为现代新儒家主流所认同。他重视原始儒家儒学，对后起的汉、宋儒学都有所贬抑。他强调要回归到中国哲学的原点，回复到原始儒家道家哲学健康饱满的生命境界，才能回复中国哲学的生机与活力。方东美对中国哲学原点的回归，从形式上表现为一种传统的回归，而实际上则是在更高层次上对传统的重新建构与恢复。

可见，方东美哲学确实极富个性化和原创性的色彩，它本身既是时代精神的一种独特反映和体现，又是集多种要素的立体式的综合与统一。概括起来，方东美哲学思想具有以下几个方面的理论特点和要点：

第一，比较哲学视野下的本土回归。方东美的哲学探索和创新活动，走出了一条在比较哲学背景下回归本土哲学的独特的曲折路径。与梁漱溟、熊十力等现代新儒家老一辈的人物终生囿于中国传统哲学的本位文化视野不同，方东美竟其大半生之功，致力于西方哲学之消化与理解，乃得深入西学之堂奥。西方哲学方面精湛的造诣，使他对中国哲学的优胜不只是具有情感的认同，更增加了理性的认定。系统的西方哲学的训练为他厘清中国哲学的思想和范畴提供了方便的工具。可以说，方东美所具备的深厚的西方哲学的素养有助于他对中国哲学精神之深入领会。同时，他能够以一种更加积极的态度肯定中国传统哲学的价值，乃至以一种挑战的姿态应对西方文化的挑战。方东美在东西整体思维的视域，衡论中西哲学精神，表明其比较哲学研究已臻入非常深刻之境。方氏从比较哲学的视域回归于中国传统哲学的本位立场，进而致力于中国哲学的现代重建。他的哲学研究具备广阔的比较哲学的理论视域，为他在东西方文化会通的大背景下进行哲学重建提供了重要保证，为中国哲学的现代化和世界化开拓了一条可靠的途径。

第二，生命本体论的哲学建构与机体主义的思想方法。基于其对中西哲学的深刻理解，方氏提出以形上学的途径研究哲学，并区分中西形上学的类型，进而在此基础上建构起一套以生命为中心的本体哲学构架。这是他融汇西方柏格森生命哲学、怀特海过程哲学和中国传统的易经哲学而提出的一套独特的本体哲学。生命本体哲学是方东美对中国传统哲学尤其是易经哲学创造性诠释的理论结晶，也是他对西方哲学有选择地采纳利用的结果。生命本体论的标出，在特定意义上已逸出传统哲学的心本体、理本体哲学的范畴。它标榜回到中国哲学的原点，而实质上是对中国哲学的一种创造性的诠释和重建。方东美生命本体哲学，其哲学创构不仅在于实现中国哲学的现代转折，同时也志在于弥补西方哲学之不足，具有深刻的现代意识与世界意识。从方法论的立场来看，它明显地吸收和融摄了西方哲学的方法学特征。其机体主义理论的创构，就其实质而论，依然可以归源于中国哲学的形上智慧，而据此开拓出一种体现中国哲学根本精神的思想模式，由此衡论与比观中西哲学精神，重新疏解和阐释中国哲学，进而贯穿于其思想体系之中。由是观之，方氏生命本体论的建构是现代新儒家重建本体的文化努力的重要方面。同时，也是理解和把握方氏整个哲学体系的关键环节。

第三，兼容并蓄，回归原点。方东美对中国哲学传统的阐释，富于开放性与包容性。他主张中国哲学传统应诸家并重，不执一偏。中国传统哲学儒释道诸家应当融合会通，而不可独尊一家一派。他反对"道统"意识，也不同意"接着（宋明儒）讲"的思想路线。他把眼光投向了中国哲学的原点，主张恢复原始儒家道家哲学的健康饱满的生命境界。他认为，后起的汉儒、宋明儒学的境界已经坠落，比不上原始儒家。因此，他不是把重建传统的任务寄托于宋明儒家的复兴。其原意不是复古，实际上是为中国哲学的重建提供一个价值学目标，通过创造性的诠释恢复中国哲学的生机活力，从而再开大本大源。方东美阐发中国哲学传统，走的是一条与众不同的路线，体现了他本人对中国哲学独特的认知与界定。其意义在于为中国哲学文化在现代条件下的重建发掘有生命力的思想资源。他承认儒家对中华民族人文精神的形成与发展所具有的关键作用。因此，他一直把儒家作为中国哲学精神的主要代表。虽然他认同儒家的文化价值取向，以儒家为"纯正中国人的代表"，但他并不认为儒家可以代表中国文化全部，他甚至对传统儒家提出了极严苛的批评。方氏这种不执一偏的对儒家传统的界说，确实比那种固执于一家一派的学说，显得更加包容与开放。他重视原始儒家儒学，对后起的汉儒、宋明儒学都有所贬抑。强调要恢复中国哲学的生机与活力，就必须重新回复到原始儒家道家哲学健康饱满的生命境界。特别是方东美强调易经哲学在儒家和中国哲学传统中的源头和根本地位，以其为最能体现中国哲学以生命为本源的哲学精神。他对易经哲学的创造性诠释，为中国哲学的现代重建，提供了一个价值学的目标和理论原型。可见，方东美主张回归中国哲学的原点、源头，它在形式上是对传统的回归，而其实质则是对中国哲学的重新建构。它实际上揭示了一条独具一格的中国哲学发展的思路。

总之，方东美哲学思想确实具有开创性精神，他为中国哲学的现代转折与创造性转化，开辟了一条独具一格的崭新道路。他在充分地研究与消化中国乃至世界诸大文化传统的前提下，提出了一条全新的文化哲学的发展与重建的道路，这就是融贯中西，涵摄众家，复以中国文化为本位的路线。这是方东美在深入西方哲学堂奥，又自觉地回归于本土哲学，致力于中国哲学的现代转折与重建的重要理论贡献。作为一位具有开创性，又具有承先启后作用的现代中国哲学家，他的理论探索与创新活动，为中国哲学现代史增添了新鲜的、有积极意义的重要思想资源。

方东美哲学是中国传统哲学向现代转型的良好典范。它一方面立足于传统，表现为对于传统哲学的继承和认同，另一方面又表现为对于传统哲学的开拓与发展，方氏哲学体现为传统本位立场与现代精神相结合的矛盾性的统一体。因此，我们对于方东美哲学，在认清其开拓性，开创性精神的同时，又要认清其本身的内在矛盾及其限制和局限性所在，从而比较全面地把握方东美哲学的精神特质。首先，从方氏哲学的本体架构及其哲学所依据的根本的思想方式以及其深层结构来看，方氏哲学在根本范畴的规定，思想模式与内在结构上与传统哲学中体西用论存在同一性。方氏哲学在传统的本体论的框架内，吸收与容纳怀特海机体哲学的原理，以作为解决其哲学中的普遍问题的原则和根本的方法论，从而使其哲学表现一个奇特的矛盾的结合体。其次，方东美从比较哲学视野下回归于本位文化立场，使他对中国传统哲学的认定富于一种理性批评的精神。不过，他的这种理性批评的精神是不够彻底的。在中西哲学之间，他突出了西方哲学的缺点，夸大了中国哲学的优越性。他的本位文化立场妨碍了他从比较哲学视域中开展出双向的、对等的批评与互诠互释的观点。最后，他对于中国传统哲学的阐释，由于偏重于生命哲学与形而上学的观点以及美学的趣味，对于一些重要的中国哲学流派如墨家、名家、法家等都略而不论，甚至排斥在外。他对于儒家传统的阐释招致物议尤多，也由此而来。可见，方东美对于中国传统哲学的开放性、包容性精神，也是有限的。归根到底，方氏哲学思想的这种限制和局限性，根源于其哲学体系中的内在矛盾，他在传统哲学的框架内吸收、容纳现代性精神，说明了他的哲学创构与同一时期中国现代哲学发展的总体脉络是完全契合的。

二、"生命理境"与"形而上学"：方东美哲学 研究的路径与生命本体哲学的创构

方东美提出以形上学的途径研究哲学，并区分中西形上学的类型，进而在此基础上建构起一套以生命为中心的本体哲学构架。方东美生命本体哲学的建构，属于一种独创性的理论建构，也是方东美哲学体系的关键环节。生命本体论构成其整个哲学体系的根本理论，是他据以解决其哲学的基本问题，探讨知识与价值关系，建构理想文化哲学的凭借，也是他衡论中西，重释中国传统哲学的根据，方氏哲学由此呈现为一个机体统一的整体。从方法论的立场来看，它明显地吸收和融摄了西方哲学的方法论特征。他借鉴怀特海机体哲学，提出了机体主义的哲学原理，强调以此作为评判中西，重释中国哲学的方法论根据，使他的哲学体系具有了一条一以贯之的根本线索，从而也使他的整个哲学构成一个旁通统贯的有机整体。其机体主义理论的创构，就其实质而论，依然可归源于中国哲学的形上智慧，而据此开拓出一种体现中国哲学根本精神的思想模式。

方东美从比较哲学的视域，在东西方文化之间寻求融合与会通。他指出："哲学的中心问题，集中了人类精神工作意义的探讨，文化创造之价值的评价。"① 因此，他从形而上的精神层面作为把握东西文化与哲学精神的入手处。他从形而上学一途研究哲学，也就是说本体论是他研究的重点和出发点。他说，"形上学者，究极之本体论也，探讨有关实有、存在、生命价值等"② 问题。他所谓的本体，主要是一种精神性的价值本体，是一种超越现实，超越名言与现象的本源性的精神本体，是相当于道家的"道"，儒家的"性"或"天"，佛家的"菩提"，基督教的"上帝"或西方哲学最高的"善"以及印度教的"大梵天"的根本范畴。它作为最高的理体，是整个现实世

① 方东美：《科学哲学与人生》，台湾成均出版社 1980 年版，第 9 页。
② 方东美：《中国哲学之精神及其发展》上册，台湾成均出版社 1984 年版，第 28 页。

界的最终根据。他由此综合东西方诸种形态的形上学，又依据形上本体与形而下的现实界、现象界发生联结的方式与关系，将它们划分为三种形态：（一）超自然（即超绝）型（Preternatural）；（二）超越型（transcendental）；（三）内在型（immanent）。因为他所说的"超越"又包含"内在"的含义，故他实际上将东西方形而上学剖分为两种类型：即"超越"型和"超绝"型。

方东美称西方哲学传统属于超绝型。它肇始于苏格拉底、柏拉图的"精神主义哲学"，其最大特征便是依一种绝对模式，运用"二分法"将整个世界严分为"本体界"与"现象界"，令自然界与超自然界，肉体与灵魂，时间与永恒，生灭变化的形象世界与永恒的法相界，凡此种种问题，皆于二界之间寻求索解。他认为，这种超绝形态的形上学的根本缺陷乃是根于二元对立的心态，宇宙据幻想妄见而被剖分为两橛二分状态，它造成形而上的价值理想与形而下的现实世界的悬隔不通。方氏断认，这乃是西方哲学二元对立思想模式的根本缺陷，也是始终无法解决的理论难题。它造成柏拉图哲学中理念世界的真、善、美的价值无法流注于下层世界，中世纪的基督教将其宗教中心建立在永恒世界上面，而对下层的自然世界颇有不屑之意。近代西方哲学又面临知识论上的主客体、内外界的对立。它甚至导致现代西方哲学朝向两个极端的方向发展，或者只承认事实世界的存在，而对价值则采取中立主义的立场予以消除的"科学主义"路线，或则从超越的精神世界出发，对人世予以鄙视的"精神主义"路线。在他看来，二元对立的思想模式造成了西方哲学中世界统一性的根本难题，它导致上下界无法联系起来，"始终无法解决上下层宇宙的对立的问题"①。

方东美把中国传统形上学归为"超越"形态。他所界定的本体的超越性，显然与通常的理解有别，如他所说："一方面绝不视之为某种超绝之对象，可离于其余一切自然元素与变化历程而凝然独存，另一方面是断乎不将之单纯定位而局限固定于现实界或事法界。"② 本体的超越性，是肯定它既内

---

① 方东美：《中国大乘佛学》，台湾黎明文化事业公司 1984 年版，第 314 页。
② 方东美：《中国哲学之精神及其发展》上册，台湾成均出版社 1984 年版，第 30 页。

在于现象世界，参与它的整个过程，又肯定它作为抽象的、超越的理体，同时指向一个永恒的、尽善尽美的价值世界与至上目标。因此，方东美又称中国哲学为"内在超越"型。从价值学着眼，则是一种"价值学的理想主义"。它注重价值理想在现实人生中的完全实现，把世俗生活领域与价值理想领域打成一片。据此，他断认，中国哲学"一向没有现实世界与理想世界的鸿沟"①，也从来不用二分法形成对立矛盾。方氏认为中国内在超越形态的形上学，恰是"对治西方哲学二元对立的心病的一剂解药"。

从中西两种形态形上学的比较中，方东美认同于中国内在超越形态的形上学。他综合中国传统各派形上学，又借鉴、吸收了一些西方哲学流派主要是柏格森生命哲学、怀特海过程哲学的思想内容，建立了生命本体哲学。这是他在总结、概括中国传统儒道释诸家形上学的基础上，尤其是在对易经哲学的创造性诠释的基础上提出来的。因此，他的生命哲学又可以归源于中国传统哲学和易经哲学。据他看来，中国传统哲学诸家包括原始儒家、原始道家，乃至墨家都是一套以生命为中心的生命哲学。② 以生命为本体，也就是以生命为"本体至真之境"，把生命的存在作为一切存在之所从出。儒家追原天命，率性以受中；道家遵循道本，抱一以为式；墨家尚同天志，兼爱以全生；而"天命、道本和天志都是生命之源"。他据此得出结论，孔老墨诸家的统会，就在于对生命价值的肯定。③ 此后，中国哲学的全幅发展，就其主流来说，是儒家、道家和大乘佛家齐声高歌，合唱"生命之礼赞"，其思想体系都是生命精神之发泄。

方氏生命本体哲学的确立，可以从《哲学三慧》成立的名言系统中获得确证。《哲学三慧》可谓方氏生命哲学的真正诞生地。它开篇就提出："太初有指，指本无名，熏生力用，显情与理。"④ 意谓存在的整体发展过程于其开端，就有一个"无名之指"，它作为认知对象，却是不可名状，超越规定的实体。方东美在对易经"太极无名"的诠解中，把本体的安立作为其哲学

① 方东美：《原始儒家道家哲学》，台湾黎明文化事业公司 1984 年版，第 16 页。

② 参见方东美：《原始儒家道家哲学》，台湾黎明文化事业公司 1983 年版，第 158 页。

③ 参见方东美：《中国人生哲学概要》，台湾问学出版社 1980 年版，第 53 页。

④ 方东美：《生生之德》，台湾黎明文化事业公司 1979 年版，第 139 页。

的首要问题。这里从宇宙发生论的立场追寻世界的本原，又从本体论的立场将最初的本原作为最高理体，从本体中显露现象。由此，他以本体论为根据，展开了其哲学构架。他指出："情理为哲学系统中原始意象，情缘理有，理依情生。"在此，方东美基于对本体的理解，更由"无名之指"衍生出"情理两仪"，而"情理两仪"即由"太极无名"而显现，实为本体之太极而涵泳，两者各自体现了本体系统的原始意象。情理系统又相互为因，相互依存，如此方造出哲学之生动世界。进而言之，对于现实世界与可能世界中情与理的考察，衡情度理，探源寻真，即为哲学的活动。他说："总摄种种现实与可能世界中之情与理，而穷其源，搜其真，尽其妙之谓哲学。"①

　　基于对哲学"衡情度理"的理解，他以一句名言"纵览宇宙理境，发抒人生情蕴"来概括哲学的活动。他由此进一步探讨了科学与哲学，知识与价值的关系问题。在他看来，科学是人类认识客观环境的理性认知活动，属于知识性的事实领域，而哲学则集中了人类生活精神的价值评判活动，属于形而上的价值领域。因此，他又称前者为"平面的宇宙观"，后者为"立体的宇宙观"。虽然他承认二者之间具有相互关联、贯穿一体的密切关系，但是他更强调形而上的价值世界对于形而下的知识领域、事实世界具有统摄性的作用，主张以哲学的"立体的宇宙"来统摄科学的"平面的宇宙"。方东美对科学与哲学关系的思考，涉及当时特定历史条件下关于中西文化的讨论，其思考方式基本上没有超出中体西用论的范围。他尤其强调哲学的价值评判活动对于科学的知识活动的优越性地位，并据此展开对科学主义的批评。

　　方东美机体主义哲学的内在矛盾在他精心结撰的理想文化蓝图中得以集中展现。他采取事实世界与价值世界二分的做法，将整个世界划分为形而下的"自然层次"与形而上的"超越层次"，又将"自然层次"依次划分为物质世界，生命世界，心灵世界，将"超越层次"划分为艺术境界，道德境界，宗教境界。最后，他又设计了一个特别的"双回向"理论将它们联结起来。这样，从上回向的路径看，整个宇宙是一个从低层的境界，层层上跻，经过知识的真理—艺术境界—道德境界—宗教境界，一直臻至最高的绝对真

---

① 方东美：《生生之德》，台湾黎明文化事业公司1979年版，第139页。

相。从下回向的路径看，最高的价值又可依序灌注于下层境界，直至宇宙下层的物质世界。于是，至少自表面看来，一个真善美圣诸价值统会的理想世界乃告完成，一个以科学为基础，同时统摄道德与艺术的"三者合德"的理想文化蓝图于焉建立。

方东美机体哲学的中心论旨在于消除西方哲学主客二分、二元对立的思想模式和思想方法的困境，克服"孤立的思想系统"的局限。他因而力图成立一套思想系统，旨在建立宇宙上下层之间的联系，说明人与宇宙全体之间的密切关联，以此形成一种立体的建筑学式的统一结构。方东美生命哲学的要点在于：其一，将整个宇宙看成普遍生命流行的境界，它既是一个普遍联系的有机整体，又是一个创化不已的历程；其二，人为宇宙间最高的精神性存在和枢纽所在，人得以分享宇宙最高的生命精神，并以其创造性活动参与到宇宙创化和价值实现的总体过程。可见，方东美哲学中的形上学与人性论是完全配合的。

从方法论的立场来看，方氏机体主义方法论的创构，与其生命本体论相偕并行，正如其整体哲学之一体两面，具有同等的重要性。方东美从中西形上学的比较中，否定、摒弃西方"分离主义"的传统，而肯定、认同中国"机体主义"哲学观。在他看来，与西方哲学"天人相分"、"主客二分"的精神相反，中国哲学体现的是"天人合德"、"天人不二"的精神，它所阐发的乃是天人之间彼是相因的交感和谐关系。在中国哲学家的眼里，宇宙是旁通统贯的生命系统，人和世界上的一切生命都结为一体。同时，人还得以参赞宇宙创化的历程。"因为自然乃是一个生生不已的创进历程，而人则是这历程中参赞化育的共同创造者。所以自然与人可以二而为一。生命全体更能交融互摄，形成我所说的广大和谐。在这一贯之道中，内在的生命与外在环境流衍互润，融溶浃化，原先看似格格不入的，此时均能互相涵摄，共同唱出对生命的赞颂。"① 方东美基于对中国哲学的融贯综合、和谐统一的根本精神的理解，他以"机体主义"来概括中国哲学的方法论，以区别于西方"分离主义"的哲学方法。他指出："中国哲学上一切思想观念，无不以此类通

---

① 方东美：《生生之德》，台湾黎明文化事业公司 1979 年版，第 184 页。

贯的整体为其基本核心，故可借机体主义观点而阐释之。"①

他将机体主义的特征归约如下："机体主义，作为一种思想模式而论，约有两种特色。自其消极面而言之：（1）否认可将人物对峙，视为绝对孤立系统；（2）否认可将宇宙大千世界化为意蕴贫乏之机械秩序，视为诸种基本元素所辐辏拼列而成者；（3）否认可将变动不居之宇宙本身压缩成一套紧密之封闭系统，视为毫无再可发展之余地，亦无创进不息生生不已之可能。自其积极方面而言之，机体主义旨在：统摄万有，包举万象，而一以贯之；当其观照万物也，无不自其丰富性与充实性之全貌着眼，故能'统之有宗，会之有元'，而不陷于抽象与空疏。宇宙万象，赜然纷呈，然觇就吾人体验所得，发现处处皆有机体统一迹象可寻，诸如本体之统一，存在之统一，生命之统一，乃至价值之统一……等等。进而言之，此类纷披杂陈之统一体系，抑又感应交织，重重无尽，如光之相网，如水之浸润，相互浃而俱化，形成一在本质上彼是相因，交融互摄，旁通统贯之广大和谐系统。"②

扼要来说，自消极方面而论，方氏从其机体主义的观点对西方哲学方法论的批评主要集中在：（1）主客对立、人物对峙，西方哲学作为主客二元对立的思维方式，是其所有问题与矛盾的根源。（2）科学主义所表现的机械论特征，将自然作为外在于人的客观对象来看待，放在一个概念化、公式化的科学理性的框架下来认识，获得的只是一种对于外部对象抽象的普遍性的把握，而将其中所蕴含的价值化的、情蕴的要素都消除掉。（3）由于西方哲学一般都是在实体性的范畴和概念思维所设定、规定的系统，因而难免也是静态的、僵固的系统，方东美称由这种思想方法所构造的理论为"孤立的系统"。他认为西方哲学"透过分析的方法"建立哲学系统，"只能形成孤立的思想系统"。因为它们对于中西哲学只能做到局限于个别的层次、角度和方法，而不懂得将这些不同的方法、角度、层次综合起来，形成整全的理论视域。就是说，用这种分析方法研究哲学，只能是局于一隅，而不能窥见中西

---

① 方东美：《生生之德》，台湾黎明文化事业公司1979年版，第184页。

② 方东美说："中国哲学在方法上，不管建立哪一套系统，总是要求博大精深，把多元对立的系统化成完整的一体。"（方东美：《原始儒家道家哲学》，台湾黎明文化事业公司1983年版，第27页）

哲学的整体全貌。

自其积极方面而言，则是方氏从正面对于他的哲学方法论给予总的概括和阐发，机体主义要旨在于将整个宇宙看成一个有机体的统一。或者说，宇宙在生命、存在、价值、本体等终极意义上构成一个统一的整体。而且，构成宇宙整体各个要素与现象之间也是互相渗透与互相作用的关系。因此，整个宇宙实质上形成了一个相互关联，交融互摄，旁通统贯的系统，其基本的特征便是广大的和谐性。方氏的机体哲学从一个超越的观点来观照、透视宇宙全体。它一面肯定宇宙万象背后存在着统一的普遍生命或生命本体，一面又认为这种生命本体不是实体的存在，能够脱离宇宙万有而独立自存。也就是，肯定一个统摄万有，包举万象而一以贯之的宇宙统一性原理的存在。在这一统摄性原理的支配和作用下，宇宙万象乃构成一个交互作用，相互融摄，密切相关的关系网络和广大和谐的系统。方东美的"机体主义"作为根本的方法论，在其哲学体系中与生命本体论是完全一致的，也是他的哲学的根本特征所在，可谓他建构整个哲学体系的最重要和最核心的理论基石。可以说，机体主义在他的整个理论系统中发挥着首要的统摄性原理的作用。从这一意义上来说，机体主义构成了方氏哲学最根本的方法论。

方东美这种独特的"机体主义"的理论视域的形成，与他进行中西哲学的比较研究是分不开的。显然，他的机体主义哲学慧观根植于中国哲学的传统，但同时也在中西互诠互释，相互融通的理论努力中得以深化。事实上，他的"机体主义"在基本的思想内容与方法上都借鉴和吸收了怀特海机体哲学的相关理论。也可以说，"机体主义"是他从西方哲学特别是怀特海哲学中所借用来诠释和理解中国哲学的主要方法和利器。反过来它又成为方氏用以审视、评判西方文化的理论坐标。需要指出的是，方氏正是在这种大开大合的理论视野的不断转换中，获取了他自己独特的哲学视域和方法，而他的具有融通性的中西哲学比较和理论建构，本身就是在施展这种富有特色的哲学方法论。

方东美机体主义哲学在方法论上的运用，从他对中国哲学系统的梳理和诠释中得到全面而充分的展示。机体主义将宇宙看作众多的现象因其"内在关联性"或根据"互摄性原理"而构成的复合体。它实际上是一种"多元统合的整体观"。方东美将中国哲学在总体上认作"机体形上学",机体哲学的统一性原理也成为他观照、考察中国哲学系统的先在的理论预设和前提。事实上,他正是将中国哲学看作由多元对峙的系统化成一体的一套博大精深的复合系统。① 儒、释、道诸家的形上学在取向上各不相同甚至存在根本歧异,但这并不妨碍它们因其内在的关联性和融通性而凝合为一大完整的体系。方氏将其定位于"内在超越"形态的形上学,就是肯定中国哲学诸家都是本此"内在超越"的精神而建立的形上体系,它们在总体结构上表现为一种"建筑学式的立体统一"。方氏将原始儒家、原始道家与大乘佛学三家的形上学系统汇归为一类而相提并论,尝谓儒、道、释三家之形上学宛若对等坐标形态,同时展开,呈对列之局。就是以其系统虽歧异,而其中实贯穿着"一以贯之"的精神或"一贯之道",从而使整个中国哲学的系统呈现为"旁通统贯"的,既内在关联,又相互融通的有机的统一体。而中国哲学的这种融贯性或统一性并不是以消除或牺牲差别性为条件;相反,却是以保持各家形上学的特点或特色为前提。正是因为诸家形上学系统的同时并存,共流慧韵,它们从各自的观点将究极本体析而观之,从而使中国哲学在整体型态上体现为"一体多面观"。由此观之,中国哲学的精神可谓一本万殊,诸家形上学则分别代表了"圆融统观"的分殊观点和不同层面,它们共同汇聚为中华民族的集体智慧和中国哲学的"共命慧"。

三、"哲学三慧"与"文化四相":方东美的比较哲学思想

方东美从比较哲学的理论视域探究中西哲学、文化精神的内涵与底蕴。方东美的哲学研究,具备一个中西文化交融和比较哲学的宏阔背景。比较哲学的理论视域的开拓,对于他的哲学创构具有至关重要的意义。一方面,比较哲学为他的哲学研究提供了重要的理论视域和方法论基础;另一方面,比较哲学又构成其整个哲学体系一个不可分割的重要环节和组成部分。他早期

---

① 参见方东美:《中国哲学精神及其发展》上册,中华书局 2012 年版,第 41 页。

更多地兼用文学比兴和现象学的描绘技法，如诗如戏地揭示出希腊人、近欧人和中国人的生命情调与美感。他在后期从中西形上学的剖分、比较着手，由此更臻至中西哲学精神的形上比观、抉发，从形上学的层面揭示、把握中西哲学精神的类型和特征。方东美早期比较哲学的创构，以《哲学三慧》、《生命悲剧二重奏》和《生命情调与美感》为代表。它们将文学之美韵与哲学之沉思相得益彰地融为一体，共同展示了诗哲颖悟通透的诗思和对中西文化的妙悟，以及他对比较哲学的不凡造境。方东美把一个民族文化精神所寄予的哲学智慧称为"共命慧"。他说："哲学智慧寄予全民族文化精神，互相摄受名共命慧。"① 他对世界文化传统的把握基本上是东西二分的格局，即认为世界文化根据其显著的民族性特征可划分为东方文化与西方文化两大系列，东方文化以中国与印度为代表，西方文化以古希腊与近代欧洲为代表。在他早期的比较视域中论列较多者，辄为古希腊、近欧与中国，即所谓"哲学三慧"。在这些比较哲学的撰论中，他往往兼用文学的比兴手法，摹状、揭示出希腊人、近欧人和中国人的生命情调与美感。由于偏重于生命体验和悟性的抒发以及生命情调的宣泄，其理论打上了浓郁的个性风格与"自证慧"的印记。而其宗旨则在于识别和领会"哲学三慧"的造诣和文化类型，深入并洞察其文化形态的整体结构，终臻至把握其普遍的生命精神即"共命慧"的造境。

在这些比较哲学的论著中，方氏以"民族生命精神"为各自文化的决定因素和主要线索，契入对"哲学三慧"的文化类型和深层结构的探索和比较。他以充满审美情趣的笔调描绘了三种文化形态的总体相状及其呈现的生命情调，并由此提挈出各自文化呈显的特殊风貌和基本特征。他着重以探索"三慧"的生命精神为引领，发挥他们关于宇宙论、人性论的理论效果而整合为完整的人生哲学，在此基础上再探究各自关于艺术、道德、政治和宗教的观点，从而在总体上对"哲学三慧"进行系统的比较研究。方东美将希腊哲学智慧的特性界定为："希腊人以实智照理起如实慧"，"如实慧演为契理文化"。这说明他将希腊文化的基本特征规定为以理性主义精神为主导，以

---

① 方东美：《生生之德》，台湾黎明文化事业公司1979年版，第139页。

科学的"援理证真"精神作为希腊文化的"权衡",同时又以哲学和艺术的高度发展为希腊文化的"主要枢纽",它们一起奠定了希腊文化人文主义的取向。他认为希腊民族生命精神由"大安理索斯"(Dionysius),"爱婆罗"(Apollo)和"奥林坪"(Olympus)三种要素组成,其中"大安理索斯"象征豪情,代表了文学的、艺术的精神,"爱婆罗"象征正理,代表了理性的精神,"奥林坪"则象征理微情亏。三者之中以"爱婆罗"为主脑。方东美视近代欧洲为"文艺复兴"(the Renaissance)、"巴镂刻"(the Baroque)和"罗考课"(the Rococo)三种生命精神的结合。三者之中,以巴镂刻精神为主,其基本特征可概之为"方便巧演为尚能文化"。他刻画欧洲文化思潮之发展历程,是初以文艺复兴时期之艺术热情为发端,转入巴镂刻时代之科学理智,而终于趋入罗考课之幻灭悲剧。在他看来,由于近代欧洲在科学技术上突出进步并由此转化为戡天役物、利用方便的机能,他乃将近欧文化定位为一种"崇权尚能"的"尚能文化",并因其过于凸显物质的取向和漠视价值理想的"观念取向",故又称其为"实感取向的文化",其生命精神之底蕴则为"虚无主义"。方氏认为,中国文化精神以老、孔、墨为代表。其中孔子所代表的儒家处于主脑地位,为"纯正中国人的代表"。中国文化的基本特征为"平等慧演为妙性文化,要在挈幻归真"。它表明,中国哲学精神乃是源于"爱赞化育"和"悟生妙觉"的智慧,发为对宇宙全体生命一体相通之体认,进而依"如实慧","运方便巧",投入到现实人生和宇宙创化的历程和"广大和谐之道"的实现。

方东美着重探析了"三慧"的宇宙观和人性论。根据他的机体哲学,人与宇宙乃是交融互摄的关系,因此,各民族的"共命慧"可以集中呈现在宇宙观上,而宇宙观又在人性论中得以体现。他说,"各民族的美感,常系于生命情调,而生命情调又规抚其民族托身之宇宙",反过来又可以"准宇宙形象以测生命之内蕴"。[1] 他将古希腊人所理解的宇宙视为"有限宇宙",欧洲人所理解的宇宙为"无限宇宙",而中国人所理解的宇宙则为"有限乾坤,无穷势用"。相应地,他们的人性理论也各有特点。他认为希腊人的宇

---

[1] 方东美:《生生之德》,台湾黎明文化事业公司 1979 年版,第 156 页。

宙观为"拟物宇宙观"或"物格化宇宙观",是"有限宇宙"所体现的"实质和谐"的系统,是一种静的和谐。它"含三为一,天苞其外,人居环中,国家社会联系其间,形成一体三相之和谐"①。与此相应,希腊人的人格精神形成活的生命精神的统会,理、情、欲"三相叠现"。其中理为主,所以节制;情为辅,所以制欲。是以希腊人能以热情鼓舞理智,又以理智统摄情与欲,体现了圆融和谐的情调。他认为近代欧洲人所理解的宇宙为"无限宇宙",是一时空无限、广漠无涯的无穷境界。他又称欧洲为"凌空系统",以其境界范围广大,其性质深秘微密,其内容虚妄假立,构成真虚妄、假和合的二元或多端对立系统。其心性构造则成"神魔同在"的双重人格,其普遍典型以浮士德为代表。虽然欧洲人以逻辑为手段,创设科学与哲学的理论系统与无穷意境,凭知识向外发泄权力欲,开启了广泛的文化现象,然而欧洲人的心灵,终难免陷入内在矛盾与"虚无主义"的困境。他认为中国人的宇宙观为"有限乾坤,无穷势用",其特点是不执着于形迹的、实体的宇宙,而是点化之,成为冲虚玄妙的境界。它不寄托于科学理趣,而寄诸艺术意境。中国人的宇宙观是一种充量和谐的格局,是动态的和谐。其人性论则主性善论,为纯真无邪的领域。因此,他又称中国文化为"无罪的文化"。

方东美的比较研究,寄托了他兼收并蓄、综合创新的文化理想。他正是寄希望于"三慧"之间的取长补短,通过"自救"与"他助"的途径,克服本位文化与世界文化的危机,融汇创制新型理想文化。在他眼里,"三慧"实际上各有千秋,各有得失。希腊文化以哲学和造型艺术彰显,近欧文化以科学奥理取胜,而中国文化则以诗艺美感与哲学智慧见长。"三慧"之中,他对古希腊文化极表赞许与欣赏,认为它代表了一种艰苦卓绝,积健为雄的健康饱满的生命精神。而对近欧文化则持批评和贬抑的态度,在肯定它有崇权尚能、灵变生奇而令人倾倒的一面的同时,也指出其因哲学核心的缺陷,演出的却是一幕"虚无主义的悲剧"。他尤为推崇备至的则是中国文化的原初生命精神,认为原始儒家道家气象瑰玮,大气磅礴,即使与古希腊相比也毫不逊色。方东美在肯定"三慧"各有优长的同时,又着重揭示了其缺

①　方东美:《生生之德》,台湾黎明文化事业公司 1979 年版,第 142 页。

陷。他对古希腊文化的批评主要集中在以其运用二分法割裂现实界与价值理想的关联，表现为否定人生，遗弃现实的倾向。他对近欧文化的批评则主要集中于以其思想方法上义取二元或多端敌对的矛盾对立系统，以及因价值中心匮乏的虚无主义趋势。他认为中国文化精神原本极其崇高伟大，但因历代统治者以政治钳制文化，使学术文化丧失独立发展的根由，是为中国学术精神失坠之主因。方东美在对"三慧"的总体评判中，包含了一项重要的价值评判标准，即对于"观念取向"的文化的肯定和对"实感取向"的"尚能文化"的贬抑以及对于和谐文化理念的推崇和对"二分法"、"矛盾对立"的思想系统的贬抑。相较之下，他对中国文化在总体上评价更高，以"圆慧"赞许中国文化，即源于此。因此，他所提出的通过"自救"与"他助"相结合以解决当前世界文化危机的方案，侧重于坚持中国文化的本位立场，同时借鉴和吸取西方文化的优点，促使中国传统文化的现代化，并以此作为解救世界文化危机的根本出路。他的新型理想文化的创构说到底还是以中国文化为蓝本，是一种本位文化的立场。

　　方东美这种文化保守主义的信念在他后期的比较哲学中更加充分地显露出来。与他早期偏重于通过"哲学三慧"的"三者合德"，即以多种文化的协作，共同创建世界理想文化的立场有所不同，他后期倾向于鼓吹以中国文化的"广大和谐之道向彼处处不脱二元对立，时时陷于困惑疑难，在在表现槭裂形态之西方文化展开挑战"[1]。其主旨在于，以中国文化的广大和谐精神来拯救西方文化乃至整个世界文化的危机。他将西方的形上学视为"超绝"形态，认为它自身存在严重的难以克服的困难，而只有中国的"内在超越"形态的形上学才是唯一正确与合理的形态。方氏指出，"超绝"型的形上学的弊病在于深溺二分法，而视宇宙为"两槭二分"状态，整个世界呈现为二元对立，因而产生了世界统一性的严重难题。[2] 因此，方氏对西方"外在超越"或"超绝"型的形上学持贬抑和摒弃的态度。而他对中国哲学的"内在超越"型的形上学则极表推崇和认可。其理由即在于中国哲学的形上

① 　方东美：《中国哲学之精神及其发展》上册，台湾成均出版社 1984 年版，第 11 页。
② 　参见方东美：《中国哲学之精神及其发展》上册，台湾成均出版社 1984 年版，第 28 页。

学摒弃了二分法为方法，更否认二元论为真理，以此可以克服西方哲学中二元对立性的理论难题。①

方东美认为，西方"超绝"型形上学的最大特征是依一种绝对模式，运用"二分法"，将整个世界严分为"本体界"和"现象界"，即"形而上界"与"形而下界"。西方哲学在建立范畴之间关系时产生的困难在于，它运用"主客二分"的方法把整个世界划分为上层的本体界与下层的现象界，却无法谋求和实现上下层世界之间的联系与贯通。② 在方氏看来，西方"超绝"型形上学的根本缺陷，乃是根于"二元对立"的心态，宇宙据"幻想妄见"被剖分为"两橛二分"状态，令自然界与超自然界，肉体与灵魂，时间与永恒，启示之绝对与纯理之绝对，皆处于对立状态，生灭变化的形相世界与永恒的法相界，世俗生活领域与价值理想领域，乃成为悬隔不通的两个世界。③ 由这种思想模式所提供的世界图式是一个分裂的、矛盾对立的世界，其中人与神，人与人，人与自身乃至人和整个世界都形成了矛盾对立。④ 西方人由于偏执"二分法"这种"二元对立"的思想模式，以至于产生世界统一性的理论难题，它导致价值世界与事实世界的悬隔不通。这在古希腊哲学便是法相界与形象界的上下界的"疏离"（chorismos），中世纪神学把重心完全放在永恒世界，但造成对人性与尘世的贬抑。近代西方哲学集中于知识论，又造成主客体之间的对立。他指出，这种二元对立性是西方思想最深刻的内在矛盾，也是在它自身内部无力解决的理论难题。整个西方哲学，从古希腊到中世纪，一直到近代乃至于现代，这种"二元对立"性的思想模式成为西方的心病，总是无法解决。

方东美认为中国哲学的根本精神就在于深体"广大和谐之道"，体现为圆融和谐的生命精神，因而是对西方以"二元对立"、"矛盾冲突"为主的思想型态的克服和超越。在他看来，中国哲学采取"机体主义"的方法探究事物，它将整个宇宙视为和谐统一的有机整体和生命流行的境界，同时注重以

① 参见方东美：《中国哲学之精神及其发展》上册，台湾成均出版社 1984 年版，第 36 页。
② 参见方东美：《华严宗哲学》下册，台湾黎明文化事业公司 1981 年版，第 368 页。
③ 参见方东美：《中国哲学之精神及其发展》上册，台湾成均出版社 1984 年版，第 28 页。
④ 参见方东美：《生生之德》，台湾黎明文化事业公司 1979 年版，第 262 页。

人的生命精神与宇宙总体的生命精神相配合，体现为"天人合一"的思想特征。中国哲学"天人合一"的思想模式是一种整体性、综合性、融贯性的思维方式。由是派形上学观之，人与神明，人与人，人与一切万有乃是交融互彻，密切关联，和谐统一的关系。① 他认为，中国哲学注重机体的统一，以一种机体的视域透视宇宙一切差别境界，并于其中求其会通与综合，从而形成一个旁通统贯的系统。中国哲学诸家都发展了这一特性，就是能够观照人和世界的全体，确信人和世界在根源上都是连成一体的整体，其间是普遍联系、广大和谐的关系，体现为彼是相因、交感和谐的中道。这种和谐统一的思想原则在中国哲学儒、道、释诸家都得以贯穿，中国哲学的根本精神就体现于这几大主要传统的会通、会合之处。

方东美从中西哲学对比的视域，着重批评了西方哲学二元对立模式的缺陷，将其归结为"和谐"的重要性被忽略和曲解，而典型的中国哲学恰是深体广大和谐之道，体现为圆融和谐的生命精神，因而他对西方以矛盾冲突为主的思想型态采取摒弃的态度。在他看来，与西方"超绝"型形上学相比，中国的"内在超越"型或"机体主义"形上学存在着诸多方面的优点：其一，西方哲学由于采用"二分法"，人、神、自然乃至一切问题的讨论都被放在分割的、孤立的理论系统内来解决，结果整体的世界被分割为互不融通的局部领域，宇宙上下层境界的联系尤其成为问题。而中国机体主义形上学，由于注重机体的统一，却可以避免"二分法"的缺陷，形成一个"旁通统贯"的理论系统，由一个整全的视域透视宇宙、人生的全体。根据这种机体主义形上学的观点，神、人、世界乃至一切问题都被放在旁通统贯的系统内得到理解。② 其二，西方哲学中的自然观，由于执着于二分法，整全的自然界被截然二分为初性与次性，使得人与自然对立；而中国哲学的自然观却足以克服西方科学主义的偏执，而追求一种广大圆融的观点。中国人的自然观念，不仅是物质世界，也是精神世界，是二者浑然一体、融会贯通的生命

---

① 参见方东美：《生生之德》，台湾黎明文化事业公司 1979 年版，第 321 页。

② 参见方东美：《生生之德》，台湾黎明文化事业公司 1979 年版，第六章"从比较哲学旷观中国文化里的人与自然"。

境界，人与自然之间是交融互摄的和谐关系。[1] 其三，西方哲学认为人性具有先天的原罪，人唯有仰赖上帝才能得救。而中国哲学则相信人性本善，尽人之本性即可上参天道，于现实世界即可完成最高道德。[2] 其四，西方"超绝"型的形上学导致了价值理想世界与现实世界的隔绝，它一方面产生了真善美的价值世界无法与下层世界沟通的问题，另一方面则产生了价值中立主义无法安顿价值的问题。而中国哲学的机体主义形上学则视宇宙一切万有都具内在价值，因此在价值理想与现实世界之间没有鸿沟，它是即理想即现实主义，或即现实即理想主义的，就是肯定在现实世界就可以实现完美理想。[3] 要之，中国哲学的"超越"型形上学，以其广大和谐与圆融无碍的精神，适足以克服西方二元对立思想的矛盾困境，它所代表的圆融和谐的智慧和精神，是世界上唯一不受"恶性二分法"思想侵蚀的文化生命，具有西方"超绝"型形上学无法比拟的优越性。

四、"内在超越"与"广大和谐之道"：
方东美论中国哲学之精神

方东美在比较哲学的背景下回归于中国文化本位，他对中国传统哲学的阐发，是以哲学家的眼光所作的具有创造性的诠释，是他重建中国哲学工作的重要方面。方东美认为中国哲学的根本精神就在于深体"广大和谐之道"，体现为圆融和谐的生命精神，因而是对西方"超绝型"，以"二元对立"、"矛盾冲突"为主的思想形态的超越。据他看来，中国哲学采取"机体主义"的方法探究事物，它将整个宇宙视为和谐统一的有机整体和生命流行的境界，同时注重以人的生命精神与宇宙总体的生命精神相配合，体现为"天人合一"的思想特征。中国哲学"天人合一"的思想模式是一种整体性、

---

[1]　参见方东美：《中国人生哲学概要》，台湾问学出版社1980年版，第二章"宇宙论的精义"。

[2]　参见方东美：《中国人生哲学》，台湾黎明出版社1984年版，第五章"道德观念"。

[3]　参见方东美：《中国哲学之精神及其发展》上册，台湾成均出版社1984年版，第36页。

综合性、融贯性的思维方式，由是派形上学观之，人与神明、人与人、人与一切万有乃是交融互彻，密切关联，和谐统一的关系。因此，他又将中国哲学视为一种"中道"哲学或"中道的精神"，以"中字代表中国整个的精神"①。其要义在于，一方面，它不用二分法以形成对立矛盾，而要形成一个"旁通统贯"的机体统一的系统，另一方面，它既不像西方的科学，从下层的物质世界出发，也不从精神主义的凭空理想世界出发，而是从"中间"的路线出发，就是要在现实的世界安顿、实现高度的价值理想。

他发现，在中国传统诸家哲学可以找到这种精神一以贯之的线索。方东美认为，中国哲学一向不用二分法形成对立矛盾，而是注重机体的统一，以一种全体的视域，透视宇宙一切差别境界，再于其中求其会通与综合，从而形成一个"旁通统贯"的系统。中国哲学各家很早就发展了中国哲学的这一主要特性，就是能够观照人和世界的全体，确信人和世界从其根源上都是连成一体的整体，都是中和的实质性系统。中国哲学各家都认为人与宇宙全体之间是普遍联系，广大和谐的关系，体现为彼是相因的交感和谐的中道。这种和谐统一的思想原则在中国几大主要哲学流派儒、道、释诸家都得以贯穿与体现。在儒家看来，《汉书·谷永传》中有"建大中以承天心"的说法，而道家的庄子则有"得其环中，以应无穷"的表述，这二者都是要了解、把握、体验宇宙全体的生命精神，再安排人的生命于其中，以个人的生命为中心贯穿起宇宙全体的力量。要之，中国哲学的中心在生命，它是一种生命精神的宣泄，其要在于了解宇宙人生的真相与意义，注重人格的超升，以形成一种以"至善"为价值目标和以培养理想人格为宗旨的人生哲学，这就是儒家的"三极之道"，道家的"超脱解放之道"，佛家的"菩提道"。以上诸家的融合，演化为中国特有的伦理本位的人文精神。他认为中国哲学精神体现于儒道释诸家思想的会通。因此，他将原始儒家、原始道家、大乘佛学和宋明儒学看作中国哲学精神的共同代表。

方东美认为儒家是"时际人"（time-man）的典型，比较重视将道德理想落实于现实世界，其"三极之道"代表了一种广大的创造的精神。他对儒

---

① 方东美：《原始儒家道家哲学》，台湾黎明文化事业公司1983年版，第10页。

家精神的把握，比较侧重于原始儒学的创造精神和人文精神。他以儒家为中国文化精神之主脑，视其为"纯正中国人的代表"。但他并不认为儒家可以代表中国文化之全部，他甚至对儒家传统提出了极严苛的批评。他重视原始儒学，对后起的汉宋儒学都有所贬抑，强调要恢复儒学的生机与活力，就必须回复到原始儒学健康饱满的生命境界。他极赞原始儒家哲学"生生而和谐"的精神与"天人合德"的理想，认为原始儒家开辟了一个健康饱满而又博大高明的境界。中国文化是一种早熟文化，一开始便以理性开明的伦理文化代替神秘宗教，而儒家在这种宗教文化向伦理文化的转变过程中，起着关键作用。他把原始儒家看成注重传统与注重创造的统一，而《尚书》与《周易》便体现了这两个源远流长的传统。①　与通常讲儒家源流以《论语》为主不同，方东美比较重视《尚书》与《周易》的系统。他认为《尚书》的思想体系在中国古代文化中暗示了永恒的一面。他着重论析了《洪范九畴》的宗教哲学涵义，发现"皇极大中"实乃上古时代本体论原理之缩写符号，凝结了先民的神秘心理体验，暗示了永恒的精神领域。它体现了中国古代文化由神秘宗教向理性哲学转化的过程。②　他认为，《易经》代表了儒家传统中创新，进步的一面，它把宇宙的秘密展开在时间的变迁过程中。《易经》从敷陈史实到涵摄深厚的哲学意义，与殷周之际的哲学革命密切相关。它作为一套符号系统早在孔子之前即已完成，而孔子的主要贡献则是赋予其"人文主义"的解释，使《易经》转化为一套理性的哲学思想。在他看来，《易经》一书的内容包含一套历史发展的模式，和一套依逻辑严谨法则推演的完整的卦爻符号系统，以及一套文辞组合，由此三者引申出一套形上学原理，借以解释宇宙秩序。③

在他看来，原始儒道哲学于中国文化的开端就创造了一个巅峰，但是中国文化的创造精神自兹以降却走上了收敛萎缩一途。他对汉宋儒学均提出了严肃的批评。他对以董仲舒为代表的汉儒评价甚低，以"汉儒卑不足道"，"聊充附属"。其理由是"以其阳儒阴杂，经生烦屑，训诂饾饤为事，哲学

---

① 参见方东美：《原始儒家道家哲学》，台湾黎明文化事业公司1983年版，第49页。

② 参见方东美：《中国哲学之精神及其发展》上册，台湾成均出版社1984年版，第100页。

③ 参见方东美：《生生之德》，台湾黎明文化事业公司1979年版，第289页。

见地，卑无甚高"①。董仲舒"天不变，道亦不变"的思想曲解了原始儒家和
《易经》哲学之义旨。尤其是他提出的"罢黜百家，独尊儒术"政策虽然确
立了儒家的正统地位，却削弱了民族思想的创造活力。方东美对宋明儒家，
既有赞誉，肯定其历史贡献，同时也指出其固执道统观念的错误。他承认宋
代文化的高度成就，并认为宋儒在思想上是一套理性主义哲学，坚持以道德
理性驾驭一切，以致把生活世界的一切方面都纳入到道德理性的领域。他对
宋儒的批评主要是集中于以宋儒偏执道德理性，以一种偏执的价值标准衡量
世界，使其文化生命走上收敛萎缩一途，其气概已比不上原始儒学。他尤为
不满的是宋儒各以得儒家孔孟之学的"道统"自居，而视对方为异端，彼此
攻讦不已，他斥之为"虚妄的道统"。总的看来，宋明儒学思想庞杂而非纯
儒，虽然其成就亦有不少可观之处，但已不能与原始儒学相提并论。总的来
说，宋、明、清时代的儒学"在整个中国哲学的发展上并非高潮，而是渐入
颓废"②。

他认为，道家为典型的"太空人"（space-man），侧重于以诗艺幻想点
化现实世界使之成为空灵的意境。它所代表的是一种超脱解放的精神。与儒
家的"六艺"所代表的人文精神和以人为中心的价值不同，道家却要克服人
世的相对知识与价值的缺陷，而把握宇宙最高的价值真相。他提出，儒家
论道是从"本体论"（ontology）讲，而道家论道则是从"超本体论"（me-
ontology）讲。因为道家哲学不是从"有"，而是从"无"来谈哲学，总是以
彻底的否定法来透视一切相对价值与现象，臻至最后的真相与价值之核心。
在道家哲学中，"无"比"有"更重要。"超本体论"为方氏独创的说法，他
以此来说明道家"超越"的精神和智慧。他指出，老子哲学提出"道"这一
根本范畴，并以此为中心展开多方面的阐释，以揭显其形上学的思想内涵。
他还特别强调，老子的哲学涵意应从道体、道相、道用、道征等四大层面来
探讨之，其要点是以"有"和"无"代表了"道之双回向"，即一方面是自
有至无，将宇宙万有提升至道之本原，归根复命，这是"无之以为用"；另

---

① 　方东美：《中国哲学之精神及其发展》上册，台湾成均出版社 1984 年版，第 583 页。

② 　方东美：《原始儒家道家哲学》，台湾黎明文化事业公司 1983 年版，第 7 页。

一方面则是自无至有，这是"有之以为利"。老子哲学是将这两方面结合起来。在《老子》第一章提出了其本体论、超本体论及宇宙论的原理，它一方面在相对世界或现象世界里建立本体论系统，另一方面又在超越世界上面建立"超本体论"，然后再将二者会通起来，将相对的"有"与绝对的"无"纳入到一套共同的理论体系。《老子》第二章则提出了一个绝对的价值学统会，就是从相对的价值领域超越，出离，使之点化为最高的绝对价值，最后在把握最高价值之后，还要回向下层世界，从而将"有"与"无"，"有为"与"无为"两层结合起来。方东美对于庄子哲学的阐释主要是以后设哲学的观点重在阐发《庄子》原典中所蕴含的形上学。他指出庄子"建之以常、无、有"，点出了老子思想之精义。不仅如此，庄子哲学将精神超越的活动历程推至"重玄"之境，将原存在于老子哲学中"有无对反"的矛盾予以调和，在此基础上更将宇宙全体视为一个相待互涵的有机系统。换言之，透过方氏诠释的庄子，不仅创造性地继承和发挥了老子的道家哲学，从而成功地建立了自己的理论体系，同时更将原哲学的有与无，本体界与现象界以及时间与永恒的矛盾予以化除。庄子在老子的以"无"为本的超本体论之外，更不以"无"为究极之始点，而是根据"反者道之动"的原理，开展了存有界与超越界的重复往返，从而形成了一串双回向式的无穷序列。他以此将庄子作为会通儒家道家哲学的途径。方东美对道家哲学的阐发，主要是集中于原始道家哲学高度的形上智慧。他常将原始道家和原始儒家相提并论，合称为"原始儒家道家哲学"。①

　　方东美将佛家之道视为"菩提道"，认为佛家的精神侧重于先知、宗教家的彻底解脱、觉悟的精神。他把中国大乘佛学看作是中国传统文化的一个重要组成部分，是中国本土儒道文化与印度佛学相融合的中国化佛教，体现了中国文化精神的独特智慧。他指出佛教在中国初期的发展，先是与道家老庄精神相结合，去吸收外来佛学的般若学的智慧，之后又以此为根柢主动与儒家性善论相结合。他称两汉魏晋南北朝时期佛教在中国的传播发展期，为"中国大乘佛学的前奏"，产生了玄学化的"格义佛教"与佛教般若学，可以

---

① 　参见方东美：《原始儒家道家哲学》，台湾黎明文化事业公司 1983 年版，第 242 页。

六家七宗、肇论和道生的佛性论为代表。① 隋唐之际，中国佛学十宗并建，进入"全幅发展期"。方东美所侧重者当推三论、法相、天台、华严四宗。它们都有一套高深的哲学体系。在中国佛教各宗派中，方东美对华严宗尤为推崇，认为他是最能体现佛教圆融特色和广大和谐精神的佛教哲学体系。他肯定三论宗、法相唯识宗和天台宗对解决二元对立的理论难题的贡献，但他强调，只有到华严宗无碍哲学的产生才将哲学史上二元对立性的矛盾彻底消除掉。

方东美认为，三论宗的实质是凭借智慧，依上回向路径，把人类理性提升到极高的境界，借此成立一套体系与范畴系统，以般若正智统摄诸般差别世界，故此宗要义在于把握宇宙上层的最高智慧，在精神上臻至"般若与菩提相应"的境界。② 对于法相唯识宗，他的一个基本观点是，必须把唯识学与法相学结合起来，就是根据纯净的智识来统摄世界的一切差别相状。因为阿赖耶识是如来藏藏识，染净同位的混合体，善不善因，只有断尽染污才可达到转识成智的目的，故讲唯识学不能只讲到识就止住，还要讲唯智，如此才可以消除我法二执，把握真实的知识与智慧。③ 他特别强调天台宗三谛圆融说在中国佛学发展史上的理论贡献。天台将三论的"二谛"发展为"三谛"，即由真俗二谛发展为空、假、中三谛圆融的中道观，不仅要消除真俗二谛之对立，连真谛、俗谛与中道哲学的对立也被消解，其结果是成立一个和谐、统一的思想体系。这便是天台的"一心三观"。④ 方东美称华严宗哲学为"广大和谐的哲学"（philosophy of comprehensive harmony），以其为最能体现佛教圆融特色的广大和谐精神的佛教哲学体系。方东美认为华严宗是一套机体主义哲学，其理论要旨在于说明，在整个世界的各种层次的境界，融贯了普遍的"理"，而此普遍的"理"能够渗透到宇宙万象的"事"中，如此，便可以将一切万有的差别性、对立性、矛盾性等多元关系综合起来，

---

① 参见方东美：《中国大乘佛学》，台湾黎明文化事业公司 1984 年版，第 36 页。

② 参见方东美：《中国大乘佛学》，台湾黎明文化事业公司 1984 年版，第十一章。

③ 参见方东美：《中国大乘佛学》，台湾黎明文化事业公司 1984 年版，第十一章。

④ 参见方东美：《中国大乘佛学》，台湾黎明文化事业公司 1984 年版，第 453 页。

形成一个广大和谐的体系。① 华严宗哲学凭借法界缘起，从而实现了超越界与现实界的沟通，它使用理与事两大范畴，将佛学中真谛的"空"与俗谛的"有"两套观念结合起来，在上层的理想界与下层的现实世界之间搭起了一座桥梁。②

　　方东美认为，宋明清儒家哲学为继起而晚出，于原始儒家道家哲学及大乘佛学皆能远绍遗绪，广摄众长。因此，他以"时空兼综"来概括新儒学的类型特征。新儒学沿袭中国哲学"生命中心主义"之途径，向前发展迈进，其各派思想枢要，"在于强调理性遍在乙旨，以理性持载宇宙天地，万有一切，启示全部真际本体于吾人之清明自觉，指导人生行动，化性起伪，企图止于至善"③。他指认宋儒在思想上是一套理性主义哲学，坚持以道德理性驾驭一切，以致把生活世界的一切方面都纳入道德理性的领域。宋儒由此开拓出一种道德理想主义的文化范型。由于宋儒对理性之性质及功用之看法与认定，各有倾向与分歧，乃有不同流派之兴起与衍化。他按历史发展的脉络，将新儒学分为三个大的流派：（1）唯实论形态，包括从"北宋五子"到南宋的朱熹。他承认周敦颐为新儒学复兴运动的先驱。其儒学所承者主要为荀子而非孟子，已非纯儒。其《易说》兼采道家，而不能汇通，其哲学创造的气魄颇欠缺，遂引导宋儒走上禅静消极的孤径。④ 邵康节大心体物，倡先天易学，从对物理的了解，推广引申，进而建构人类心灵的上层境界，其实是"心学"之滥觞。其《皇极经世》的"元、会、世、运"的历史哲学，为儒学开一新天地。⑤ 方东美首推张横渠为宋儒中大气磅礴的思想家。以其承接原始儒家《尚书》与《易经》哲学的思想，径称乾坤为父母；并汇通《孟子》、《中庸》和《礼记》的精神，宣称以大心体物的精神，发挥宇宙精神和人类情操，凭借穷理和尽性之道德努力，臻至与天地合一的太和境界。⑥ 方

① 参见方东美：《华严宗哲学》下册，台湾黎明文化事业公司 1981 年版，第 174 页。
② 参见方东美：《华严宗哲学》下册，台湾黎明文化事业公司 1981 年版，第十七章。
③ 方东美：《中国哲学之精神及其发展》下册，台湾成均出版社 1984 年版，第 320 页。
④ 参见方东美：《新儒家哲学十八讲》，台湾黎明文化事业公司 1984 年版，第十讲。
⑤ 参见方东美：《新儒家哲学十八讲》，台湾黎明文化事业公司 1984 年版，第十四讲。
⑥ 参见方东美：《新儒家哲学十八讲》，台湾黎明文化事业公司 1984 年版，第十八讲。

东美以程颢首出天理相标榜，旨在建立一套机体主义哲学，其枢要厥为万物一体论。倡言知之在心，以心为知识之枢纽。复以此应用于道德实践，并终于总结为"穷理尽性以至于命"，由此发挥其"定性"哲学，由精神上之无比镇定，得识人性之常定，并进而发见"天下万物之理"，体认天地廓然大公，万物与我"道通为一"之宏旨。① 方东美以程颐之理学为唯理一元论。其易学思想受王弼等新道家影响，致其曲解易理。其首倡"用敬主一，宰制外物"以明心，明辨闻见之知与德性之知，尤倡尊德性，抑闻见。其哲学重心欲以《中庸》之至诚贯通《易经》之变易界与《尚书》之永恒界，乃将《中庸》之"中者，天下之大本"解作"正理一贯"，以通万事万物，合于一理，是即"理—分殊"。② 方东美视朱熹为新儒学之集大成者。其说受二程兄弟影响甚深，尤有得于伊川程门。朱熹形上学于太极与无极以及道器、理气之二元对反之思想，实根源于道家。朱熹以理贯天地万有，倡言天即理，性即理。其学说主致知与穷理二事，尊德性而抑闻见，其理论析论万物本质及其具含之理性结构，实涵有一套价值中心论之知识论学说。而其人性论由理气二分，析天理与气质为二元，终陷于逻辑矛盾。③ (2) 唯心论型态，即通称的心学。方东美以陆象山、王阳明为代表。心学以心体为一切存在之枢纽，主心涵本体，与万物为一。象山首倡"宇宙便是吾心，吾心便是宇宙"之旨。且深信人同此心，心同此理，以人皆禀天赋良知良能，皆可为贤圣，主"人性平等论"，进而为道德存在的领域树立理想超越界之高标。方东美以阳明为直接象山心学之宗传，倡言心之本体即所谓良知、良能，更以心外无事，心外无理，申张心即理之说，树立彻底之唯心一元论之范型。其理论之旨趣更在于知行合一，力倡"知是行之始，行是知之成"，也是其致良知说之关键所在。④ (3) 自然主义型态，包括王廷相、王夫之以及戴震等。方东美着重以王夫之为代表，剖析其理论系统，在于首立健动之道体。其原于大易之宇宙论，可借气化流行解释之。然其唯气主义宇宙论，实隐含一套以

---

① 参见方东美：《中国哲学之精神及其发展》下册，台湾成均出版社 1984 年版，第十四章。
② 参见方东美：《中国哲学之精神及其发展》下册，台湾成均出版社 1984 年版，第十四章。
③ 参见方东美：《中国哲学之精神及其发展》下册，台湾成均出版社 1984 年版，第十五章。
④ 参见方东美：《中国哲学之精神及其发展》下册，台湾成均出版社 1984 年版，第十六章。

道论为中心之本体论和价值论。其本体观力主儒家崇有为实，而贬抑道、释虚无、空寂之论。其哲学主旨在于道器合一观，进而树立人在宇宙之枢纽地位。① 在方东美看来，新儒各家，皆以哲学人性论为共同基础，最后殊途同归，统汇于一大"天理论"之一元系统。② 换言之，在一个更宏阔的哲学范型中，它们适相辅相成，相得益彰。

方东美提出，讲中国文化传统，应该从事实出发，诸家并重。他常将儒道释哲学相提并论，他说，"余尝谓儒、佛、道三家之形上学系统宛若对等坐标型态，同时展开，呈对列之局"③。他认为，中国文化的最高成就在于原始儒家、原始道家、大乘佛学、宋明儒学这四大文化传统的会合处。方东美经过比较哲学，从"内在超越"、"机体统一"的观点，注重于从儒道释诸家哲学的融合会通来说明中国哲学之精神，表现了相当开放的治学精神。但同时又将一些重要的学派排斥在其治学的范围之外。他正是在对中国传统哲学诸家通贯理解的基础上，以"生生而和谐"的价值理想为中心，集中阐发中国哲学之根本精神归于深体广大和谐之道，了悟人生与一切生命都浩然同流，生生不息，创进不已，宇宙生命的价值即在于所有生命的普遍完成，在于这种充沛圆融的"太和"境界的实现。他在对中国传统哲学融合贯通的基础上，提出了一条全新的、别具一格的文化发展道路，就是融贯中西，涵摄众家，复以中国文化为本位的路线。

① 参见方东美：《中国哲学之精神及其发展》下册，台湾成均出版社1984年版，第十七章。
② 参见方东美：《中国哲学之精神及其发展》下册，台湾成均出版社1984年版，第420页。
③ 方东美：《中国哲学之精神及其发展》上册，台湾成均出版社1984年版，第41页。

第三章　出入中西，归本大易

——成中英哲学探索的历程

　　成中英，1935 年生于中国南京，祖籍湖北省阳新县龙港镇成家祠。为当世驰名国际的华人哲学家，也被公认为现代新儒家第三代的重要代表人物。成氏学贯中西，而卓然成一家之言。其学出入中西，归本大易，超融诸家，独辟新说，创造性地建构了一个具有原创性的本体诠释学的哲学体系，为中国哲学的现代重建提供了一个全新的理论基点和一个比较完备的思想体系。他深入西方哲学的核心，又自觉地回归于中国哲学的传统，尤其是中国传统的《易经》哲学，并以此为根基致力于中国哲学形上学的现代重建。多年以来，他力倡中国哲学的现代化与世界化。同时，他还致力于中国现代的伦理学和管理哲学的重建，可以看作是其哲学在这两个重要领域的应用。要而言之，成中英哲学的重要建树是创立了一个知识与价值互基的本体诠释学与新易学体系，为中华文明之现代发展，奠立一个形上学的根基。

　　成氏本体诠释学自问世以来，即备受学界瞩目和探讨，迄今已然成为当世显学。华东师范大学潘德荣教授肯定，"成中英先生之学，体大思精，融会中西"，"其思深邃悠远，其学博大精深，其体厚重凝练。无疑是一位继往开来式的当代哲学大家"[1]。武汉大学郭齐勇教授也由衷地推许："他是一位学贯中西的了不起的哲学家！"[2] 在 20 世纪 90 年代中期由大陆学者方克立

---

[1]　成中英：《跨越国界的世界哲学》"代序"，潘德荣、赖贤宗主编：《东西哲学与本体诠释：成中英先生七十寿诞论文集》，台湾康德出版社 2005 年版。

[2]　成中英：《跨越国界的世界哲学》"代序"，潘德荣、赖贤宗主编：《东西哲学与本体诠释：成中英先生七十寿诞论文集》，台湾康德出版社 2005 年版，第 62 页。

主编的"现代新儒家学术辑要丛书"，成中英也被列入其中，与杜维明、余英时、刘述先同被作为第三代现代新儒家的代表人物。目前，这个观点已渐被学界所认可，成为对成中英学术思想的一个基本定位。成中英自己则说，"如果以熊十力为正统来界定新儒家的阵营，我不属于这个派别；如果把方东美先生也划进新儒家的阵营，我也可以算是新儒家"[1]。看来成中英对现代新儒家在广义上的界定，与大陆学者倒是颇为接近。事实上，成中英一直以方东美的学术传人自任。若深究之，方、成二氏之学术，其基本的方向和径路乃至学术宗旨，都是相契相接，若合符节，在中国现代学术史尤其是现代新儒学发展史上，已然构成一个一脉相承而又独树一帜的学术流派。扼要言之，方、成二氏之学术路径，都是趋于中西会通，而又回归于中国传统哲学，主要是作为其源头的易经哲学。其哲学实质上是传统易经哲学的现代诠释。其立足于中国传统文化的本位立场而致力于中国哲学的现代化的理论宗旨一贯而鲜明。与一般现代新儒家诸哲实际上是"接着（宋明儒）讲"相较，无论是新心学如熊十力、牟宗三一系，还是新理学如冯友兰，确实是迥然不同，大异其趣。方、成二氏，前后相承，前者肇其端，启其绪，树立规模；后者奠其基，立其本，踵事增华，共同开创了现代新儒家丛林中一个特色鲜明而极富原创力的学术流派。因其特具的开放性精神，故可名之为"开放的现代新儒家"。

成中英的学术历程，其实极富人生轨迹的曲致与蕴涵。他的哲学本身就是中国现代转型的大时代中淬炼而成的时代精神的菁华和作品。而他本人的治学历程，更是这一段超迈前古的转折时代的见证和折射。只是哲学家的职责是以其思想追随时代的进步，并以其天才透悉其深层底蕴而超越之。成中英的学术历程大抵经历了这样几个阶段。他从一个书香门第的子弟和历经战乱的莘莘学子，漂洋过海，负笈留学，求学于美国最高学府哈佛大学，得以深入西方哲学的核心。之后乃执教于异邦学府，研治中西哲学，竟以此立身成名，殊为人生奇遇。后来以所学回馈、反哺母邦，对时代思潮之转化演

---

[1]　李翔海编：《知识与价值——成中英新儒学论著辑要》，中国广播电视出版社1996年版，第38页。

变，影响既深且巨。从成中英曲折的学术历程中，亦可透显哲学家与时代精神之辩证互动。而唯有大哲大匠才敢于引领时代精神走向之大智大勇和苦心救世之深悲宏愿。

一、"家学渊源，勉成中英"：早期的
学习和负笈留学的岁月

　　成中英，1935 年 11 月 8 日（农历九月二十九）出生于中国南京。父亲成惕轩，乃民国时期一位国学大家，精研《尚书》和《易经》。母亲徐文淑，亦是饱读诗书兼具新知的知识女性。成中英有兄弟三人，他排行老大，二弟中豪，在阳新老家务农，三弟中杰，美籍天文物理学家，还有小妹中平，排行老四，旅居美国。由成家兄妹的起名来看，显见其父母用心良苦，涵意颇深。对这个成家长子，父母尤寄予厚望，其寓意"成为中华之英"，殷切之情，溢于字面。成中英祖籍湖北阳新县龙港镇成家祠。其地理比较闭塞，属于山势蜿蜒的丘陵地带，有秀丽的富池河逶迤从境内穿过，直达长江南岸。据考，湖北阳新成氏，可溯源于周文王五子郕叔武，因平霍王之乱封于郕，称郕国，即今山东宁阳汶上地区。北魏时代辗转迁至此地，聚族而居，迄今已有千年以上的历史。成家是中国乡土社会一个世代相传的耕读之家。到祖父炳南公有所积蓄，乃在山间筑楼，并作为父亲成惕轩的读书之所。稍长，其父只身负笈南京，求学于新式学堂，后任职于国民政府中央机关。稍后，与其母徐文淑结婚。

　　少小时代的成中英即在战乱频仍和颠沛流离中完成小学和中学的学业。抗战烽起后的 1938 年，成中英举家经湖北老家迁至四川重庆，全家住在嘉陵江上游蔡家场一个叫洪家榜的村庄。又三年，搬到重庆城里一个叫李子坝的地方，以便中英就近读小学。据成中英回忆，他从小胆大要强，好奇心尤其突出。三岁时，有一次在野外玩耍捉蝌蚪，有个小伙伴抓住一颗就吞食下去，意思是要比试胆量。只见小中英也毫不含糊，一口气吞下好几颗。回家告诉大人，让母亲大吃一惊！幼小时代的中英，置身于乡野的环境，让他真

切地感受到自然的可亲可近，也初步培养了他对探索自然的好奇心。而对自然奥秘的好奇正是哲学的起点，也是理解中国哲学的源泉。童年时代还有一个难忘的经历，就是在庄院的院落里听邻居长辈讲故事，四川人谓之摆龙门阵。那种场面，真是讲的人是津津有味，听的孩子们也是聚精会神。中英后来喜欢文学，与此经历实大有关系。但对他成长影响最大的还是父母。中英长大犹记得父亲把卷读书，朗朗有声，心中油然生出敬书、乐书、爱书的感情。父亲的鼓励和教导，一直是他上进的最可靠的动力。而母亲对其更是关爱有加，呵护备至。还教他识字，给他补课，找家庭教师。处在乱世中的中英，要完成学业，父母究竟要付出多少的心血！然而，虽然父母尽量让他远离战争的扰乱，但小中英还是对这场战争的残酷记忆刻骨铭心。记得有一次在竹林躲警报时，亲眼目睹低飞的日本飞机用机枪疯狂扫射，警报解除后，便看到人畜被打死的血淋淋的场景。抗战胜利后的1946年，中英随全家怀着满心的喜悦，乘船回到了南京。父亲还特意嘱他将一路旅行的见闻，写成一篇《还都记》，居然在《中央日报》儿童版发表了！

在初中阶段，中英的最大爱好是文学和数学。只是时局不宁，在南京第六中学只读到初中二年级。举家再次南迁至浙江金华。为了不中辍学业，有时父母只好请家庭教师来上课。后来自金华迁居广西梧州，曾入苍梧初中三年级。不过数月，又再迁至重庆，入读求精中学。1949年，成中英随父亲从成都新津机场飞至台北。虽然处在颠沛流离的乱世，记忆中却是习以为常的感觉。这也算是战乱对中英心理上的一个最大的磨炼了。1950年，成中英考入建国中学高中一年级。他的兴趣却徘徊在理科和文科之间。在理科方面，是对天文和物理的兴趣，而文科则是对外国文学的偏爱。中英的好奇偏于理性的纯知性的追求。他对天文学的爱好与日俱增，常常夜晚独自观察、凝视神秘的苍穹。他对数学和几何也是情有独钟。当时还对爱因斯坦的相对论发生兴趣。但他一面却又难抑对文学创作的冲动。他偏好古诗，也爱好西方作家如雨果、屠格涅夫的小说。此际，他面临着心灵成长中感性与理性的冲突与交锋。

因为当时台湾大学尚无天文系，中英便选择报考了外文系。大学时代是一个人思想和个性成型的关键阶段。进入大学的中英，已是一个风华正茂、英气勃发的青年。他在此期间，得遇其人生中最重要的导师，即"一代大哲"方东美先生。成中英曾回忆："在大学中，启发我的哲学兴趣并引导我进入哲学殿堂的，是方东美先生。他讲授的哲学概论这门课，有如潜艇、飞船，把听者带到海底龙宫、云霄九天，去欣赏各种瑰宝珍藏，并领略银河繁星之美。"①另据众人回忆，方先生讲课，确具有启发英才的一种魔力。他天马行空、汪洋恣肆的授课风格，一下子抓住了中英，并引领他在哲学的殿堂遨游、观摩，流连忘返。中英听得投入，下课后还将方先生的讲课笔记背得滚瓜烂熟。凡是方先生提到的哲学著作，他都尽量找来阅读。此后，他就成了哲学系的常客。以至于大家都以为他就是哲学系的学生！他每学期必选方先生的课，也兼修其他老师如西方哲学方面陈康讲授的洛克、亚里士多德等。正是在哲学里，中英个性中多方面的趋向找到了一种调和与折中。因为他既有高度的理性的心灵，趋向于数学的谨严和知识的完备；又有丰富的感性的心灵，趋向于文学的激情和诗的烂漫。而哲学恰可以将这两个方面相互激荡的冲动予以综合、整合。成中英欣喜至极，到大学二年级即决心将研究哲学作为人生的唯一指南和志业了。也就是从这时起，他让那颗跃动的、求知的心灵获得一方安顿的空间。

彼时的台湾岛，恰如在经历一场滔天的巨澜之后，偶得暂时的平静。而思想界的形势也是难得幸免，可谓树欲静而风不止。知识青年在这样的时代环境中，要真正获得思想和个性的康庄成长，其实仍然是难关重重。在此期间，成中英如饥似渴地阅读各方面的书籍，以图充实自己的思想和正在扩展的心灵，寻找发展的方向。譬如，梁漱溟的《东西文化及其哲学》、熊十力的《新唯识论》都对他颇有影响。在此时，也接触过西方存在主义哲学、逻辑实证论和分析哲学。当时殷海光的逻辑实证论和分析哲学的课程，给了他深刻的印象。殷海光师承金岳霖，到台湾后乃大讲逻辑实证论，唯逻辑思考和语意分析是尚。后来成为台湾自由主义阵营的一员主将。据说有一次在课堂上，殷海光手里拿着一本唐君毅新出的《中国文化及其精神》，大声宣

---

① 参见成中英：《论中西哲学精神》，李翔海、邓克武编：《成中英文集》第一卷，湖北人民出版社 2006 年版，第 361 页。

告："此书应投入茅厕！"中英当时在震惊之余，反而偏要找来唐君毅的书一读为快。以此兼及对这一流派包括钱穆、牟宗三、徐复观诸先生等的哲学思想有所了解，但仍然没有大的认同。反而通过殷海光的课，对现代逻辑和数学的发展，大为长进。有点奇怪的是，他对胡适一点也不醉心，对众人趋之若鹜的《胡适文存》兴趣不大，甚至是听胡适本人的演讲，也难以产生共鸣。这可能跟他对五四的认识有关。虽然他认定五四是一个充满启蒙理性的曙光和元气淋漓的时代，追求自由创造和理想，但却不幸流产。[①] 大约从此时起，他已决心走一条超越五四的道路，也就是"先理解西方，再回头重建传统"，即他所谓的"后五四建设心态"。而正是在这一点上，他认同于方东美的哲学思想和路径。他认为，方东美对西方哲学探索最深，对中国传统哲学的重建面最广。这与熊十力等立足于传统之上，吸取西学不完全一样。[②] 而他本人受方东美的启发也最大。因为对方东美的哲学有一种会心的理解，他和此间的同窗好友刘述先常常结伴到方东美寓所就教问学，双方尽情交谈，乃至于每每天黑方辞归。因为自觉深受教益，成中英甚至还模仿柏拉图创作与其师苏格拉底的对话录。1955 年，成中英在台大毕业，乃决心报考台大哲学研究所。在方东美先生的特许和支持下，破例以外系毕业生报考哲学系的研究生，并与傅伟勋、刘述先同时考入哲学研究所。

　　1956 年，成中英受到一种信念的鼓舞，乃决心赴西方留学。当时他内心有一种志向和使命感，就是一定要先理解西方，再以此为基础更好地重建中国哲学和文化传统。天从人愿！美国华盛顿大学适时发来入学通知书，并允诺全额奖学金。待一切准备就绪，成中英就毫不犹豫地踏上赴美求学的旅程。临行之前，成父特地购得一套粹芬阁藏的五经读本相赠，并在扉页上写下："英儿毕业上庠，更将深造，特购五经读本，命其阅览一过，俾知我先哲持躬淑世与夫治国平天下之至理要义也。"可见，父亲的勉励与成中英内心的愿望，可谓不谋而合。1957 年初，成中英顺利地入读华盛顿大学。由

---

① 参见成中英：《论中西哲学精神》，李翔海、邓克武编：《成中英文集》第一卷，湖北人民出版社 2006 年版，第 364 页。

② 参见成中英：《论中西哲学精神》，李翔海、邓克武编：《成中英文集》第一卷，湖北人民出版社 2006 年版，第 366 页。

于申请时的限制，先读了一个学期的英美文学，然后才转入哲学系攻读硕士学位。他在哲学系从 1957 年春季到翌年春，共修了四个学季的课程。主要有现代逻辑、分析哲学和知识论。可以说，从这时起，成中英开始真正接触当代英美哲学了。当时哲学系三位教授直接影响了成中英，即斯玛廉（Arther Smullyan）教授、麦尔登（Abraham Melden）教授和洛德（Melvin Rader）教授。斯玛廉教授出身哈佛，以研究数理逻辑著称。麦尔登教授擅长语言分析哲学。而洛德教授却是一位康德美学专家。在此期间，还有一位访问教授哈特肖恩（Charles Hartshorne）讲授皮尔士和怀特海哲学，也是印象深刻。在此期间，除了选修以上教授的课程，他还选修了微积分和现代代数。因为他意识到数学为西方知识理论的理想模型和科学语言的典范，以及数学在知识论和形上学中的重要地位。成中英各门功课都很出色，每科成绩都得 A。他的硕士论文的题目是《有关摩尔早期的理论：知觉和认知外物的问题》，是一篇关于知识论的研究论文。值得一提的是，因为他的论点倾向于实在论，指导教师斯玛廉教授并不同意。但他仍然给予论文本身以很高评价。老师们十分赏识和关爱，纷纷鼓励和支持他去申请常春藤大学攻读博士学位。耶鲁、哈佛和康乃尔大学都给这个高才生发来录取通知书，而且都给予全额奖学金。不用说，成中英最后还是选择了哈佛。这样，他的硕士阶段的学习可以说是画上了圆满的句号。①

　　1958 年秋季，正值秋风送爽的时节，美国新大陆的东海岸向这个中国来的青年才俊绽开了欢迎的笑靥。成中英满怀憧憬和喜悦，迈入了坐落在查尔斯河畔的这座名冠天下的学府哈佛大学。当时的哈佛哲学系，正处于其鼎盛的峰巅，真正是大师云集，群星灿烂，可谓名副其实的美国哲学的心脏与摇篮，更是分析哲学的首府重镇。而极负盛名的分析哲学大师奎因教授也执教于此。这也是当初成中英向慕而抉择哈佛的真正原因。此时，23 岁的成中英，踏过横跨校园、凌空架越查尔斯河的天桥，极目骋怀，心潮起伏。耳闻此时大洋彼岸的中国大陆，遍地土法大炼钢铁搞"大跃进"，"人民公社"

---

① 　参见成中英：《论中西哲学精神》，李翔海、邓克武编：《成中英文集》第一卷，湖北人民出版社 2006 年版，第 367 页。

和"大食堂"，"三面红旗"闹得赤县万里，发生饿死逾千万人的人间惨剧却诿之于自然、天数，心下震骇、惊疑不已。逡巡在哈佛静谧的、宗教气息浓重的校园之中，置身于古色古香的中世纪城堡式的建筑之间，中英其时乃有时空错置、不知今夕是何年之慨！然而，当他伫立在哲学系"爱默生楼"前，不禁忻然作喜，为"与柏拉图、亚里士多德为友，犹与真理为友"的哈佛校训而心折。面对朝气蓬勃、国势方盛的异邦，回顾苦难深重、积重难返的祖国，他不禁出声念出屈原《九章》中的几句诗："善不由外来兮，名不可以虚作；孰无施而有报兮，孰不实而有获？"他心中默祷，但愿以一己之奋斗，实至名归，回馈母邦，不负所愿！

初到哈佛的中英，牵引他好奇心的处所，固然所在多有。然而最令他着迷的还是那硕大无朋、特色鲜明的图书馆。哈佛有三个图书馆。这就是新建的拉蒙特（Lamont）图书馆，配置齐备，设施完善，且全天候开放，因此学生都爱到这里学习。另一个是哈佛燕京图书馆，中国古典藏书十分丰富，也是全美大学最早的中文图书馆。他最喜爱的则是维德讷（Wiedner）图书馆，其藏书异常丰富，为全美大学之冠。远远望去，图书馆犹如一个中世纪的教堂，而身临其境，令人仿佛有回归古代之炫幻错觉！成中英很快便成为这些图书馆的座中常客。初来乍到的中英，对哲学系以往的历史，也约略做过盘点。他惊讶地发现，美国哲学与哈佛的哲学史居然如许息息相关！18世纪美国第一位神学家爱德华兹（Jonathan Edwards）出身于此。19世纪美国人文主义的代表爱默生（Emerson）亦是。而作为美国精神象征的实用主义哲学鼻祖皮尔士（Charles S. Pierce），同样以此为根据地，其思想后来启发詹姆士，并由杜威发扬光大。20世纪50年代，怀特海也已来到哈佛，另有路易斯这样造诣精深的哲学大家，以及桑塔耶拿这般具有欧洲古典气质的另类人物。虽然这些大师已渐成历史，但他们却为哈佛赢得无上的荣耀和卓越的光环。而正是在此基础上，后来者才乘风破浪，更上层楼，将哈佛哲学推进臻于极境。当成中英进入哈佛哲学系之时，正值美国逻辑分析哲学大行其道，也是哈佛分析哲学如日中天之际。其中，有几位人物对成中英产生重要影响。当时执掌哈佛分析哲学牛耳之人物为奎因教授。他早年出身哈佛，后赴维也纳大学游学，研究逻辑和分析哲学，深受罗素和卡尔纳普影响，回国后即执教于此。奎因的最大贡献是语言哲学与逻辑分析，他提供了一个客观的逻辑分析方法。奎因有关逻辑和语言哲学的课程，成中英全部选修了。奎因哲学对成中英的影响甚深。他主要是从其中汲取了一种哲学思考的方法意识。他后来发展出来的本体诠释学，也首先是基于对奎因思想的批评反省，融合中国哲学与欧洲诠释学的传统而成。再者是威廉姆斯教授（Donald Williams），擅长知识论，力主归纳逻辑可以演绎化，因而提出了归纳法有效性的直接证明。他所主讲的"形上学"与"归纳逻辑"两门课，对成中英有决定性影响，且因此建立了密切的师生关系。另有系主任弗希教授（Roderick Firth），是笛卡尔知识论的重建者，对知识的确定性和清晰性颇多创论。在选修弗希教授的课程时，一件意外的事让他终生难忘。因为课程论文的观点与课业老师相违而被约谈，不料弗希教授和颜悦色，在反复听取辩驳的论证之后，竟予赞赏！西方学者这种虚怀若谷，鼓励学生"吾爱吾师，吾尤爱真理"的胸襟和气度，令他感思不已。还有艾肯（Henry Aiken）教授，主讲美学和价值哲学。他讲课富有戏剧效果，有时手脚并用，声情并茂，令听讲者兴味盎然，决不会打瞌睡。有一次，他和威廉姆斯教授合开一门康德课，前者立论，后者批评，再相互急辩，将一门课程演绎得有声有色，生动无比！再就是斯切弗勒（Gsrael Scheffler）教授，主讲科学哲学。他重视科学定律的逻辑分析，欲从主观性与客观性的两极为科学知识寻找实在论的基础。这些大师的会集，真是极一时之盛！①

　　入学第二年，有一场关键性的博士学位预试。要考四门课，一天考一门。有一门没过，准许补考一次。两门没过，立即走人！同期入学的 15 位同学，一场考试下来，刷掉一半。哈佛的淘汰制之厉害果真名不虚传。经过这场考试，就可以从容选课、读书了，直到博士论文之选题和撰写。在此期间，成中英曾选修罗尔斯的正义论，对西方伦理学、政治哲学的前沿问题领会较深。另有一些名家的课，如德莫斯（Demos）教授开设的柏拉图哲学，牛津大学访问教授欧文的亚里士多德物理学，蒂利希（Paul Tillich）主

---

① 参见成中英：《论中西哲学精神》，李翔海、邓克武编：《成中英文集》第一卷，湖北人民出版社 2006 年版，第 370 页。

讲的新神学。还专门到数学系选修数学，特别是数学名家查雷斯克（Oscar Zariski）的代数学，因而对数学理性成为西方知识标准与理想模型，有更深度地认识，对数学哲学中的直觉原则极表同情，甚至拟用代数来反治逻辑问题。还跑到远东系旁听了史华慈（Schwartz）教授的课。这些五花八门的课程无疑极大地开拓了成中英的知识领域和视野。经过这样的积累，到了第三学年就开始确定论文选题。初步确立知识论中归纳逻辑的范畴。但成中英先是拟运用数学来解决逻辑中的问题，后来在四位专家奎因、威廉姆斯、弗斯和斯切弗勒组成的论文指导委员会，特别是主要指导教授威廉姆斯的提示下，选定以"皮尔士与路易斯的归纳逻辑"为题。论文经过一年半的准备，对归纳逻辑的有效性问题作出了完整的考察，基于皮尔士与路易斯建立归纳推理统一性的观点，与奎因的观点遥相呼应。论文于 1963 年 6 月顺利通过。这也意味着成中英在哈佛博士阶段的学业，大功告成！[1]

　　哈佛五年的苦学，使他深入西方哲学的核心。但他在此期间并未忘怀中国哲学。他曾有意识地旁听过远东系的中国思想史的课程。还与在此攻读的张光直、余英时等学长常常聚会，讨论、切磋有关中国文化的问题。在哈佛的最后一年，又遇见来远东系加盟的杜维明，大家在一起，更添"德不孤，必有邻"之慨。尤其令人感怀的是方东美先生，一再来信鼓励，勉其不忘在中国哲学领域再图收获。因此，成中英决定以戴东原的《原善》为题，对戴震哲学作一整体性诠释，与博士论文同时完成。书稿与博士论文一道于 1967 年出版。经过最严格而系统的西方哲学训练，成中英终于得以深入西方哲学的心脏，深刻体会到哲学有其严肃的理知性格，在本体与方法，知识与价值的范矩内找到哲学思考的轨辙。他也因此走上一条哲学探索的孤峻之路。当时，他感到一个最大的困惑是，中西哲学有其结构上的不同。西学犹如结晶玉石，中学犹如行云流水，两者如何才能融成一片？而这一碾磨融合的功夫，正是今后其哲学生命发展的重要课题和方向。[2]

---

[1]　参见成中英：《论中西哲学精神》，李翔海、邓克武编：《成中英文集》第一卷，湖北人民出版社 2006 年版，第 372 页。

[2]　参见成中英：《论中西哲学精神》，李翔海、邓克武编：《成中英文集》第一卷，湖北人民出版社 2006 年版，第 374 页。

二、"风云际会，竞领新潮"：中期的
教学研究和访学交游的生涯

1963 年 9 月，成中英受到系主任摩尔（Charles Moore）教授的邀请，来到夏威夷大学哲学系任教。夏威夷属于亚热带海洋性气候，此地风光旖旎，四季如春，植被丰富，雨量充足。他飞至彼大洋之畔，驻足凝望，只见云霞浪涛，海天一色，波光云影，交相辉映。当此之时，天际几只海鸟穿空而过，它们要向人间传布什么讯息呢？对成中英来说，一个新的人生起点在这里开始了！夏威夷大学哲学系对这个来自东方的年轻人的学术背景十分看重，特别是对他既精通西方分析哲学，又擅长中国哲学，尤为满意。而成中英对这个处于东西方文化地理交界限上的学府及其学术传统，也有一种莫名的亲近和好感。据了解，夏威夷大学哲学系对东方哲学研究有特别的偏向。这应该跟其居民有一多半都具有东方文化的传统有关。而系主任摩尔也自觉地以开展东方哲学的研究为本系的方向与特色。他本人以专治印度哲学而著称。至于中国哲学方面的学术研究，起步甚早，可溯源于20 世纪30 年代末。其间有陈荣捷、吴经熊、胡适等，在此曾做过有关中国哲学教学研究的开拓性的工作。显然，夏威夷大学哲学系的学术传统和研究特色，对专志于以西方哲学为基础来发展中国哲学的成中英来说，无疑是极具吸引力的。但是，要真正将中国哲学作为一门独立的学科来开发和发展，还是要从成中英的加盟才算实质性的开始。成中英在夏威夷大学开设的哲学课程，就是从一门中国哲学导论、一门语言哲学开始的。以后他所上的课程，基本上都是这个格局。即一门古典中国哲学，主要是儒家、道家、易经和佛教禅宗，一门当代西方哲学，主要是分析哲学、科学哲学、语言哲学等。他在教学中发现，美国的哲学教育已走入专业化、职业化一途，即强调哲学教育是提供知识之学而非启发智慧之学。他们继承的主要是英国的传统，重视原典，重视创意。而且，他们在通识教育中对哲学教育很注重。在课堂教学中，美国大学的教学特色是特别注重师生的对等交流和互动，这一点与中国的大学教育相比尤

显突出。①

1964 年夏威夷大学主办的第四届东西方哲学家会议，给了成中英在世界性的学术平台上开拓和发展中国哲学的信念。这次会议对成中英来说是极大的激发和鼓舞。这次会议请来的中国哲学家代表有梅贻宝、方东美、吴经熊、谢幼伟、唐君毅等。特别是在此次会议上，方东美以其学贯中西的宏富学识和异乎寻常的学术气概，慨然替中国哲学代言，向西方哲学界发起了一轮前所未有的学术挑战。这无异于是吹响了世界性的复兴中国哲学的号角。这让以中国哲学为终身职志的中英，如何不欢欣鼓舞呢！事实上，这个亲身经历已化作成中英永志难忘的记忆和永不枯竭的动力源泉。正是从此时起，成中英决心亦欲效法乃师，终身为心中之志业而奋斗不息！也就是在此次会议期间，他产生了一个构想，就是以夏威夷大学为基地，创办一份中国哲学的专业学刊，作为世界上研究和发展中国哲学的学术平台和阵地。这个想法当即得到了方东美先生的热心支持和鼓励。值得庆幸的是，这次会议开了一个暑假，他可以就诸多的问题与昔日的业师展开商讨和就教。他们首先商定，刊名就叫"中国哲学"，而不是"中国思想史"或"汉学研究"之类。这是一个原则性的申称和定位，也是其不容动摇或变更的立场与态度。他为此立马行动起来，查询世界各地研究中国哲学的学者，然后编出《中国哲学通讯》，寄给大家以便利于联络，也以此为创刊做准备。到了 1969 年召开东西方哲学家会议时，成中英便可以满怀信心地向大家宣告："我要办一个中国哲学的专业期刊！"在这次会议之后，成立了包含面尽量广阔的编辑委员会。此外，他还要为出版事宜奔走。而且，出版所需的经费不菲，要占其全部薪水的四分之一有余。这其实是一个不小的经济负担，要持续相当长的阶段才能扭转这种情形。然而，最让成中英劳神费力的还是为每期刊物组稿。首先约稿的是哈佛的老朋友史华慈教授，还有多方面的同道。经过这样辛苦的筹划和运作，《中国哲学季刊》创刊号，终于在 1973 年正式面世。从此，世界上第一份中国哲学的专业期刊诞

---

① 参见成中英、杨庆中：《从中西会通到本体诠释——成中英教授访谈录》，中国人民大学出版社 2013 年版，第 124 页。

生了! ①

1970 年，成中英从夏威夷回到台湾，担任台湾大学哲学系主任和哲学研究所所长。这可能是出于师友的道义，或出于书生报国的情怀。不管怎样，他之远道归来，怀着良好的愿望和美好的理想，那是毫无疑问的。然而，后来事态的发展完全出乎成中英的意料之外，乃至于成为其人生中一段挥之不去的创伤与阴影。俗话说，新官上任三把火。何况学成归来的中英，正是风华正茂，血气方刚之时。他打破了台大哲学系多年来一成不变、一潭死水的现状。根据他对世界先进大学的哲学系理念的理解，开始大刀阔斧的改革。首先是从外部环境、办公条件、课程设置开始，一直到师资配置，都着手整顿。正是在此期间，台大哲学系建立了中国哲学、西方哲学、逻辑学等几个主要的教研室。并创办了《台大哲学评论》。连走廊都焕然一新，教室也重新布置。整个哲学系展现出一幅旧貌换新颜的气象。正当成中英准备大展身手之时，一阵险恶异常的风浪不期而至。因为中国大陆与美国关系"正常化"，岛内形势骤然紧张。台湾当局加强对知识界的管控，竟导演了一幕岛内"最严重的政治干预学术的事件"，即"台大哲学系事件"。事件的过程颇为曲折离奇。当时哲学系经成中英推荐，由自美返台的孙智燊代理系主任。而他在任期内，却不知何故，不断地指控哲学系内存在一批"共产党同路人"，指认"台大哲学系红色内幕"，甚至将成中英当作幕后主使。结果导致系内一共 13 位教师被解聘乃至收监、坐牢。时在美国哥伦比亚大学访学的成中英得悉此事，异常诧异和悲愤，欲赶回岛内，向有关方面陈情说理，却发现签证被吊销，返台遭拒! 多年后，经当事人陈鼓应、成中英等的追忆、申明，与有关人士的一再追踪调查，1993 年台湾大学在校长陈维昭主持下组织专门调查委员会，整个"台大哲学系事件"的原委得以重见天日，真相终告大白于天下。1997 年，台湾当局被迫为事件平反，但仍然拒绝道歉，也不追究真正的肇事者和幕后元凶。成中英经过反思，认为此事件乃个别人"为了私心争权，必然造成冤案与伤害"。实际上，这个事件，不过是白色恐

① 参见成中英、杨庆中：《从中西会通到本体诠释——成中英教授访谈录》，中国人民大学出版社 2013 年版，第 128 页。

怖下的悲剧之一幕与缩影，是政治高压下学术生态恶化之表现。

中国哲学的现代化与世界化，遂成为成中英一贯的追求。经过这场风波之后，他的这一追求是更加自觉和强烈了。除了创办国际性的专业学刊，他的另一举措就是创办国际性的学会。国际中国哲学会就是在这种思想指导下创立的。1974 年，成中英正式在夏威夷创建中国哲学会。学会的成立，得到在北美的华人哲学家如唐力权、杜维明、刘述先、秦家懿、沈清松等的大力支持和热情参与。1975 年，第一届国际中国哲学会在美国康州举行，题目为"中国哲学的发展和未来"，有四十几人参加。成中英为创始人，也是首任会长。会上还确定每两年召开一次会议，在不同的地点，由不同的单位来承办。承办方要承担基本费用。国际中国哲学会一直坚持下来，它和《中国哲学》季刊一道，现已成为国际上传播和研究中国哲学的一个最具影响力的学术平台和阵地。①

1985 年，成中英出版了他早期的重要著作《中国哲学的现代化与世界化》。中国哲学的现代化和世界化，是成中英哲学研究的出发点，也是其学术生涯中一以贯之的宗旨。他认为，中国哲学从过去四千年的发展来看，的确具有重要的意义。它不但说明了中国文化之所以源远流长，也说明了中国文化在遭受困难、危机的关头，仍能排除万难，以自强不息的精神创造出一条美好光明的道路。人类文化发展到今日，已面临许多问题和挑战，遭遇前所未有的危机。要克服和解答这些问题和挑战，消弭危机，为世界文化的发展提供一条崭新的方向和道路，势必要借助于中国哲学。而中国哲学要担负起这一历史性的艰巨任务，本身亦需要进行一重建的工作，重建的方向即在于现代化与世界化。成中英一直致力于中国哲学的现代重建工作。他在书中特别强调中国哲学具有本体思考的特质，并指出逻辑分析与语言分析等理性思维方式，亦为中国哲学重建不可或缺的基础工作。针对中国传统哲学偏重于本体论思维而轻忽方法论的问题，他提出本体与方法相互规约与界诠，力图将方法意识纳入中国哲学的本体思考，并以此作为中国哲学重建的理论基

---

① 参见成中英、杨庆中：《从中西会通到本体诠释——成中英教授访谈录》，中国人民大学出版社 2013 年版，第 141 页。

础。他从中国易经思维出发，由生命的本体意识衍生理性与意志相涵互动的思考，并由此建立本体与方法统一，知识与价值互基的本体架构的哲学体系。他进而指出，中国哲学的现代化与世界化，必须通过中国哲学在现代社会生活中的落实来进行和完成，他还就此对现代社会文化中的传播、管理、文化建设、民主法治、伦理秩序以及个人人格等层面的问题，进行富有创见和卓有成效的探讨。可以说，成中英中国哲学的现代化与世界化的理论创构，为哲学发展带来了新的创造力与突破性，也成为他此后哲学研究最重要的目标和最显著的理论标识。①

改革开放后的祖国大陆，向所有学有专长的海外学人发出了热情的召唤。成中英慨然应邀回国访问讲学，为祖国大陆改革开放后最早一批回国访学交流的海外学者。1985年，成中英应北京大学汤一介先生邀请，担任北京大学客座教授，为北大师生讲授现代西方哲学的发展趋势和中西比较哲学。在此期间，他还见到了健在的现代新儒学大师梁漱溟、冯友兰等先生，有时甚至是同台演讲，心情自然是无比兴奋。同时，他还应武汉大学哲学系邀请，参加在湖北黄冈举办的纪念熊十力百年诞辰学术研讨会。会议上海内外的专家学者济济一堂，有令他景仰的前辈学术泰斗，也有正在迅速成长的中青年新秀，这个场面本身就令人备受鼓舞！会议之后，成中英还在热心人士的安排下，回到阳新故里参观，留下了极为深刻的记忆。过去从父母那里听来已耳熟能详的关于阳新成家祠的传说，此时在成中英的脑海中有了真正鲜活的印象。老家阳新闭塞的地貌和优美的风光，增添了他对中国文化根源性的认识。而这种根源性的认识又进一步激发了他走向世界的冲动和动力。此后的数年间，他接连回国内讲学。那是一个曙光初照的时代。神州大地在改革开放的春风吹拂下，各方面都展现出欣欣向荣的气象。而20世纪80年代中期兴起的"文化热"，更是将那一个时代的美好气息推向极致，让人们普遍对未来满怀希望和期待。置身其间的成中英，学术报国的理想又被重新唤醒了。他频繁地回国，在国内各高校讲论哲学。成中英的名字也开始渐为国内学界所熟悉。在此期间，他又有几部学术专著出版。其中比较重要的是

---

① 参见成中英：《中国哲学的现代化与世界化》，台湾联经出版事业公司1985年版。

《论中西哲学精神》，实际上就是在他应华东师范大学哲学系冯契先生邀请所做的讲课记录基础之上整理而成。①

成中英《论中西哲学精神》是一部比较哲学的著作。其基本路径是从比较哲学的视域与方法，致力于中西哲学的互诠互释和双向批评，从而趋向于一个世界整体哲学的观念系统。对中西哲学进行了全面的、系统的论析与比较，并集中于中西思维方式、思想模式的剖析与对比，对中、西、印三种类型的辩证法进行深度的解析与考察。成中英对中西哲学的比较、诠释与批评，是他整个哲学体系的一个必不可少的重要组成部分，也是其中国哲学现代重建进而导向世界性哲学建构的一个重要环节。成中英认为，在西方哲学的传统中，自亚里士多德以讫康德，惯于用理性的、逻辑的方法来规范和建构本体，方法论在西方哲学中实居于突出的地位。而中国哲学往往注重从根源性的本体着眼，来营构其高度的境界哲学和理论体系，而在方法论的领域则较少探讨。中西哲学的这种偏向在知识论和价值论的领域有着显著的表现。成中英认为，西方哲学是以理性为方法，以知识为目标，力图通过知识的建构来了解世界，侧重于建立一个知识性的世界。因此，西方哲学本质上是以知识论为中心。与之相对照，中国哲学在本质上是价值哲学，侧重于对宇宙人生的价值问题的反思和探求。它归结为一种以生命经验为中心，以实现宇宙、人生、社会的全体价值为目标的价值本体。因而，中国哲学导向一个价值性世界的建构。成中英从本体的层面对世界哲学的方法论系统，作出最基本的分类和论析。他剖析了三大类型的方法论系统，这就是印度佛学传统中倡言的全然无执、全然否定的中观辩证法，西方哲学以黑格尔、马克思为代表的追求永恒进步的矛盾辩证法和中国哲学根源于易经哲学的以普遍和谐为特征的和谐化辩证法。成中英从根源性的本体层面探索世界哲学诸种类型之异同，从根本上将中国哲学的重建研究，推进并纳入世界哲学的轨道之中。②

---

① 参见成中英、杨庆中：《从中西会通到本体诠释——成中英教授访谈录》，中国人民大学出版社 2013 年版，第 4、169 页。

② 参见成中英：《论中西哲学精神》，李翔海、邓克武编：《成中英文集》第一卷，湖北人民出版社 2006 年版。

与 20 世纪 80 年代中期的"文化热"相偕并行的，是"易经热"的持续升温。而成中英也得预其事，并在其中发挥了助力器和推手的作用。成中英是最早在美国高校中推动《易经》的教学和研究的学者。早在 1967 年，他就在大学的课堂上，开出《易经》研究的课程，当时颇引起各方关注与轰动。后来，随着教学和科研的推进，他的有关《易经》的思想已被美国的政治、外交、军事和思想文化等领域广泛接纳。正是在此基础上，他于 1985 年正式成立国际易经学会，作为推动国际性的易学研究的学术机构。其时他回到台湾时，发现"易经热"已颇成气候。台湾的官方和民间都有崇尚《易经》的心理。与此相关的看相、算命、堪舆等一套民间信仰在台湾具有相当深广的社会诉求和文化土壤。国民党元老陈立夫最早成立"中华民国易经学会"。而这个机构其实就是由成父来打理的。后来慢慢向着民间化的方向转变和发展。成中英利用自身得天独厚的便利条件，使台湾的"易学热"朝着学理化的趋势演进，后来还不遗余力地帮助两岸易学界建立比较密切的联系和正常合作的关系，发挥了突出的作用。成中英与大陆易学界建立联系，始于 1987 年。他应山东大学邀请，参加在济南召开的首届国际易经学术研讨会。他特别强调"易经是哲学而非迷信"的观点，对于风气初开，尚处于艰难起步中的刘大钧等领导的周易研究中心的学术发展，是一个很大的支持和助力。1988 年，他又应邀参加他们主办的第二届易学会议，并提交"周易哲学的意义与未来"、"象数义理一体论"两篇论文，强调易经为中国哲学的源头活水。这些高水准而别具新解的论文，对国内高校易学研究的开展，有显见的推动与助力。其间，他还与主持东方国际易学研究院的朱伯崑先生建立联系和合作。对民间易学的拓展，也竭诚相助，从而赢得广泛的友谊。[①]

成中英的易学研究，作为一家之言，此一时期已越来越引起国内同行关注。其独特性在于以哲学的方式研易。他认为易经是一套哲学而非仅为卜筮之书。而且，他整合历史上的义理派和象数派，提出义理、象数一体论，从而将易学研究推进至一个全新的境界。尤其是他强调易经是整个中国哲学

---

① 参见成中英、杨庆中：《从中西会通到本体诠释——成中英教授访谈录》，中国人民大学出版社 2013 年版，第二章。

的源头活水和得以创生和发展的原点。他断认，从根源性的意义上来说，原始儒家、道家哲学乃至全幅的中国哲学都源生于此。因此，整个的中国文化乃可以被称为易文化。成氏力主易经为中国哲学的源头。此说为中国哲学史别开新解，实际上为中国哲学的现代重建提供了一个形上学的理论根据。他所说的回归中国哲学的源头易经哲学，其实质是对传统易经哲学的一种创造性诠释与重建，是在更高层次上对中国传统哲学的现代重构与恢复。成中英在此一时期，还别出心裁地创构"易经管理哲学"，力图将易经的哲学思想运用于现代管理。他认为易经哲学具有宏大的开放性、包容性和创造性，足可以容纳古今中外一切有价值的管理思想，从而建立中国的现代管理哲学。他的管理哲学的研究，显然是与其哲学研究相互表里，相互配合的。也是其易学研究中十分独特的组成部分。①

　　在此期间，成中英还发起并参与筹建国际儒学联合会。事情的起因要追溯到 1985 年在日本筑波召开的一次国际儒学会议。作为东道主的日本学者提出要组建东亚儒学联盟，遭到成中英联合韩国学者的强力反驳和抵制。他坚持发展国际儒学联盟，须植根于中国内地。由于这种紧迫形势的诱因，1987 年成中英即致函国内的孔子基金会，倡议创立国际儒学联合会，指出由中国主导儒学发展的重要意义及其紧迫性，还提出了一些十分具体的建议。1989 年 10 月，成中英再次回到国内，参加纪念孔子诞辰 2540 年的大会。会后江泽民接见与会代表。成中英创立国际儒联的议案得到高层的肯定。在这次会后，成中英受孔子基金会辛冠洁秘书长的委托，撰写了国际儒学联合会的章程，邀请一些台湾和香港从事儒学研究的专家学者，参与、筹措有关事宜。时任孔子基金会会长并主持其事的谷牧副总理还专门接见成先生，与其洽商筹备事项，表示大力支持。1994 年 10 月，国际儒学联合会正式成立。多年来，国际儒联已成为中国在国际社会展示大国形象与文化软实力的一个重要平台。2014 年，国际儒联召开第五届理事会议。国家主席习近平莅临会议，发表演讲。成中英应邀出席会议，受到习近平主席亲切会见。这也表明，在祖国大陆，成中英先生的学术努力和所作所为，已越来越多地得到各

---

① 参见成中英：《C 理论：易经管理哲学》，学林出版社 1999 年版。

方的认可与肯定。单就国际儒联一事来说，成中英自觉对此已是既尽了心，也尽了力，所以也很是欣慰。当听到国内同行称赞成先生的作为是爱国有功时，他若有所思地说："在现代社会中，学者的人生主要体现为以其学术生命追求真理，其与外在事功的关联往往是间接的。虽然我并不拒绝外在事功的建立，但我自认为更多是遵循真理的应然准则与内心之自觉意愿行事！"①

三、"时移运转，蔚为显学"：近期的
讲论、传习与弘道的气象

20世纪90年代中期以来，在国内学术界，一股"国学热"悄然升温，且持续至今，俨然有取得学术主流的趋势。这是当代中国学术思想发展的一个值得注意的动向。在这股方兴未艾的"国学热"的时潮中，海外学术充当了某种积极前导和引领的角色，发挥了潜移默化与推波助澜的作用。显然，成中英是其中的一个引人瞩目的要角。成中英的本体诠释学成为学术界耳熟能详的话题，有蔚然成为当世显学之势。1999年，一份以专门讨论成中英本体诠释学为主旨的学术刊物《本体与诠释》系列，由三联书店正式出版。该刊由成中英教授任主编，汇聚了一批国内外对成中英本体诠释学有兴趣和钻研的学者，定期展开对一些专题的研究和讨论。这种以学刊的形式来专门讨论个别哲学家的思想的现象，在国内是极为罕见的，可谓史无前例。这足见国内学界对成中英哲学的高度关注和重视。也说明了成中英所创立的本体诠释学及其所宣扬的中国哲学的现代化与世界化之宗旨，切合了时代进步的方向和社会文化的深层需要。2001年，第12届国际中国哲学会在北京召开，又一次展现了国内学界对本体诠释学的极大热情。会议由中国社科院方克立教授主办，规模盛大，超过以往各届，与会学者递交的论文洋洋大观，光论文集就有三大册。同时，成中英的本体诠释学在台湾岛内也不乏热心的

---

① 参见成中英、杨庆中：《从中西会通到本体诠释——成中英教授访谈录》，中国人民大学出版社2013年版，第二章。

推动者。2003 年 10 月，台北大学主办的中国文哲之当代诠释学术会议如期举行。①

2000 年 5 月，成中英应邀在德国海德堡会晤当代诠释学大师伽达默尔，堪称世纪之会。当时伽达默尔已届百岁高龄，难得会见外宾。在伽达默尔关门弟子帕尔默（Palmer）教授的安排下，成中英访问伽翁于其寓所。两位东西方哲学大师相见恨晚，侃侃而谈，浑然不觉时间已近黄昏。会谈进行了约两个半小时。成中英先是表达了对伽翁哲学成就的景仰。伽达默尔也表示一直期待与这位东方哲学家的会晤。谈话从双方熟悉的海德格尔哲学中的超越性问题开始。由此转入海、伽二氏诠释学异同之辨，并及于西方当代德里达与哈贝马斯哲学的探讨。成中英向伽达默尔解释了本体诠释学乃基于中国传统易经哲学的本体论思维对于世界整体性、根源性的理解，是对哲学诠释学的一种突破、发展，而非否定与反对。成中英甚至非常赞赏伽翁建立人文科学意义系统的努力，但强调必须以本体论作为必要的补充环节。他们还表达了对人类的前途与命运以及对文化传统的前景的共同关注和思考。最后，二人依依惜别，并觉言犹未尽，乃约定两年后再次会面，不想竟成永诀。成中英在回程中还吟了一首诗："一代哲人性温醇，百岁高龄思更清。犹忆乃父面命日，娓娓道来耳生春。"之后，成中英更以"世纪会面"为题，将这次具有历史意义的对话内容，整理发表出来，刊登于《本体与诠释》第二辑，以表达对这位西方诠释学大师的敬重。东西方两位诠释学大师的世纪会晤，本身就具有极大的象征意义和诠释学意涵。他们终身孜孜以求东西方哲学与文化传统的理解与融合，并以其诠释学为基准建构了涵括东西的哲学体系。在当下这个危机与机遇并存，冲突与融合互见的时代中，他们在各自的文化语境中力主对话、理解与融通，旨在消除文化的偏执、斗争与冲突，为人类持久永续的生存发展寻觅可靠的文化资源和解决之道。二人可谓当世之知音与辉映东西的双璧。他们的世纪会晤，可谓象征和预示了东西方文化的对话与融合，已臻至一个具有实质性意义的新的历史阶段。②

①　参见《成中英先生学术年谱初稿》，潘德荣、赖贤宗主编：《东西哲学与本体诠释：成中英先生七十寿诞论文集》，台湾康德出版社 2005 年版。

②　参见成中英：《世纪会面》，《本体与诠释》第二辑，北京大学出版社 2002 年版。

　　此次会晤亦为成氏本体诠释学创立之标志。在当代东西方文化正由剧烈冲突、碰撞走向深度融合、会通的时代背景下，成中英为因应西方文化之冲击和挑战，实现中国哲学的现代化和世界化，创造性地诠释和重建中国哲学尤其是中国古代易经哲学，提出了本体诠释学这一划时代的哲学创构。本体诠释学的创立，直接绍承"一代大哲"方东美生命本体论的精神主旨，又充分汲取了诠释学、分析哲学等西方哲学的理论方法与思想成果，而在根本精神上则回归到中国哲学源头的易经哲学。可以说，它是在中国哲学走向现代化、世界化的历史境遇中，融贯中西以重建中国哲学的一个极具创发性的理论尝试和最重要的哲学创构及理论结晶。成中英的哲学理论体系的创立，经历了一个内在关联又不断发展的阶段和过程。本体诠释学是其中的关键环节，也是其整个哲学理论体系的根本和基础。早在求学和任教之始，成中英便萌生了会通中西，进而创新和重建中国哲学之宏愿。他在 20 世纪 80 年代初，发表了一系列的文稿，探究中国哲学现代化与世界化问题，确立了其哲学创新的主旨。其间，他还致力于诠释学的研究、评析，曾为伽达默尔《真理与方法》一书作书评，并正式提出"本体诠释学"的概念，以与伽达默尔的诠释学相区别。此亦象征和标志着本体诠释学哲学创构之肇始。与此同时，他在中西哲学的比较研究当中，提出"和谐化辩证法"的重要观点，对本体诠释学整体创生、多元统合的思维方式的确立，极其重要。而之后易经哲学的创发和新易学的建立，更是其哲学体系的主干。此后，他着力于开拓和建立中国管理哲学和适合现代人类的整体伦理学，可谓本体诠释学的两个主要应用。当前，成中英正力图运用本体诠释学的方法和观点，来重新阐释和撰写一部新的中国哲学史和世界哲学史。可见，成中英的哲学探索，构成了一个会之有元而又旁通统贯的理论体系，而本体诠释学则是其中一以贯之的主线。成氏关于本体的观点，根源于中国传统哲学，尤其是作为中国哲学源头的易经哲学对于宇宙和生命本源的理解。他本人承认，本体诠释学根植于中国哲学尤其是强调整体创生作用的易经哲学。同时，它又吸收了不少西方哲学特别是诠释学、分析哲学的理论方法和成果。成中英也是以易经哲学为骨干，确立了其哲学的本体架构和整体统合的思维方式的。易经哲学成为他融合与会通中西哲学，思考哲学基本问题乃至创构哲学体系的理论原点。

他从对易经哲学的独特领悟、理解和诠释中，发展出了一套本体与方法相统一的本体诠释学的哲学架构。在这套概念系统中，他从本体的实质与意义的界定与诠释开始，阐发了生命的本质统摄理性和意志的要素，复由此衍生出知识与价值的活动。成氏的本体哲学，力图在传统的本体框架内纳入现代哲学理性化的方法意识，进而开拓出其本体哲学的整体创生，一体多元，体用互涵相须的理论。可以说，它是在现代世界哲学的宏观背景下，对中国哲学尤其是易经哲学的一种创造性诠释。①

2005 年 8 月，"本体论与诠释学国际学术研讨会"在上海华东师范大学召开，会议还特别安排了"诠释的本体性与本体论的诠释性：贺成中英教授七十寿诞"的专题学术研讨会。大会由华东师大哲学系潘德荣教授筹办并任大会主席，又特请成中英先生为大会合作主席。来自中国大陆、香港、台湾和美国、韩国、加拿大等国家的著名学者四十余人，共聚一堂，就本体论与诠释学尤其是成中英的本体诠释学的理论专题，展开了一场别开生面的学术讨论会。远道而来的伽达默尔的高足、诠释学专家帕尔默教授对西方哲学诠释学从海德格尔到伽达默尔的演进，作了极为精到的论释。著名美国哲学家、神学家南乐山（Robert Neville）对知识论与诠释学交互作用的发展历程，予以深度的解析。海峡两岸的著名中国哲学专家，如北京大学陈来教授、华东师大杨国荣教授就诠释学与本体论的理论关联从文化史的宏观发展上予以阐论。武汉大学郭齐勇教授对成中英本体诠释学的理论成就予以充分肯定。台湾师范大学林安梧教授、中国社会科学院的李存山研究员、华东师大陈卫平教授分别对传统哲学的现代进路与本体诠释学的贡献与意义做了精彩发言，并提交了富有创见的论文。一些更年轻的学者则偏向于对本体诠释学或有关的专题开展有深度的论述。如成中英的早期学生梁燕城博士探讨了本体诠释学与孔子思想的联系。在台湾的学生赖贤宗博士用本体诠释学阐释中国传统哲学特别是中国佛学，还别出心裁地提出"佛教诠释学"。中国社科院的郭沂研究员关注成中英哲学的当前发展及其对现代新儒学的特殊意

① 参见成中英：《本体诠释学》，李翔海、邓克武编：《成中英文集》第四卷，湖北人民出版社 2006 年版。

义。南开大学的李翔海教授，则探讨了成中英哲学的整体理论体系及其思想演变。他们在专题的阐论中体现出扎实的理论功底和卓识新见。研讨会上，名流雅集，群星荟萃，新论迭出，精彩纷呈，它不啻于对成中英本体诠释学学术成就之最高赞礼！会议在第三天的祝寿活动中，达到了高潮。大家回顾和总结了成中英先生的学术成就，对其在中西文化融通领域的杰出贡献表示由衷敬意，还对联络世界各地的学界友人的深情厚谊表达珍重之情。最后有哲学系学生朗诵诗作，作为献礼。成中英当场以一首中文诗《吉辰答谢赠诸君》作为答谢："风雨故人来，诸君为我寿。青春佳日在，我为诸君谋。知始以知终，中和互和中。知易以行易，人生复何求？本体一心来，诠解览宇宙。"为期三天的研讨会在欢愉的气氛中画上了圆满的句号。会议之后，论文结集，在上海、台北同时出版。①

人类进入 21 世纪以来，随着冷战的结束，国际形势，风云变幻，云诡波谲，其演变可谓极一时之大观。而在思想文化领域，尤其歧见并出。一面是以冲突、斗争为主调的以美国学者亨廷顿为代表的"文明冲突论"的甚嚣尘上，在国际现实政治斗争的领地占尽风头；一面是以融合、和谐为主旨的文化融通论、文明对话论的强势登场，此唱彼和。成中英敏锐地意识到，人类的文明正面临着一个前所未有的危机与机遇并存的极大考验。他认为，人类要克服危机和挑战，赢来转机和新生，就必须反思和挖掘传统的智慧。而在这个过程中，儒家文明和东方文化则有可能在凤凰涅槃中迎来浴火重生。他为此更加注重比较哲学与比较文化研究，同时切实地与世界各大文明展开深入的对话与交流的工作。前些年，他亲赴克里特岛，寻访希腊文化的遗址，寻求西方文化源头的真正秘密。不久，他又数度赴以色列讲学，徜徉在约旦河畔和耶路撒冷的古城，实地考察犹太教与基督教以及伊斯兰教的文化遗迹，探寻亚伯拉罕系宗教彼此排斥，互不相容的深层原因。他发现，西方亚伯拉罕系宗教传统，虽然同根同源，却都具有极强的排他性。这也是导致中东地区局势紧张难以缓解的一个重要文化因素。2006 年，他又一次赴佛

---

① 参见《本体论与诠释学国际学术研讨会》会议报道，潘德荣、赖贤宗主编：《东西哲学与本体诠释：成中英先生七十寿诞论文集》，台湾康德出版社 2005 年版。

教的故乡印度访问讲学，参访圣地遗迹，着重帮助孟买大学开展佛学的研究，发挥了显著的成效。通过诸多的学术文化交流活动，印度也开始认识到开发佛学研究在其现代化建设中的重要性，是印度传统文化走向国际化的一个可行的步骤和环节。成中英认为，从民族文化的发展来看，印度和中国需要展开更深度的合作与交流，共同对构建世界文明作出贡献。他寄希望于佛教这一东方文化传统的弘扬，为人类的持久和平与福祉探求一条康庄大道。在世界多元文化的比较研究中，成中英发现，亚伯拉罕系的几大宗教，都来自于同一个上帝的信仰，但它们之间互相冲突，难以兼容。他提出，中国文化与儒家能否扮演一个中介和平或化解角色，是一个值得探讨的课题。他深信，中华文明具有一种内外合一的中道涵容精神，完全有能力对当前人类文明的危机和挑战作出超融有力的回应，造成一个人类文化新发展、新觉醒的时代！近年来，成中英关注着曲阜基督教与儒家争持、冲突事件的进展并亲历其事，关注着中日东海、中美南海争端的升级，希望从历史与文化精神和现实的链接中，寻求破题之方和对策。在他看来，必须真正发挥中国文化的作用，一方面要发挥其自觉的精神，一方面要发挥其融通的精神。要更深透地懂得中国文化的涵容性、创造性、开放性精神，形成一个和谐的、涵容的人性化社会。在实际的应用方面，不要有意识形态的包袱，而应积极主动地运用儒学中的包容、协调精神，考虑到不同文化之间的差异性，推动多元文化之间的协调、协作，更好地将西方的敌对因素转化过来，消弭纷争与危机于无形，为建构一个和谐化的世界奠定基础。①

　　成中英在近三十年的回国访学与哲学探索的过程中，见证了中国在与世界互动的进程中成长和进步的历程。而他感受最深且一直最为关注的则是中国文化之创新、再创造问题。他的近著《新觉醒时代——论中国文化之再创造》，就是专门探讨此一问题。他在该书中提出，中国文化，乃至整个世界文化，在当今时代面临着一个巨大的危机和考验，需要一个整体的智慧的觉醒，召唤着一种新的文明典范和价值观的建立，即人类文化在包含哲学、科学、社会、经济、政治等全方位的领域的全面的新觉醒。他称之为"新觉醒

① 　参见成中英：《新觉醒时代——论中国文化之再创造》，中央编译出版社 2014 年版。

时代"。而这种"新觉醒"的内涵，既需要客观知识的保证，又需要主体自觉的发展，从而形成一种文化精神品质的超越与提升，产生一种创造性的力量，以更好地把握当下与未来的方向。他强调，这种新觉醒乃是彰显儒家的精神典型，根源于天道与人性以及天人合德的体验，进而形成社会文化革新发展的力量，体现于本体良知和知识理性兼备的精神人格的塑造型成。就是说，这个"新觉醒时代"的来临，呼唤着大仁、大智、大勇的人格出现，从公心出发，以先知觉后知，以先觉觉后觉，引领与启发大众，导天下归于正、归于仁。他将新时代的觉醒归于五个方面的内涵而论。其一，在宇宙自然认知上的觉醒。他从中国哲学天人互动相持的精神和科学进化的原理出发，强调在知天、知地、知人的认识层面，提高人们的智慧水平与文明程度，以参赞天地之化育，实行惠及天地之道，从本体认知的层面认识维护生态环境、克服生态危机的重大意义。其二，在生命与文化发展上的觉醒。从人类历史发展的经验教训来看，人性的自私与贪婪以及无知与恶意带来灾难性的后果，必须通过自觉性与警觉性的反思与革新来纠正。如当今美国霸权政治下罔顾国际正义的危险趋向，日本军国主义逞凶害义，混淆是非的残酷而卑鄙的行径。尤其是中国近两百年历尽伤痛，灾难深重的历史，必须从深切反思的历史认知中产生深度的文化自觉与创新意识。其三，在社会与道德价值上的觉醒。人类既要从历史的教训和现实的竞争中，培养德性的智慧与美德，更要从本体内涵和人性根源的认识中，涵养道德的善行善愿。其四，在政治与经济目的上的觉醒。必须用宇宙性的道德眼光来主导政治，用公利天下的政治行为来补充经济。这种认识，他称为"道德政治经济学"。其五，在中国哲学与科技发展关系上的觉醒。需要对科学技术在现代社会发展，尤其是在生物科学技术的发展中的道德问题进行重新认识。在中国传统文化与现代科学发展相结合的问题上，也需要一个觉醒。综合以上五种不同方面的觉醒，开创一个知识与智慧兼备的世界观，从而形成一个整体的觉醒，切实把握当下人类文明发展的一大契机和关节点，在结合中国传统文化儒释道的智慧与精神和西方文化的知识理性的基础上，开启一个人类文明灿烂繁荣的新世纪！①

---

① 参见成中英：《新觉醒时代——论中国文化之再创造》，中央编译出版社 2014 年版。

2014 年 10 月，由北京师范大学人文宗教高等研究院和中华书局共同主办的"纪念方东美先生诞辰 115 周年暨方东美哲学思想研讨会"在北京师范大学举行。会议由第九、第十届全国人大常委会副委员长许嘉璐主持，来自海内外的知名专家学者四十余人与会。北京高校师生及社会人士闻讯，兴味盎然地前来听讲。相关媒体也给予极大的关注，纷纷报道。此前，《方东美全集》已由中华书局在京出版发行。方东美的和谐哲学可谓正式登陆京城。这次会议的成功召开，跟"方门"弟子的着力推动和协作是分不开的。成中英亲自出马，率领"方门"的重要弟子和骨干如陈鼓应、傅佩荣、冯沪祥、叶海烟等在北京汇合，参与了这次规模空前的盛会，成为会议的一道闪亮的风景线。会议开场安排成中英、陈鼓应的主题发言，引起了大家的兴趣和热烈讨论。成中英作了有关方东美哲学本体架构的学术报告，还特意回顾了早期向方东美先生就学请教的一些往事，并提出方东美的学术流派的问题和自己对方东美学术路向的认同。他的这一见解得到陈鼓应的赞同和支持。陈鼓应回忆起乃师的生平轶事和行状时，惟妙惟肖，说到动情处，居然饮泣出声，引起全场极大的共鸣。下面的专场讨论安排得十分紧凑，海峡两岸的专家将"一代大哲"的哲学思想作了多方面的尽情揭示和展露，精彩纷呈的发言使会议高潮迭起，会场始终洋溢着活泼欢快的气氛。成中英作为点评人，其精要的论评，将不少专题的研讨引向更加深入。会下，成中英、陈鼓应两位学术大师利用聚餐等场合愉快地交谈着，显见他们为今天会议的召开而由衷欣慰。事实上，他们也为这场会议尽心竭力，筹措已久。这种心情在这些"方门"弟子中是共同的，也是可以理解的。也难怪冯沪祥要在第二天的会上，慷慨激昂地抨击台湾岛内对方东美学术成就的无动于衷与漠视。这次会上，年事已高的成先生始终不离会议席。对他来说，会议的圆满召开，算是完成了萦绕心头多年的一桩心愿！①

中国哲学之再创造，是成中英先生多年来哲学探索的核心主题。鉴于成中英先生在这一领域坚持不懈的奋斗和在国际国内公认的杰出贡献，学界同人发起庆祝学术大师成中英先生八秩寿庆活动。2015 年 12 月，《中国哲

---

① 参见《纪念方东美先生诞辰 115 周年暨方东美哲学思想学术研讨会论文集》。

学再创造：成中英先生八秩寿庆论文集》由上海交通大学出版社出版。这部论文集源于 2014 年 6 月由上海交通大学人文学院、华东师范大学哲学系联合主办的"中国哲学再创造暨贺《中国哲学季刊》创刊四十周年国际学术研讨会"。这次会议在上海交通大学举办，来自国内和世界各地的 45 位专家学者参加。会议筹办者指出，按照中国人的习俗，本年正值成先生八十寿辰。因此，会议主办方决定，以召开学术会议的形式为成先生祝寿。当为期三天的"首届中国哲学再创造论坛暨成中英学术思想研讨会"圆满闭幕后，主办方又特意安排了一场富有创意的附属活动，在长江入海口的崇明岛举办雅集与宴会，为众所景仰的成先生庆祝八十寿辰。众位学者伴随着湖边缓缓飘逸而至的古筝箫声，会集在崇明岛怡沁园的瀛洲水榭，在舒缓优雅的古乐声中品茶、论道，共叙雅谊。与会学者与成先生多为友朋与师友，大家随意交谈，气氛轻松温馨。陈来教授回忆起当年在北大念书时为首次回国讲学的成先生作陪同的往事，情景历历在目。梁燕城也情不自禁地回顾起了在夏威夷求学时与成先生的交往轶事，记忆犹新。现为人大哲学院院长的姚新中教授在谈及当年作为《中国哲学季刊》的参与者在海外推动中国哲学研究时，仍然是感慨良多。台北大学的赖贤宗教授回想起做学生时与成老师在学习和生活上交流的情景。会议的组织者施永敏先生还精心准备了用传统布艺制作的精致小本赠予各位专家，并在扉页上作序为贺。当场又有不少同道故交敬赠翰墨字画。受到盛情感染，成先生随即赋诗一首，作为答谢：

> 海上生明月，天涯崇此时。
> 弘易示真学，复见天地心。
> 虽云伏枥骥，愿作千里驹。
> 人生何所为，仁以为己任。①

"老骥伏枥，志在千里。烈士暮年，壮心不已！"这首诗可谓当下成中英先生学术境界的真实写照。经过多年的深厚积累，成中英的学术生命臻至

---

① 参见《中国哲学再创造：成中英先生八秩寿庆论文集》，上海交通大学出版社 2015 年版。

厚积薄发，喷薄而出之境。除了刚刚出版的巨著《新觉醒时代》，汇集了他对有关中国文化再创造的多方面的深刻思考，他近期一部具有总结性的哲学巨构《诠释学与本体诠释学》的论稿已杀青，正待出版。届时读者就可以一睹成中英本体诠释学的全幅内涵和整体风貌了。另外，成中英还正在酝酿其他两部书稿。一部为《世界哲学史》，他打算运用本体诠释学一体多元的观点，开拓性地书写一部整全意义的世界哲学史，全然打破西方学者旧有的以西方哲学为中心，其他的哲学传统如中国、印度以及伊斯兰教哲学作为补充和陪衬的固定框架和套路。另一部就是用本体诠释学撰写的一部新的中国哲学史。其主要的创见有：将《易经》作为中国哲学的源头活水，儒家和道家都源于《易经》哲学，以至于中国文化及其思维方式都可以归结为《易经》型态；将中国哲学史上的诸家和学派，看作是一本多元、同源共构的宏大系统，摆脱惯有的独尊某家某派或褊狭的道统观念；对中国哲学的现代发展，抱持涵容中国传统哲学与西方哲学，在易经哲学的本体架构下创造性重建的观点。毋庸置疑，成中英的哲学，作为中国现代哲学重建运动中一个里程碑式的作品，正越来越引起世人的瞩目和思考，也必将载入文化史册，成为承先启后、继往开来的历史洪流中一段熠熠生辉的篇章。①

---

① 参见成中英：《何为本体诠释学》，李翔海、邓克武编：《成中英文集》第四卷，湖北人民出版社 2006 年版，第 7 页。

第四章　本体诠释与中国哲学的重建
——成中英哲学的基本思想

中国哲学的现代化与世界化是 20 世纪以来中国哲学发展中的一条主线和主题，也是成中英哲学研究中一以贯之的学术主旨。作为第三代现代新儒家的代表人物，成中英以其富有原创性的本体诠释学的哲学体系独树一帜，其学术思想引起当世广泛而持久的讨论和思考，对当代中国哲学思潮发挥了独特而深远的影响，值得关注和研究。

一、本体诠释学的理论建构

在当代中西文化正由激烈碰撞、冲突走向深度对话、融合的时代背景下，当代新儒家成中英先生经过对中国传统哲学的自我省思与批判，提出了中国哲学现代化与世界化这一代表时代精神及其发展方向的理论课题。他在中西哲学互诠互释的比较研究当中，彰显出中国哲学的独特价值与智慧。他所倡言的中国哲学的现代重建，具有世界哲学的宏观背景，并由此导向一个世界整体哲学的建构。他对现代新儒家诸哲所奉行的立足于传统文化的本位，汲纳、接受西方哲学的方法与知识体系的立场，有所针砭。他倡导一种"先出乎其外，再入乎其内"的思想路线，即他所谓的"后五四建设心态"。与一般的现代新儒家"接着（宋明儒）讲"的路线不同，他主张回到中国哲学的原点。他将《易经》哲学视为中国哲学的源头活水。成氏在深入西方哲学的核心后，回归于中国哲学的本位立场。他提出的本体诠释学的理论建构，根植于中国传统哲学的根本精神，又充分汲纳西方哲学主要是分析哲学、诠释学的理论和方法，力图在传统哲学的本体架构内纳入现代哲学理性化的方法意识，说到底乃是对中国传统哲学而主要是易经哲学的一种创造性诠释。他强调，必须将中国传统哲学与现代生活的实体相结合、相衔接。他的管理哲学和整体伦理学的研究，可以视为本体诠释学的两个应用领域。他还注重用本体诠释学的理论方法、观点来研究中国哲学史和世界哲学史。总之，成中英哲学构成了一个内在关联的整体的理论体系，而本体诠释学则是其中一以贯之的主线，也是其整个理论体系的根本和基础。

成中英本体诠释学是在中西哲学会通、融合的基础上的理论创构，也是对中西哲学的本体论与方法论的一种重新整合与重构。在成中英本体诠释学的哲学建构中，本体显然是一个核心范畴。他指出："本是本源，是生生不息的充满创造力的本源。体是体系，即理解和知识的体系。体源于本。"[1]鉴于一般人对这种将本体析而言之的说法及其深意，不大理解，成中英这样来解释："有客来问我本体诠释学作何解？我答曰：本体是本而后体。本是根源，体是体系。本体是指宇宙呈显的生动活泼、生生不息的整体。具有时间性，空间性，生命性与创造性。"[2]成中英对此还有这样的解释："吾人对本体的意义，可以归纳出以下两点：第一，对象的意义，即将本体视为一种对象，是实在的东西。第二，验存的意义，即体验的存在，是主观和客观同时结合的感受。"[3]成中英在另外的场合，就此进一步阐释和发挥。本体被视为心灵主体与世界客体经过自我超越的历程所达致的辩证统一。本体是原始的存在，也是可以完成自我与世界的存在。主体与客体所共原为本，两者透过经验、知识与反思所形成的思想体系为体。"本体即是本与体的思维辩证与实践过程的结合。"[4]在此，本体可以是创化天地万物的太极，也可以是实

---

[1] 成中英：《何为本体诠释学》，《本体与诠释》，生活·读书·新知三联书店 2000 年版，第 23 页。

[2] 转引自潘德荣、赖贤宗主编：《东西哲学与本体诠释：成中英先生七十寿诞论文集》，台湾康德出版社 2005 年版，第 223 页。

[3] 李翔海、邓克武编：《成中英文集》第四卷，湖北人民出版社 2006 年版，第 15 页。

[4] 李翔海、邓克武编：《成中英文集》第四卷，湖北人民出版社 2006 年版，第 88 页。

现太极与天地之道，还可以是总合一切的道的过程或理的结构，乃至可以是基督教神学中的上帝以及佛教哲学中的佛性或自性等。成中英强调本体兼具主体经验与客体指谓的实存经验与理性结构的共同体，或者说本体兼具主体性、客体性以及二者的统一性，其实具有涵括中西哲学本体论而兼容一体的涵义。因为，他所谓的作为"对象意义的"本体，可以用来指谓西方哲学中的对象化的、实体化的本体范畴。而作为"验存意义的"本体，则可以指谓中国哲学中验存性的、非实体化的本体范畴。而成中英综合此两方面而言，本体具有根源性、整体性、过程性和创造性等诸义。在一般的意义上，西方哲学的传统是一种理性本体论，惯于用理性的概念思维探寻现象世界背后的真相、本原。与西方哲学这种实体性的、概念性的、静态化的本体范畴不同，中国哲学的本体则是一种非实体性的、非概念性的、生成性的范畴。显见，成中英哲学的本体观，其根源于中国哲学的传统，却又表现出融合中西哲学的趋向。成氏所谓的本体，既是作为根源性的、活生生的宇宙本体，又是据此产生的知识体系。两者合而言之，本体就是宇宙的本源及其衍生的宇宙生命的整体。可以肯定，成氏关于本体的观点，根源于中国传统哲学对于宇宙和生命本源的理解，尤其是作为中国哲学源头的《易经》哲学；同时又尽力融入西方哲学理性化、概念化的本体的观念，进而冶为一炉，一体兼容。

简单地说，本体诠释学就是本体学与方法学的结合、融合。"如何用人类的心灵与理性来表达及说明这一活生生的宇宙本体，就是本体诠释学的根本问题。故本体诠释学就是以本体为体，以诠释为用的根本学问。"[1] 本体诠释学力图在中国传统哲学的本体框架内纳入现代哲学理性化的方法意识，表现出显著的综合与会通中西哲学的理论取向。就其根本精神与智慧乃至整体的思维方式来看，可以说它仍然是根源于中国哲学的传统。而就其基本的思维规则和运行法则来说，它又极大地汲取了西方哲学的思想资源，乃至已融入其中。概略言之，本体诠释学"既是一种整体哲学，同时又是一种方法哲学，更是一种分析和综合的重建（再建构）的方法"[2]。具体而言，其本体意

---

[1] 转引自潘德荣、赖贤宗主编：《东西哲学与本体诠释：成中英先生七十寿诞论文集》，台湾康德出版社 2005 年版，第 223 页。

[2] 成中英：《世纪之交的抉择》，知识出版社 1991 年版，第 70 页。

识主要是源于中国哲学尤其是注重整体创生思维的易经哲学，但也表现出笼罩、涵括西方哲学本体论的思想意向。而其方法意识则主要源于西方哲学，尤其是西方现代诠释学、分析哲学的理论与方法，同时又不失对传统中国哲学方法意识的反思和总结。本体诠释学就是在对中西哲学的本体论、方法论的分析、综合和批判、反思的基础上的一种创造性重构。本体诠释学的创构，缘于中西哲学的本体意识与方法意识的融合、汇合。其实，它本身即是本体论与方法论的一种融合、汇合。① 鉴于中西哲学的传统偏向于本体论或方法论的缺失，成中英乃着力倡导一种在本体与方法之间相互融合、相互沟通的思想方式和理论模式。他力主在一种新的整体思维的框架内重新整合、统合本体与方法。本体诠释学即是"面临着本体与方法之间相互排斥、相互需要的矛盾而提出的整体思考"②。在他看来，中国传统的易经哲学就是这种整体思维的雏形。他明确肯定，本体诠释学"根植于中国哲学的观念之中，尤其是根植于强调整体作用的易经哲学之中"③。受到易经哲学机体统一、体用相涵互须的整体思维的启发，本体诠释学乃力求本体与方法之间的融合、统一。而所谓本体与方法或体与用的融合、统一，也就是在整体的本体意识的统率下，以理解、认识宇宙全体生命和人类社会及其文化在根源性、整体性乃至时空性或过程性的统一性、会通性。也可以说，它是在世界哲学的宏观背景下，运用现代哲学的理性方法对中国传统哲学尤其是易经哲学的一种创造性诠释和重建。

　　本体与方法的统一，是成中英本体诠释学的一个重要的哲学洞见。他强调，本体与方法根本上是一对既相互界定与相互诠释，也相互批评与相互决定的对偶范畴。它们之间虽然也有矛盾的、冲突的一面，但根本上来说则是统一的、同一的一体。本体不是静态的，而是一种辩证的结构。而方法则是一个求知的过程。两者之间具有一种动态平衡的关系。本体与方法的统一，大致可以从以下几个层面来理解。在西方哲学，方法意识具有突出的地位，整个西方哲学传统的不断进步实缘于其方法论的不断突破。相应地，西

---

① 　参见李翔海、邓克武编：《成中英文集》第四卷，湖北人民出版社 2006 年版，第 1 页。

② 　成中英：《中国哲学的现代化与世界化》，台湾联经出版事业公司 1985 年版，第 281 页。

③ 　成中英：《世纪之交的抉择》，知识出版社 1991 年版，第 83 页。

方哲学主客二分的、概念化的、分析理性的思维方法也导致一种对象化的、本质论的、实体化的本体范畴的建立。相反，在中国哲学，本体论具有中心的地位。中国哲学是以本体论来统率和规范方法，方法意识并未脱离本体意识而独立存在。方法与本体是动与静的关系。本体相对于方法是静，方法相对于本体是动。同时，本体是显，方法是隐。一动一静，一显一隐，过程与结构互融，部分与整体相应。① 与此相应，从中国哲学非对象化的、生成性的、非实体论的本体范畴衍生出一种以"天人合一"、"主客合一"为特征的本体认知精神，成中英也称之为"非方法的方法论"。本体与方法的融合与统一，还表明在本体与方法相互矛盾、冲突的情形下，可以通过二者之间的相互诠释和相互批评，从而建立二者之间新的平衡与统一。在他看来，西方哲学的问题在于，它以方法来规约本体而本体却逸出方法的限制，其失在于陷入局部而不能窥见本体之全。中国哲学的问题是，以本体来规范和设定方法，因为缺少概念的明辨和分析，陷于笼统不分的误区。而他的本体诠释学就是为了整合本体与方法之间的这种矛盾、冲突和理论困难，实现新的统一。基于对中西哲学本体学与方法学的辩证关系以及两者相互矛盾又相互需要这一基本事实的深度省察与反思，成中英乃提示和标出根源于中国哲学尤其是易经哲学的本体意识，同时又完全汲取和采纳西方哲学特别是分析哲学、诠释学的方法意识，以此达致其哲学中本体意识与方法意识的融合与统一，重构本体哲学和整体理性。约略言之，他的本体诠释学可谓是中国哲学的本体意识和西方哲学的方法意识的辩证统一和有机结合。

知识与价值的统一，是本体诠释学的另一个重要哲学洞见。在成氏哲学中，本体与方法的统一和知识与价值的统一，是两个密切关联的命题，可谓一体之两面，也可以说是同一个命题在不同层面的表述。本体与方法的统一，内在地蕴涵了知识与价值统一的命题。他从本体诠释学对本体的阐释中，阐发了生命的本体涵摄理性与意志，复由此产生了知识与价值的活动。从一个整体性的观点来看，知识理性和价值理性作为不可分割的两个方面又统摄于统一的本体理性的架构，构成了本体理性之一体二元。知识与价值在

---

① 参见成中英：《中国文化的现代化与世界化》，中国和平出版社 1989 年版，第 222 页。

本体层面的统一，还意味着这一原理对二者在现实层面的矛盾、冲突发挥引导、规范的作用。这说明，知识与价值的统一是一个不断发展的动态平衡的过程。他力图通过对知识与价值的双向诠释与批评，来整合与还原人类生命本体之整全，并以此作为其会通中西以及现代哲学重建的理论基点。在他看来，西方哲学主要是一套知识哲学，其缺失在于对价值和整体本体的把握不够。而中国传统哲学主要是一套价值哲学，其缺失在于对知识与方法的轻忽。他主张，通过中西哲学的整合导向一种世界哲学的建构，从而实现知识与价值在新的基点上的平衡与统一。他尤其强调通过汲取西方哲学的知识和方法来充实和完善中国哲学，实现中国哲学的现代化。他认为，中国哲学的现代化，就是"用知识和方法来扩充智慧和精神，亦即用普遍的知识与理性的方法，来表达和适应现代人当前及未来生活之价值"①。成中英在对古今中外的文化传统的考察、反省中，肯定知识与价值乃是所有成熟的文化传统普遍具备的力量与要素，二者的协调与平衡是任何社会文化得以发展递迁的根源。知识与价值之间，乃具有内在的、整体的相对性，不应该相互排斥，而应该相互结合。②既要从知识的层面去了解价值、批评价值，进而建立价值；又要从价值的层面来了解知识、批评知识，进而建立知识。成中英力图从知识理性与价值理性的双向共建中来重建儒学的整体架构，他甚至从原始儒学仁智并重的观念来为其现代儒学重构寻找理论依据。由此可见，知识与价值的统一是其哲学重建的基础和一条基本原则。

　　成中英本体诠释学的创立，其宗旨就在于为中西哲学的对立和冲突寻求和架设一道会通、融合的途径和桥梁。他力图从本体理性统摄知识理性与价值理性的形上层面来重建儒学的整体架构，从而使儒家本体形上学兼具知识形上学和价值形上学两个层面，同时融合一体。成氏在其本体诠释学的理论建构中，努力将传统哲学的智慧与现代生活相嫁接、相衔接，力图实现知识理性与道德理性的结合与整合，将现代理性与传统德性统一、纳入一个共同的理论框架。他认为，儒学的现代重建，必须经过儒学的自我省思和批判

---

① 　成中英：《中国哲学的现代化与世界化》，台湾联经出版事业公司1985年版，第22页。

② 　参见成中英：《中国文化的现代化与世界化》，中国和平出版社1989年版，第223页。

的环节和步骤，还必须接纳和接受现代西方的科技知识的理性发展以及此一理性精神在现实的政经运作程序和运作方法，也就是接纳科学与民主的精神和原则。他对中国传统哲学的整体疏通和整合，也主要是为中国传统哲学寻求一个知识性的理性哲学的基础。以此导向一个知识性哲学与价值性哲学双向共建的整体性哲学的构架。他强调现代儒学必须认知现代生活的实体，将儒家传统的价值理想贯注于现实生活，也就是以传统哲学的伦理德性的精神为根基，同时开拓出容纳民主和科学的生活世界，从传统哲学和现代理性与知识发展的现代生活的衔接中，寻求一个新儒学理论系统的建立。归结起来，就是在传统的德性的价值哲学的基础上开拓出理性的知识哲学，或者是在知识的理性的基础上拓展全体的德性、价值哲学。以此而论，当代新儒学的最高理想也可以说是仁学与智学并举，进而合而为一。[①]

二、新易学：成中英哲学创构的原型

易经哲学是成中英哲学创构的理论原点。也是其本体诠释学的原型或雏形。成氏认为，中国哲学的现代重建，必须回到中国哲学的原点。而易经哲学正是整个中国哲学的源头活水和得以创生和发展的原点。从这一根源性的意义上来说，原始儒家、道家哲学乃至全幅的中国哲学都源生于此。成氏力主易经为中国哲学的源头，此说为中国哲学史别开新解，实际上为中国哲学的现代重建提供了一个形上学的理论根据。这一理论命题具有多重丰富的理论涵义。首先，成氏提出的易经为中国哲学的源头活水说，为中国哲学乃至整个的中国文化的起源，追溯和拓展到一个遥远的传说中的时代。易经和易文化的形成及其作为中国文化的源头，不仅具有历史学的意义，更具有文化学和哲学的意义。也就是说，易经作为中国文化的源头，既有历史的文化起源的涵义，也有思想文化的根源的意义。另外，此说还具有整合整个的中

---

① 参见成中英：《现代新儒学建立的基础》，《合外内之道——儒家哲学论》，中国社会科学出版社 2001 年版。

国哲学史的意义。既然中国哲学史源于易经，因此，通过易经哲学也就可以将中国哲学整合为一个统一的整体。其次，他所说的回归中国哲学的源头易经哲学，其实质是对传统易经哲学的一种创造性诠释与重建，是在更高层次上对中国传统哲学的现代重构与恢复。正如西方近代文艺复兴运动是以"回到古希腊"为口号，而其实质则是代表西方文化从中世纪神学向近代人文主义发展的一种重大转向。同样，成中英标举回到中国哲学的原点，也具有类似的理论意义。这实际上代表了一种在新的理论基点上重建中国哲学的重大理论立场和观点。而且，它还显示出与其他现代新儒家诸哲"返本开新"而实际上是"接着（宋明儒）讲"的理论立场和观点，迥然有别。显然，成中英力主易经为中国哲学的源头活水以及回归中国哲学的原点，对中国哲学史乃至中国哲学的现代发展，都具有重大的理论意义。

成中英在对传统易经哲学的独特领悟、理解和诠释中，发展出了一套本体哲学的架构，同时，他也是以易经哲学为骨干，确立了其以易经整体理性为中心的整体统合的思维方式的。这也是成中英"新易学"的理论雏形。因此，易经哲学成为他融合与会通中西哲学，思考哲学基本问题乃至创构哲学体系的理论原点。成中英对《易经》的研究，一直将其作为一本哲学的书，而且是一本形上学、本体论的书。也就是说，哲学是其体，占卜是其用。他认为《易经》中预设了一套观象察物以明体的思维活动，包含了体用相需、主客互通、天人合德、知行合一的思维模式的雏形。故成氏断言《易经》为中国哲学思维的源头活水。[1] 多年来，他着重从易学的本体论层面来发挥其易经哲学的意义，认为《易经》是以人的整体经验面对整体的宇宙天地，从而形成了中国哲学的本体意识。易经所表达的不仅是易的经验和现象，更是易的本体。他结合汉代郑玄"易学三义"，提出"易的五项涵义"。第一，不易性。指谓生生不已，变化不已是恒常的道理。根据《易经》的观点，易的本体自然创发为世界，本体之易即是此创造不已的自然流行，发而为生物不测之宇宙万象万物。此与西方神学中以上帝为世界创造者有异，也与印度佛学视宇宙万象为空幻、假相有异。易的不易性涉及本体的超越性问

---

① 参见成中英：《易学本体论》，台湾康德出版社 2008 年版，"自序"。

题。由于易之不易性落实在易之活动中，故易之本体的超越性即其内在性。第二，变易性。指在变化过程中多样事物的产生与发展。因之变易性即变异性。变易或变化就是从原有的同一性趋向差异性。变化是通过时间的过程来实现的，故时间就是一个差异化的过程。太极生两仪，两仪生四象，四象生八卦，都是差异化的结果。不易之易显示变化的动源，变易之易则是其实现自身的方式。故易的本体须兼具不易与易两个面向来透视。第三，简易性。《系辞》中说："乾以易知，坤以简能。易则易知，简则易从。"简易原理并非指主观上或方法上的简单明了，其深层涵义乃指谓宇宙万象的变化具有其条理结构以及其合理性律则。而《系辞》中"一阴一阳之谓道"就是简易原理的最集中表述。第四，交易性。指世界上诸多事物之间交相作用、彼此影响的关系。从"天地氤氲，万物化醇；男女媾精，万物化生"，到生物的繁衍乃至人类社会的形成，都表现了交易的原理。交易是事物发展自身实现其价值的基本途径。第五，和易性。指易的最终目的在于实现天地万物的条理组织以及人类世界的和谐繁荣。亦即变化的过程趋向一个生命和谐的美好价值宇宙。易之五义首先表述了易的本体系统的本源性的特质，其次说明易的本体世界通过变易与交易展开的过程。而宇宙世界与人文世界就是宇宙本体的体系展开。而简易性则是其展开的实质形式和内在理则。第六，宇宙本体以实现生命创造的和谐为目的及其价值目标。成中英进一步用易之五义说来阐析人的心性结构，断认心性为机体统一的整体，形成生命的本体。此即性。而心则为性的发用。他又析心的活动为三：一为知觉，以认定对象，使经验形成知识；二为情感，以表达存在的状态；三为意志，以确定行动目标或方向。三者基于本体的统一性而结为一体。总之，易之五义在易的整体本体论的基础上被整合一体。所谓"易的本体论"是指易的经验与体验刻画一个创造活动的存有，既有本源的意识，又有宇宙世界形成与发展的过程以为对象，更有一个心智掌握的世界体系以为其内涵。①

　　在对易的本体论理解基础上，成中英提出五个以易的存有的理解世界，以说明易学中义理与象数的存有与理解特性，以及在易的本体理解中关系世

---

① 　参见成中英：《论易之五义与易的本体世界》，《易学本体论》，台湾康德出版社 2008 年版。

界的相关性，将易学研究与生活世界密切联系起来。第一个世界是本体世界。易的本体世界包含本源、实体和活动，其重心在生与生生，故包含了生之原始，生之过程，生之作用与生之实体等意涵。它是包含一切现象与活动的整体的连续体，也是易之五义的整体化的概念。第二个世界是形象世界。本体世界必然表现为形象的世界，形成道与器的分野与分别，同时又是一个连续体。万事万物莫不有象。形象的世界是一个有机的变化的整体，散之为万殊，合之为本体。观象察物乃知道识体之门。第三个世界为符号世界。易的世界是从象中见本体，又从象中观象的意义与价值。这是因为人从象与象之间发现密切的连锁关系，形成一个象征性的符号系统。易经卦爻符号系统的成立，乃由于主体的心与客体的天地交参互动，心之本体与物象与事象的本体是相通且对应的。易经中符号世界的重要也显示了象数系统与义理系统的同等重要。象数与义理的互动与互参，方能显示易经系统的本体之全。第四个世界是心灵世界。心的机能既在于认知外物，也在于寻求价值目标。故心灵活动形成人的精神世界、道德世界、审美世界、社会文明与历史世界。而人心也具有本体性，与天地的本体相通。人心的统一的创新和自觉，是天人合德的价值体现。第五个世界是行为世界。人的生命活动与行为既要符合理性规范的道德要求，又要达到自然自觉的自主性与合目的性。必须通过一个精神与道德修持的实践，在趋向一个和谐化的过程中体认易之本体，实现至善与至福的统一。以上易的本体的五个世界，构成人的生命的生活世界的整体。以易之五义观之，五个世界是完全统一与合一的。易之五义本是一体，故五个世界也本是一体。①

　　易的本体论的观点也蕴涵了一种易的方法论。成中英从中西哲学的比较中，其根本目标乃在于提升理性的层次，扩充其范围，整合中西理性而发展为一种整体理性，进而拓展出一套整体理性的方法论，从而将方法论拓展到世界整体哲学的层次和水平。这种整体理性的方法论的提出，从根源上说也可以看作是成氏对易经整体创生思维的一种创造性诠释和理解。也可以说，易经哲学可谓是为成氏构建整体理性提供了一个原初的范型和雏形。成

---

① 参见成中英：《论易之五义与易的本体世界》，《易学本体论》，台湾康德出版社 2008 年版。

中英称，易经的"非方法论的方法论"，乃是中国传统哲学"非方法论的方法论"的楷模与典范。① 他着重考察与论析了易经哲学中"观"的方法论。在他看来，易经哲学的"观"的思维模式为本体诠释学的方法论提供了一个理论模型。"观"是主体在自然条件下对自然对象的观察，引申为主体敞开胸襟以接受外在世界，并产生交感共鸣。"观"作为一种观察和理解人和世界整体性的方法论，是关于世界的一种开放的总的世界观。实际上它既是一种没有观点的观点，也是一种包含所有观点的观点，具有极大的涵容性和统摄性的特征。同时，它还是一种结合客观性的"外观"与主观性的"内感"而达致主客观统一性的"合外内之道"。② 他认为，易经的"观"涵括"观见感通"和"察微知几"两项重大的方法。而且又可以细分为四：即"观见"、"感通"、"察微"、"知几"。他强调易经哲学的方法论并没有独立于本体的认知之外，也并非纯理性抽象，而是以主体精神投入事物全体。因此，易经的认知模式乃是自然契合天人合一、知行合一之道，易的认知活动也可以视为本体的活动且必须基于一体二分而合一的原理来理解。易经哲学的方法论及其原则，在他阐释本体诠释学的认知模式时，得以进一步发挥。他在此提出了"观"、"感"、"思"、"悟"、"通"的五套认知模式。其中，"观"是一种最初步也是最主要的将外部世界和事物作为整体性经验的认识。"感"是相对于外部的经验而引起的一种主观感受。它是人的心智的一种内在觉知和能力。"思"是一种理性思维的概念化的抽象能力，它通过判断、推理以及分析、综合等形式提供了一套理性思维的架构。"悟"是一种思想上的跳跃、扬弃，通过对现实事物的否定、超越而达致对全体真理的把握。"通"则是将有关的部分真理和智慧，综合、整合为一个整体的认知体系。③ 可见，就他所说的易经哲学的整体理性而言，与易经哲学原初的整体直观思维方式，已有实质性蜕变和超越，实已涵盖和容摄了西方哲学分析性的理性精神，毋

---

① 参见李翔海、邓克武编：《成中英文集》第四卷，湖北人民出版社 2006 年版，第 304 页。

② 参见成中英：《论观的哲学涵义》，李翔海、邓克武编：《成中英文集》第四卷，湖北人民出版社 2006 年版。

③ 参见成中英、杨庆中：《从中西会通到本体诠释——成中英教授访谈录》，中国人民大学出版社 2013 年版，第四章。

宁说是一种创发性的重构。他的本体诠释学的方法论，是借助易经哲学的"观"的方法论模型，同时整合并融摄了西方哲学的方法论系统而成的。也可以说，他是以西方哲学的方法论为凭借和参照来构建中国哲学的方法论理论，并且设法将西方哲学的方法论融摄其中。本体诠释学力图容纳、涵摄西方哲学的方法论，这一思路也清晰地体现于他对本体诠释学方法论在运作中的八个程序的论释，这包括：现象化（现象学）、结构化（结构主义）、语言化（日常语言分析）、逻辑检验化（逻辑分析）、理论化（科学哲学）、效果化（实用主义）、目标化（批判理论）。他也称之为"诠释八阶"。[①] 这样，西方哲学的各个流派的方法论都被本体诠释学所汲取并整合而纳入自己的方法论体系。

　　成中英在阐发方东美哲学的本体架构时指出，"这一本体架构可以表达为易经的思维模式，亦即'太极无名'，'情理两仪'，'哲学三慧'，'文化四相'，'诠释八阶'，'道通为一'"[②]。这显然是一种比较简要、概括而又独具创见的对方东美易学的理解和诠释。不仅如此，这一论析对我们理解和把握成氏易经哲学的本体意蕴和方法意识，同样具有重要的启发意义。成氏哲学力图在传统的本体框架内纳入现代哲学理性化的方法意识，进而衍生出其本体哲学的整体创生，一体多元，体用相涵互须的理论。其本体诠释学归根结底乃是易经哲学的一种创造性的诠释。可以说，易经哲学成为他融合与会通中西哲学，思考哲学基本问题乃至创构哲学体系的理论原点。他从对易经哲学的独特领悟、理解和诠释中，发展出了一套易经哲学体用相生、一体二元的本体架构，复由此拓展出本体与方法互基统一，知识与价值互生相长的理论原则。成氏在其本体诠释学的理论建构中，努力将传统哲学的智慧与现代生活相嫁接、相衔接，力图实现知识理性与道德理性的结合与整合，将现代理性与传统德性统一、纳入一个共同的理论框架。在此，成中英从易经哲学的理论原点，提出了本体与方法互涵，过程与结构互融，部分与整体互动的本体诠释学的基本模式，并以此作为其沟通中西哲学以构建世界哲学，涵盖

---

① 参见成中英：《论中西哲学精神》，东方出版中心 1996 年版，第 83 页。

② 成中英：《方东美哲学的本体架构》，李翔海编：《知识与价值——成中英新儒学论著辑要》，中国广播电视出版社 1996 年版，第 286 页。

现代生活实体以实现中国哲学现代转型的理论基础。

三、比较哲学与比较文化

比较哲学与比较文化是成中英学术研究的一个重要方面。而比较哲学研究则构成了成氏哲学体系的一个重要的有机组成部分。成中英正是借助比较哲学的环节和步骤从而走向本体诠释学的理论建构的。也可以说，成中英比较哲学的理论，其宗旨就在于为中西哲学的对立和冲突寻求和架设一道会通、融合的途径和桥梁。他力图通过中西哲学的比较研究和双向的互诠互释，发现其间的内在联系和整体秩序，进而在新的理论基础上开拓新的世界哲学的理论架构。成中英以其整体理性的本体哲学架构为据，从中西哲学互诠互释的视域融合中，力图为中西哲学定位，并以此作为构建其世界哲学的出发点。在他看来，中国哲学在实质上是本体理性的精神，而西方哲学则是分析理性的精神。两者相反而相成，背反实相须，共同成为建构中的世界整体理性不可分割的"一体之二元"。在此，成中英由其本体理性的形上睿识，通观中西哲学之全体及其发展，乃将中西哲学的融合与会通视为当然之理则与必然之趋势。而且，他认为分析理性的作用是导向知识，而本体理性的作用是导向价值。因此，他倾向于将西方哲学在本质上作为一种知识哲学，而将中国哲学在本质上作为一种价值哲学。中西哲学的这种偏向在知识论和价值论的领域有着显著的表现。成中英认为，西方哲学是以理性为方法，以知识为目标，力图通过知识的建构来了解世界，侧重于建立一个知识性的世界。因此，西方哲学本质上是以知识论为中心。与之相对照，中国哲学在本质上是价值哲学，侧重于对宇宙人生的价值问题的反思和探求。它归结为一种以生命经验为中心，以实现宇宙，人生，社会的全体价值为目标的价值本体。因而中国哲学导向一个价值性世界的建构。他认为，西方哲学自始即以知识的探讨为重心。而知识以理性为工具与基础。从理性的发展到知识宇宙的建立，一直是西方哲学的主流。纵观西方哲学史，古希腊哲学代表了一种理性的方法意识的自觉和理性哲学的建立，而知识即美德的命题可谓确立西方哲学传统的基本方向。中世纪的经院哲学仍然是理性化的系统和方法意识的成品。而近代以来的西方哲学更是方法意识和理论理性不断突破的过程，此尤可以科学的发展为明证。要之，知识的灿烂蔚为西方哲学，而知识的灿烂实根于理性方法所建构的观念系统。① 比照西方哲学，成中英反观中国哲学得出了一个基本的认识，认为中国哲学在本质上是一种价值哲学，是基于对生命的会通和对生活经验的整体反省中得出的对宇宙、人生以及人类、社会价值的肯定与体验。此观点在中国传统哲学儒、道、墨、法诸家均有体现，而以儒家最为典型。而易经哲学作为整体的本体意识和一套机体统合的思维方式，对中国哲学传统具有奠基性的作用和意义。②

　　成中英将人类基本的思维方式建立在统一性本体和形上学观念之上。因此，中西哲学的比较也可以归诸中西两种思维方式，即他所谓"和谐化辩证法"与"冲突辩证法"的比较。成中英从本体的层面对世界哲学的方法论系统，作出最基本的分类和论析。他剖析了三大类型的方法论系统，这就是印度佛学传统中倡言的全然无执、全然否定的中观辩证法。它将现实世界中的一切视作幻相与假相，在本质上是一种以超越的方式解决现实的问题包括现实中的矛盾、冲突。西方哲学以黑格尔、马克思为代表的追求永恒进步的矛盾辩证法。它视矛盾、冲突为现实事物存在的一般状态和本质，也是事物得以实现发展，永恒进步的一般的、普遍的方式。而中国哲学则是一种根源于易经哲学，以普遍和谐为特征的和谐化辩证法。其最显著的特点是将世界理解为一种本质的和谐或和谐化的过程，并倾向于通过和谐化的方式解决现实世界的矛盾和冲突以及种种问题。成中英对世界哲学三大辩证法系统的比较研究，是从根源性的本体层面探索世界哲学诸种类型的异同，从而也是从根本上将中国哲学的重建研究，推进并纳入世界哲学的轨道之中。因此，这种比较研究本身就是在施展一种高层次的和谐化辩证法。在他看来，中、西、印三种辩证法源自不同的文化背景和哲学传统，就其理论结构和思维模式来进行辩证，它们在整体的世界哲学中各得其所，虽然相互歧异乃至对

① 参见成中英：《从本体诠释学看中国文化异同》，《中国文化的现代化与世界化》，中国和平出版社 1989 年版。

② 参见成中英：《中国文化的现代化与世界化》，中国和平出版社 1989 年版，第 230 页。

立，但又是互补而相成的关系。① 通过这种多维的比较和相互诠释，中国哲学"和谐化辩证法"的特征和优点乃彰显出来。与冲突辩证法比较，由于这种辩证法在本体上肯定矛盾、冲突的存在，强调通过对立面的斗争和更高阶段的综合来解决矛盾的冲突，因此具有浓厚的直线前进的色彩。相形之下，和谐化辩证法则视和谐为实在的基本性质，也没有黑格尔、马克思辩证法所有的耀眼的进步观。② 与超越辩证法比较，中观辩证法的特色是以彻底否定、全然无执的方式达到一种般若实相和对世界真相彻悟的境界。它在处理和谐与冲突时，是将其俱视为常识界的空幻，实际上是以一种超越的方式来化解问题。由此反可凸显儒道辩证法包容世间一切差异和主动实现和谐化的精神。③ 总之，和谐化辩证法建立在本体和谐的体认之上，基于整体生命的反省，通过理性和主体修养的实践以促进和谐价值的实现。它既不否认现实的矛盾、冲突，视之为空幻、假相；也不认为对立、冲突具有本体的性质，甚至将其视为参与和谐化过程的要素而将其纳入到本体和谐的轨辙。他还引证中国历史上和谐化辩证法融摄、克服印度本土的中观辩证法的实例，来说明儒道辩证法的活力。虽然他承认中国传统的和谐化辩证法在近代以来遭遇来自西方冲突辩证法的强大挑战和影响，但他认为从长远的眼光来看，这两种辩证法的冲突和竞争的结果并不能说已见分晓，仍是一个悬而未决的重要问题。他最终强调，就对人类经验的意义及思想上一贯性的要求来看，或以人类的需要、人类的理性而言，儒、道"和谐化辩证法"与其他类型的辩证法相比较，实具有更大的相关性与更广的包容性。他的结论是，在与其他辩证法的未来竞争中，儒道的和谐化辩证法还是一个非常有力的体系。④

成中英从中西哲学的整体观出发，还对中西哲学的宇宙观、知识论、方法论、因果观、时空观做了广泛的比较和考察，构成了一个完整的比较哲学的理论体系。成中英的比较哲学研究，其要点是在中西哲学的整体意识的统领下，深入到中西哲学的各个领域和具体问题的论析，因而在理论深度和

---

① 参见成中英：《论中西哲学精神》，东方出版中心 1996 年版，第 184 页。

② 参见成中英：《论中西哲学精神》，东方出版中心 1996 年版，第 184 页。

③ 参见成中英：《论中西哲学精神》，东方出版中心 1996 年版，第 186 页。

④ 参见成中英：《论中西哲学精神》，东方出版中心 1996 年版，第 201 页。

广度上都较之前的研究大为拓展，表现了比较哲学研究领域的巨大进步。成氏比较哲学研究的理论特色在于，从中西哲学的互诠互释的理论视域，逐步趋向一个比较完整的世界哲学的整体理论体系，从而摆脱了单向的本位文化的以中释西或西化论的以西释中的褊狭思路的失误与不足，进而开拓出比较哲学研究中西互诠互释的双向的理论进路，也为世界哲学的建构铺垫了一条可行的道路。成氏比较哲学研究实质上是在新的理论基点上对中西哲学的一种重新定位和诠释，为中西哲学的双向重建提供一个理论的中介和模型。它既为中国哲学的现代重建提示理论的基础和发展路径，也为西方哲学的发展弥补缺失且指点方向，在中西哲学的共建共构中走向一个世界哲学的理论体系。可见，成中英比较哲学理论是在当代中西哲学融通的时代背景下诞生的一个独特的理论体系，它必将本领域的研究推向一个更加深广的理论境域。

比较文化思想可谓其比较哲学理论的延伸。成中英主要是发挥中国文化的和谐、融合的精神，以应对西方文化的矛盾、冲突的精神，同时在这个过程中实现中国文化自身的现代化和世界化。特别是自 20 世纪 90 年代中期冷战结束，由于世界风云突变和国际形势骤变，世界文化领域和平发展与战争冲突的主题显得尤为尖锐和突出。美国学者亨廷顿的文明冲突论提出文明的冲突为未来世界政治形态发展的趋向，配合了美国现实政治争夺世界霸权的需要，一度甚嚣尘上。成中英指出，亨廷顿断认儒家文化与伊斯兰文化未来可能联手对抗西方世界的可能性，故主张西方未雨绸缪，先行部署抵制抗衡之道。但亨氏既没能在理论上深入剖析西方文明乃至世界其他诸文明的本质与形式等构成要素，又没能辨析伊斯兰教与儒家文明在近代以来的历史和现实中备受西方文明的压迫，共同起而对抗、图谋抵制，故而产生文化的冲突的真实原因。故其理论在历史观上是简陋的，在文化观上是含糊不清的，其实只是西方为力保现实利益及其权力意志的现形。他从中西文化的诸多层面的分析中得出结论，认为西方文化具有冲突的因子，成为"冲突文化"的典型。而中国文化则具有中和的因素，因而成为"融合文化"的实例。他认为，文化的深层和核心涉及宗教信仰和价值观。西方文化的核心则是上帝意识和深层的权力意志与宰制意识，是导致文化冲突必然产生的根源。而中国文化的核心是自然意识和深层的德行意志与和谐精神。它提出，通过中国文化的和谐、融合的精神，转化、消融西方文化的权力意志和宰制意识的根源，则文化的冲突便能够制止和消除。他着重比较了西方文化的上帝观与中国文化的自然观。西方文化中的上帝观和上帝意识根深蒂固。源于基督教的排他性导致对外的宗教战争和对内的宗教迫害。西方的上帝意识及其衍生的二元对立思想，带来现代文明的极大成就的同时也带来极大危机。人类站在上帝的主体性上以自然万物为认知、探索、控制、征服的对象。这种观念造就了西方科学和技术以及工业化和现代化的发展。但也带来环境污染，生态失衡和人的异化与精神失落的危机。而源于中国文化的自然观和自然意识，强调了动态平衡、和谐转化与人生价值的意义以及自然意识的本体地位。因此中国人可以在多元文化的差异中寻求动态的统一，乃至同时接受不同的宗教传统而不相妨碍。通过中国文化的自然意识中蕴含的涵容精神，可以解除西方文化二元对立和上帝意识蕴涵的矛盾冲突与狭隘的排他性。西方文化虽然在上帝意识的基础上发展出现代化的模式，但东方的儒家伦理可以从西方工业化中吸取教训而作改善和提升，在自然意识的基础上发展出新的经济伦理。因此，中国的融合文化模型可以在批判、超越西方的上帝意识的基础上包容、改良西方的上帝意识，以此消除西方冲突文化诸种冲突和自毁倾向。成中英着重从文化的层面发挥中国文化的涵容性质和融合精神，并作为转化西方的力量进而建立起互补的关系。①

　　成中英认为，当前世界文明的发展面临着极大的危机和挑战。其根源在于世界诸种文明内部或之间不能融通、整合，导致整体性精神的失落。他根据对整体人性的界定和不同的发展方向，分析了人类文明理性的内涵，认为在"轴心时代"中国出现孔子，希腊出现苏格拉底，印度出现释迦牟尼，中东出现耶稣基督，他们分别代表了道德、知识和精神、宗教的发展方向，并为人类文化奠定了基础。可以说，中国的道德文明，希腊的理性文明，印度的出世宗教精神文明和希伯来的超越宗教精神文明各自代表了世界文明发展的不同方向。它们各有偏向，但四者在人性的基础上又是一体的，是互相

---

① 参见成中英：《21 世纪：中西文化的融合与中国文化的世界化》，《新觉醒时代——论中国文化之再创造》，中央编译出版社 2014 年版。

融合与依持的关系。它们本身都构成了人类文明整体理性的根基，形成了多元统合的整体。因而文明的融合与整合也是一种必然的趋势与需要。在他看来，人类文明当前的危机，在于知识、精神与伦理的分离与分裂，在于文明的三种内涵无法整合，以致各趋极端的发展，形成对抗与对立。也就是说，在知识传统中遗失精神与伦理，在伦理传统中轻忽知识和精神，而在精神传统中轻视伦理与科学，形成人类文明中理性发展的盲点。因此，能否进行知识、伦理、精神这三大领域的整合，是人类文明在全球化时代面临的严峻考验。他主张通过文明的对话，在多元的文明传统中实现视域的融合与文明的理性的整合，进而建立多元一体的人类文明。针对当代文明发展中科学技术主导一切，导致生态环境和精神价值失落的危机，以及世界几大主要宗教之间互相排斥，招致宗教和文化的冲突的局面，他强调要运用中国儒学和易经哲学的中道涵容与和谐精神，更好地推动多元文化之间的协调，以及世界诸大宗教之间的沟通，实现世界文明的整体重建和整合。[1]

四、整体伦理学与管理哲学

　　成中英将伦理与管理看作是中国文化现代化在现实生活中落实的两个主要领域，也是本体诠释学两个主要的应用领域。他从本体诠释学的整体统一原则出发，力图在现代社会生活中贯注和体现知识理性和价值理想的均衡与统一的理念，探索和开创中国现代化进程中伦理与管理双向并进的道路，实现伦理与管理的现代化。成中英认为，伦理是建立在人的内在价值的基础上的，属于人类的内在规范和自我节制的机制。中国伦理体系的现代化，就是既要发挥传统的具有强烈目的性的德性伦理的优越性，又要使之适应现代社会科技与经济发展的需要。这就要求对中国传统伦理的体系进行改造，通过中西伦理体系的整合，将西方伦理体系中理性化、知识化的责任伦理引进

---

[1]　参见成中英：《全球化中的东西方文化差异与交融》，《新觉醒时代——论中国文化之再创造》，中央编译出版社 2014 年版。

来，融入心性化、价值化的德性伦理当中，建立一个德性伦理与责任伦理相辅相成又机体关联的新系统，从而构建从个人、家庭、社会、国家乃至整个宇宙各层面既相对独立，又相互配合，同时兼括知识与价值，理性与德性并重的新型伦理关系和体系。成中英将伦理看作是内在的管理，而管理则是外在的伦理。伦理是一种内在的要求和自觉的行为，管理则是外在的组织和决策方法。两者是内与外的一体统一的关系，在本质上是一致的。他认为，由于现代西方管理偏重工具理性，使之演化为控制人性以获得利益的机制，导致管理制度的机械化。而要克服现代管理的深刻危机，必须以现代管理科学，辅之以传统儒家人性论的管理哲学。也就是以中国哲学作为管理科学的哲学基础，从而建立和发展中国管理哲学。这里强调的是中国哲学的整体、和谐思想，从整体的观念和相互依存的关系来看待和理解个人、家庭、社会、国家乃至天地宇宙。其最终的目标是既合乎中国文化传统的理想，又合乎现代管理的需要，实现人类社会整体的、和谐的、均衡的发展。今日管理决策所需要的整体性，依存性，调和性，创新性，变通性与实践性均可由此发展出来。这样，既体现了中国哲学对现代社会的适应力与应用性，又显示了中国哲学对现代管理的参与和贡献，它本身就是中国哲学现代重建的一个重要方面和内容。

成中英认为，要应对和解决当代世界文化与伦理面临的深刻危机，必须清楚地意识到人类当前在西方文化主导下正迫切需要一个文明重组和一个整体的价值体系。儒学具备极为丰富的人文与人道价值，但它自身首先必须完成内部的整合，以一个完整的体系来面对现代伦理与价值危机的挑战。在他看来，重建儒学伦理学的整体架构就是从本体理性统合价值理性与知识理性的思考中开拓出儒学价值理想与现代生活相衔接的现实途径。而孔子提出的仁的思想和仁智并举的观念，就是重建儒学伦理学的起点和基础。在孔子儒学中的"仁"与"智"，乃至宋明儒学中的"仁心"、"良知"和"理"、"理性"，作为两种实现价值和创造生活世界的力量是统合于本体自我之中的。因而必须在本体统合意识下寻求两者的平衡兼容与和谐发展，乃至将"良知"所谓的"价值理性"与"理性"所谓的"知识理性"统合在本体理性之中。显见，这种整体伦理学的建构是成氏对西方理性化、知识化的责任伦理和中国心性化、价值化的德性伦理在本体诠释学的理论基础上的一种整合和重建。① 成中英区分了两种类型的伦理学体系。第一种类型是中国传统的德性伦理，它从涵容一切层次的伦理的大系统着眼，强调个人伦理到家庭、社会、国家乃至宇宙伦理的统一性、一体性和连续性。此类伦理着重追求道德的目的性并以个人伦理的内在化道德为整个伦理体系的起点。第二种类型是现代西方的责任伦理，它以各层次伦理的不相隶属、不相关联为前提，也不作包含一切伦理的大系统的假设。个人伦理、家庭伦理、社会伦理、国家伦理相互独立，也同时独立于宇宙伦理或宗教伦理之外，这两类伦理体系各有特点。现代西方的责任伦理以责任意识为主体，面对人类社会各项需要，基于理性分析和科学知识，建立了各层次的伦理规范和法则。其优点在于以理性的方法掌握权利和义务的分野，注重效率和效果。其问题是人的主体性和道德创造力的削弱，导致人生的价值和目标的失落。中国传统德性伦理，具有强烈的道德目的性，凸显了人的主体性和道德精神，且基于宇宙本体的连贯性，富有淋漓尽致的生命精神。其问题是在社会与国家的层次，无法掌握知识和理性以适应现代科技和经济分工的需要。成中英在此提示了一个中国传统伦理体系兼具现代化的架构。其中，以个人伦理与家庭伦理、宇宙伦理为目的性追求，以实现宇宙与个人本质上和谐统一的人生最高境界；以社会伦理、国家伦理和专业伦理为功能性追求，以平衡互持的权力与责任意识为实现整体而多元的世界伦理创造条件。在这一整体架构中，德性与理性并重，智慧与组织兼顾，目的寓于生活，自由寓于责任，从而实现了中国传统德性伦理和现代西方责任伦理的融合、整合，形成了一个新的伦理体系的建构，也为世界文化开拓了新方向。②

成中英从德性与理性互基相生的整体伦理学的理论架构出发，对儒家伦理在现代转型中面临的一系列重大理论问题作出辩证分析和深刻检讨。他将儒家传统和现代化的关系看成一个复杂的矛盾的统一体。总体上，他认为

---

① 参见成中英：《儒学整体伦理学与世界新文明：伦理整体化与儒学世界化》，《合外内之道——儒家哲学论》，中国社会科学出版社 2001 年版。

② 参见成中英：《中国伦理体系及其现代化》，《新觉醒时代——论中国文化之再创造》，中央编译出版社 2014 年版。

儒家伦理能够与现代化潮流相适应，并与现代社会生活相兼容，从而成为世界现代化的一种形式。他的整体伦理学体系是对儒家传统伦理学的一种整合与重构，同时也是对儒家传统伦理与现代化结合的一种理论构想和尝试。他不同意马克斯·韦伯将新教伦理作为资本主义兴起的精神动力，而将儒家伦理作为其反面教材的结论。他认为这种简单化地认识传统与现代化及其关系的理论，会引起严重的歪曲和错误。因为现代化也必须以自身的传统为基础和动力源泉，也只有在各个特殊的文化结构中来理解现代化的普遍性。将现代化等同于西方化，并顽固地拒斥自己的传统，是陈独秀、胡适等五四一代知识分子思想错误的根源。我们不可能完全否定和抛弃自己的文化传统。因此，寻求儒家传统伦理和现代社会生活的结合点，便是唯一可靠的选择。但是他也不赞成将儒家伦理作为现代化的动力的简单化思路，如一些儒家学者鼓吹将工业东亚的兴起归功于儒家伦理。他主张必须深入探讨完整的儒家伦理体系，同时面对社会、经济、政治现代化的潮流，致力于儒家伦理思想核心的现代化变革。在现代化与儒家伦理的矛盾关系之间，现代化是处于主导的力量，在现代化的理性化精神推动下，调整人与人之间关系的伦理标准和价值观也必须得以调节。同时也应看到，经济、社会现代化固然促成了儒家伦理的变革，但是经过变革的、现代化的儒家伦理又反过来促进现代化的进程，甚至成为现代化的中坚力量。为此，他指出了"宏观伦理"与"微观伦理"的区别。"宏观伦理"是蕴含于一个伦理体系的形上学的宇宙观和生活观，是其核心的价值观念和信仰的基础。而"微观伦理"只是为具体特定的行为所设定的准则和规范，反映的是一些特殊的道德习俗。在他看来，儒家的"宏观伦理"即其核心的价值观念仍然拥有高度的创生力和进步性。现代化在中国及东亚社会摧毁的只是与儒家"微观伦理"相关的具体准则和表层价值观。由于"微观伦理"的破产，儒家的"宏观伦理"反而得到解放并发挥出革新和创生的力量。他还专门考察了儒家的忠孝伦理以及其他美德的现代转化，使之成为中国社会现代化的革新源泉的问题。①

---

① 参见成中英：《现代化的儒家伦理和儒家伦理的现代化》，《新觉醒时代——论中国文化之再创造》，中央编译出版社 2014 年版。

　　中国现代管理哲学的创构是成中英关注的另一领域。早在20世纪70年代末，成氏就开始思考，如何借鉴与汲取西方美式、日式的现代管理经验，又能够与中国传统管理哲学的智慧相结合，即既能洞察西方管理科学的局限性而加以改进，又能包含中国传统哲学的管理之道，建构一套新的管理哲学。在他看来，现代管理科学在西方的诞生不是偶然的，它是工业革命、经济发展、个人主义和资本主义的必然产物。西方现代的发展就是凭借个人的理性、科学的知识、宗教的信念，进而设计出一套科学的管理方法，从而推动经济和社会发展。西方20世纪以来的现代管理具有理性的权威和科学的基础，但对人性和人的精神重视不够。而反观中国古代的人文管理，虽然建立在伦理文化的基础之上，突出了人性的反省和思考以及人的社会价值，但由于没有经过工业革命的洗礼，故不能够运用现代科学的方法来达致目标。比较东西方的管理理念，他断认中国的管理之道是建立在人性的基础上，但历史上却与专制制度结合在一起。西方的现代管理则是资本主义理性精神的产儿，但缺乏对人性整体性的体认。他认为，如果将中国传统的管理之道与专制制度剥离开来，其中包含的文化资源仍然可以成为孕育现代管理的重要力量。因此，他力图将现代的科学管理建立在文化的基础之上。他提出，管理的发展方向应该结合文化与科学，将现代科学的管理建立在中国传统的管理哲学的基础之上。这种管理哲学的特点本质上是一种哲学的管理。它既能掌握传统的文化资源和人文精神，又能汲取现代的科学资源和理性精神，且能克服其中的局限性而超越其上。说到底是一种结合传统文化管理与现代科学管理或传统伦理管理与现代经济管理于一体的综合型管理。显见，这套管理哲学汲取了美式、日式现代管理在实践中的经验和优长，又尽力克服其缺点和危机，并最终将现代管理和中国传统文化的历史经验和背景结合起来。可以说，这种中国管理哲学不仅体现了中国文化的特色，也展现了一种世界化、普遍化的精神，是将科学管理与文化管理相结合，使现代的科学管理具备普遍的人性基础，从而开拓出现代管理的一个新境界、新方向。①

① 参见成中英：《中国管理之道的现代诠释——自序》，李翔海、邓克武编：《成中英文集》第三卷，湖北人民出版社2006年版。

　　成中英的中国管理哲学，其要点在于从易经哲学体用相需和德性与理性相涵互生的理论架构中，开拓出中国现代管理的基本理论和原则，其基本思路是将中国传统的伦理管理和人文精神与西方现代的科学管理和理性精神相结合，其实质是将中国传统的管理之道与现代社会生活相结合，从而实现中国管理哲学的现代化。他认为，中国当前处在一个传统与现代交叉的时代。因为传统伦理的崩溃和现代管理的失策，导致伦理和管理的双重危机。因此，必须认识管理与伦理是一体之两面。伦理是内在的管理，而管理则是外在的伦理，两者具有本体的一致性。成氏力图将中国传统管理之道的伦理精神与西方现代管理的科学精神相嫁接。也就是以西方管理的理性、知识的原则与中国管理的人性、智慧原则相结合，构成一种阴阳互补、相辅相成的管理体系。这就是成氏易经管理哲学的基本模型。成中英还进一步将易经的阴阳八卦系统与五行系统相配合，提出了一套独特的易经管理模式。这实际上是对中西管理理念的对比和整合，而首先是对中国传统哲学诸家管理思想的综合和整合，再与西方现代管理相结合。他提出，管理的核心内容包括决策（Centrality）、领导（Control）、应变（Contingency）、创新（Creativity）、统合人才（Coordination）等五项，也是成氏"C"理论的基本架构。他借助五行的模式将中国传统哲学的儒家、道家、法家、兵家、墨家等五家的管理思想予以整合。第一，道家体现了"土"的决策功能。管理的核心为决策，而道家哲学为决策的智慧提供了最高的指导原则。道家强调道的整体性以及决策者的寡欲无私与自然无为的精神，成为现代决策者所需要的品质。第二，法家体现了"金"的领导功能。从管理的眼光来看，法家的精神就在于公正廉明的组织规范和平等客观的标准。法家强调法律和制度的公正、平等，对现代管理仍然十分重要。第三，兵家体现了"水"的应变功能。兵家是针对战争而发展出来的一套权变哲学，其中以孙子兵法最具代表性。兵家强调策略、战略、战术以应变、制变的能力。其权变哲学对现代企业发展尤其重要。第四，墨家体现了"木"的创造功能。现代管理最大功能就是发展新科技，创造新产品，提高生产力，而墨家哲学强调生产，重视经济，提倡科学研究、理性思考和逻辑探索，以及兼爱精神和理性的功利主义精神，正好在这方面为现代管理提供了一个完整的哲学基础。第五，儒家体现了

"火"的协调功能。儒家管理以教化为主，重礼乐，人事制度及君臣之道，特别是其德治思想和社会伦理思想，在现代管理中须发挥基础的作用。儒家的伦理管理，立足人性，强调仁爱，在管理中注重人情，进而再通过理与法，是一种基于人性的管理哲学，在现代管理中发挥着协调的功能。以上五家哲学的综合、整合，构成了成氏管理哲学即其"C"理论的核心环节。他甚至还力图综合、整合禅宗和易经哲学。可见成氏管理哲学确具有极强的综合、整合的精神。[①]

五、中国哲学的现代化和世界化

中国哲学的现代化和世界化，是成中英哲学研究的出发点，也是其学术生涯中一以贯之的宗旨。他认为，中国哲学从过去四千年的发展来看，的确具有重要的意义。它不但说明了中国文化之所以源远流长，也说明了中国文化在遭受困难、危机的关头，仍能排除万难，以自强不息的精神创造出一条美好光明的道路。人类文化发展到今日，已面临许多问题和挑战，遭遇前所未有的危机。要克服和解答这些问题和挑战，消弭危机，为世界文化的发展提供一条崭新的方向和道路，势必要借助于中国哲学。而中国哲学要担负起这一历史性的艰巨任务，本身亦需要进行一重建的工作，重建的方向即在于现代化与世界化。

成中英一直致力于中国哲学的现代重建工作。他特别强调中国哲学具有本体思考的特质，并指出逻辑分析与语言分析等理性思维方式亦为中国哲学重建不可或缺的基础工作。针对中国传统哲学偏重于本体论思维而轻忽方法论的问题，他提出本体与方法相互规约与界诠，力图将方法意识纳入中国哲学的本体思考，并以此作为中国哲学重建的理论基础。他从中国易经思维出发，由生命的本体意识衍生理性与意志相涵互动的思考，并由此建立本体

[①] 参见成中英：《C 理论的要素分析》，李翔海、邓克武编：《成中英文集》第三卷，湖北人民出版社 2006 年版。

与方法统一，知识与价值互基的本体架构的哲学体系。他进而指出，中国哲学的现代化与世界化，必须通过中国哲学在现代社会生活中的落实来进行和完成。他还就此对现代社会文化中的传播，管理，文化建设，民主法治，伦理秩序以及个人人格等层面的问题，进行富有创见和卓有成效的探讨。可见，成中英本体诠释学的创立，为中国哲学的现代化与世界化，带来了新的创造力与突破性。

现代化是一股不可抗拒的世界性的历史潮流。成中英始终关注传统文化与现代化的关系，并对这一领域的一些错误见解予以辩驳。他认为，现代化具有一般性和特殊性的涵义。世界诸文化传统都拥有实现现代化的特殊方式和道路，也各具有其不可替代的意义和价值。因此，将现代化等同于西方化是错误的。认为要实现现代化就必须抛弃传统，这其实正是丧失了达致现代化的基础和根据。这是五四时期陈独秀、胡适等人所犯的错误。同样，马克斯·韦伯断认只有新教伦理才为资本主义兴起提供了精神动力，但他忽视儒家伦理对现代化的巨大潜力则容易导致误解。[①] 成中英强调指出，固守传统文化的本位立场，却缺乏对西方哲学的了解，也无法回应西方哲学的挑战，是没有前途的；全盘西化的道路也是行不通的。中国哲学只有经过理性的批判和分析，走创造性重建的道路。必须用理性的、批评的观点以为权衡，用理性的思考及分析来重建中国哲学。把传统的形式和内涵转化为现代的中国思考方式，以适应现代的社会生活。重建中国哲学可行的径路也就是，吸收、理解西方哲学的观点和理论，借以分析和批评中国哲学；再用重建的中国哲学来批评、解释西方哲学。这也就是他所谓中国哲学的现代化和世界化。一方面，中国哲学接受西方哲学的批评及分析，以求现代化；另一方面，促使中国哲学具有批评、解析西方哲学的能力，回应西方哲学的挑战，此即世界化。而就其内涵来说，中国哲学的现代化不仅是指以理性的方式和知识形式来更新中国哲学的本质，也是对目前和未来的生活提供一些积极的智慧，将中国哲学的智慧和精神真正灌注到现代社会生活当中。也就是

---

① 参见成中英：《现代化的儒家伦理和儒家伦理的现代化》，李翔海、邓克武编：《成中英文集》第三卷，湖北人民出版社 2006 年版。

说，中国哲学的现代化具有两层意思：赋予中国哲学以普遍的理性形式，以便于作为与其他思想沟通的媒介；将中国哲学的精神内涵和现代社会生活相衔接，发挥实际的影响。更具体地说，就是用知识和方法，来扩充智慧和精神，亦即用普遍的知识和理性的方法，来表达适应现代人当前及未来之价值，来创造发挥中国哲学所蕴含的智慧与精神。也只有中国哲学在内涵本质和外在形式现代化，才能对世界哲学作出贡献。① 他特别强调中国哲学所特具的"本体思考"方式，并指出"逻辑分析"与"语言分析"亦为重建中国哲学不可忽视的基础工作。他认为此三者相互为用，将促进中国哲学的现代化与世界化，并为中国哲学带来创造力和突破性。总言之，中国哲学的现代化，是借助西方哲学使中国哲学的本质得以廓清、揭示和发挥，恢复和强化中国哲学的创造性精神。而不是将西方哲学的范畴和形式强加于中国哲学，从而将中国哲学纳入西方哲学的轨道，以西方哲学为依傍、依皈或以西方哲学取代中国哲学。其实是借助西方哲学的理性分析和逻辑方法，以达致中国哲学的本体、观念、逻辑与知识结构、语言义理的澄清、彰显和创新，从而在根本上恢复和发挥中国哲学的创造性精神。②

成中英尤其注重将中国哲学的精神、智慧与高度理想和现代社会生活相结合，并终于凝结成其特具的德性与理性互动平衡，知识与价值相涵互生的机体哲学的理论体系。与一般现代新儒家诸贤力图从传统哲学的价值或德性本位的立场，致力于以此涵盖、统摄现代社会生活的诸多事项或领域不同。虽然他们有时也并不否认理性、逻辑分析在现代哲学中的突出作用，但往往只是以其作为实现本体的工具和从属的意义，故尚难摆脱传统哲学体用、本末的思维模式的窠臼。而在成氏哲学的理论架构中，本体与方法，知识与价值，乃至德性与理性，都是具有对等性、交互性的"两行"和对偶范畴，因而也是对传统哲学理论模式的一个极大的突破。成氏哲学也因此能够与现实的现代社会生活建立起一种双向的对流和交互性的沟通的渠道，使理论与现实之间的双向的互动和批评成为可能。这也是成氏以"新新儒学"自

① 参见成中英：《中国哲学的现代化》，《论中西哲学精神》，东方出版中心 1996 年版。
② 参见成中英：《如何重建中国哲学》，《中国哲学的现代化与世界化》，台湾联经出版事业公司 1985 年版。

许而有别于以往新儒家或新儒学之根由所在。成中英强调中国哲学的现代化应就现代社会生活的五个层面予以考验，即传播、管理、伦理、民主法治、文化建设与人格发展等。第一，中国哲学在文化传播上应注重哲学知识的传播，使中国哲学具有现代理性的形式和媒介，并广为社会大众所接纳与了解。第二，中国哲学对社会经济发展和管理哲学应有深入思考。应借鉴和吸收美式、日式等西方现代理性化的科学管理的成果和优长，结合和发挥中国传统的人文与伦理管理的精神和智慧，形成一套富有成效又别具特色的中国管理哲学。第三，重整和重建中国整体性的伦理学。既要充分发挥中国传统的德性伦理的优长，又要适应现代社会科技与经济发展的需要，通过吸收和采纳西方现代伦理体系中理性化、知识化的责任伦理，实现中西伦理的整合，建立一个德性伦理与责任伦理相辅相成的新伦理体系。第四，在国家体制与社会心态趋于民主与法治的过程中，中国哲学应发挥其催化与助产的效用。现代中国哲学应认知和接纳现代社会以科学与民主为标记的公共生活世界，力图将现代人权论与传统人性论相结合，兼顾传统伦理社会和现代民主秩序，从而将中国哲学的价值理想与现代生活的实体相结合。第五，文化建设是中国哲学现代化在现实领域落实的一个重要环节。必须深入检讨现代社会政治、经济、教育诸大端，树立一种统合传统与现代，中学与西学，伦理与科学的文化发展模式。尤其是要发扬和倡导以优良学术辅导政治，但应防范和克服学术的现实政治化，从而以高度的学术理想发挥导正社会的作用，在思想上、精神上为民族创造力的培护奠立根基。①

　　在成氏哲学的论域中，中国哲学的重建与中国哲学的现代化，二者的涵义几乎等同，不过侧重点还是不尽相同。中国哲学的重建更强调了在现代条件下对传统哲学系统的重新建构。成中英认为，中国哲学的重建具有多重的涵义。重建的第一层涵义，是系统和结构的再造。中国哲学的重建首要的是标准的选择，而分析与诠释则是两项最重要的标准。以此达致从内容到形式，从方法到本体的全体更新。重建的第二层涵义，是将传统哲学投射到现

---

① 参见成中英：《如何重建中国哲学》，《中国哲学的现代化与世界化》，台湾联经出版事业公司 1985 年版。

代，是针对现代哲学所启发的方法和本体哲学所做的重建。也就是运用现代分析哲学和诠释学的方法将中国哲学的整体含义和系统体现出来。重建的第三层涵义，是对传统哲学的创造性诠释和发挥，以回应现代哲学。归结起来，中国哲学的重建，就是将传统哲学的内涵和形式转化为现代的中国思维方式，使中国哲学适应现代社会生活和文化发展的要求，并加以创新。他强调在中国哲学重建过程中理性的权衡作用，必须用理性的思维和分析的方法来重建中国哲学，用理性来建立普遍论证形式和批判法则，进而确立中国哲学普遍的理性形式。而对中国哲学作理性的了解，可以分三部分来说明：一是"本体性的理解"，即对中国哲学中最基本的价值本体的思想和原理的体会、认识。二是"方法性理解"，此种理解通过对理性的知识训练来形成。三是"语言性理解"，基于语言在现代哲学中重要性的认识，重视哲学语言的发展。三者相互为用，必将达到对中国哲学的真实理解和原创性精神的恢复。而在中国哲学理性重建中，必须接受西方哲学的分析和批评。同时用重建的中国哲学来解析和批评西方哲学。从中西哲学的双向的诠释和批评的过程中，走向一种世界整体哲学的建构。他特别强调，易经哲学作为中国哲学的源头活水，也是中国哲学重建的理论原点。而原始儒家哲学直接继承了周易哲学的精神，因而也构成了中国哲学现代重建的思想源泉。①

　　成中英将中国哲学的世界化看作是中国哲学现代化的必然延伸和扩展。当然，前者须以后者为前提。两者也是一个双向并进的进程。鉴于19世纪末和20世纪初中国文化和中国哲学遭遇西方文化和西方哲学的冲击，西方人称之为"西方对中国的冲击"。他指出，21世纪必将是中国文化和中国哲学对西方文化和哲学造成冲击的时代。这是一个必然趋势。这是由于西方文化自身遭受危机，必须借助中国哲学寻求出路。也是由于中国文化和中国哲学本身的特点和优势所决定的。他断言，中国哲学甚至可以为当前世界文化发展提供崭新的方向，为人类的前途、价值取向和文化发展作出贡献。成中英深入剖析当前由西方文化主导的人类文化出现危机的深层根源，断认中国哲学恰是一帖解剂和药方。他认为，当前人类文化的危机是世界性的，其产

_____

① 　参见成中英：《中国哲学的重建》，《论中西哲学精神》，东方出版中心1996年版。

生危机的根源乃在于，人类文化诸传统之间以及诸传统内部诸要素之间不能整合，导致分离和分裂。就西方文化来说，其主要来源有古希腊的理性，古罗马的法律和中世纪的宗教，这也构成了近现代西方文化的主要组成因素。而这些不同来源的因素之间的相互冲突，是造成近现代西方文化冲突的根源和基因。近现代西方文化固然达致很高的成就，但也由此付出极大的代价。因此，他也称西方文化为"冲突性文化"。而现代人类文化中科学、人文与宗教之间的冲突也根源于此，此即当前世界性文化危机的总根源。要之，成氏断认西方"冲突文化"已面临巨大的危机，必须借助中国"融合文化"才能转危为安，开辟新的方向和出路，也为创造更加丰富的人类文化作出贡献。他主要是从以下几个领域来阐释和论证中国哲学和文化对克服当前世界文化危机的重大意义和现实途径的。第一，针对当前世界文化中科技理性的误用和褊狭使用以及科学技术主导一切的趋向，造成生态环境的污染和自然资源的破坏，他强调中国哲学天人一体的亲密关系和中国道家哲学清虚无为的自然观，纠正西方长期以来凭借科技发展控制和征服自然的心态，为人类可持续发展奠定基础。第二，对于现代西方流行的基于理性分析和科学知识建立的责任伦理，注重效率和效果，却出现人性的失落和道德创造力的削弱，甚至走向外在的法律主义。他主张重建儒家伦理，重整德性与理性统一的整体伦理学，以儒家人性论为基础发展和重建人类伦理价值和规范。第三，由于西方宗教具有强烈的排他性，乃造成当前世界宗教冲突和文化冲突的深层根源。他倡导和发挥中国易经哲学的涵容、协调精神和中国宗教的和谐、转化的精神，为人类文化的协作发展和创造更新作出贡献。总之，人类新文化之重建，必须涵摄中国哲学的智慧和精神，方能解其弊，竟其功。①

由上可见，中西哲学之间既是一个相互诠释的过程，又是一个相互重建的过程。中国哲学通过对西方哲学的掌握，获得新的内涵和形式，实现自身的现代化。同时，也以重建的中国哲学反馈西方哲学，导向一个新的整体性世界哲学的建构。因此，在成氏看来，这个重建既是中国哲学的世界化，又是世界哲学的中国化，是一个一体化的双向的进程。在中国哲学世界化和

---

① 参见成中英：《中国哲学的世界化》，《论中西哲学精神》，东方出版中心 1996 年版。

世界哲学中国化的过程中，趋向一个相互解决问题、相互认同和融摄的结果，并将世界哲学推向一个更加整体化的理想境界。成中英强调，在中国哲学世界化和世界哲学中国化的一体化进程中，还须涉及和注重在现代世界的落实层面。他提出，要落实世界哲学和中国哲学的同步发展问题，首先须配合教育制度等因素，与现代社会科技发展、人际沟通、文化交流相协作，建立一个系统性的表达中国哲学的机制。同样，西方哲学和世界哲学的中国化也需要一个制度层面的肯认和保障，为中西两大哲学传统在新世纪的相互提携和融合提供坚实基础。要特别注重中西哲学在国际间的相互沟通和了解，哲学教育和哲学研究也要适应现代世界学术国际化的趋势。中国哲学需要避免过分局限化、玄奥化的弊端，西方哲学则须注意过度专业化、技术化的问题。而最重要的环节，还是将哲学的智慧与理念与现代世界的实际生活相衔接、相结合，中西哲学携手应对世界文化的危机和种种难题，共同开辟人类生活的美好未来和前景。而成氏本体诠释学无疑是以统一整合的本体思考为目标，从一个普遍性的观点来探索中西哲学和世界哲学的会通、重建的课题，也是其中的一个范例和成品。①

---

① 　参见成中英：《中国哲学走向现代世界何以可能?》，《论中西哲学精神》，东方出版中心1996 年版。

第五章　本体与方法

——方东美、成中英哲学的本体意识与方法意识

在现代新儒家群体中，方东美与成中英具有师承关系，他们各自建立了别具特色的哲学理论体系。可以说，方、成二氏的哲学在诸多方面存在着显著的共性特征，但也呈现出重大的歧异性。方、成二氏哲学本体论与方法论的建构，皆建基于传统的易经哲学，是立足于易经哲学的理论原型的一种创造性诠释。二氏皆注重本体与方法之间的互动与统一，将其视为相互界定与规约和双向的诠释与批评的关系。相对而言，虽然方东美也将本体与方法视为"两行"或"上、下回向"的关系，但他更凸显至上本体与价值领域对现实世界或形而下领域的统摄的地位和作用；而在成中英哲学中，本体与方法则是一种交互性和对等性的对偶范畴，他更突出理性和方法的地位和作用。方氏哲学可归为一种价值本体论。而成氏哲学则可谓一种理性本体论。

一、方东美哲学的生命本体论与机体主义方法论

方东美是在中西文化交融的理论背景下进行哲学思考的。他提出须以形上学的途径来研究哲学，并以此区分了中西形上学的类型，在此基础上建构起一套机体主义的哲学体系。方东美的机体主义哲学首先是一套以生命为中心而建立的本体哲学构架。这是他融汇西方柏格森生命哲学、怀特海过程哲学和中国传统的易经哲学而提出的一套独特的本体哲学。从方法论的立场来看，方东美机体主义哲学的创构，明显地吸收和融摄了西方哲学的方法学

特征，然而就其实质而论，它依然可以归源于中国哲学的形上智慧，而据此开拓出一种体现中国哲学根本精神的思想模式，并贯穿于其思想体系之中。

（一）"形而上学"：方东美哲学研究的思想路径

在现代哲学中，形而上学是一个极具争议性的问题。现代西方哲学的一些思潮对于形而上学问题的认识，呈现为相互矛盾的，甚或是截然相反的趋势。这种思潮对传统的本体论思维无疑造成了巨大的冲击与震撼。从 20 世纪中国现代哲学思潮的演变来看，现代新儒家重建中国哲学的理论形态，以其主要的趋向来看，可以归为形上学的冲动。包括熊十力、冯友兰、贺麟、牟宗三等诸哲在阐释中国哲学的义理系统时，都采取形上学的路径。这一倾向可以说代表了现代新儒家群体重建中国哲学努力的主导方向。

方东美在其哲学研究中，确立了形上学的研究途径。他说："在许多可能的研究途径里，我选择形上学途径。"[①]而他所谓的"形上学途径"，实际上也就是将本体论作为哲学研究的中心课题。方东美由形而上学一途研究哲学，在大体方向上与现代新儒家诸哲还是相接近的。也可以说，他们对于中国哲学的现代重建存在着一些共识。例如，熊十力、冯友兰等都强调本体论在哲学研究中的根本地位，而对西方实证哲学"拒斥形而上学"的观点表示非议。他们中不少人都援引西方哲学的思想方法和理论内容，致力于中国传统哲学的形而上学的现代重建。[②]方东美从形而上学的观点，将本体论视为哲学的根本问题，在比较中西哲学的形而上学的基础上，在中西哲学之间寻求会通的渠道。这在当时中国哲学界是一个相当普遍的趋向。

方氏通过比较研究，发现世界文化诸大传统在形上心灵的拓展上，存在着高度的融通性、会通性。他认为，基督教的上帝，儒家的"性"或"天"，道家的"道"，佛家的"菩提"，印度教的"梵"，都是对形而上的精神本体所采取的一种价值取向。它们各代表了东西方诸民族在文化创造上的

[①]　方东美：《原始儒家道家哲学》，台湾黎明文化事业公司 1983 年版，第 19 页。

[②]　参见冯友兰：《中国现代哲学史》，广东人民出版社 199 年版，第九章"中国哲学现代化时代中的理学——冯友兰的哲学体系"；张文儒、郭建宁：《中国现代哲学》，北京大学出版社 2003 年版，第九章"熊十力的哲学思想"。

独特路向和成就。而在最高的价值学统会的原理之下，它们又可以谋求融合与通释。① 他由此发展出一套机体主义的哲学观点。方东美的机体主义形上学归根到底又是植根于中国哲学的传统之中。他用机体主义形上学观照与诠释中国哲学传统，得出了中国哲学传统在于原始儒家、原始道家、大乘佛学和宋明新儒学四大传统会合的结论。

　　方东美出于对中西哲学尤其是中国哲学的理解，他选择了形而上学的路径研究哲学。显而易见，"中国哲学之主要趋势为形上学"② 的认定，对于方东美采取"形而上学"一途研究哲学是至关重要的。也可以说，形而上学是他研究哲学的根本的方法论。本体论始终在他的哲学研究中居于中心地位，也是他构建整个哲学体系的纲领。方东美明确指出，哲学宜采取形上学的途径。③ 他说，"形上学者，究竟之本体论也，探讨有关实有、存在、生命价值等"④ 问题。又说："本体就是哲学上面所要讨论的根本问题。"⑤ 方东美这几句话简明扼要地点出了哲学的特质和研究途径所在，可谓要言不烦。方东美的哲学研究中融入了多重的方法，但其前提与本体意识不相违碍。这种哲学研究的方法，其实质就是本体论或形而上学的方法，其中本体意识居于统率地位，方法则须与本体配合一致。

　　由此可见，形而上学是方东美解读中西方哲学史的一条中心线索，也是他据以构建自己哲学体系的基石。中西哲学的形而上学的理论形态千差万别，方东美却将它们纳入同一个理论坐标内来论列，并将其划分为不同的类型。这种比较与分类其实是为深度的文化融合开拓了一种至为深广的理论视域。方东美站在本位文化的立场上，借鉴和吸纳了西方哲学中像柏格森生命哲学，怀特海机体哲学的一些思想内容，而其主要的思想来源还是植根于中国传统哲学，即儒、道、释的思想系统。他试图容纳，综合所有人类优秀文化的价值理想，而总其所成。由此他对中、西、印三方文化系统的形而上

---

① 参见方东美：《原始儒家道家哲学》，台湾黎明文化事业公司 1983 年版，第 206 页。
② 方东美：《中国哲学之精神及其发展》上册，台湾成均出版社 1984 年版，第 33 页。
③ 方东美：《中国哲学之精神及其发展》上册，台湾成均出版社 1984 年版，第 21 页。
④ 方东美：《中国哲学之精神及其发展》上册，台湾成均出版社 1984 年版，第 28 页。
⑤ 方东美：《华严宗哲学》上册，台湾黎明文化事业公司 1981 年版，第 402 页。

学，都有所融摄评判，而最终归源于中国哲学。

（二）"超越"与"超绝"：方东美论中西形而上学的型态

方东美认为，在东西方哲学史上，本体论涵义各殊。他指出，东西方均以本体论指称客观实在界之本质或最初实体。但其显见的差别有二：其一，西方较重"存有"的静止的自立性，东方则赋予"存有"以动态流行的特性；其二，西方深通二分法，遂断言"存有"高居超越界，不与表象世界相涉，东方则采取机体主义立场，使"存有"贯注于万事万物和生化演变历程之中。① 在此，方东美已将东西方哲学关于本体论的一些重要分歧揭示出来，即西方哲学中的本体论有静态化的、自立性的实体的特征，思维方式上的二分法的特征，而中国的本论论则有动态流动性的特征，和思维方式的整体性特征。

他综赅东西方诸种形而上学，将它们划分为三种型态：超自然型态或超绝型态（Praeternatural）、超越型态（transcendental）、内在型态（immanent）。② 他用"超绝型"来指称西方哲学传统的形而上学，认中国传统的形而上学为"超越型"。他又认为中国传统形上学不仅包括超越的层面，还包含内在的层面，是一种"即内在即超越"的向度。③ 方东美把中国传统的形而上学归为"超越"型态，以区别他所谓的"超绝"或"超自然"型态的西方形而上学传统。他认为，与西方"超绝"型态的形上学视宇宙为截然二分的分裂状态不同，"超越"型态的形上学的最大特征是将世界视为一个和谐统一的系统。他对本体"超越"性的界定与他自己对于中西哲学本体论的特殊理解有关。在西方哲学中，"超越"（transcendental）一词，一般用来指绝对实体具有先验的，超越一切具体存在之上的属性。方东美专门用"超绝"一词来指认西方哲学中本体的这种超越性。④ 而他所说的"超越"，实际仅指中国哲学中本体的超越性。由于中国传统哲学一般都从"体用不二"、

---

① 参见方东美：《生生之德》，台湾黎明文化事业公司 1979 年版，第 402 页。

② 参见方东美：《中国哲学之精神及其发展》上册，台湾成均出版社 1984 年版，第 28 页。

③ 参见方东美：《中国哲学之精神及其发展》上册，台湾成均出版社 1984 年版，第 3 页。

④ 参见方东美：《中国哲学之精神及其发展》上册，台湾成均出版社 1984 年版，第 28—30 页。

"体用一如"、"即现象即本体"来讲本体，本体界与现象界处于"一体相通"
的状态，故中国传统的本体论不仅是超越的，也是内在的，即超越的本体不
是一种游离于世界之外的存在，而是内在于现实世界之中，又参与它的整个
过程之中。可见，方东美所说的"超越"，是具有其特殊涵义的。

　　方东美认为，西方"超绝"型形而上学的最大特征是依一种绝对模式，
运用"二分法"将整个世界严分为"本体界"与"现象界"，即形而上界与
形而下界，然后再谋求二者之间的联系与沟通。这种"超绝"型的形而上学
的根本缺陷乃是根于二元对立的心态，宇宙据幻想妄见被剖分为两橛二分状
态，令自然界与超自然界，肉体与灵魂，时间与永恒，启示之绝对与纯理之
绝对皆处于对立状态，生灭变化的形相世界与永恒的法相界，自然界与超自
然界，世俗生活领域与价值理想领域乃成为悬隔不通的两个世界。总之，在
他看来，由于西方人偏执"二分法"，产生了这种普遍的，根本的，也是难
以解决的对立，分裂和矛盾，以致产生了世界统一性的严重难题。[1]

　　在西方哲学史上，"主客二分"或"二元对立"的思想模式占据着主导
地位。这显然是方东美以中国哲学为参照系，对西方哲学所作出的最一般的
界定。不在此列的只有极少数，他列举有柏格森，怀特海，海德格尔等几位
与东方哲学相近者。[2] 概要言之，整个西方哲学，从古希腊到中世纪，一直
到近代乃至于现代，这种二元对立的思想模式成为西方的心病，一直无法克
服。在他看来，二元对立是西方哲学史上一直无法解决的困难，它甚至成为
世界文化中的一个突出问题。[3] 西方人由于偏执"二分法"，以致产生世界
统一性的理论难题，它导致价值世界与事实世界的悬隔不通。这在古希腊哲
学便是法相界与形相界的上下界的"疏离"（Chorismos），在近代哲学又产
生另一种隔离，即主客体，内外界的对立。他指出，二元对立性乃是西方思
想中普遍的深刻的内在矛盾。[4] 他说："雅利安民族的精神分裂症表现在宗
教上，就是天国与尘世的划分，在哲学理论上形成二元论，在科学理论上有

---

① 参见方东美：《中国哲学之精神及其发展》上册，台湾成均出版社1984年版，第28—29页。

② 参见方东美：《生生之德》，台湾黎明文化事业公司1979年版，第340页。

③ 参见方东美：《华严宗哲学》下册，台湾黎明文化事业公司1981年版，第194页。

④ 参见方东美：《华严宗哲学》下册，台湾黎明文化事业公司1981年版，第193页。

所谓初性与次性的划分。可以说，整个西方的学术领域，始终都在二元对立的立场徘徊。"①

　　方东美不赞同西方哲学对价值本体世界与现象世界采取割裂的态度，认为这样乃是造成对宇宙与生命的整体性的斩伤。在他看来，中国典型的本体论对于本体一方面绝不视之为某种超绝对象，可游离于其余一切自然元素与变化历程而凝然独存；另一方面是断乎不将之单纯定位而局限于现实界或事法界。他以中国哲学的本体观念，乃是一种既超越又内在的向度，它既内在地植根于现实生活世界，又能超升而臻至理想的胜境而点化现实。方东美又称这种形上学为"即现实即理想主义"或"即理想即现实主义"。② 他相信，中国超越型态的形上学，已成功地在理想与现实之间架起一座沟通的桥梁，而不致在二者之间划分鸿沟。③ 他说："哲学的智慧在中国各种思想看来，都要避免'超自然形上学'的缺陷，而发展'超越形上学'，着重价值理想，这种价值理想又当在现实人生中完全实现，如此方可以拯救世界，拯救人生。"④ 在他看来，中国传统的形上学，具有"巍然崇高的道德境界"（指儒家形上学），"空灵超脱的艺术境界"（指道家形上学），"虔诚肃穆的宗教境界"（指佛家形上学），它们都是"至善完美之最高价值统会"，但是这种理想境界，绝不是"某种超绝之对象"，而是"在这现实的人间世界中，就可以充分完成人类所追求的一切价值"⑤。

　　方东美将中西形而上学划分为"超越"型与"超绝"型，说到底是他对中西两种超越观念的总的界定，也是他试图从根源处对中西哲学乃至整个文化系统的分野的把握。这种做法从本源处着手，无疑抓住了中西哲学的本质特征。他主张，发挥中国哲学的"广大和谐"之道，以力图克服西方哲学中存在的"二元对立"问题。⑥ 据他看来，在中国哲学领域，儒家道家哲学

① 方东美：《生生之德》，台湾黎明文化事业公司 1979 年版，第 194 页。

② 参见方东美：《生生之德》，台湾黎明文化事业公司 1979 年版，第 284 页；《中国哲学之精神及其发展》上册，台湾成均出版社 1984 年版，第 30 页。

③ 参见方东美：《原始儒家道家哲学》，台湾黎明文化事业公司 1983 年版，第 18 页。

④ 方东美：《原始儒家道家哲学》，台湾黎明文化事业公司 1983 年版，第 18 页。

⑤ 方东美：《原始儒家道家哲学》，台湾黎明文化事业公司 1983 年版，第 18 页。

⑥ 参见方东美：《中国哲学之精神及其发展》上册，台湾成均出版社 1984 年版，"自序"。

的"天人合一"、"天人合德"传统，都不存在思想主体与宇宙客体之间的对立感。① 因此，他认为，须以此为凭借发扬中国哲学的广大和谐思想，来对治西方哲学二元对立的偏失。② 他还对融合儒道之后而形成的中国大乘佛学，尤其是华严宗哲学表示推崇和青睐，肯定中国大乘佛学的理论建构，体现了佛教圆融特色和广大和谐精神，正是朝着彻底解决哲学史上一切二元对立理论难题的方向发展。③

（三）方东美以生命为中心的本体哲学

方东美从中西两种型态的形上学的比较中，认同于中国内在超越型态的形上学，这是方氏对中国哲学中儒家的"天"、老庄哲学中的"道"、佛教哲学中的"真如"、"菩提"等超越性实体的概括与总结。他在综合中国传统各派形上学的基础上，又借鉴和吸纳一些西方哲学尤其是生命哲学的思想内容，提出了生命本体哲学的建构。方氏生命本体论的建构是现代新儒家重建本体的文化努力的重要方面。同时，也是理解和把握方氏整个哲学体系的关键环节。

值得注意的是，对西方生命哲学的重视与关注是20世纪上叶中国学术界一个相当普遍的趋势。西方生命哲学是20世纪初期流行于西方世界一股重要的非理性主义的哲学思潮。其主要倾向是反对科学实证论和理性主义，推崇非理性主义，强调以生命为中心来看待世界，并由此理解人类的历史文化。当时中国的一批文化保守主义者，例如梁启超、梁漱溟、熊十力等对于西方流行的以柏格森、倭伊铿、杜里舒等为代表的生命哲学这种非理性主义思潮极表推崇与兴趣。这种动向是足以令人深思的。他们以为生命哲学与中国传统哲学的思想相契合。他们援引西方生命哲学，立足点却在于"以吾国儒家哲学为本位"，通过采纳西学中可以与儒学相通者，再互相比较，衡量与引证，在中西哲学融会贯通的基础上重建中国传统哲学。可见，借助西方生命哲学为中介，通过融摄西方生命哲学思潮而致力于传统儒学的改造与重

---

① 参见方东美：《华严宗哲学》下册，台湾黎明文化事业公司1981年版，第371页。

② 参见方东美：《原始儒家道家哲学》，台湾黎明文化事业公司1983年版，第18页。

③ 参见方东美：《华严宗哲学》下册，台湾黎明文化事业公司1981年版，第十七章。

建，是 20 世纪初现代新儒学思潮的一个重要趋向。

毋庸置疑，方东美生命本体哲学的形成，受到了西方生命哲学的深刻影响。实际上，西方生命哲学构成了方东美哲学的重要思想来源。也可以说，容纳和消化西方生命哲学，不仅是他建构自己独具特色的生命本体哲学的重要内容，也是他融会和沟通中西哲学的一条途径。方氏基于他对中国传统哲学精神的独特体认，吸纳与改造西方哲学尤其是生命哲学，从而成功地创建他自己的生命哲学的体系。柏格森对他的影响主要集中在以生命为本体，将世界看成一个不断创新和生成变化，处处蕴含生命冲动的领域。方东美接受柏格森以生命为中心的立场，另一方面又对其生命哲学的非理性主义特征有所抑制和扬弃。[1] 西方另一位对他创构哲学体系影响重大的哲学家当属怀特海。怀特海的机体主义或过程哲学，本身就受到柏格森生命哲学的影响，它将世界看成一个有机的，相互联系的整体，强调从事物生成变化的过程来考察其存在。方东美对怀特海哲学称叹不已。[2] 他认为以此可以会通中国传统的易经哲学，尤其是佛教华严宗哲学。[3] 可见，方东美对西方哲学的采纳是多方面的，但是都统摄于其创建哲学的理论需要。

方东美在对中西哲学广泛比较和融汇的基础上，创建了自己的哲学体系。具体而言，就是以易经哲学为主，通过融会西方柏格森生命哲学，怀特海过程哲学，而提出一套独特的生命哲学体系。如他自己所言："我们处在这个时代，接触过印度，西方的哲学思想之后，哲学的观点又和以前不同了，因此对于《周易》不仅讲狭义的周易哲学，同时也可以讲广义的周易哲学，以《周易》纯粹的儒家思想来贯通佛家的华严的思想；同时以近代的法国柏格森的思想，或是美国的怀德海来说，可以多方面地贯通。"[4] 方东美从生命哲学的观点和视角，以生命为中心来重新审视和诠释中国传统哲学，并以此来会通中西哲学，从而开创了一种全新的理论视域和研究范式，同时也标志着一种具有创造性的哲学系统的成立。

---

① 参见方东美《柏格森"生之哲学"》，（台湾）《少年中国》1920 年第 1 卷第 7 期。

② 参见方东美：《生生之德》，台湾黎明文化事业公司 1979 年版，第 368 页。

③ 参见方东美：《华严宗哲学》下册，台湾黎明文化事业公司 1981 年版，第 339 页。

④ 方东美：《原始儒家道家哲学》，台湾黎明文化事业公司 1983 年版，第 161 页。

　　方东美通过对中国传统思想的创造性解读，并将其收摄于生命哲学的理论全域。生命哲学是方东美据以诠释中国传统哲学的理论基点和凭借。方东美认为：中国传统哲学，其本体论"是一个以生命为中心的本体论，把一切集中在生命上"①。在他看来，中国传统哲学主要流派的形上学，均是以生命为其"本体至真之境"。儒家所以追原天命，率性以受中，道家所以遵循道本，抱一以为式，墨家所以尚同天志，兼爱以全生，就是因为天命、道本和天志都是生命之源。② 他因而把原始儒家，原始道家和墨家哲学都视为一套以生命为中心的生命本体哲学。儒、道、墨各家的统会，就在于对生命价值的积极肯定。③ 乃至于中国哲学后期的全幅发展，包括后来的大乘佛学和新儒家哲学，其思想体系都是生命精神的发泄。④ 总之，中国哲学的主流，就是对于生命哲学奥义的发挥，是"合唱生命之礼赞"。

（四）方东美哲学机体主义方法论及多元统合的整体观

　　方东美基于对中国哲学的融贯综合、和谐统一的根本精神的理解，他以"机体主义"来概括中国哲学的方法论，以区别于西方"分离主义"的哲学方法。他指出："中国哲学上一切思想观念，无不以此类通贯的整体为其基本核心，故可借机体主义观点而阐释之。"⑤

　　方东美将"机体主义"作为一种哲学方法论从正反两方面作了扼要的说明。自消极方面而论，他站在中国哲学的本位立场，对西方哲学，尤其是近代西方哲学的思想方法和模式展开批评，认为其中存在着诸多严重问题有待解决。他对近代西方哲学方法论的批评主要集中在三个方面。第一，主客对立、人物对峙，西方哲学作为主客二元对立的思维方式，是其所有问题与矛盾的根源。相反，中国哲学在思想方法上却体现为消泯主客对待和人物对峙的取向。第二，科学主义所表现的机械论特征，将自然作为外在于人的客

---

① 方东美：《原始儒家道家哲学》，台湾黎明文化事业公司 1983 年版，第 158 页。

② 参见方东美：《中国人生哲学概要》，台湾问学出版社 1980 年版，第 38、42 页。

③ 参见方东美：《中国人生哲学概要》，台湾问学出版社 1980 年版，第 42 页。

④ 参见方东美：《中国人生哲学概要》，台湾问学出版社 1980 年版，第四章。

⑤ 方东美：《生生之德》，台湾黎明文化事业公司 1979 年版，第 184 页。

观对象来看待，放在一个概念化，公式化的科学理性的框架下来认识，获得的只是一种对于外部对象抽象的，普遍性的把握，而将其中所蕴含的价值化，情蕴化的要素都消除掉。而中国哲学则是将自然本身作为一个活生生的，充满生命的有机整体来看待，人与自然环境和外部对象处于一种交感互应的关系与状态。第三，以一种孤立的，静止的观点来看待世界，而造成理论的"孤立系统"。① 这是方东美对西方哲学思维方式的又一严重批评。由于西方哲学一般都是在实体性的范畴和概念思维所设定，规定的系统，因而难免也是静态的，僵固的系统，方东美称由这种思想方法所构造的理论为"孤立系统"，指出其理论缺陷在于"孤立的思想系统对于广大和谐的宇宙全体，只能有部分的理解，而不能作完满的说明"②。

自其积极方面而言，则是方氏从正面对于他的哲学方法论给予总的概括和阐发，机体主义要旨在于将整个宇宙看成一个有机体的统一。或者说，宇宙在生命，存在，价值，本体等终极意义上构成一个统一的整体。而且，构成宇宙整体的各个要素与现象之间也是互相渗透与互相作用的关系。因此，整个宇宙实质上形成一个相互关联，交融互摄，旁通统贯的系统，其基本的特征便是广大的和谐性。方氏的机体哲学从一个超越的观点来观照，透视宇宙全体。它一面肯定宇宙万象背后存在着统一的普遍生命或生命本体，一面又认为这种生命本体不是实体的存在，能够脱离宇宙万有而独立自存。也就是，肯定一个统摄万有，包举万象而一以贯之的宇宙统一性原理的存在。在这一统摄性原理的支配和作用下，宇宙万象乃构成一个交互作用，相互融摄，密切相关的关系网络和广大和谐的系统。方东美用这种观点来透析宇宙，只是以这种哲学作为他建立人生哲学的基础，通过对宇宙各方面现象和境界的统贯的了解，从而最终安排人在宇宙中的地位。人的存在既然同天地自然一体相通，人的生命精神与天地自然的生命精神也是浃而俱化，故人生的创造活动也就是一个不断提升精神境界和价值实现的过程。③ 可见，方东美的"机体主义"作为根本的方法论，在其哲学体系中与生命本体论是完

① 参见方东美：《生生之德》，台湾黎明文化事业公司 1979 年版，第 284 页。

② 方东美：《华严宗哲学》下册，台湾黎明文化事业公司 1981 年版，第 162 页。

③ 参见方东美：《生生之德》，台湾黎明文化事业公司 1979 年版，第 284 页。

全一致的。在这样的认知背景下，我们方可全面地领悟方东美所揭示的中国哲学"天人合一"、"天人不二"的命题所蕴含的方法学的涵义。也才可以真正理解方氏将"机体主义"作为对于西方以"二元对立"的"分离主义"相对立，乃至相超胜的思想模式全部内涵以及它们的根本分歧与分野所在。

方东美机体主义哲学在方法论上的运用，从他对中国哲学系统的梳理和诠释中得到全面而充分的展示。方东美将中国哲学在总体上认作"机体形上学"，机体哲学的统一性原理也成为他观照、考察中国哲学系统的先在的理论预设和前提。事实上，他正是将中国哲学看作由多元对峙的系统化成一体的一套博大精深的复合系统。① 儒、释、道诸家的形上学在取向上各不相同甚至存在根本歧异，但这并不妨碍它们因其内在的关联性和融通性而凝合为一大完整的体系。方氏将其定位于"内在超越"型态的形上学，就是肯定中国哲学诸家都是本此"内在超越"的精神而建立的形上体系，它们在总体结构上表现为一种"建筑学式的立体统一"②。方氏将原始儒家，原始道家与大乘佛学三家的形上学系统汇归为一类而相提并论，尝谓儒道释三家之形上学宛若对等坐标型态，同时展开，呈对列之局。③ 就是以其系统虽歧异，而其中实贯穿着"一以贯之"的精神或"一贯之道"，从而使整个中国哲学的系统呈现为"旁通统贯"的，既内在关联，又相互融通的有机的统一体。而中国哲学的这种融贯性或统一性并不是以消除或牺牲差别性为条件，相反，却是以保持各家形上学的特点或特色为前提。正是因为诸家形上学系统的同时并存，共流慧韵，它们从各自的观点将究极本体析而观之，从而使中国哲学在整体型态上呈现为"一体多面观"。因此，中国哲学的精神可谓一本万殊，诸家形上学则分别代表了"圆融统观"的分殊观点和不同层面，它们共同汇聚为中华民族的集体智慧和中国哲学的"共命慧"。④

自方氏机体哲学的观点来看，中国哲学系统内诸家形上学因其内在精

---

① 参见方东美：《原始儒家道家哲学》，台湾黎明文化事业公司 1983 年版，第 27 页。

② 方东美：《中国哲学之精神及其发展》上册，台湾成均出版社 1984 年版，第 41 页。

③ 参见方东美：《中国哲学之精神及其发展》上册，台湾成均出版社 1984 年版，第 41 页。

④ 参见方东美：《中国哲学之精神及其发展》上册，台湾成均出版社 1984 年版，第 31 页。

神的合一兼容而在深层结构上也存在着会通、融合的枢纽。中国哲学诸家都是从宇宙，人生的全体着眼，他们都要把握、通透宇宙全体的生命精神，以此"一贯之道"为凭借，再建立一套思想体系来安排个人的生命于其间。方东美强调中国传统哲学儒释道诸家形上学兼容、融会的特征。但他并不抹杀，否认诸家哲学的特殊性。实际上他将儒道释的形上学分别以"时际人"、"太空人"和"时空人"相标榜，就是肯定他们把握和发挥宇宙人生的生命精神的取向不同，从而成就不同类型的，各具特色的哲学智慧。儒家重在发挥中庸或中道的精神，尤其关注现世的道德，因此儒家意在"显扬圣者气象"；道家却注重以诗艺灵感去体认、贯穿宇宙生命的创造精神，因此道家陶醉于诗艺化境；而佛家则是以先知的慈悲精神投注于宇宙和人类生命精神的永恒和未来。这说明儒、道、释诸家形上学精神取向上各有不同和侧重，这在儒家为天、地、人"三极之道"，在道家为"超脱解放之道"，在佛家为"菩提道"。① 但是他们都承认宇宙人生中贯穿着"一以贯之"的"道"。即肯定宇宙人生中贯注了普遍的生命精神，由此整个世界因其内在的关联性而相互融通。

方东美对于中国哲学系统内部的融通，所采取的具体途径，主要是以易经哲学为主，又兼采道家庄子哲学和佛教华严宗哲学与其会通，从而在中国哲学系统内开拓出一条相会通、相融合的理路来。他对易经哲学主要是发挥具有创生性的"天道"的广大悉备的生命精神，所谓"生生之德"的广大和谐哲学，又以庄子哲学为沟通儒家和道家乃至佛教哲学的桥梁，最后再以佛教哲学尤其是华严宗哲学与儒道哲学相会通，着重发挥其圆融理论和广大和谐精神。② 由此观之，中国哲学系统确实存在着相融通，相会合的理路。儒释道诸家形上学之间相互配合乃至一体相通，它们的融合、会通，共同开显出中国哲学广大和谐的理论境域来。

约而言之，方东美经过比较哲学研究，回归于中国文化本位。因此，它的哲学研究具备一个深广的世界总体文化的背景。他综合中国传统哲学

---

① 参见方东美：《中国哲学之精神及其发展》上册，台湾成均出版社1984年版，第一章。

② 参见方东美：《中国哲学之精神及其发展》上册，台湾成均出版社1984年版，第一章；《方东美先生演讲集》，台湾黎明文化事业公司1979年版，第二讲。

尤其是易经哲学以及柏格森、怀特海哲学，提出了一套独特的生命本体哲学。无论是在思想内容还是理论形式，生命本体哲学与现代新儒家主流所标示的传统的心本体、理本体哲学重建的理路不同。它表明，方东美为中国哲学的现代转型和创新开辟出一条崭新的路径。生命本体论不仅是方东美构建其哲学体系的中心环节，也是他据以衡论、会通中西哲学的理论基石。他由此树立一套机体主义的哲学观，以与西方以"二元对立"为特征的"分离主义"的哲学观相区别。可以说，方东美的生命哲学融摄和吸收了一些西方哲学的思想内容与方法，但其思想实质仍根源于中国哲学的形上智慧，其思想模式体现出中国哲学的精神特色。方东美通过中西形上学的比较来彰显各自哲学的精神特质。他认同于中国"内在超越"型态的形上学，而对西方"超绝"型态的形上学表示贬抑。他主张以中国哲学的"广大和谐"之道，来作为对西方以"二元对立"、"矛盾冲突"为主的思想型态的超越与克服。他还注重从"内在超越"、"机体统一"的观点，从儒道释诸家形上学的融合、会通来阐释中国哲学的根本精神。应当肯定，方东美以形而上学为中心，直探中西哲学精神的深层底蕴，他的比较研究抓住了中西哲学的核心和实质，已臻至非常深刻之境。他对西方"主客二分"以及"超绝"型形上学的批判，说明方氏站在中国文化本位立场，对西方文化及其"现代性"的认识所达到的理论深度和特具的批判眼光。但是也应看到，方氏夸大中国哲学"内在超越"型态和"天人合一"思想的优胜，将它作为对治西方"超绝"型形上学和"二元对立"思想的万能药方，而忽略和回避了其本身固有的困难和缺陷，则是趋入另一极端。本来他坚持中国文化的本位立场，在此前提下谋求中西哲学的融通和哲学创新，是一个可取的态度。但由于他过分固守中国文化的主位性和优越性，终趋"东方中心论"之误区，则又不无缺憾。由此可见，方东美生命本体哲学的创构，体现了他以中国文化为本位，荟萃诸家优长，融会中西哲学的理论创获，代表了中国哲学在现代条件下寻求重建与发展的一种尝试与方向。

二、成中英哲学的本体架构与方法意识

在当代新儒学和中国哲学的现代重建运动中，成中英的本体诠释学理论，以其本体与方法互涵，知识与价值互基的新易学及德性与理性并建的知识论建构，独树一帜，引人瞩目，堪称一个重要方面理论探索与创建的典型和代表人物。他的哲学理论创构，力图为儒学和中国哲学的现代重建，奠定形上学的根基。而作为其理论核心和基础的本体诠释学，沿循中国现代哲学本体论重建的基本径路，并直接继承"一代大哲"方东美生命本体论回归中国哲学源头易经哲学的精神主旨，在新的时代条件下为中国哲学的现代化和世界化，开拓了一个崭新的更加深广的理论境界。他的本体诠释学，根植于中国哲学尤其是强调整体创生作用的易经哲学，同时汲纳现当代西方哲学主要是诠释学、分析哲学的理论方法和思想成果，力图在传统的本体框架内纳入现代哲学理性化的方法意识，进而衍生出其本体哲学的整体创生，一体多元，体用相涵互须的理论。可以说，它是在现代世界哲学的宏观背景下，对中国哲学尤其是易经哲学的一种创造性诠释，也是儒家哲学现代重建的一个重要的理论创获。

（一）中西哲学的背景与本体诠释学的理论建构

本体诠释学的创立和诞生，具有中西哲学传统的深厚背景。可以说，它是中西文化相互激荡、冲突而走向汇通、融合的产物。就中国哲学的现代重建来看，本体论的重建实为其重心之所在。现代中国哲学的发展，走上了一条援引西方哲学的思想与方法，致力于中国传统哲学的本体论重建的道路。他们大体上都是沿循宋明儒学的现代重建，即所谓"接着（宋明儒）讲"的思想路线。其中，也有一种值得特别注意的动向，就是力主回归中国哲学的源头即易经哲学。这在熊十力哲学宗主心学而又倡言回归大易，已可见端倪。而尤以方东美哲学最为突出。方东美生命本体论哲学援引西方柏格森生命哲学、怀特海过程哲学的理论和方法，以回归中国传统哲学的源头易经哲学为宗旨，其实质则是中国传统易经哲学的现代重建。总体上来看，中国现代哲学的重建运动，其理论建构的成绩是显著的，但也暴露出一些显著的问题。这表现在对西方哲学全体的精神和活力，缺乏应有的回应和汲纳。而就中国哲学内部来说，也表现出在整体上涵盖和兼容不足的缺失。这些问题与不足，需要中国哲学极大地拓宽视野，广纳涵容，并创造性地予以整合与综合，实现思维模式和思想范式的重大突破与转折。就西方哲学思潮的当代演进及其历史发展来看，毋庸置疑，它是接续西方近代哲学发展的结果。而近现代西方哲学的主流是理性主义哲学的传统，其要在于一套理性的、科学的方法论和知识论的发展。现代西方哲学趋向理性主义的极致发展，但这种外在性的、知识性的追求，也激起了西方哲学内部的一种反动，而转向人的内在性的探索与建立。此由胡塞尔的现象学开其端，而海德格尔和伽德默尔的哲学诠释学的兴起，更是推进和发展了这样一条主体性的自我内省和思考的路线。由西方哲学本体论的发展及其当代发展的转向中可见，西方哲学的内在矛盾和深刻危机，推动着它自身在当代的演变，走向一个深度的整合和综合以及哲学范式的革命。可见，现当代西方哲学的发展，出现了走向东方天人合一思想的趋势，是绝非偶然的。以此而论，本体诠释学正是在中国哲学的现代重建和中西哲学融汇的时代背景下，在新的理论基点上寻求突破和发展的产物。

　　成中英本体诠释学是在中西哲学会通、融合的基础上的理论创构，也是对中西哲学的本体论与方法论的一种重新整合与重构。在成中英本体诠释学的哲学建构中，本体显然是一个核心范畴。他指出："本是本源，是生生不息的充满创造力的本源。体是体系，即理解和知识的体系。体源于本。"①鉴于一般人对这种将本体析而言之的说法及其深意，不大理解，成中英这样来解释："有客来问我本体诠释学作何解？我答曰：本体是本而后体。本是根源，体是体系。本体是指宇宙呈显得生动活泼、生生不息的整体。具有时间性，空间性，生命性与创造性。"②成中英对此还有这样的解释："吾人对

---

①　成中英：《何为本体诠释学》，《本体与诠释》，生活·读书·新知三联书店 2000 年版，第23 页。

②　转引自潘德荣、赖贤宗主编：《东西哲学与本体诠释：成中英先生七十寿诞论文集》，台湾康德出版社 2005 年版，第 223 页。

本体的意义，可以归纳出以下两点：第一，对象的意义，即将本体视为一种对象，是实在的东西。第二，验存的意义，即体验的存在，是主观和客观同时结合的感受。"① 成中英在另外的场合，就此进一步阐释和发挥。本体被视为心灵主体与世界客体经过自我超越的历程所达致的辩证统一。本体是原始的存在，也是可以完成自我与世界的存在。主体与客体所共原为本，两者透过经验、知识与反思所形成的思想体系为体。"本体即是本与体的思维辩证与实践过程的结合。"② 在此，本体可以是创化天地万物的太极，也可以是实现太极与天地之道，还可以是总合一切的道的过程或理的结构，乃至可以是基督教神学中的上帝以及佛教哲学中的佛性或自性等。成中英强调本体兼具主体经验与客体指谓的实存经验与理性结构的共同体，或者说本体兼具主体性、客体性以及二者的统一性，其实具有涵括中西哲学本体论而兼容一体的涵义。因为，他所谓的作为"对象意义的"本体，可以用来指谓西方哲学中的对象化的、实体化的本体范畴。而作为"验存意义的"本体，则可以指谓中国哲学中验存性的、非实体化的本体范畴。而成中英综合此两方面而言，本体具有根源性、整体性、过程性和创造性等诸义。在一般的意义上，西方哲学的传统是一种理性本体论，惯于用理性的概念思维探寻现象世界背后的真相、本原。与西方哲学这种实体性的、概念性的、静态化的本体范畴不同，中国哲学的本体则是一种非实体性的、非概念性的、生成性的范畴。显见，成中英哲学的本体观，其根源于中国哲学的传统，却又表现出融合中西哲学的趋向。成氏所谓的本体，既是作为根源性的、活生生的宇宙本体，又是据此产生的知识体系。两者合而言之，本体就是宇宙的本源及其衍生的宇宙生命的整体。可以肯定，成氏关于本体的观点，根源于中国传统哲学对于宇宙和生命本源的理解，尤其是作为中国哲学源头的易经哲学；同时又尽力融入西方哲学理性化、概念化的本体的观念，进而冶为一炉，一体兼容。

　　简单地说，本体诠释学就是本体学与方法学的结合、融合。"如何用人类的心灵与理性来表达及说明这一活生生的宇宙本体，就是本体诠释学的根

---

① 李翔海、邓克武编：《成中英文集》第四卷，湖北人民出版社 2006 年版，第 15 页。
② 李翔海、邓克武编：《成中英文集》第四卷，湖北人民出版社 2006 年版，第 88 页。

本问题。故本体诠释学就是以本体为体，以诠释为用的根本学问。"① 本体诠释学力图在中国传统哲学的本体框架内纳入现代哲学理性化的方法意识，表现出显著的综合与会通中西哲学的理论取向。就其根本精神与智慧乃至整体的思维方式来看，可以说它仍然是根源于中国哲学的传统。而就其基本的思维规则和运行法则来说，它又极大地汲取了西方哲学的思想资源，乃至已融入其中。概略言之，本体诠释学"既是一种整体哲学，同时又是一种方法哲学，更是一种分析和综合的重建（再建构）的方法"②。具体而言，其本体意识主要是源于中国哲学尤其是注重整体创生思维的易经哲学，但也表现出笼罩、涵括西方哲学本体论的思想意向。而其方法意识则主要源于西方哲学，尤其是西方现代诠释学、分析哲学的理论与方法，同时又不失对传统中国哲学方法意识的反思和总结。本体诠释学就是在对中西哲学的本体论、方法论的分析、综合和批判、反思的基础上的一种创造性重构。本体诠释学的创构，缘于中西哲学的本体意识与方法意识的融合、汇合。其实，它本身即是本体论与方法论的一种融合、汇合。③ 鉴于中西哲学的传统偏向于本体论或方法论的缺失，成中英乃着力倡导一种在本体与方法之间相互融合、相互沟通的思想方式和理论模式。他力主在一种新的整体思维的框架内重新整合、统合本体与方法。本体诠释学即是"面临着本体与方法之间相互排斥、相互需要的矛盾而提出的整体思考"④。在他看来，中国传统的易经哲学就是这种整体思维的雏形。他明确肯定，本体诠释学"根植于中国哲学的观念之中，尤其是根植于强调整体作用的易经哲学之中"⑤。受到易经哲学机体统一、体用相涵互须的整体思维的启发，本体诠释学乃力求本体与方法之间的融合、统一。而所谓本体与方法或体与用的融合、统一，也就是在整体的本体意识的统率下，以理解、认识宇宙全体生命和人类社会及其文化在根源性、整体

---

① 转引自潘德荣、赖贤宗主编：《东西哲学与本体诠释：成中英先生七十寿诞论文集》，台湾康德出版社 2005 年版，第 223 页。

② 成中英：《世纪之交的抉择》，知识出版社 1991 年版，第 70 页。

③ 参见李翔海、邓克武编：《成中英文集》第四卷，湖北人民出版社 2006 年版，第 1 页。

④ 成中英：《中国哲学的现代化与世界化》，台湾联经出版事业公司 1985 年版，第 281 页。

⑤ 成中英：《世纪之交的抉择》，知识出版社 1991 年版，第 83 页。

性乃至时空性或过程性的统一性、会通性。也可以说，它是在世界哲学的宏观背景下，运用现代哲学的理性方法对中国传统哲学尤其是易经哲学的一种创造性诠释和重建。

（二）本体与方法，知识与价值的统一

本体诠释学具有突出的本体意识与方法意识，它本身就是一种寻求本体与方法融合、统一的哲学与学问。本体与方法作为其哲学中最基本的对偶范畴，它们之间是一种双向的、具有交互性的相互界定和规约，又相互批评和决定的关系。本体意识与方法意识具有对应性，有什么样的本体意识就有什么样的方法意识。反之亦然。本体作为标示其形上学的根本范畴，在成氏哲学中具有根源性的整体性和整体性的根源性的双重意涵。成氏哲学的本体意识根源于中国哲学尤其是植根于注重整体创生作用的易经哲学，但又表现出涵容西方哲学的本体论思想的特征，就是要在整合中西本体思考的架构中树立和追求一种整体创生和多元开放的理论境界。方法则是为达致本体目标的理性运用及其所设置的法则和规范。本体诠释学的方法意识主要源于西方哲学尤其是现当代西方诠释学、分析哲学的思想方法，它是西方哲学理性方法的一种自觉的汲纳和总结，但是其中又涵摄了对中国哲学的方法意识省察和反思。说到底，本体诠释学就是在本体意识的统率下对人类整体理性的一种整合与重构。本体诠释学的理论目标就是要通过对理论方法而主要是理性方法的自觉的反思和整合达到对整体性真理的认识和把握。这种整体性真理的理论追求，产生了对方法论进步和变革的需求。因此，本体意识与方法意识之间，存在着一种理论的冲突和张力，而更主要的是一种动态的平衡和统一。

本体与方法的统一，是成中英本体诠释学的一个重要的哲学洞见。他强调，本体与方法根本上是一对既相互界定与相互诠释，也相互批评与相互决定的对偶范畴。它们之间虽然也有矛盾的、冲突的一面，但根本上来说则是统一的、同一的一体。本体不是静态的，而是一种辩证的结构。而方法则是一个求知的过程。两者之间具有一种动态平衡的关系。本体与方法的统一，大致可以从以下几个层面来理解。在西方哲学，方法意识具有突出的地

位，整个西方哲学传统的不断进步实缘于其方法论的不断突破。相应地，西方哲学主客二分的、概念化的、分析理性的思维方法也导致一种对象化的、本质论的、实体化的本体范畴的建立。相反，在中国哲学，本体论具有中心的地位。中国哲学是以本体论来统率和规范方法，方法意识并未脱离本体意识而独立存在。方法与本体是动与静的关系。本体相对于方法是静，方法相对于本体是动。同时，本体是显，方法是隐。一动一静，一显一隐，过程与结构互融，部分与整体相应。① 与此相应，从中国哲学非对象化的、生成性的、非实体论的本体范畴衍生出一种以"天人合一"、"主客合一"为特征的本体认知精神，成中英也称之为"非方法的方法论"。② 本体与方法的融合与统一，还表明在本体与方法相互矛盾、冲突的情形下，可以通过二者之间的相互诠释和相互批评，从而建立二者之间新的平衡与统一。在他看来，西方哲学的问题在于，它以方法来规约本体而本体却溢出方法的限制，其失在于陷入局部而不能窥见本体之全。中国哲学的问题是，以本体来规范和设定方法，因为缺少概念的明辨和分析，陷于笼统不分的误区。而他的本体诠释学就是为了整合本体与方法之间的这种矛盾、冲突和理论困难，实现新的统一。基于对中西哲学本体学与方法学的辩证关系以及两者相互矛盾又相互需要这一基本事实的深度省察与反思，成中英乃提示和标出根源于中国哲学尤其是易经哲学的本体意识，同时又完全汲取和采纳西方哲学特别是分析哲学、诠释学的方法意识，以此达致其哲学中本体意识与方法意识的融合与统一，重构本体哲学和整体理性。约略言之，他的本体诠释学可谓是中国哲学的本体意识和西方哲学的方法意识的辩证统一和有机结合。

知识与价值的统一，是本体诠释学的另一个重要哲学洞见。在成氏哲学中，本体与方法的统一和知识与价值的统一，是两个密切关联的命题，可谓一体之两面，也可以说是同一个命题在不同层面的表述。本体与方法的统一，内在地蕴涵了知识与价值统一的命题。他从本体诠释学对本体的阐释中，阐发了生命的本体涵摄理性与意志，复由此产生了知识与价值的活

---

① 参见成中英：《中国文化的现代化与世界化》，中国和平出版社 1989 年版，第 222 页。

② 参见成中英：《中国哲学中的方法诠释学——非方法论的方法论》，李翔海、邓克武编：《成中英文集》第四卷，湖北人民出版社 2006 年版，第 297 页。

动。从一个整体性的观点来看，知识理性和价值理性作为不可分割的两个方面又统摄于统一的本体理性的架构，构成了本体理性之一体二元。知识与价值在本体层面的统一，还意味着这一原理对二者在现实层面的矛盾、冲突发挥引导、规范的作用。这说明，知识与价值的统一是一个不断发展的动态平衡过程。他力图通过对知识与价值的双向诠释与批评，来整合与还原人类生命本体之整全，并以此作为其会通中西以及现代哲学重建的理论基点。在他看来，西方哲学主要是一套知识哲学，其缺失在于对价值和整体本体的把握不够。而中国传统哲学主要是一套价值哲学，其缺失在于对知识与方法的轻忽。① 他主张，通过中西哲学的整合导向一种世界哲学的建构，从而实现知识与价值在新的基点上的平衡与统一。他尤其强调通过汲取西方哲学的知识和方法来充实和完善中国哲学，实现中国哲学的现代化。他认为，中国哲学的现代化，就是"用知识和方法来扩充智慧和精神，亦即用普遍的知识与理性的方法，来表达和适应现代人当前及未来生活之价值"②。成中英在对古今中外的文化传统的考察、反省中，肯定知识与价值乃是所有成熟的文化传统普遍具备的力量与要素，二者的协调与平衡是任何社会文化得以发展变迁的根源。知识与价值之间，乃具有内在的、整体的相对性，不应该相互排斥，而应该相互结合。既要从知识的层面去了解价值、批评价值，进而建立价值；又要从价值的层面来了解知识、批评知识，进而建立知识。③ 成中英力图从知识理性与价值理性的双向共建中来重建儒学的整体架构，他甚至从原始儒学仁智并重的观念来为其现代儒学重构寻找理论依据。由此可见，知识与价值的统一是其哲学重建的基础和一条基本原则。

（三）整体理性与方法学的创新

在成氏哲学中，理性据有核心的地位。理性的本体论也决定了一种理性的方法论的树立。成中英哲学的本体意识与方法意识源于对中西哲学的本

---

① 参见成中英：《中国哲学的现代化与世界化》，台湾联经出版事业公司 1985 年版，第 222—232 页。

② 成中英：《中国哲学的现代化与世界化》，台湾联经出版事业公司 1985 年版，第 22 页。

③ 参见成中英：《中国文化的现代化与世界化》，中国和平出版社 1989 年版，第 236 页。

体论与方法论传统的分析与综合。就方法论而言，成中英在综合、整合中国传统哲学主要是易经哲学和西方哲学尤其是分析哲学、诠释学的方法论，从而形成自己一套独特的理性化的方法论体系。本体诠释学的方法论，乃是对西方哲学的理性方法和中国哲学的"非方法的"方法论的综合和整合。但它更多的是对西方哲学理性方法的汲取和采择。它既是对中西哲学理性精神和理性思维方法的一种具有创发性的整合和综合，同时也是对中西理性思维方法在内涵和范围上的提升和扩充。因此，这种方法论在本质上是理性的，也可以说是一种理性的方法论。

　　成中英对于方法和理性的认定和界说大多是以西方哲学为背景和参照的。他认为，西方哲学的方法均为理性的运用。"所谓理性，即为对真实的把握或认知能力，也是思想工具自身的推理与论证能力。在此一理性定义下，方法可视为理论理性之动态存在，其目的及其存在在于沟通主体和客体事物，使主体具有对客体的认知和说明能力。方法意识和理性意识之突出，也就说明了西方哲学必然假设了主体与客体的分离与隔绝。"① 他有时称西方这种以主客分离为特征的概念思维为"分析理性"。可见，在西方哲学中，方法意识与理性意识是密切关联的。而所谓方法，其实质也就是理性的应用而形成的规范和规则。他分析西方哲学的方法概念含义有二："（一）方法是一种规范，是产生秩序的衡量标准，如规矩之产生方圆；（二）方法是一种趋向目标，具有方向感的规则或法则，也可以说是一个或一组目的化、方向化和准绳化的规则或法则。"② 综合言之，"所谓方法就是理性本体的概念化，应用于特殊目的而能有效运作的客观规范"③。他还认为方法可以从本体、原则、制度和运作等层面来分析。总之，西方哲学中的方法，是一套理性的分析方法，其实质是以理性化的主客二分或概念化的方法，从而产生一套理性的规则或法则。在西方哲学中，方法论具有独立的存在，对于本体论具有决定性的意义。相对而言，中国哲学中的方法概念乃是隐然的存在，中国哲学中不存在独立的方法论。中国哲学是以本体规范方法，而不是由方法来规范

① 李翔海、邓克武编：《成中英文集》第四卷，湖北人民出版社 2006 年版，第 291 页。
② 李翔海、邓克武编：《成中英文集》第四卷，湖北人民出版社 2006 年版，第 287 页。
③ 李翔海、邓克武编：《成中英文集》第四卷，湖北人民出版社 2006 年版，第 13 页。

本体。方法意识并未脱离本体意识而独立存在。中国哲学由本体决定方法意识，标示了一种天人合一或主客统一的整体理性的思维方式。由于中国哲学以本体论为中心的思维方式相对于西方哲学而言具有其显著的异质性特征，成中英乃称其为"非方法的"方法论。① 而就其实而言，如果说西方哲学以分析理性为特质的方法论，其结果乃是导向一种对象化、客观化的知识，故属于知识理性的范畴。而中国哲学以整体创生思维为特质的方法论，其结果是导向一种非对象化的、非实体化的价值，故属于价值理性的范畴。成中英从这种中西哲学的比较中，其根本目标乃在于提升理性的层次，扩充其范围，整合中西理性而发展为一种整体理性，进而拓展出一套整体理性的方法论。在这种整体理性的方法论中，可以涵盖中西哲学的方法论，又可以彰显二者，乃至可以通过中西哲学方法论的互诠互释，互相发明和发挥，从而将方法论拓展到世界整体哲学的层次和水平。

成中英在此提出的世界整体理性的建构，是其哲学创构中最核心的问题意识。就当前世界哲学的发展现状来说，这个问题的理论探索和解答可谓是初见端倪，尚处于一个方兴未艾、有待开展的过程之中。成中英站在中国哲学的本位立场，对世界哲学发展中这一前沿性问题的研探，实具有开拓性和尝试性的意义。有鉴于西方哲学从传统的分析的、实体性的概念思维趋向非实体性的整体思维，可以海德格尔的存在哲学和怀特海的过程哲学为例证；而中国哲学则从传统的整体性的、综合性的思维趋于接纳分析性的、理性化的概念思维，可以现代新儒家为例证。成中英站在中西哲学会合的理论交点，将世界整体理性的建构推向了本体论的论域，并着重从这一层面考察和总结了其深层的理论原则。他认为中西哲学都可以其特殊的形式和方式彰显世界哲学和世界整体理性的精神而又不失其特质。在他看来，自中国本位文化的立场而言，易经哲学可谓是为构建整体理性提供了一个原初的范型和雏形。

成中英认为，易经哲学的"观"的思维模式为本体诠释学的方法论提供了一个理论模型。因为在他看来，易经哲学的"观"乃是一种观察和理解

---

① 参见李翔海、邓克武编：《成中英文集》第四卷，湖北人民出版社 2006 年版，第 287 页。

人和世界整体性的方法论，实际上它既是一种没有观点的观点，也是一种包含所有观点的观点，具有极大的涵容性和统摄性的特征。同时，它还是一种结合客观性的"外观"与主观性的"内感"而达致主、客观统一性的"合外内之道"。① 因此，易经哲学的"观"的思维模式也成为他整合和建构知识理性和价值理性相统一的整体理性架构的一个理想模型。他在阐释本体诠释学的认知模式时，提出了"观"、"感"、"思"、"悟"、"通"的五套认知模式。其中，"观"是一种最初步也是最主要的将外部世界和事物作为整体性经验的认识。"感"是相对于外部的经验而引起的一种主观感受。它是人的心智的一种内在觉知和能力。"思"是一种理性思维的概念化的抽象能力，它通过判断、推理以及分析、综合等形式提供了一套理性思维的架构。"悟"是一种思想上的跳跃、扬弃，通过对现实事物的否定、超越而达致对全体真理的把握。"通"则是将有关的部分真理和智慧，综合、整合为一个整体的认知体系。② 显见，就他所说的易经哲学的整体理性而言，与易经哲学原初的整体直观思维方式相比，已有实质性蜕变和超越，实已涵盖和容摄了西方哲学分析性的理性精神，毋宁说是一种创发性的重构。他的本体诠释学的方法论，借助易经哲学的"观"的方法论模型，同时整合并融摄了西方哲学的方法论系统而成。也可以说，他是以西方哲学的方法论为凭借和参照，来构建中国哲学的方法论模型，并且设法将西方哲学的方法论融摄其中。本体诠释学力图容纳、涵摄西方哲学的方法论，这一思路也清晰地体现于他对本体诠释学方法论在运作中的八个程序的论释，这包括：现象化（现象学）、结构化（结构主义）、语言化（日常语言分析）、逻辑检验化（逻辑分析）、理论化（科学哲学）、效果化（实用主义）、目标化（批判理论）。他也称之为"诠释八阶"。③ 这样，西方哲学的各个流派的方法论都被本体诠释学所汲取并整合而纳入自己的方法论体系。

---

① 参见成中英：《论观的哲学涵义》，李翔海、邓克武编：《成中英文集》第四卷，湖北人民出版社 2006 年版。

② 参见成中英、杨庆中：《从中西会通到本体诠释——成中英教授访谈录》，中国人民大学出版社 2013 年版，第四章。

③ 参见成中英：《论中西哲学精神》，东方出版中心 1996 年版，第 83 页。

（四）本体诠释与中西哲学

成中英本体诠释学的创立，一个重要的宗旨就在于为中西哲学的对立和冲突寻求和架设一道会通、融合的途径和桥梁。他力图通过中西哲学的比较研究和双向的互诠互释，发现其间的内在联系和整体秩序，进而在新的理论基础上开拓新的世界哲学的理论架构。成中英以其整体理性的本体哲学架构为据，从中西哲学互诠互释的视域融合中，力图为中西哲学定位，并以此作为构建其世界哲学的出发点。在他看来，中国哲学在实质上是本体理性的精神，而西方哲学则是分析理性的精神。两者相反而相成，背反实相须，共同成为建构中的世界整体理性不可分割的"一体之二元"。在此，成中英由其本体理性的形上睿识，通观中西哲学之全体及其发展，乃将中西哲学的融合与会通视为当然之理则与必然之趋势。而且，他认为分析理性的作用是导向知识，而本体理性的作用是导向价值。因此，他倾向于将西方哲学在本质上作为一种知识哲学，而将中国哲学在本质上作为一种价值哲学。中西哲学的这种偏向在知识论和价值论的领域有着显著的表现。

显见，成中英对中西哲学的比较和定位，是运用比较哲学的方法，在中西哲学之间求其同异，再彼此互相诠释，最后趋向一个整体哲学的观念和系统。[①] 他认为，西方哲学是以理性为方法，以知识为目标，力图通过知识的建构来了解世界，侧重于建立一个知识性的世界。因此，西方哲学本质上是以知识论为中心。与之相对照，中国哲学在本质上是价值哲学，侧重于对宇宙人生的价值问题的反思和探求。它归结为一种以生命经验为中心，以实现宇宙，人生，社会的全体价值为目标的价值本体。因而中国哲学导向一个价值性世界的建构。[②] 归约言之，中国哲学趋于整体理性的精神，而西方哲学则趋于分析理性的精神。中国人强调整体思考，统一的观念和天人合一的整体思维非常突出。而西方人则是分析的、逻辑的概念思维，主客分离、神人分离的趋向很显著。[③] 以此而论，中西哲学在现代出现反向的、趋向对方

---

① 参见成中英：《论中西哲学精神》，东方出版中心 1996 年版，第 10 页。

② 参见成中英：《从本体诠释学看中国文化异同》，《中国文化的现代化与世界化》，中国和平出版社 1989 年版。

③ 参见成中英：《中国文化的现代化与世界化》，中国和平出版社 1989 年版，第 113 页。

的运动，也就成为自然的趋势。因为在他看来，中国哲学在本质上是一种价值哲学，由于欠缺对知识作精微性与广大性的探索，其问题是如何在价值宇宙建立知识的问题。而西方哲学本质上是一种知识哲学，由于整体理性的缺失，导致生命价值的失落，其问题是如何在知识宇宙安顿价值的问题。在当代中西哲学走向一个世界整体理性和整体哲学的建构过程中，西方哲学趋于从分析的、理性的哲学转向价值化的、整体性的建构；与之相反，中国哲学则是从整体性的、价值化哲学注重知识和理性的概念形式。① 这恰表明中西哲学实乃相反相需的一体。中西哲学的融通既是必然的趋势，也是走向世界整体哲学的重要环节。

成中英力图从中西会通的世界哲学的背景下致力于中国哲学的重建和儒学的创新。他从本体理性统摄知识理性与价值理性的形上层面来重建儒学的整体架构，从而使儒家本体形上学兼具知识形上学和价值形上学两个层面，同时融合一体。成氏在其本体诠释学的理论建构中，努力将传统哲学的智慧与现代生活相嫁接、相衔接，力图实现知识理性与道德理性的结合与整合，将现代理性与传统德性统一、纳入一个共同的理论框架。他认为，儒学的现代重建，必须透过儒学的自我省思和批判的环节和步骤，还必须接纳和接受现代西方的科技知识的理性发展以及此一理性精神在现实的政经运作程序和运作方法，也就是接纳科学与民主的精神和原则。他对中国传统哲学的整体疏通和整合，也主要是为中国传统哲学寻求一个知识性的理性哲学的基础，以此导向一个知识性哲学与价值性哲学双向共建的整体性哲学的构架。他强调现代儒学必须认知现代生活的实体，将儒家传统的价值理想贯注于现实生活，也就是以传统哲学的伦理德性的精神为根基，同时开拓出容纳民主和科学的生活世界，从传统哲学和现代理性与知识发展的现代生活的衔接中，寻求一个新儒学理论系统的建立。要而言之，就是在传统的德性的价值哲学的基础上开拓出理性的知识哲学，或者是在知识的、理性的基础上拓展全体的德性、价值哲学。以此而论，当代新儒学的最高理想也可以说是仁学与智学并举，进而合而

---

① 参见成中英：《中国文化的现代化与世界化》，中国和平出版社 1989 年版，第 235 页。

为一。①

　　成中英尤其注重将中国哲学的精神、智慧与高度理想和现代社会生活相结合，并终于凝结成其特具的德性与理性互动平衡，知识与价值相涵互生的机体哲学的理论体系。与一般现代新儒家诸哲力图从传统哲学的价值或德性本位的立场，致力于以此涵盖、统摄现代社会生活的诸多事项或领域不同。虽然他们有时也并不否认理性、逻辑分析在现代哲学中的突出作用，但往往只是以其作为实现本体的工具和从属的意义，故尚难摆脱传统哲学体用、本末的思维模式的窠臼。而在成氏哲学的理论架构中，本体与方法，知识与价值，乃至德性与理性，都是具有对等性、交互性的"两行"和对偶范畴，因而也是对传统哲学理论模式的一个极大的突破。成氏哲学也因此能够与现实的现代社会生活建立起一种双向的对流和交互性的沟通的渠道，使理论与现实之间的双向的互动和批评成为可能。这也是成氏以"新新儒学"自许而有别于以往新儒家或新儒学之根由所在。成中英强调中国哲学的现代化应就现代社会生活的五个层面予以考验，即传播、管理、伦理、民主法治、文化建设与人格发展等。他尤其对现代管理哲学与伦理学有着深入而系统的研究和独到的建树，可以看作其本体诠释学理论在现实领域的两个主要应用。其基本精神就是要将其哲学的高度价值理想与现代社会生活实体结合为一体，从而成为其哲学重建的理论在现实领域落实的重要环节。②

三、方东美、成中英哲学的本体意识与方法意识之比较

　　综上可见，方东美、成中英哲学在其本体论、方法论的核心领域，既存在同一性、共性的特征，又具有殊异性、歧异性的特征。这种同一性、共

---

①　参见成中英：《现代新儒学建立的基础》，《合外内之道——儒家哲学论》，中国社会科学出版社 2001 年版。

②　参见成中英：《如何重建中国哲学》，《中国哲学的现代化与世界化》，台湾联经出版事业公司 1985 年版。

性的特征表明其哲学的继承性和其学派存在的共同理论基础；而这种殊异性、歧异性的特征则表明其哲学的发展性及其理论发展的丰富性、多样性。方、成二氏的哲学本体论与方法论建构的同一性、共性的特征，首先体现在二者都具有中西哲学融合的宏观背景，其哲学建构是对中西哲学本体论、方法论的整合与创新。就方东美哲学而言，其生命本体论是他融会西方柏格森生命哲学、怀特海过程哲学和中国易经哲学而提出的一套独特的本体哲学。可以说，方氏生命本体论既是他对中国哲学尤其是易经哲学创造性诠释的结果，也是他对西方哲学有选择地采纳、利用的结果。从方法论的立场来看，方氏机体主义方法论明显吸收和融摄了西方哲学的方法学特征，而就其实质而论，仍然可以归源于中国哲学的形上智慧，而据此开拓出一种体现中国哲学根本精神的思想模式，并贯穿于其思想体系之中。而就成中英哲学而言，其哲学的本体观根源于中国哲学的传统当中，却又表现出融合中西的趋向。成氏所谓的本体，既是宇宙的本源，又是由此衍生的宇宙生命整体；既是根源性的宇宙本体，又是据此产生的知识体系。因此，其哲学的本体观，乃是根源于中国传统哲学关于宇宙、生命本源的理解，尤其是根植于易经哲学的本体创生思维，同时又尽力融入、收摄西方理性化、概念化的本体观念，进而有机地结合，融为一体。成氏哲学的方法意识则主要源于西方哲学，尤其是西方现代诠释学、分析哲学的理论与方法，同时又不失对传统中国哲学方法意识的反思和总结。说到底，本体诠释学本身就是在本体意识的统率下对人类整体理性的一种整合与重构，是在对西方哲学分析理性和中国哲学本体理性的整合与综合的基础上，进而拓展出一套整体理性的方法论。

其次，方、成二氏都以易经哲学为其哲学创构的理论原点和原型，其实质是易经哲学的一种创造性诠释。此在方东美哲学，尤见显著。其哲学的本体架构乃由作为本体的"无名之指"衍生出"情理二仪"。此二者为本体所涵泳，各自体现了本体的原始意象。方氏由生命本体系统中含情契理的原始意象，显露出"情之世界"与"理之世界"，如此乃展开为对情理系统包括现实世界与可能世界的情与理的考察，进而发挥其哲学的基本观念。方氏哲学对情理互涵关系之贞定，及其凸显价值本体对知识领域的统摄作用之理论，都可见其易经哲学的本体架构与理论特质。成中英也是以易经哲学为骨干，确立了其哲学的本体架构和整体统合的思维方式的。易经哲学成为他融合与会通中西哲学，思考哲学基本问题乃至创构哲学体系的理论原点。他从对易经哲学的独特领悟、理解和诠释中，发展出了一套本体与方法相统一的本体诠释学的哲学架构。在这套概念系统中，他从本体的实质与意义的界定与诠释开始，阐发了生命的本质统摄理性和意志的要素，复由此衍生了知识与价值的活动。由于对知识与价值的偏向，才造成西方哲学偏重知识论，而中国哲学偏重价值论的不同趋势。中西哲学传统因此表现为相反又相成的特征。在此，成中英将本体诠释学作为沟通中西哲学的媒介。他从易经哲学的理论原点，提出了本体与方法互涵，过程与结构互融，部分与整体互动的本体诠释学的理论原则。也就是说，易经哲学是它从事哲学创构的出发点，也是本体诠释学的原型。

最后，方、成二氏哲学强调本体与方法的互动性与统一性。本体与方法被视为具有相互界定与规定和双向诠释与批评的关系。方东美提出以形而上学的途径研究哲学，确立了本体论研究在其哲学中的中心地位。他以此建构了一套以生命为中心的本体哲学和一套机体主义方法论。应该说，二者具有对应性、一致性，归根到底都根源于中国传统的易经哲学。方氏以生命为中心的本体意识提示了对生命、世界本原的理解，其本身就体现为一种思维模式和运思方式。可以说，其生命本体论树立了其哲学系统的目标趋向与范型。而机体主义作为其哲学根本的方法论，是通过对本体的理解和实现过程而显现出来的。也就是说，方氏哲学的本体意识与方法意识相互诠释与发明，是完全配合的、一致的。成氏本体诠释学具有突出的本体意识与方法意识，它本身就是一种寻求本体与方法融合、统一的哲学与学问。本体与方法作为其哲学中最基本的对偶范畴，它们之间是一种双向的、具有交互性的，相互界定和规约，又相互批评和相互决定的关系。说到底，本体诠释学就是在本体意识的统率下对人类整体理性的一种整合与重构。本体诠释学的理论目标就是要通过对理论方法，主要是理性方法的自觉的反思和整合达到对整体性真理的认识和把握。因此，本体意识与方法意识之间，存在着一种理论的冲突和张力，而更主要的是一种动态的平衡和统一。

　　方、成二氏本体论与方法论建构的殊异性与歧异性，首先体现在二氏对中西哲学本体论、方法论收摄、融入的方向以及广度和深度的差别。方氏哲学的生命本体论，显然是融会中西哲学的理论创构。方氏在汲取、采纳西方哲学中与中国哲学比较接近的柏格森生命哲学与怀特海过程哲学，致力于中国哲学本体论的重建，实质上则是根源于中国传统哲学主要是易经哲学的形上智慧和生命精神。其机体主义方法论汲取、吸收了西方怀特海机体哲学的理论和方法，根本上则是基于对中国传统哲学儒道佛诸家形上学系统融贯综合、和谐统一的根本精神的理解。成中英哲学的本体意识也是根植于中国传统哲学尤其是具有本体创生思想的易经哲学，甚至是其哲学中生命的本原性和机体统一性也是一脉相承，但他更强调宇宙生命本体的根源性和整体性，它既是根源性的宇宙本体，又是据此产生的知识体系。可见其本体诠释学的本体意识具有对西方理性化的、概念化的本体论思维更为深广的涵容和汲纳。成氏本体诠释学的方法论是在整合、综合中西哲学的方法论的基础上，力图构建一种整体理性的方法论。它借鉴和采纳西方哲学的理性分析方法，并以此与中国哲学的本体理性思维相结合，进而在易经哲学的本体架构下予以有机整合，乃至统合为一体。成氏本体诠释学融摄了西方现代分析哲学和诠释学的方法和理论，甚至将现代西方哲学的一些主要流派都纳入其哲学体系当中，成为本体诠释学的必要环节和步骤。而且，成氏本体诠释学明确地将方法论和知识论置于其哲学的突出地位，以致他宣称要赋予中国哲学以现代的、理性的形式。这些足以说明其哲学对西方哲学方法论的融摄在深度上和广度上都是空前的。

　　方、成二氏哲学的歧异，最集中地体现在他们对本体与方法之间关系属性的理解。虽然二氏都将本体与方法看作是互动性、统一性的关系，但其关系模式和侧重点并不一样。方东美哲学实际上是更加突出本体论的中心地位，他所标举的形而上学的研究路径，其实也就是以本体论为中心。方氏哲学以生命为中心的本体意识贯穿并统率其整个的理论体系，确立了其生命哲学根本的精神方向。其机体主义方法论与生命本体论协调一致，而且是通过对本体的理解与实现过程而显现出来，从而在本体呈显的动态历程中凸显其方法学的意义的。约言之，方氏哲学的运思模式是在形而上的本体世界或价值领域的统率下，展开对形而下的知识领域或现实世界的统摄作用。就成中英哲学而言，本体与方法之间凸显为具有交互性与对等性的对偶范畴，是一种相互的界定与诠释，双向的批评与决定的关系。显见，成中英哲学在本体与方法之间已经突破传统哲学以本体论为中心的模式，而趋于一种具有交互性、对等性的模式。成氏哲学强调本体与方法之间的统一性，表明两者不仅在理论结构上具有相互决定的对应性、一致性，而且还表明两者之间的统一是一个动态平衡的过程。不仅如此，成氏哲学还显著地凸显方法论、知识论的地位，甚至断言中国哲学的重建就是要使中国哲学具有现代的、理性的形式。这进一步表明成氏哲学已挣脱传统哲学体用本末思维模式的束缚，进而实现创发性突破。他的本体诠释学就是基于对中西哲学本体学与方法学的辩证关系以及两者相互矛盾又相互需要这一基本事实的深度省察与反思，提示和标出根源于中国哲学尤其是易经哲学的本体意识，同时又完全汲取和采纳西方哲学特别是分析哲学、诠释学的方法意识，以此达致其哲学中本体意识与方法意识的融合与统一，重构本体哲学和整体理性，实现本体意识和方法意识的辩证统一和有机结合。

最后，虽然方、成二氏哲学都是以易经哲学为理论原点和本体哲学的架构，但是因为各自的侧重点的不同，导致其易经哲学各有特点。方氏哲学由生命本体的"无名之指"，衍生出"情理二仪"。虽然他肯定"情之世界"与"理之世界"的互涵辩证关系，但他最终断认情感对理性的优位性，并进而引申出形而上的价值世界对形而下的知识世界的统摄作用。也就是说，在方氏哲学中，虽然他也强调本体与方法，知识与价值之间的交互性的作用，他称之为"上、下回向"。但是，他最终认定它们之间毕竟是上层境界对下层境界具有决定性和统摄性的关系。这说明方氏易经哲学整体架构和理论模式尚未完全摆脱传统哲学"道器"或"体用本末"思维模式的故辙。相对而言，成氏哲学也是由本体的创生作用开始，拓展出一套哲学的观念体系。他从对易经哲学的独特领悟、理解和诠释中，发展出了一套本体与方法互涵，知识与价值互基，德性与理性平衡统一的本体诠释学的哲学架构。在这套概念系统中，他从本体的实质与意义的界定与诠释开始，阐发了生命的本质统摄理性和意志的要素，复由此衍生了知识与价值，德性与理性的活动。归根结底，它们都可以归结为本体创生的"一体之二元"，是一种互涵、互基，也是相互决定的关系。成中英力图从本体创生的"一体之二元"中，拓展出一种具有交互性、对等性的关系。另外，他还尤其凸显理性的方法论和知识论的地位。这表明，成氏易经哲学已经完全突破传统哲学道器或体用本末的思维模式，从而开拓出一个全新的境界。

第六章　知识与价值

——方东美、成中英知识论与价值论思想

方东美与成中英是现代新儒家学者中比较关注对知识与价值问题作哲学思考的人物。知识与价值问题的探讨，在他们的哲学中据有中心的位置。方、成二氏基于其哲学的基本观点，将科学的知识领域和人文、哲学的价值领域作为两个相互独立的领域，知识与价值之间具有交互作用和相互影响的关系。他们都强调价值对知识的统摄性作用，而将科学的知识作为价值实现的工具和手段。二氏关于知识与价值的理论建立在知识与价值划界的基础上。相对而言，方氏更凸显价值对知识的支配性作用，其哲学可归结为一种价值中心论或价值本体论。而成氏则侧重理性化的知识形式，其哲学可归结为一种理性本体论或价值优位论。

一、方东美对科学与哲学关系的现代论诠

方东美从其生命哲学的理论视域，对中国现代思想史上争论较大的科学与哲学关系问题作出总结与反思。他从生命中心的哲学观，认为科学是人类认识客观环境的工具和手段，属于知识性领域，而哲学则集中体现了人类生命精神的价值与意义，属于价值性领域，二者既相互联系又相互区别。方东美将知识领域与价值领域分别开来，最终又以形而上的价值世界来统摄知识性的事实世界。他称科学的宇宙观为"平面的宇宙观"，而以哲学的宇宙观为"立体的宇宙观"。他认为，科学的知识活动只有手段与工具的意义，

而哲学则集中了生命精神的意义与价值。在科学与哲学之间，方氏采取"事实世界"与"价值世界"二分的做法，又试图以价值为中心将此二者统合起来，以价值领域来统摄知识领域。虽然他肯定二者之间具有密切联系和交互作用，但他最终认定两者是上层境界对下层境界的统摄、决定的关系。他主张以哲学的"立体的宇宙"来统摄科学的"平面的宇宙"，试图把科学纳入到传统哲学所设置的轨道中来。方东美对科学与哲学关系这一时代的中心问题的解答和探讨，将二者的内在矛盾和中西文化总体趋势更加清楚地凸显出来，也将这一问题的解答向前推进了一步。可见，方东美对科学与哲学关系的认识打上了时代的印记，其思考方式基本上没有超出中体西用论的范围。

（一）方东美的哲学观及其"两个世界"划分的理论

西方哲学的发展从总体上来说更侧重于知识的追求，知识性宇宙的建构尤以近代西方哲学为突出。这种运用理性方法建构严整的概念范畴系统，在近代与中国哲学文化的相遇造成巨大的反差与冲突是不可避免的。中国传统哲学在本质上是价值哲学，更侧重于宇宙人生的价值问题的探求与反思。中西文化的这种反差与冲突在 20 世纪二三十年代酝酿成著名的"科玄论战"。实际上，科学与哲学在中西文化中均占有不同的比重，但因为二者确实从一个侧面集中反映了中西文化的总体特征与分歧，即知识性取向与价值性取向的差别，所以关于科学与哲学关系的讨论，打上了浓重的中西文化对峙的时代烙印，也可以说它是牵动当时中国整个学界普遍关注的一个中心问题。方东美本人虽然没有像梁启超、张君劢等人直接参与这场论战，但就这场论战所波及的范围和影响来说，它对于生活于当时这种文化氛围下的哲学家的思想肯定有所触发。方东美在《科学哲学与人生》一书中专门探讨科学与哲学的关系，甚至也可以看作是对这一问题的回应。

针对近代以来科学日益发达而哲学却渐趋湮没无闻的现状，方东美力图为哲学辩解。方东美认为科学与哲学之间的关系不可截然分开，也不是相互对立的。他首先在二者间持一种调和的态度。这也是当时文化保守主义者的普遍立场。他们主张既要吸收西方科学文化的优胜，又能保持传统哲学的特色，就是在维护中国传统文化的本位立场和民族特色的前提下，在引进西方文化的同时，又能克服其缺点与不足。就当时中西文化交流的现状来看，就是要克服西方科学文化与人生脱节，理性与情感不相协调，以及科学主义与人文主义片面发展的问题。方东美从西方人本主义流派那里借鉴了不少思想材料，又从中国传统文化的立场，试图解答科学与哲学关系这一时代课题。

方东美对这一问题的解答是以其特别的生命哲学为根据和基础的。方氏基于其生命本体的理解，更由此开显出"情理两仪"，即由生命本体系统中"含情契理"的原始意象，显露出"情之世界"与"理之世界"，如此展开为对情理系统包括现实世界与可能世界中的情与理的考察。这是方东美对于哲学的基本观念。方东美进一步考察了哲学的起因。他说："哲学思想，自理论看，起于境的认识；自实践看，起于情的蕴发。我们若能把境的认识与情的蕴发点化了，自能产生一种珍贵的哲学。"① 这里"境"指"宇宙理境"，它是人类生存环境。"境的认识起于感觉的经验，终于理智的推论"，是说人们对于客观对象的认识，源于感觉经验，经过理智的推论而得出事物的条理和一般规律性的认识。其目的在于"求事理的条贯"，使人类对于自己的生存环境能够有条贯的认识。方东美在此肯定宇宙中存在着普遍的原则、秩序和一般法则，这是近代科学得以肇兴的理论预设。在他看来，科学家的工作就是于繁赜纷变的事象中，寻出整饬的伦脊与线索，使人类得以执简理以御繁事。科学家引用少数定律，囊括宇宙万象，不过是体现了趋简求易的要求，以应付人类的生存环境。

方东美认为哲学思想起于境的认识，但并不仅仅囿于境的认识。他说："治哲学者得了境的认识，当更求情的蕴发。"② 显然，方东美将科学的认知活动看成是"事理的要求"，而哲学则是在此基础上更进一步的认识形式，属于人类中"情理的要求"。方东美此处所说的"情"，是将其与科学的纯认知活动或唯求事理的理智活动相对的认识形式。他认为"情"是人类创进不已精神的表征，它根源于人类对真善美的向往，它是一种对于客观环境的

① 方东美：《科学哲学与人生》，台湾成均出版社1980年版，第10页。
② 方东美：《科学哲学与人生》，台湾成均出版社1980年版，第16页。

"价值化态度与活动"。可见，他所说的情，实质上是人们对宇宙人生的价值意识，代表了人生中更高层次的追求。在他看来，科学的理性认知活动只能得到关于物质世界或事实世界的知识，而人类精神的创造活动尚要将现实世界提升到理想的价值世界。他指出，近代哲学家因受到科学的影响，颇有主张严守"道德的中立"或"价值的中立"者，使其哲学只得着境的认识，而且执着于分析的方法，所以认识的宇宙只是一个冷酷的机械系统，而将人生的种种情趣的要求，价值化的需要统统抹杀掉。他强调，价值不是主观无据的幻想，而是人性的根本要求。因此，须从"事理的脉络"里看出"实质的境界充满了价值"。如此，我们的思想方进入哲学的意境。

据此，方东美乃以如下图式来总括其哲学思想之结构①：

哲学写象人生，而人生意境由理与情构成。因此，它既要探寻其意境中属于时空方面的理，又要发抒此意境中属于价值方面的情，即所谓"衡情度理"，用他本人的另一句名言来说，即是"纵览宇宙理境，发抒人生情蕴"。方东美将哲学的工作定位为"衡情度理"，即以"情之世界"与"理之世界"作为其哲学的全体对象。但是方东美在进一步处理情与理二者的关系时表现出了其理论的偏向与内在矛盾。我们看到，方东美一方面认为情理是一对基于彼是相因关系的范畴，情理是一贯的，甚至是一体的，情由理生，理自情出，情理是不可分割的全体，两者之间是一个函数关系。他称之为"情理的集团"或"情理的连续体"。这说明方东美是将情与理视为相互贯穿的对偶关系，二者处于对等的地位。但是另一方面，方东美又突出"情"对于"理"的优先地位乃至支配的地位。在情与理之间，方东美最终将"情之世界"与"理之世界"看成了两个相互独立的领域。而且，在"理之世界"与"情之世界"之间不是对等的关系。实际上，"理之世界"归根结底要受到"情之世界"的统摄与支配。换言之，科学的知识系统必须接受价值意识

---

① 参见方东美：《科学哲学与人生》，台湾成均出版社 1980 年版，第 16 页。

的支配和统领。可见，方东美在对待情与理的关系问题上是相当矛盾的。这种认识在他处理科学与哲学的关系问题上更加明显地表现出来。

（二）科学与哲学："平面的宇宙观"与"立体的宇宙观"

方东美将科学看作人类认识客观环境的有力工具和手段，而客观环境则是人类所有生命活动的根据。人们在科学的求知活动中达到对客观世界中所存在的秩序、条理和规律等"事理"的把握，通过认识世界进而改造世界，从而实现服务自身的目的。在他看来，科学的活动，就是运用科学的理性的方法，包括观察与实验、归纳与演绎以及推理等，达到对客观世界中所存在的普遍规律和一般原理的认识。通过科学的活动，人类达到对于客观世界的一般规律的认识。科学的活动可以归结为人类对于客观世界的求知活动，科学活动的结果是知识性的理论系统的建立。

方东美肯定科学的知识活动对于了解客观世界的现象的作用的同时，他更强调哲学对于知识价值与生命意义探寻的作用。在他看来，科学所代表的知识活动虽然是人类所有生命领域的重要方面，但它终究只是手段而非目的。简言之，"知识是人生的利器"。方氏哲学把生命置于客观世界的中心地位，自然与社会也由人的存在而显出其意义来。他说："人生，假如没有你，知识又值得什么？"① 他认为，哲学是生命精神的集中体现，其主旨就在于荷负人世的价值，弘扬人生的真实意义。哲学的要义就在于昭示人生行动的意义。它对于科学知识所彰显的事实世界背后的依据和效用进行追问，通过估量知识的效果，衡论生命的径向，以树立价值的标准。概言之，全部哲学工作集中于文化的价值评判，揭示真善美的价值世界，为人生树立价值标准。

在方氏生命哲学的观念体系中，宇宙人生被看作是生命流行的境域，而生命含情契理，情与理俱为生命本体所涵泳，是一对彼是相因的关系范畴。方氏对于科学与哲学关系的探讨，则首先以此为其理论的出发点。依据方氏哲学关于"境的认识"与"情的蕴发"的区分，他将科学定位为"时空上事理之了解"，属于"境的认识"；而他关于哲学的涵义中则既有"境的认

---

① 方东美：《科学哲学与人生》，台湾成均出版社1980年版，第26页。

识"，又有"情的蕴发"。他实际上更偏重于后者在哲学中的作用，更倾向于肯定"情的蕴发"对于"事理上价值之估定"的作用。这一点在他的哲学观念中具有实质性的意义。他承认科学与哲学是相互关联的，贯穿一体的，但他更偏于强调科学作为价值创造的手段和工具的意义。而只有哲学才集中体现了精神创造的价值。方东美在此又显然将科学与哲学分属两个世界了，而且这两个世界在价值上是不平等的，科学的"事实世界"只有作为哲学的"价值世界"的基础和工具。他因此又称科学为"平面的宇宙观"，哲学为"层叠的宇宙观"，这是说科学的领域内不具有价值，而只有哲学的领域才集中了价值。在此，"情的世界"与"理的世界"显然已不再是一贯的或是一体，而且二者也不是对等的，而是有了主从关系。

方东美认为，科学面对自然，直接取象事物而立论，属于"一度同分"思想。而哲学则针对科学已有的成就，作更深一层的探讨，追究科学知识系统得以建立的第一原理和形上学的根据，属于"二度异分"思想。因此，科学与哲学属于性质根本相异的思想系统。但是方东美并不认为科学与哲学是相互排斥的、互不相容的关系。相反，他认为二者之间事实上存在着相互依赖、相互配合的关系。一方面，科学系统之建立，不能脱离形上学的根本假设。他列举西方哲学自柏拉图、亚里士多德以来，中间经过笛卡尔、斯宾诺莎、莱布尼茨，以迄怀特海，都是创立第一原理为科学确立哲学的基础。另一方面，哲学家探索宇宙全体的奥秘，探究价值真相的统会并成立思想系统。其前提是依据科学所提供的已有的知识系统，就科学的事实构造之后的真相追根究底，做进一步的探讨。可见，哲学所设立的形上原理为科学系统的可靠性提供了保证，而科学则为哲学的价值评判提供事实的基础。①

方东美肯定科学与哲学的联系，又着重从各自的对象、方法和界限等方面辨别了两者的区别。他将其区别归诸如下数层：第一，自然科学依外倾的态度向自然界即物穷理，所获取的是客观的知识系统，而哲学则是反省的、自觉的知识，它接受科学的客观知识，又在人类心性上追问科学所由产生之理性作用的根源；第二，科学直接面对自然客境，只以逐物征知为务，

① 参见方东美：《科学哲学与人生》，台湾成均出版社 1980 年版，第一章。

而不问知之所以为知之由，而哲学则针对科学已有的成就，更深一层予以穷根究底之探讨，故是批评的知识；第三，自然科学注重分析方法，唯求知识领域之专门而未能求其综合会通，它恪守知识范围，因而是局部的知识，而哲学则是针对分殊的科学领域而求其会通，所以是全体的，综合的知识；第四，自然科学集中力量作事实构造的探讨而抹杀价值之估定，它将宇宙境界展布在逻辑的平面上，在价值学的立场上采取中立的态度，而哲学的工作则集中于生命价值与意义的探究，它将宇宙的境界划分阶段，区别层叠，依次安立价值品级使人类精神生活能按步升阶，臻于理想的境。①

　　方氏对于科学与哲学的区别要点在于知识与价值的划分，也就是知识的"事实世界"与"价值世界"的区分。他自己明确地说，科学"只知平铺的事实，只以平铺的事实为对象，这其中并没有'意义'与'价值'。这就显出了科学的限度与范围。是以在科学的'事实世界'以外必有一个价值世界、意义世界，这不是科学的对象。这就是宗教的根源，事实世界以上或以外的真善美之根源"②。由此可见，方东美将科学与哲学归结为"平面的宇宙观"与"层叠的宇宙观"，其主旨就在于为二者划分范围与界限，科学所探究的领域为事实的世界，主要限于物质的世界，属于现象界或表相的世界，其中没有意义与价值；而哲学所探究的领域则是物质世界以上的精神的价值世界，属于精神价值的真相世界。这两个世界之间在价值上根本不是对等的。

（三）方东美对科学主义的批评

　　执着于科学的"平面宇宙观"与哲学的"层叠宇宙观"的这种划分，方氏展开了对近代科学的批评。他指出，科学的伟大成就固然是近代西洋民族的骄傲，但是这种成就自另一方面看来又恰是他们的不幸。这是因为近代以来科学方法的普遍建立与运用，使人们产生了科学万能的错觉，科学的方法被超越本位地误用于一切领域包括人文科学的领域，造成了"科学主义"

---

① 参见方东美：《科学哲学与人生》，台湾成均出版社 1980 年版，第一章。
② 《方东美先生演讲集》，台湾黎明文化事业公司 1979 年版，第 236 页。

的流行。所谓"科学主义"，就是"一个科学家不守他的本位，不守他的分寸，不守他的范围，跨越了他的范围而表现狂妄的态度，把其他的生命现象也化成物质现象，把精神现象也化作物质现象，把价值现象也化作物质现象，那么这就不是真正地讲科学，而是科学不守他的范围，不守他的领域，不守他的方法的限制所产生的一种狂妄的思想，这就是'科学主义'"①。他的结论是"科学是宝贵的，'科学主义'却是要不得的"②。科学主义的根本错误在于不讲价值，无视人的价值追求，这才是近代科学的发达反而造成人在宇宙中地位降低的根本原因。方氏承认，科学诚然是近代西方文化的精华，但是科学的发达也带来了严重的负面影响，人生在宇宙的地位反而降低了。他认为，20世纪人类最大的精神危机，其根源就在于此，人类的价值与尊严面临科学主义的严重冲击，价值理想的沦丧使20世纪成为一个真正的"黑暗的时代"!

他认为产生这种状况的根源有二：一方面，在于科学的方法中包含有一种理论的预设，导致科学重视自然而藐视人性的态度；另一方面，在于科学的方法和原则被不加区别地运用于人文科学，逾越了科学的界限。方氏通过分析，发现科学之后暗藏一种理论的预设，断定人与自然质相殊异，没有同等的价值。这种理论假设就是"初性次性"分别说。在他看来，科学方法的精要在于数理方法的运用，它把宇宙的一切都化作数、量、质，宇宙被看作一个充塞着物质的按照严整的数学方法运行的机械系统。科学家在应用数理方法诠释物质现象时，又严格地区分"初性"与"次性"，诸如数量、形体、方位、时分、运动等，凡是可以直接用数理方法处理的属性被视为绝对的、客观的、不变的真实属性；而诸如色、声、香、味、触等属性则是相对的、主观的、易于变化的属性。在这种"初性次性"的理论假设中，客观世界被当作真实的存在，而人类实际上只是一个"次性的"存在。物质世界，数理系统被视为具有较高的价值，而人类的识性则仅被视作一团"次性"。因此，他认为科学的初性次性分别说已显然含有眷恋自然遗弃人类的先声了，人类

---

① 《方东美先生演讲集》，台湾黎明文化事业公司1979年版，第239页。
② 《方东美先生演讲集》，台湾黎明文化事业公司1979年版，第239页。

的价值和尊严被忽视了。①

　　方氏认为，科学的另一误区是以科学的方法来解释人生，用物质科学的手段来研究人性。方氏认为科学的结果只能用以说明物质世界中客观理境的系统，而"人类本来确非数学研究之对象，他的行为万难受数量方法之支配。他的生活要素乃是声色、苦乐、愿望、努力、奋斗的集团，不仅是自然物象的动静"②。用科学的理智态度来解释人生，"这种见解简直把创进的宇宙当作钝滞的物质，活跃的人生当作死沉的僵尸"③。他以科学的心理学为例来说明运用科学的方法来研究心理学和人生领域问题的结果。科学的心理学模仿其他科学的榜样，运用分析法，把从直觉里得来的自我，剖析为许多的感觉、情感、意象的质素，心理学所研究的不再是全整的自我，而只是一群心理的质素。这种心理学所研究的人，已成为"非人"，它只是一种意象，"一束知觉"而已。故他将这种采取冷静客观立场的科学的心理学视作"冒牌的心理学"。方东美不仅将人生领域尤其价值问题视为科学所无法解决和面对的问题，而且将科学逐之于价值领域的门墙之外。他尤其不能容忍的是科学不但不断地侵入人文科学的领地，而且还一再动摇了传统哲学的根基，这就是对人在宇宙中心地位的挑战。

（四）方东美知识与价值理论的评估与再思考

　　方东美从其生命哲学的视角，对于中国现代思想史上争论较大的科学与哲学的关系问题做了自己的反思与总结。他认为，科学是人类认识客观环境的工具和手段，科学的知识是实现人生价值与意义的前提与可靠根据，它所面对的是作为对象的现象界或事实世界和作为结果的知识领域。简言之，科学的知识活动只是手段而非目的。而哲学则是集中体现了生命精神的意义与价值，它担当了文化评判的价值标准。科学与哲学既相互联系又相互区别，二者各有自己的方法、功能与范围。因此，他尤其反对科学逾越范围的应用，对于"科学主义"持严厉批评的态度。方东美着重批评了西方哲学

---

① 参见方东美：《科学哲学与人生》，台湾成均出版社 1980 年版，第 124 页。

② 方东美：《科学哲学与人生》，台湾成均出版社 1980 年版，第 124 页。

③ 方东美：《科学哲学与人生》，台湾成均出版社 1980 年版，第 148 页。

中以罗素、穆尔为代表的"价值中立主义"，他们由于受自然科学方法的影响，以此来处理价值问题，结果将哲学、宗教、艺术的世界也当作科学的对象。这是"科学主义"的路线，其中的问题是由于只论事实，而不论价值，导致价值的匮乏。方东美站在传统哲学的立场，对于科学的批评，确实抓住了科学中的一些要害。方东美在科学与哲学之间，采取知识与价值二分的做法，又试图在二者之间架设桥梁将它们沟通起来。他在肯定二者的密切联系的前提下，最终倒向了价值中心的立场，也就是以价值领域来统摄知识领域。

方氏讨论科学与哲学的关系问题，其理论的要点在于"两个世界"的划分以及由此带来的二者的联系问题。方氏关于知识性的"平面世界"与价值性的"立体世界"的划分，是将前者规定为科学的对象与范围，而将后者规定为哲学的对象与范围，并在二者之间寻求与建立联系、沟通的方法。他的这种"两个世界"划分的理论，显然受到康德关于"现象界"与"本体界"二分法的影响。方东美哲学的基本路径，是在承认两个世界的存在的前提下，最后在价值本体的统合下又将二者合而为一。他的这一做法与新康德主义的观点相接近。由于他采取把事实世界与价值世界两分的做法，特别是突出与夸大了价值世界的决定作用，更使他的理论陷入了难以克服的矛盾。方东美的层级世界将现代世界中科学精神与人文精神的矛盾与对峙，各个分支学科领域的联系与沟通问题以及"人"在现代世界"疏离"与"异化"的问题凸显出来。但他用"平面世界"与"立体世界"的划分的方法是不可能真正解决现代科学领域中存在的深刻矛盾的，他的"层级世界"的设定也不可能为现代世界树立一个有效的文化评判的标准。他的这一理论设定无论是从事实上来看还是从理论本身来看，都存在巨大的困难。

知识与价值的联系，如果要以近几个世纪科学与哲学的发展为例证来考察的话，须从两个方面来着手。先来看近代科学的发展背后有无价值的支持的问题。根据怀特海在《科学与近代世界》中的研究发现，近代科学的发展的背后，隐含着多重的历史文化的背景，包括希腊悲剧中的命运观念，斯多葛学派与罗马的法律观念，经院派神学的逻辑训练，艺术中对简单事物的兴趣等等，当然其中最重要的信念乃是相信自然万物中存在的秩序与条理。实际上，这在西方文化的背景中，就是基督教传统的决定性影响。这就是上帝的观念和上帝对于人的理性赋予和人类凭借理性所开展的对自然中的秩序和法则的信仰。正是这种对理性法则不容置疑的信念引发了近代科学的兴起，而休谟的关于因果关系的怀疑论观念才被科学家视为无关紧要而被搁置不理。在近代西方科学的发展中，上帝的观念充当了知识可靠性的终极保证。可以肯定的是，近代科学的兴起在西方具备多种历史文化信念的支撑，其中凝结了西方传统文化中多重的价值与信念，则是无可置疑的事实。科学的活动作为理性的文化活动，它代表了人类从物质的自然环境中挣脱束缚与限制，寻求自由与解放的努力，而这种努力无疑代表了人类精神对物质世界的克服与胜利，这种信念在西方文化中是根深蒂固的。科学的求知活动一直被当作毋庸置疑的合理性和不证自明的正当性，知识本身就被当作目的而不是手段。由此可见，科学的兴起与发展事实上承受了西方文化传统中多重的价值观念的支持，至于它获取这些多重的价值观念在背后的支持，而又可以轻忽其存在，从而保证自身的有效发展，这是隐藏在西方文化传统中的一个奥秘。①

再来看哲学的发展同科学的联系问题，这在近代以来的哲学中更是屡见不鲜。哲学家建立系统就是要不断总结科学发现的成果并为知识的可靠性提供第一原理和形上学的保证。哲学的反思与总结从来都是以全部科学的成果为背景和根据的。反过来说，科学的知识活动也一再突破固有的领域而实现自身的飞跃与变迁。就当前科技革命的深广程度来看，它虽然遭受一些反科学与非理性主义的思想运动的阻力，但它的发展势头并未稍显衰退，科技理性所推进的学科整合不仅将自然科学而且将生化科学和人文社会科学纳入自己的领域。科学的方法通过建立整秩的学术规范与制度已确立了在历史文化领域的主导地位，这已是不争的事实。置身信息化与全球化时代，罔顾西方以科技理性为范导的思想方法已成为社会整体建构的核心思想，是不切实际的空想。

在我们看来，"事实世界"与"价值世界"乃是一体之两面，夸大某一

---

① 参见怀特海：《科学与近代世界》，商务印书馆 1959 年版，第一章。

方面的决定作用都有陷入一偏的危险。科学与哲学乃是彼此独立又相互联系的学科领域，二者之间也不存在主从或本末的分野。方东美讨论科学与哲学关系，对于近代以来科学发展所暴露的严重问题与矛盾予以深刻揭露，对于以知识与价值关系为核心的科学与哲学关系问题予以深层的理论分疏与探究。他站在传统哲学的立场，采取将"事实世界"与"价值世界"二分的做法，又强调"价值世界"的统摄作用，将此"二分的"世界统合为一。方东美对于科学与哲学关系的认识，最后归结为价值中心论的立场。他主张以哲学的"立体的宇宙"来统摄科学的"平面的宇宙"，试图把科学纳入传统哲学所设置的轨道中来，其思考方式基本上没有超出中体西用论的范围。他在这一问题上的见解，深深地打上了时代的印记。

二、成中英对科学真理与人文价值的整合

科学与人文、宗教的矛盾、冲突是现当代文化中的一个突出问题。成中英从其哲学的生命本体蕴涵理性与意志，复由此衍生出知识与价值的要素，并据此展开对科学知识与人文价值的关系的思考与探讨。他认为，科学的领域属于知识性宇宙，而人文的领域则属于价值性宇宙，两者之间，存在交互作用的关系。他从知识与价值相涵互生的整体架构出发，力图梳理并整合科学真理与人文价值的关系。他分析科学的特质和范围，认为科学建基于客观性的理性精神，科学真理具有客观性、可修正性、中立性和工具性等特质。价值真理则表现为道德价值、形而上价值（宗教价值）与审美价值等，是由人的主观性的意志活动与体验所决定的，具有非客观、非假设与自我决定的特性。他进而区分真理的层次，即逻辑与数学的直观真理，科学的事实真理，道德真理和形而上的宗教真理。他一面肯定各层次的真理既彼此独立，又相互影响与相互依持的关系，一面又强调科学真理对于价值真理的工具性和依附性，就是要在价值本体的引导下，整合并重建涵括真善美的全部真理的领域。

（一）成中英的哲学观及"知识性宇宙"与"价值性宇宙"的划分

成中英对人类文化整体领域的思考，具有深厚的哲学基础。也可以说，他对科学知识与人文价值的思考，是以其本体诠释学的理论架构为出发点的。他从本体的实质与意义的界定与诠释开始，阐发了生命的本质统摄理性和意志的要素，复由此衍生了知识与价值的活动。成中英从对生命整体性的肯定和认识中提出自己对哲学的基本观点："哲学应该是自生命的肯定，产生生命的价值与知识，再进而对知识的反省来探讨价值，从价值的反省来寻绎知识，并从两者交互的反省中来彼此充实与重建。借此产生一套价值哲学与知识哲学，以及衍生的文化哲学与人生哲学，才能提供人类以生命的智慧。"① 这里，他将哲学界定为对生命的肯定，而整体性的生命包含了两个层面，即作为理性的"知"的知识层面和作为意志的"志"的价值层面。"哲学乃是缘知以求志，缘志以求知的过程。"② 进一步而论，这两个层面是相互联系的，它们都源于人的生命的整体经验。"知（知识之动）和志（价值之动）都是人的原始经验，两者相互为用，相互依存。"③ 这样，知与志双照，方能体用不二，显示出整体性本体的统一性、丰富性和创造性。哲学的活动就是介于知识与价值之间双向的永无止境的探索过程，既导向价值开拓知识，也导向知识开拓价值的互为基础的相反相成的双向运动。④ 在这一生命整体性的本体思考构架内，理性与意志，乃至作为其发用的知识与价值，乃是密切关联的方面和"背向同体"的统一体，具有内在的统一性和本体的整体性，体现了相反而相成的根本特征。成中英关于哲学乃是生命整体性的理解和认识，以及他关于整体性的生命本体涵摄了理性和意志的层面的理论，可以归结为一种生命本体论。

成中英从生命存在整体性的本体论观点出发，认为构成生命整体的诸

---

① 成中英：《中国文化的现代化与世界化》，中国和平出版社 1989 年版，第 237 页。
② 成中英：《深入西方哲学的核心——我的哲学教育与哲学探索》，李翔海、邓克武编：《成中英文集》第一卷，湖北人民出版社 2006 年版，第 354 页。
③ 成中英：《世纪之交的抉择》，知识出版社 1991 年版，第 366 页。
④ 参见成中英：《深入西方哲学的核心——我的哲学教育与哲学探索》，李翔海、邓克武编：《成中英文集》第一卷，湖北人民出版社 2006 年版，第 354 页。

要素之间乃具有内在的、实质的整体和谐与辩证统一的关系。也就是说，生命存在从本体的、实质的意义来看，是一个和谐的、统一的整体。理性与意志作为生命存在之一体二元，它们构成了一个具有内在相关性的、和谐统一的整体。而矛盾和冲突却只是暂时的、非本质的现象，是缺乏本体性自觉的表现。成中英强调理性在生命存在统一体中的地位，他把理性与意志都提升到本体的层面来界定和体认。他从生命存在整体性的观点对其他生命质素也一体肯认。他主张，生命存在从本体上、实质上是一个和谐的现象。理性与意志的矛盾与冲突，可以通过一个和谐化的过程来化解。进一步而论，生命在寻求实现其本质的过程中，也同样可以通过自我生命与世界生命的整体的相关性和根源的统一性的认识，在生命本体的整体自觉下得以化解。① 而这种和谐化过程的实现，"乃是基于本体上理性与意志，生命与宇宙，个体与社会都是统一的和谐整体。生命的发展以及陷入冲突，理性的认识自觉与意志的寻求解决，都是实现此一本体和谐的途径与过程"②。可见，成中英本体和谐观和整体性和谐思想，乃是源于易经哲学和中国传统哲学的"天人合一"思想，而又有其本人独到的见解与发挥。

作为生命存在整体性的理性，或者是知识与价值相统一的理性，成中英也称之为"本体理性"，也就是他所言的整体性的生命理性。在成氏生命存在的本体哲学架构中，理性与意志是生命本体涵摄的两个层面。理性以知识为目标，因而产生一个科学的知识建构。意志以行为为目标，导致实践的理想和价值追求。③ 他从本体诠释学对本体的阐释中，阐发了生命的本体涵摄理性与意志，复由此产生了知识与价值的活动。从一个整体性的观点来看，知识理性和价值理性作为不可分割的两个方面又统摄于统一的本体理性的架构，构成了本体理性之一体二元。知识与价值在本体层面的统一，还意味着这一原理对二者在现实层面的矛盾、冲突发挥引导、规范的作用。这说明，知识与价值的统一是一个不断发展的动态平衡的过程。他力图通过对知识与价值的双向诠释与批评，来整合与还原人类生命本体之整全，并以此作

---

① 参见成中英：《中国文化的现代化与世界化》，中国和平出版社 1989 年版，第 238 页。

② 成中英：《中国文化的现代化与世界化》，中国和平出版社 1989 年版，第 235 页。

③ 参见成中英：《中国文化的现代化与世界化》，中国和平出版社 1989 年版，第 222 页。

为其会通中西以及现代哲学重建的理论基点。

成中英由其生命本体涵摄理性与意志两大层面之一体二元的界定与论诠，复展开对知识与价值辩证统一关系的探讨与辨析。他由生命存在的内在结构的考察，深入到人类文化活动中知识与价值的地位与关系问题。在他看来，知识与价值乃是人类所有文化中普遍的要素。价值指涉道（本体）的高明面，知识指涉道（本体）的中庸面。知识理性和价值理性又可以在更深广的层面得以整合为整体理性。因为知识化的根源在于理性，而价值化的根源在于意志，两者在生命存在的根源性意义上又具有内在的整体性和辩证的统一性。因此，"知识对价值的重要性正如价值对知识的重要性，乃两相依持，不分轩轾"[1]。因为价值与知识乃相互需要，相互依持的关系，一方面知识需要通过价值来引导与轨范；另一方面价值也需要通过知识来把握和实现。他主张，用价值来规范知识与用知识来实现价值是一个双向并行的过程，而不能偏执一端。既不能将一切生命活动与意志活动皆划归知识，而忽略价值问题的重要性，如西方哲学；也不能欠缺对知识做广大精微的探索，使价值的树立缺失知识的基础，如中国传统哲学。必须从生命整体性结构的理解中，洞识知识与价值为一体二面的互基性的辩证关系，实现知识与价值的有机统一与结合。也就是说，必须既从知识的层面来了解、批评和建立价值，用知识来开拓价值；又从价值的层面来了解、批评和建立知识，用价值来开拓知识，实现知识与价值的双向并建，进而在本体的根源性意义上充实和拓展哲学发展的基础和空间。[2]

（二）科学真理与人文价值

成中英从知识与价值平衡互动、整体相生的观点，力图梳理科学的知识活动与人文的价值活动的关系，疏解其间突出的矛盾和冲突。他认为，科学的知识活动的结果是导向一个"知识性宇宙"的建构，而人文的价值活动的结果是导向一个"价值性宇宙"的建构。两者构成本体理性的"一体之二

---

[1]　成中英：《中国文化的现代化与世界化》，中国和平出版社1989年版，第232页。

[2]　参见成中英：《中国文化的现代化与世界化》，中国和平出版社1989年版，第238页。

元",相反而相成,是相互依持和相互影响的辩证统一的关系。成中英着重分析了科学真理的特质与范围。他指出,科学研究的出发点并非实用性,而是对自然现象的好奇和困惑,由此展开对自然法则客观的探讨。在西方近代,科学的兴起与哲学家对科学方法的认识与自觉密切关联。笛卡尔的分析方法学为近代自然科学奠定了理性的模型,培根则提供了科学的经验基础。这两方面规定了科学知识的形式与内容,因此也规定了科学真理的性质。科学的理性模型称为理论,科学的经验基础称为观测材料。科学知识与科学真理是理论与观测资料的配合。也就是说,受到资料支持与证实的理论才成为知识。再者,科学知识与真理还须接受方法上的规定。基于以上分析,科学真理乃具有客观性、可修正性、中立性及工具性等特质。科学的客观性是一种假设,表现在物理、化学等基本科学中的客观性较大,而在心理和社会科学中则相对较小。客观性的假设是科学观测和理论思考的前提。科学不讨论主观性和不受法则与定律解释及限制的经验。科学的可修正性是指,由于经验的不可限止及不可穷尽,其理论系统与假设也是需要不断修正。也就是说,所有科学的理论都是假设性的,暂时的,相对的真理。科学真理的可修正性表明科学知识本质的不完全性,亦即科学知识在本质上不可能构成一个完整的系统,统一说明所有人类经验。科学真理的中立性,是指科学真理对事实的认识,而非价值的决定。科学真理的中立性不外指科学活动只认识客观的事实,而不作价值的判断。科学真理恪守客观的中立而不会进行主观的评价。最后,科学的中立性又假设了科学真理可以作为达到一个既定目的的工具与方法,此即科学的工具性。[①]

　　在成氏看来,价值真理乃是由人的主观性决定的,基于人的意志的活动和体验,表现为道德价值、形上(或宗教)价值与审美价值等。价值真理不受自然科学法则与定律的限制与解释。他指出,价值真理与科学真理是截然不同的。科学是假设的,客观性的,本身不决定目的,同时必须依持一个系统存在。而价值真理则是非客观性的,非假设的,自我决定的,同时也不

---

① 参见成中英:《科学真理与人类价值》,李翔海、邓克武编:《成中英文集》第一卷,湖北人民出版社 2006 年版,第 27—30 页。

依持一个系统而存在。由此而论,科学的真理并非价值。其为价值必先经过一番新的手续,即决定为目的与主观性的存在,此为知识的价值化。其结果也不能代表全部的真理或全部的价值,且不能取消其他的价值真理。价值真理是基于个人的绝对性,自主性及全体性的认识。个人通过自己肯认价值为普遍与必然,是价值最深刻的意义。这种自我肯定的能力,活动及结果就是价值,也就是善,是不可最后解说的。归约言之,价值存在与体验的最后依据是自我肯定与规范。价值的来源及其标准乃是人的自由与自由创造能力,表现了全体性的人的自由与创造。① 基于以上的认定,西方哲学如休谟乃有事实与价值的严格区分,以为两者互不相关。康德区分"理论理性"与"实践理性",并将二者分属现象与本体两个截然不同的世界。② 这种二分法的认定与运用,实乃开启现代科学的知识世界与人文、宗教的价值世界的矛盾、冲突之根源。在成氏看来,科学真理与价值真理既是相互独立、彼此相待的领域,又具有相互影响、彼此依持的关系。因此,既不能用科学的方法将所有人文的活动视作知识化的现象,将社会人文的现象用自然科学的方法与法则来归约和整合;也不能用价值的领域来主导一切,归于科学精神的匮乏和科学知识与方法的阙如。知识与价值是一种互基性的双向并建的关系,应了解两者一体二面的辩证统一性,使知识与价值相互结合,相互促进和发展,而不可执于一偏,陷入科学的独断或价值的独断。③

　　基于知识与价值之间这种辩证统一关系的理解,成中英探讨和论析了真理的层次问题。他首先强调这种层次在本质上是形而上即存在上的先后,或逻辑上的先后,而不是实际认知上的先后。第一层次是逻辑与数学的真理,它依靠直觉或结构的形式而存在。第二层次是科学的事实真理。它借助逻辑与数学在理论与资料上求得精密化与完善化。反之,逻辑与数学的抽象真理也借助科学的事实真理得到具体的模型表现。第三层次是道德的真理。它可以借助科学真理来实现自己,但不可依赖科学真理来决定与规范其存

---

① 参见成中英:《科学真理与人类价值》,李翔海、邓克武编:《成中英文集》第一卷,湖北人民出版社 2006 年版,第 32 页。

② 参见成中英:《中国文化的现代化与世界化》,中国和平出版社 1989 年版,第 223 页。

③ 参见成中英:《中国文化的现代化与世界化》,中国和平出版社 1989 年版,第 226 页。

在。道德价值的目的性是由人的主观性直接决定的。但道德价值的实现则依靠科学真理的工具性。第四层次是形上真理或宗教真理。此为全体实在的真理。它的存在与实现必须透过前三层的形式结构真理、事实经验真理和行为目的真理而获得。至于审美的真理，可以说是相应地隶属于上述四个层次，可以是形式结构的美，经验事实的美，人的生命与行动的美，以及全体性的神圣价值的美。就其渗透并涵括其他诸层次的真理而言，可以说是最原始的真理。① 由上可见，成氏真理层次的划分，具有两套标准。这就是基于客观性的知识标准和基于主观性的价值标准。就客观性的知识标准来说，处于基层的真理客观性较大。相反，处于高层的真理客观性相对较小。而就主观性的价值标准来说，处于上层的真理可以涵摄下层的真理，其真理值也较大。处于最高层的形上真理或宗教真理因其涵摄了所有下层真理，称为完全真理。这种真理标准和层次的划分，也意味着人类真理可以从两个方向同时整合的可能性。此即以科学为标准对人类所有的经验整合，包括对主观性的经验予以客观化的掌握，此为价值的知识化。以价值为标准对人类所有经验的整合，包括对客观性的知识予以价值化的转化和定位，此为知识的价值化。而成氏所强调的是，必须将这两方面的标准结合起来，才能把握人类生命经验的全体，实现人类文化新的整合、统合。②

（三）真善美的融合与整合

成中英力图对近代科学的发展造成对人文、宗教的冲突与挑战作出检讨与反思，并在新的理论基础上予以整合。他认为，科学的进步代表了西方近代文化的辉煌成就。然而不幸的是，科学走上了科学万能主义和科学霸权主义。科学本来作为人类思想的工具，却被物化为人类生活的主导力量，乃至取消了人的整体真实性，导致精神与价值的危机。③ 他指出，科学带给人

---

① 参见成中英：《科学真理与人类价值》，李翔海、邓克武编：《成中英文集》第一卷，湖北人民出版社 2006 年版，第 34 页。

② 参见成中英：《中国文化的现代化与世界化》，中国和平出版社 1989 年版，第 236 页。

③ 参见成中英：《科学真理与人类价值》，李翔海、邓克武编：《成中英文集》第一卷，湖北人民出版社 2006 年版，第 64 页。

文主义的双重疑惧在于，科学要求绝对的客观性，将主观性的人的存在化作客观性的以自然科学方法可以把握和解释的资料。这样，以主观性为依据的人文现象也就被取消和摧毁了。成氏称之为科学对人文主义的"侵略性"。另外，科学的应用也产生了对人类生存的威胁。这表现在，科学应用于战争，给人类带来空前的灾难以至毁灭。科学应用于工业，使人类的生活陷入机械文明，造成人类生命力的挫伤。科学的应用还造成生态环境等一系列严重危机和问题。面临科学宇宙观和科学技术应用的双重威胁，20 世纪西方出现了科学与价值的尖锐冲突。这表现在科学与人文主义的冲突，以及科学与传统宗教的冲突。五四以来在中国爆发的科玄论战，可以看作是科学与人文主义冲突在中国的自然反映。但因为真正的科学研究当时在中国只不过刚起步，毕竟不能触及问题核心，也不能激发新思潮。科学与人文、宗教在现代文化中的冲突，启发了成氏对科学与价值问题的深度思考。在他看来，科学之所以值得追求，是因为科学包含或代表了某种真理。而人类也具有将科学真理转化为价值或善的能力与意志。其基本思路是从知识与价值平衡互动的理论架构出发，重新思考和构建科学真理与人文价值的关系，进而实现人类文化的整合与创新。①

成中英在其本体哲学的整体架构下，力图对科学、人文与宗教进行适当的定位与整合，进而将现代文化诸部门纳入一个机体统一的整体性体系。他认为，科学是以理性的客观性原则，以追求科学知识和科学真理为目标。科学只是对事实的认识而非价值的决定。因而科学真理只具有价值的中立性和工具性。② 在他看来，人文现象属于精神现象、心灵现象和意识现象的主观性领域，具有价值决定的内涵和意志自由的实质。因而人文科学与自然科学存在显著的分野。两者之间具有彼此依持和互融的关系。③ 作为主体性的人的存在的人文现象，不可能用自然科学的方法来完全把握。必须要了解，

---

① 参见成中英：《科学真理与人类价值》，李翔海、邓克武编：《成中英文集》第一卷，湖北人民出版社 2006 年版，第 23—26 页。

② 参见成中英：《科学真理与人类价值》，李翔海、邓克武编：《成中英文集》第一卷，湖北人民出版社 2006 年版，第 30 页。

③ 参见成中英：《中国文化的现代化与世界化》，中国和平出版社 1989 年版，第 225 页。

科学作为外在的知识体系，有其客观的真理性，但对人的发展则有其工具性。^① 在现代世界，人文主义与科学的冲突日趋明显，就是因为科学真理的有限性与工具性被误解误用，导致将科学方法无限制地被运用于人文现象，以至于科学万能的迷信和科学霸权主义思想蔓延所致。引申言之，道德真理属于人文现象中很重要的领域，它可以借助科学真理为工具来实现自己，却不能依赖科学真理来决定和规范自己。而宗教则是以价值为前提，以超融主客的方式追求超验的信仰和真理。^② 科学与宗教之间，前者以科学理性之知运作知识而致用于人生，后者则以宗教信仰之志而致用。反观作为人文科学中枢的哲学，兼有科学和宗教的考虑，在理想意义上是宗教与科学互通互显又平衡相成的媒介。^③ 总之，科学、人文与宗教，各自独立，属于不同的文化领域，它们之间又相互影响，彼此依持。其基本的思考是基于知识与价值辩证统一的理解实现两者的有机结合。既要在客体性的基础上建立知识，又要在主体体验的基础上印证价值，同时设法实现两方面的融合。也就是基于知识来凝聚价值，在客体性上建立价值；基于价值来探求知识，在主体性的要求上建立知识。此即成氏所谓的"合内外之道"。以此作为其整合科学真理与人文价值，创新人类文化的理论基础。^④ 可见，成氏力图从人类文化整体性的观点，实现科学、人文与宗教的融通，从而在本体论的理论高度整合人类文化诸部门，重建人类文化的知识体系与价值体系机体统一的整体系统。

可见，科学的知识体系与人文、宗教的价值体系乃是相互为用、相辅相成的关系。成氏进一步分析了知识与价值不仅相互对待，而且相互关联乃至相互转化的特征。他不同意一般人将真善美看作不相干的观念，指出真可谓知识上的善，善可谓道德价值的真，而美则为知觉与表象上的善与真。当然，真与善也可以视为知性与行为上的美。也就是说，真善美三者可以贯穿、

① 参见成中英：《新觉醒时代——论中国文化之再创造》，中央编译出版社2014年版，"自序"第11页。

② 参见成中英：《科学真理与人类价值》，李翔海、邓克武编：《成中英文集》第一卷，湖北人民出版社2006年版，第34页。

③ 参见成中英：《深入西方哲学的核心——我的哲学教育与哲学探索》，李翔海、邓克武编：《成中英文集》第一卷，湖北人民出版社2006年版，第354页。

④ 参见成中英：《中国文化的现代化与世界化》，中国和平出版社1989年版，第235页。

联结起来。① 成中英注重科学真理与价值的关联。他认为，由于科学真理指谓客观事实，与人的主观活动相对待。因此，科学真理不是价值，具有与价值相对待的性质。但是，科学不仅代表客观事实的知识成果，也是一种心灵活动。因此，科学有被决定为内在价值的可能。但科学真理不是全体价值，也不能取代其他价值。价值与善乃是基于人的内在的、感性的、主观性的存在。善的意志乃由自我决定，超出科学真理的限制与解释，完全独立于科学以及所有外物。但是，价值的实现却必须借助知识理性的工具，而它本身不能实现自己。科学真理与价值真理不同，它不规定人的意志的目的与方向。科学真理要转化为善的价值，必须肯定善的目的，认识人的自觉与自由创造，然后利用科学真理与知识来实现善的目的。科学真理作为工具与方法的善，其转化为善是依附于人的全体性的自觉与善的目的。因此，要保障科学真理可以用来实现人类价值与善，必须既要展开纯科学的研究，又要提倡对科学理论的哲学批评。既要发展科学的应用研究，又要提倡对科学应用的批评工作。进而发展科学真理来实现和充实价值，以及提倡价值与科学的双向的批评与进步。这样，就可以保障科学真理转化为善的价值以造福人类。科学对人类的双重威胁得以解除。② 总之，必须以科学的客观知识扶持价值，也要以人文的、宗教的价值来引导科学知识的发展，实现二者的互动平衡和有机结合，在人类生命的整体性的基础上建立高度的知识与价值综合的新的文化体系。③

（四）成中英知识与价值理论的评估与再思考

成中英在现代文化中科学理性与人文精神激烈冲突的时代背景下，从人类文化整体和哲学本体论的层面对知识与价值问题的理论思考，将这一问题推进至世界哲学的前沿。成氏对知识与价值问题的思考，有几个理论要点值得关注。首先，成氏对知识与价值及其关系问题的思考，是以"知识性宇

---

① 参见成中英：《科学真理与人类价值》，李翔海、邓克武编：《成中英文集》第一卷，湖北人民出版社 2006 年版，第 36 页。

② 参见成中英：《科学真理与人类价值》，李翔海、邓克武编：《成中英文集》第一卷，湖北人民出版社 2006 年版，第 36—39 页。

③ 参见成中英：《中国文化的现代化与世界化》，中国和平出版社 1989 年版，第 232 页。

宙"与"价值性宇宙"的划分为基础和前提的。应该说，成氏"两个宇宙"的划分理论，实际上主要是以西方近代文化为背景的。成氏力图总结和吸收西方近代以来有关的哲学理论，主要是休谟的"事实世界"与"价值世界"的划分以及康德的"现象界"与"本体界"的理论，进而在中国哲学价值本体的理论架构下将二者统合为一体，从而形成了自己的独特的理论体系。再者，成中英从生命本体涵摄理性与意志的要素，进而衍生出知识与价值的一体二面的互基性与统一性的理论架构。他将科学的知识化宇宙建基于理性，人文、宗教的价值化宇宙建基于意志，二者具有各自独立的领域与范围。显然，他的这一理论划分借鉴和汲取了西方近代哲学的一些理论。但是，他又强调二者是基于本体的统一性和相互依持、相互影响的关系。他力图从知识与价值的动态平衡和双向并建中，重新整合与重建二者的关系。即既要以知识发展来扶持、扩充价值，又要以价值来引导、促进知识，在二者的双向批评和互基并建中实现二者的互动平衡和有机结合，进而在知识与价值高度综合的新的理论基点上实现人类文化的整体重建和融合。最后，成氏对这一问题的思考和解决，回归到中国哲学的本位立场。也就是在知识与价值之间，他更突出价值本体的优位性，而将知识作为实现价值的工具和基础，从而在价值本体的统摄下完成了对知识领域乃至整体性的文化领域的整合。成氏将科学的、理性的知识化建构，作为人类思想和价值的工具与手段，具有依附或从属于价值全体的属性，并以此来涵盖、统合人类文化的全体范域。这种观点说到底是中国传统的德性文化在现代条件下的一种创新和发挥。

　　成氏关于知识与价值问题的思考，其理论的意义由此也凸显出来。首先，成氏的知识与价值理论直接针对现代科学发展与人文、宗教的尖锐冲突。他肯定科学的知识领域与人文、宗教的价值领域，都有各自独立的领地和范围，不可逾越界限。人文的现象也不可能由科学的知识和方法来完全掌握和处理。其次，他又基于本体的统一性和互基性将二者看作相互依持和相互影响的关系，知识与价值基于相互的需要而有机地结合为一体。这种观点对于现代突出的科学理性与人文精神乃至传统宗教之间的冲突，显然有其缓解和调和的作用，也不失为一种根植于悠久传统的智慧和理论在现代的发挥和代表。不仅如此，成氏还力图以此对当前世界文化失序、失范的危机予以回应，对世界文化的整体重建提供坐标，指示方向。围绕着知识与价值问题，成氏展开对世界哲学重建的理论思考。其基本问题被归结为在知识性宇宙中安顿价值，如西方哲学，和在价值性宇宙中安排知识，如中国哲学。这种富于本体认知精神的宏观思考，显示出对中西哲学极为深刻的洞察力和对世界哲学发展方向的总体的把握能力以及高瞻远瞩的卓见睿识。尤其是成氏对知识与价值的思考以及由此透显的问题意识和思考方式，对中国哲学的现代重建具有突出的理论创新和范导意义。就其理论的问题意识来说，成氏将知识论和方法论的问题引入中国哲学重建的突出地位，显然极大地丰富和扩充了中国哲学重建的内涵。就其理论的思考模式来说，成氏将知识与价值置于双向并建的理论架构来思考，这种思维方式和理论模式极大地突破了传统哲学惯常的价值中心论主要是道德中心论的狭隘视野，从而在整体上将中国哲学的现代重建提升到一个全新的理论水准和思想境界。当然，成氏知识与价值理论也是我们思考这一问题的铺垫，其中仍然存在着可以继续思考的空间。首先，成氏知识与价值的理论是基于"知识性宇宙"与"价值性宇宙"的划分。而且，他强调人文的价值领域非科学的知识与方法所能完全把握。显见，这种划界、划分的做法与近代西方哲学中休谟的事实与价值以及康德现象界与本体界的分界、划分的原理是一致的。当然，这种划界、区分为现代学科的建立，奠定了理论的基础。但是，现代学科之间的互渗与交互影响的越界，却是越来越常见。就拿科学的方法对人文领域的整合来说，益显出其涵括一切无有止境的趋势，连传统的宗教也被纳入宗教学的科学领域。这种现象需要从理论上予以总结和思考。其次，成氏的真理层次的理论，强调了宗教的、道德的价值真理对数理、逻辑的和科学的知识真理的纵向的统摄、支配的关系，而对它们之间平行的交互作用的关系关注不够。而实际上，现代学科的建制更多的不是上下关系而是对等关系，各学科之间具有平等的价值和地位。再次，成氏注意到各个知识门类之间外部的关联，而对基于各知识门类内部的对其他知识门类的融摄和涵容的趋势，注意不够。事实上，现代学科门类之间，这种源于内部的互融互渗和源自外部的相互作用与影响，乃是并行不悖的现象。最后，成氏基于上下界的划分，将科学视为人文、宗教的价值实现的工具，而且断认只有宗教真理具有全体价值，而科学真理只有部分价值，故只能是上层的宗教或道德真理涵摄下层的科学真理，而不是相反。其实，现代的学科站在各自本位的立场，无不是将自身视为目的，而将其他门类视为手段和工具。这可以说是互为体用。也就是说，各学科既可以作为目的，又可以作为工具，而不可能固定化。而且，各学科在理论与实际中既具有无限性又具有有限性的意义，就是承认在有限性的存在追求无限性的意义。这也就否认了一个具有完全真理的至上性领域的存在。即便是神学的真理，虽然承认其以无限性的绝对真理为对象，但毕竟只是某个理论观点的代表，而不可能是全部真理的代表。总之，主观性与客观性的划分是近代学科建立的理论基础。但这种划分只有相对的、假设的意义。而实际上主观性与客观性的存在，都是互为对方条件的。所以，不存在绝对的客观性，也不存在绝对的主观性。或者说，绝对的客观性只是为了理论建构的需要，选择的暂时性的对主观性的搁置、遮蔽。反之亦然。任何事物的存在，都是真善美的同时具足。每一方面的存在，都是以其他方面的存在为条件。单独提出和突出某一方面，也只是理论的假设和需要。

三、方东美、成中英知识与价值理论的比较

方东美、成中英哲学对知识与价值问题的思考，在理论上有其继承性、一致性的特征。

首先，方、成二氏对知识与价值问题的探讨，都是以知识与价值的划分为前提和基础的。这在方氏是"平面的宇宙"与"立体的宇宙"的划分，在成氏则为"知识性宇宙"与"价值性宇宙"的划分。方氏对两个世界的划分，其要点是科学的知识活动是以事实世界为域限，以自然的物质世界为对象，而在此之外的价值世界则非科学的领地，而是宗教的根源和真善美的根源。二者不可逾越和混淆。成氏也肯定科学乃是基于客观性的假设，科学不讨论主观性和不受法则与定律解释及限制的经验。而价值则是基于主观性的意志的体验。二者具有相互独立的性质，又各有自己的特质和范围。方、成二氏都肯定知识与价值的划分，乃是基于客观性的理性以及主观性的情感或

意志。因此，二者各有自己的属性、对象和范围。二氏都强调，人文的价值领域非科学的知识和方法所能把握。方东美据此批评科学所恪守的"价值中立主义"，断认他们受自然科学方法的影响，以此来处理价值问题，结果将哲学、宗教、艺术的世界也当作科学的对象，从而导致价值的匮乏。成氏也断言人文的现象非科学的知识和方法所能完全诠释和化约。他强调科学真理具有中立性、工具性的特征。也就是说，科学真理不决定价值，以此来防止科学对人文、宗教的价值领域的僭越和"侵略性"。

其次，方、成二氏基于其哲学的基本观点将知识与价值看作是相互关联、交互作用与影响的关系。知识与价值虽然各自独立，但二者基于本体的相关性而成为相反相成的一体。方氏由其生命本体"含情契理"的认识，将科学作为对事理的了解的"境的认识"，而将哲学作为对事理了解的价值估定，因此两者在本体的层面构成相互依赖、密切关联的一体，而不可能是相互对立、相互排斥的关系。而在事实上，哲学所设立的形上原理为科学系统的可靠性提供了理论的基础，而科学的知识系统则为哲学的价值评判提供了事实的基础。成氏由生命本质涵摄理性与意志的要素，复由此衍生知识与价值相涵互生的理论架构，并据此展开对知识与价值辩证统一关系的思考。他由生命整体性的理解中，洞察知识与价值为一体二面的互基性的辩证关系，进而实现二者之间的有机统一与结合。成氏主张知识与价值的相互的诠释与批评，即通过二者的双向共建导向一个知识与价值互动平衡的整体性系统。成氏以此梳理科学真理与价值真理的关系，化解其间突出的矛盾与冲突。他将基于客观性的科学的知识活动与基于主观性的人文价值活动看作是相反而相成的"一体之二元"，二者之间存在着相互依持、相互影响的关系。在历史上，科学的兴起与哲学家对科学方法的探索与觉悟密切关联。同样，科学的知识和事实真理也为哲学、宗教的价值真理提供了基础和保障。成氏还力图从人类文化整体性的观点，对科学、人文与宗教进行适当的定位与整合，实现科学、人文与宗教的融通，从而在本体论的理论高度整合人类文化诸部门，重建人类文化的知识体系与价值体系机体统一的整体系统。

最后，方、成二氏的哲学在肯定知识与价值的密切关联和交互作用的同时，又倾向于凸显价值对知识的优位性和统摄性作用，而将知识作为价值实现的工具和手段。方氏断认科学的知识只以平铺的事实为对象，其中并没有价值。科学作为人类认识客观环境的工具和手段，科学的知识是实现人生价值与意义的前提与可靠根据。简言之，科学的知识活动只是作为价值实现的工具与手段而非目的。而哲学则是生命精神的集中体现，其主旨就在于荷负人世的价值，弘扬人生的真实意义。哲学的要义就在于，对科学知识所彰显的事实世界作价值评估，通过估量知识的效果，以树立价值的标准。方氏区分科学的知识世界与哲学的价值世界，最后又在价值本体的引领下，强调价值领域对知识领域的统摄、支配作用，从而建构一个知识与价值相统一的理论体系。成氏哲学也肯定，科学真理指谓客观事实，与人的主观活动相对待。因此，科学真理不是价值，具有与价值相对待的性质。科学作为外在的知识体系，有其客观的真理性，但对人的发展则有其工具性。相对而言，价值真理是基于个人的绝对性，自主性及全体性的自觉与认识。而价值的实现却必须借助知识理性的工具，它本身不能实现自己。处于上层的道德真理可以涵摄下层的科学真理，也可以借助科学真理为工具来实现其价值。处于最高层的形上真理或宗教真理因其涵摄了所有下层真理，被称为完全真理。它的存在与实现必须透过前三层的形式结构真理、事实经验真理和行为目的真理而获得。成氏力图凸显价值本体对知识领域的统摄性作用，以其为统一性原理实现所有知识系统的整合以及科学、人文与宗教的融通。

方、成二氏知识与价值理论的分歧体现在：

第一，二氏都肯定知识与价值的区分，以此作为其理论的前提，但在方氏，知识与价值是作为截然二分的领域，也就是他断认知识领域中不存在价值，知识只是作为价值实现的工具与手段。而只有价值才昭示了人生的意义，也为知识的活动提供了目的与方向。他更偏于强调科学作为价值创造的手段和工具的意义。而只有哲学才集中体现了精神创造的价值。方东美在此显将科学与哲学分属两个世界了，而且这两个世界在价值上是不平等的，科学的"事实世界"只有作为哲学的"价值世界"的基础和工具。他因此又称科学为"平面的宇宙观"，哲学为"层叠的宇宙观"。这是说科学的领域内不具有价值，而只有哲学的领域才集中了价值。而且二者也不是对等的，而是有了主从关系。由于坚持知识与价值具有截然不同的属性与范围，方氏坚决反对科学的知识与方法被逾越本位地运用于一切的领域，尤其是人文科学的领域。相对方氏这种截然二分的观点，成氏的理论有所缓和，他在承认知识与价值相对独立性的同时，尽力在二者之间寻求一种调和、折中的途径。成氏一面肯定科学的知识具有中立性和工具性，不具有价值的决定；但他一面又认为科学不仅代表客观事实的知识成果，也是一种心灵的活动。因此，科学有被决定为内在价值的可能。这等于说，科学的求真活动也是一种价值的体现。为了突出和强调价值真理的优位性，成氏转而坚持科学真理不是全体价值，也不能取代其他价值。由于这种理论立场的松动，虽然成氏也强调人文的现象非科学的知识与方法所能完全把握，反对科学霸权主义对人文领域的宰制，但已不是完全反对科学方法运用于人文领域了。

第二，方、成二氏在知识与价值的关系的认识上，虽然肯定它们之间乃是相互关联、相互作用的关系，但是其侧重点毕竟有所不同。对方氏来说，依据其哲学关于"境的认识"与"情的蕴发"的区分，他将科学定位为"时空上事理之了解"，属于"境的认识"；而他关于哲学的涵义中则既有"境的认识"，又有"情的蕴发"。他实际上更偏重于后者在哲学中的作用，更倾向于肯定"情的蕴发"对于"事理上价值之估定"的作用。这一点在他的哲学观念中具有实质性的意义。他承认科学与哲学是相互关联的，贯穿一体的，但他更偏于强调科学作为价值创造的手段和工具的意义。而只有哲学才集中体现了精神创造的价值。相形之下，成中英在其哲学中更加重视理性的地位。他将生命存在看作本体的、实质的和谐与统一的整体。理性与意志作为生命存在之一体二元，它们构成了一个具有内在相关性的、和谐统一的整体。从这种本体哲学的理论出发，他将知识论、方法论的建构置于其哲学的突出位置。在讨论知识与价值的关系时，他将知识提升到与价值具有对等性的地位。他主张用价值来规范知识与用知识来实现价值是一个双向并行的过程，而不能偏执一端。他从生命整体性结构的理解中，洞察知识与价值为一体二面的互基性的辩证关系。进而，他从知识与价值平衡互动、整体相生的观点，将科学的知识活动与人文的价值活动看作相反而相成，具有相互依持和相互影响的辩证统一关系的"两行"。

第三，方、成二氏由其哲学价值本体的优位性导出价值对知识的统摄性的作用和地位，而其间仍然有所差异。在方氏哲学，知识的事实世界不具有价值，而只是作为价值创造的手段和工具。只有价值的世界才体现了生命的意义与目的。因而，价值本体对知识领域具有统摄性、支配性的作用。而且，价值对知识的这种统摄、支配是绝对的、无条件的。可以说，方氏哲学乃是一种强势的价值中心论，体现了一种基于价值本体的对知识领域的强势的统摄、支配。归结起来，它仍然没有挣脱传统哲学体用论的思维模式，可谓体用论模式在知识与价值问题上的折射。而成氏哲学则相对强化和突出了知识的基础性、工具性的作用与意义，而弱化、淡化了价值的统摄性、支配性的作用与意义。知识甚至在一定的条件下可以转化为价值。这实际上承认了科学的知识和真理本身也是一种价值，尽管相对来说不是一种完全价值。而价值的实现也不是无条件的。处在上层的价值真理对于处在下层的科学真理，具有涵摄的作用。但是上层价值世界的实现须以下层的知识世界为条件和手段。虽然成氏也肯定价值世界对科学的事实世界具有涵摄、统摄的作用，但这种统摄性更多是作为一种知识统一性原理发挥作用。相形之下，成氏哲学更加突出了知识的地位与作用，知识与价值之间也更趋于一种交互性与对等性的关系。总体上虽然仍不脱价值本体论的立场，故价值对知识仍具有统摄性的意义。但这种统摄性主要是作为知识统一性原理，也不是对知识的绝对的支配原则。因此，这种理论可谓一种价值优位论，与强势的价值中心论有所不同。

总之，方、成二氏是在现代中国哲学重建或现代新儒家诸哲中，对知识与价值问题给予突出的关注和系统的思考。知识与价值问题的探讨，成为其哲学的核心的问题意识，并在其哲学中据有突出的位置。应该说，这本身即是对传统哲学的一个巨大突破和发展，也使其哲学更加切近和契入世界哲学核心问题的思考和争鸣。在这个问题上，方东美可谓是开拓者。他把知识与价值问题的探讨引进中国哲学，从而开辟了中国哲学现代发展的一片广阔的天地和一条极具生机与活力的道路。成中英则是一位拓荒者和播种者。他对这一问题的思考，无疑更加周密和严谨，也将这一领域的探讨推进至世界哲学的前沿，同时带给中国哲学前所未有的突破。而在总的思想路线和方向上，二氏仍然是一致的，可谓一脉相承。

第七章　内在超越与外在超越

——方东美、成中英论中西天人之际

天人之际的理论是中西哲学、文化中一个十分重要的理论领域。围绕着这一问题，中西哲学、文化表现出根本不同的精神趋向，即中国哲学、文化"天人合一"的精神和西方哲学、文化"神人相分"的精神。方东美与成中英的天人之论，都是从比较哲学的理论视域来比观、透视中西天人之论。二氏从比较哲学以及世界哲学的理论背景下，回归到中国本位文化的立场。他们由此坚持中国文化的本位立场以及中国哲学精神的优越性，都认为中国哲学精神对于西方哲学精神来说，拥有其特具的优越性。相对而言，方东美在东西哲学精神的比较中，事实上存在以中国文化本位的一种不对等的关系。而成中英则倾向于将中西天人之论作为一种对等的比较。方氏断认西方以上帝论、性恶论为主要特征的精神文化为宗教，而中国传统文化则为理性主义、人文主义的文化。而成氏则认为二者作为精神性的文化，有其一般性和特殊性。中西精神性俱为宗教，又俱为道德。

一、"超越"与"超绝"：方东美论中西天人之际

（一）"超越"与"超绝"：方东美比较视域下的中西超越性思想

在中国古代哲学中，天人关系一直是探讨的中心和处于焦点意识的问题。汉代思想家司马迁提出，"究天人之际，通古今之变，成一家之言"，不仅道出了一个史学家心中的抱负和追求，这其实也是中国历代哲学家服膺的

至理名言，对于置身现代境遇中的中国哲学家也是无所例外。然而，天人关系向来是一个聚讼纷纭的领域。儒家创始人孔子对于这一问题采取了"罕言天道性命"的态度。这种模糊的观点为后世儒家学者留下了多重阐释的维度和空间。古典儒家不大重视探讨"天道"、"性命"这样玄远的形而上学命题，并不表示这些问题不重要或无足轻重。实际上，天道论乃是中国传统文化的核心，发挥着范导性的至上原理的作用。中国古代圣贤大都认为"天道远，人道迩"。因此，他们更重视从人道、人事的立场来理解和把握天道的精神内涵。这种"天人合一"的思想趋势对中华民族的文化心理的影响极为深远。

现代新儒家学者大都倾向于从形而上学的路径来探讨和认知中西哲学的根本精神。可以说，形而上学是现代新儒学哲学重构的主要趋势，也是他们据以从事中西哲学比较的中心论域。这是因为，现代中国文化的系统乃是在固有的本土儒道文化与外来的印度佛教融合、会通的基础上形成的。形而上学已成为一个主要的趋势。如果说近代的西方文化乃是由古希腊的理性文化与古希伯来的宗教文化汇合而成的系统，那么说近世的中国文化乃是由古典的人文文化与印度佛教的出世文化融合而成，也是恰如其分。也就是说，处在与西方文化相遇中的中国文化，与原始的儒道文化并不完全一样，其形而上学的冲动是相当突出的。而随着中西文化交流的深入，中西文化的比较与会通也必然经由表层的物质、制度，进入深层的观念文化的层面，乃至于进入文化系统核心的形而上学的层面。由是可见，中国现代哲学重建中的形而上学趋势，具有其深刻的历史文化发展的动因。中国当代文化学者也包括当代新儒家在中西哲学的比较研究中，得出了一个几乎普遍认同的共识，即倾向于用"内在超越"与"外在超越"这两种超越性的划分作为中西哲学精神的根本分野。他们认为，西方哲学的"超越性"属于"外在超越"，而中国哲学的"超越性"则属于"内在超越"。他们所说的"外在超越"，是指古希腊哲学、基督教神学乃至近代康德哲学等所代表的西方哲学的超越性思想。其实质是将一种外在于人的终极性的目标和理想境域作为宗教信仰的对象。西方这种外在超越的宗教信仰与其理性主义的传统相偕并行。而所谓的"内在超越"主要是指在中国传统哲学中居主流地位的"天人合一"思想。

在中国传统哲学，"天"所指称的至高无上的神圣和超越之境域往往并不超离于此生此世的现实领域。中国传统哲学的天人合一思想始终与人文主义的伦理文化互为表里。这也说明，当代学者对于中西文化异质性的根源的认识，产生了一些趋近或趋同的见解，可谓所见略同。只是现代新儒家学者对于东方文化中的"天人合一"、"梵我一如"的内在超越的思想传统更多地抱持了一种认同和肯定的态度。

方东美作为较早提出这一问题的中国哲学家，对此做了集中而系统的理论阐释。他本人偏向于中国文化本位的立场，其理论观点可谓一种典型之论。他自承，其哲学研究采取形而上学的路径。他提到的世界其他民族的形上学系统有古希腊、印度和近欧的系统。[1] 他将中国的"天人合一"与印度的"梵我一如"的传统理解为"内在性"与"超越性"的结合，统归为一类，作为他所谓"超越"型态的代表。而古希腊和近代欧洲的形上学则作为所谓"超绝"型态的代表。[2] 可见，方氏对于中西形上学"超越"与"超绝"型态的剖分，与当代学者通常的"内在超越"与"外在超越"的界定，基本接近或等同。方东美倾向于认同和肯定中国哲学"超越"型态的形上学，而对西方"超绝"型态的形上学表示贬抑和摒弃。他认为，西方"超绝"型态的形上学，根源于二元对立的思想方式，将宇宙视为"两橛二分"状态，整个世界呈现为二元对立，因而产生了世界统一性的理论难题，导致形而上的超越性的价值理想与形而下的现实领域的超绝和悬隔不通。[3] 西方哲学由于执持一种主客对立的理性化的、概念化的思维方式和二元对立的思想模式，倾向于对诸如本体与现象，自然与超自然，主体与客体，价值与事实乃至一切问题的探讨，都陷入二元对立的境地，而莫得其解。由这种思维模式提供的世界图式是一个分裂的、矛盾对立的世界，其中人物对峙，人与人斗争，人与自然分裂，乃至人与整个世界都造成了矛盾对立。而居于核心的人与神的关系也是对立、斗争的状态。他所认可的则是中国哲学"内在超越"型态的形上学，也是他认为唯一正确与合理的型态，相对于西方"超绝"型态的

---

[1]　参见方东美：《中国哲学之精神及其发展》上册，台湾成均出版社 1984 年版，第 27 页。

[2]　参见方东美：《中国哲学之精神及其发展》上册，台湾成均出版社 1984 年版，"献辞"。

[3]　参见方东美：《中国哲学之精神及其发展》上册，台湾成均出版社 1984 年版，第 28 页。

形上学，具有其无法比拟的优越性。这是因为，中国"内在超越"型态的形上学，摒弃了西方二分法的理论方法，由是得以观照和把握世界的全体和整体的境域，从而可以克服西方哲学"二元对立"的理论难题。在他看来，中国哲学的"天人合一"的思想模式是一种整体性、综合性、融贯性的思维方式。由是派形上学观之，人与神明，人与人，人与一切万有乃是交融互彻，密切关联，和谐统一的关系。其中，人与天地、神明处于一体融通的境域。① 方氏由此断言，西方"超绝"型态的形上学，乃是一种病态的思维模式，而只有中国哲学"内在超越"型的"天人合一"的思想方式，才可以解决其根本的理论难题和弊端。

　　方东美从中西哲学对比的视域，着重批评了西方哲学二元对立模式的缺陷，将其归结为"和谐"的重要性被忽略和曲解，而典型的中国哲学恰是深体广大和谐之道，体现为圆融和谐的生命精神，因而他对西方以矛盾冲突为主的思想型态采取摒弃的态度。在他看来，与西方"超绝"型形上学相比，中国的"内在超越"型或"机体主义"形上学存在着诸多方面的优点：其一，西方哲学由于采用"二分法"，人、神、自然乃至一切问题的讨论都被放在分割的、孤立的理论系统内来解决，结果整体的世界被分割为互不融通的局部领域，宇宙上下层境界的联系尤其成为问题。而中国机体主义形上学，由于注重机体的统一，却可以避免"二分法"的缺陷，形成一个"旁通统贯"的理论系统，由一个整全的视域透视宇宙、人生的全体。根据这种机体主义形上学的观点，神、人、世界乃至一切问题都被置于旁通统贯的系统内得到理解。② 其二，西方哲学中的自然观，由于执着于二分法，整全的自然界被截然二分为初性与次性，使得人与自然对立；而中国哲学的自然观却足以克服西方科学主义的偏执，而追求一种广大圆融的观点。中国人的自然观念，不仅是物质世界，也是精神世界，是二者浑然一体、融会贯通的生命境界，人与自然之间是交融互摄的和谐关系。③ 其三，西方哲学认为人性具

① 参见方东美：《生生之德》，台湾黎明文化事业公司1979年版，第321页。

② 参见方东美：《生生之德》，台湾黎明文化事业公司1979年版，第六章"从比较哲学旷观中国文化里的人与自然"。

③ 参见方东美：《中国人生哲学》，中华书局2012年版，第二章"宇宙论的精义"。

有先天的原罪，人唯有仰赖上帝才能得救。而中国哲学则相信人性本善，尽人之本性即可上参天道，于现实世界即可完成最高道德。其四，西方"超绝"型的形上学导致了价值理想世界与现实世界的隔绝，它一方面产生了真善美的价值世界无法与下层世界沟通的问题，另一方面则产生了价值中立主义无法安顿价值的问题。而中国哲学的机体主义形上学则视宇宙一切万有都具内在价值，因此在价值理想与现实世界之间没有鸿沟，它是即理想即现实主义，或即现实即理想主义，就是肯定在现实世界就可以实现完美理想。[①]要之，中国哲学的"超越"型形上学，以其广大和谐与圆融无碍的精神，适足以克服西方二元对立思想的矛盾困境，它所代表的圆融和谐的智慧和精神，是世界上唯一不受"恶性二分法"思想侵蚀的文化生命，具有西方"超绝"型形上学无法比拟的优越性。

（二）方东美论中西宗教中的神、人关系

天人关系是中外哲学经常讨论的问题，涉及人与神、人与世界乃至人与社会等多重关系，它实际上构成了中西哲学的一个重要的理论领域。在方氏看来，西方的希伯来与基督教的宗教传统，主要是自然神论（Deism）或理神论，而东方文化中的宗教观念则属于泛神论（Pantheism）。他认为，西方宗教中的自然神论由于二分法的思想方法，导致人与神明之间的沟通产生严重困难，故为方氏所不取。他比较赞赏的是泛神论的观点。在他看来，宗教乃是人借以表达对神明虔敬之心的精神生活方式。人通过宗教发展了与神明的"内在融通"和人类之"互爱互助"关系以及人与世界的"参赞化育"的关系。方东美认为东西方文化中的宗教观念的差异，不在于是否承认神明的存在，也不在于是否认可神明的存在的地位及作用，而主要在于如何发展与神明的密切关系之途径上的不同。在方氏看来，希腊哲学与希伯来宗教的结合不是偶然的。由于古希腊哲学无法实现形而上的价值世界与形而下的事实世界的上、下界的沟通，从而实现其价值学统一，古希腊哲学乃将哲学转化为宗教神学，希望依靠上帝的精神权力，来重新实现这个分裂的世界的综

---

① 参见方东美：《中国哲学之精神及其发展》上册，台湾成均出版社 1984 年版，第 36 页。

合、统一。从这一意义来说，柏拉图与亚里士多德的理性主义哲学为西方接受其神人相分的宗教观念提供了理论的基础。因此，他断言，正是柏拉图与亚里士多德的共同努力，才使得西方接受了把自然与超自然分开的希伯来宗教思想。① 而希伯来的宗教精神是歌颂永恒世界，对现实的自然世界颇有不屑之意。中世纪神学是在古希腊哲学的间架上接受了希伯来思想，基督教思想的重心还是建立在永恒世界上。上帝和天国是超自然的、高高在上的存在，而人则匍匐在下，这样便造成了对尘世和人性的贬抑。②

方氏由此断认西方宗教传统源于希伯来宗教的遗传。他认为，西方的希伯来和基督教的宗教传统，主要是自然神论（Deism）。这种"自然神论"的宗教，由于二分法的思想方法，实际上主要是一种理性化、概念化的思维方式的运用，神明乃成为"超绝"的存在。西方的自然神论将神的存在置于遥不可及之处，隐于无形的至尊至圣和远超尘世之所，从而导致人与神明之间的沟通产生严重困难，乃至于神性无法用理性来说明。再有救赎说与原罪说的观念，神的天国终于被推到遥不可期的将来。在这种宗教传统中，神明的存在居于压倒性的绝对地方，它所代表的神圣界"全然异于此世"③。这种神圣对象不仅超离于一切熟悉事物而成为"超自然界"，并终将超离此生此世而提升为"超越世界"。简单地说，神和人类与世界的关系完全是"超绝"、"疏离"的状态。方氏将"犹太—基督"的宗教传统归结为几个要素，即过分强调"受造物意识"而引发的由人类虚无而生之宗教的敬畏感、由神明超强权势而生之宗教的自我弃绝感、由遗传原罪而生之迫切需要的他力救赎。依据这种极端的自然神论所见，神是高居皇天的至尊，它对低处凡俗的人与世界毫无助益。因为人间一切终归虚无，正如俗谓"神明高居皇天，人间万事皆非"④。方氏认为，这种自然神论的神明观念由于被武断地视为与一切事物完全疏离，而这种终极的疏离已使人与世界陷于虚无，它造成了人与神，人与他人，终致人与自我之疏离，因而为他所不取。

---

① 参见方东美：《生生之德》，台湾黎明文化事业公司 1979 年版，第 261 页。

② 参见方东美：《中国大乘佛学》，台湾黎明文化事业公司 1979 年版，第 50 页。

③ 方东美：《生生之德》，台湾黎明文化事业公司 1979 年版，第 330 页。

④ 方东美：《生生之德》，台湾黎明文化事业公司 1979 年版，第 332、336 页。

方氏所看重的则是撇开这种宗教的原罪观念不论，而由人的形象来看神，因此人逐步成为与神同样伟大的存在。方氏称，这种在人性天赋的伟大中实现神性本质的方式，正是东方宗教的伟大成就。[①] 然而，这种为方氏所认同的泛神论的立场，在西方宗教传统中则属于异端，而在东方宗教中却占主流地位。方东美将泛神论与自然神论相对比，进而指出：与自然神论中的神是超绝的存在不同，泛神论肯定神明普遍照临世界，确认圣灵寓居人心深处。从其思想根源来说，泛神论由于未曾遭受二分法的析事言理之流弊，故能体验圣灵亲在，从而不与神明疏隔。方东美将《奥义书》的"梵我一如"的宗教哲学与孔子以及后世儒家基于宗教的虔敬精神而表达的对于天地万物一体的终极关怀看作泛神论的例证。他认为，从理性的立场来看，泛神论与哲学精神较为相契。泛神论的观点虽然将神明的本质远超一切经验界的限度，但仍能以其又超越又内在的价值包含万有，扶持众类，深透人与世界之中。因此，泛神论的神实质上乃是以理性解说的哲学上的神。不仅如此，泛神论将理想的神明与现实的人间世连接起来，人与神明之间存在符应关系。在中国哲学里人性源于神性，人性受禀于天道。人的自性中即赋有神性。而此神性也就是具有无限创造力的天道。由此，人性被赋予了创造性的神奇。尤其是神明、天道被看作是无穷无尽的创造性本身。而在此之外或之上，并不存在至上神或创造主。因此，中国哲学对于神与人性的了解，是直接地来自于直观地体验，以神作为人性至善的根源。而不是将神作为概念化的、对象化的存在或超验的存在。这是中国哲学中神的观念与西方宗教神的观念的根本分歧所在。中国哲学诸家由是都承认并致力于人性伟大的实现。总之，在中国文化中，人与神、世界都结成一体相通的和谐整体。人的"疏离"问题尤其是人与神的"疏离"问题因而被克服与根除。

（三）方东美论中西哲学中的自然、人性观念

方东美认为，由于中西哲学在思想方法上存在着"主客二分"与"主客合一"的根本分歧，表现在它们对于外部世界的认识、理解的方式上，也

---

① 参见方东美：《生生之德》，台湾黎明文化事业公司1979年版，第334页。

是截然不同。西方"分离型"的思想导致人与自然的对立，而中国的"天人合一"思想却有助于人与自然的和解。这是方东美关于中西哲学的宇宙论的基本观点。方氏由此对西方物质的、机械的自然观念提出批评，而对中国哲学的自然观念表示认同。一般的见解将西方近代源于分离型思想产生科学与物质文明的发达，正是西方文化的优点与长处。而方氏却显然对这种奠基于科学的宇宙观大有不屑之意，称之为"科学唯物论"。他从其价值中心论的观点，认定科学的宇宙观把物质的机械系统当作人生的全部环境，产生了以偏概全之弊，反而不能促使人与自然的融合。相反，在中国哲学里，宇宙既包括物质世界，又包括精神世界，是物质与精神浑然一体、浩然同流的生命境界。在这个整体的、综合的宇宙中，人与自然是一体相通、相互融合的和谐关系。[①] 显见，方东美对中西自然观念的认识，与他对中西哲学的总体观点是一致的。

方氏从分析西方主客二分的思想方法入手，剖析和检讨了西方文化建立在科学基础上的自然观念的疑难和问题。他认为，在西方文化中，科学所依据的主客二分的分离型思想，必须先确立一个基本的假设，就是主观的分离型思想必须趋向于客观的分离的实在，主体通过符号的运用设法实现与表达和客体对象的一致。但是，这种主客二分的分离型思想由于其固有的主客二分和内在的二元对立性，经过辩证逻辑的运用，其势不能不陷入矛盾境地。这样，在主体与客体之间事实上存在着一条永远无法逾越的鸿沟，客体对象终限于主体所能把握的范围之外。方氏认为，近代西方科学现象主义的理论根源，导致科学的发展局限于现象世界，而对于现象世界背后的价值与意义采取中立态度而不闻不问。它产生的一个直接后果是，科学将自己的领域集中对物质世界和自然事物的研究。方氏着重批评了自然科学中初性、次性的二分法，认为这种二分法是使得人与自然对峙的方法论的根源。根据这种二分法，主观与客观之间永远暌隔。尤为严重的是，人的存在被忽略了。价值的失落导致对人的存在的轻忽。从哲学理论上看，西方思想由于二分法的问题（在科学思想上则是初性、次性的二分法），导致科学的思想系统成

---

① 参见方东美：《中国人生哲学概要》，台湾问学出版社1980年版，第100页。

为局限于物质世界的自然界或分殊的"孤立的思想系统"，产生了科学的自然理性与宗教的神圣理性的脱节，自然界与超自然界的对立，知识与价值的分离，乃至科学与宗教、哲学之间的相互限制与隔绝。① 约而言之，在西方的自然观念中由于其内在的二分法，对于万物的整全性与生命力的忽视，全体宇宙被分割为自然与超自然，很难融合为整体。自然又被分割为初性与次性，很难统一。因此，在西方，人与自然常呈对立、交锋状态，而永难和谐一致。

方氏认为，中国哲学中的自然是普遍生命流行的境域。这与西方物质的、机械的自然观念有实质性的区别。他因而也将中国的自然观称为"万物有生论"，而称西方的自然观为"万物无生论"。中国哲学不承认有超自然的力量，自然本身就具有无限的创造性，肯定人与自然都是由这种具有无限创造性的"生元"所发，因而人与自然之间没有任何隔阂。人的生命与宇宙的生命是一体贯通的境域。与西方的自然观念相比，中国哲学强调的自然不是干枯的、物质的机械系统，而是宇宙生命的流行，以其生机充满了万物。其中，物质条件与精神现象融会贯通。因此，不能将自然仅当作征服与宰割的对象。另外，中国哲学也反对将自然视为矛盾、对立的场所。相反，自然通过人的创造活动和精神作用，成为体现精神自由和价值实现的领域。中国人通过对生命的妙悟将自然中板滞的物性点化了，将数理化的时空观念的滞碍性化除掉，使其呈现出空灵冲虚的妙用来。因此，中国人眼里的自然本身就是一个和谐的体系。最后，与西方的没有价值、没有意义的价值中立化的自然观念相比，中国人则将自然视为一个价值领域，其中充满了道德性和艺术性。古希腊人讲到价值实现，总认为须先脱离物质世界，才能归趋上界神域。近代欧洲人从科学立场将物质世界视为价值中立的领域，而价值观念则必须另设一个超越领域来处理。可见，西方人的自然观念与价值理想是脱节的。而中国人的自然观念，因为视自然为生命流行的境界，一切至善至美的价值理想均可在自然的生命流行中实现。因此，其自然观是一个道德的园地，又是一个艺术的意境。自然在中国哲学中是本体至真之境，又是一切价

---

① 参见方东美：《生生之德》，台湾黎明文化事业公司 1979 年版，第 267 页。

值之源。它正需要通过人的协调一致的努力，将其发扬光大。

方氏还专门考察了中西人性论的差异。方氏由其哲学的基本观点，认同于中国哲学对于人性的根本观点，而对西方的人性学说则持基本否定的态度。他认为，中国哲学将人性的至善归源于神性。因此，从神性起源或创造性的价值统会的"奥美箭点"来看，人作为神性精神的具体化身，具备了懿美的善性，是充实完备与珍贵无比的存有和宇宙创化的参赞者。而西方哲学对人性的看法，或囿于宗教的成见，或限于二元论的错误，人性被分裂为极不相容的两个方面，如古希腊奥菲派的宗教以人类为两种神力，即善神与恶神合成，源于基督教传统的原罪说产生根深蒂固的先天性恶论。在他看来，西方人的性恶论和对人性的鄙视，导致了以人世为罪恶渊薮，而要求超离的人生态度。而对于纯正的中国人来说，他们的人生态度总是立足于此生此世，是入世的而不是超离的。方氏本人坚信人性本善的思想，对于西方贬抑人性为先天性恶的学说根本否认。对古希腊哲学视物质世界与肉体为罪恶的渊薮的理论不以为然。对于苏格拉底以人生为"实践死亡"的说教深致其疑。[①] 即便是对于西方理性主义者，他也以为其思想掺杂了宗教动机，以归向天国、皈依他世为人生归宿，表明他们的人生归宿总不在此世，而在彼岸世界。方东美强调指出，现代世界中的人与神、人与他人、人与世界乃至人与自然的"疏离"问题的根源，即是由西方文化根深蒂固的"原罪"意识或先天的罪恶感。他主张，这种"疏离"问题，应由诚明的良知意识加以克服。因而他称赞中国哲学中的人性论，纯以哲学思想为根源，而不夹带宗教的色彩，从而在思想上摆脱了先天性恶论的困扰。

（四）方东美天人关系思想之评估与再思考

方东美以形而上学为中心，区分了"超越"与"超绝"两种类型的形上学。在他看来，中国哲学建基于"内在超越"思想，体现了广大悉备的圆融和谐的精神。从总体上看，方东美对中国哲学的"天人合一"思想表示推崇和认同，而对西方文化的"天人相分"、"二元对立"思想表示贬抑和拒

---

① 参见方东美：《生生之德》，台湾黎明文化事业公司 1979 年版，第 260 页。

斥。方氏认为，西方文化的二分法，导致其思想陷入了分离型态和"孤立的思想系统"，造成了科学、宗教与哲学之间的分隔与限制，终致人与神、人与自然、人与他人乃至人与世界的对立，即他所谓的"人的疏离"问题的产生。而中国哲学"天人合一"思想提供了一幅天人之间契合无间的完美图景，它恰是西方二元对立思想的一剂解药。他自陈其哲学主旨就是以中国哲学圆融和谐精神向西方二元对立的思想型态展开挑战。在此，方东美从中国传统哲学的本位立场和价值标准，视西方哲学二元对立形态为病态的思想而严加排拒。这种理论的问题在于，未能对中国传统的天人合一思想的内涵做进一步深刻的剖析和反思，尤其是对这种思维模式的弊端缺乏足够的照察与论析。换言之，其理论论证的标准和出发点需要重新的检讨和再思考。可以肯定的是，方氏对西方"超绝"型态的形上学的批评深刻而富有洞见，也确实将西方外在超越思想的内在矛盾和弊端揭示出来。但是他忽略了传统中国哲学由于缺少分析方法，陷入笼统不分，以及传统中国形上学过于注重天人的统一性，以致陷入人的有限性领域，并终致天的无限性的失坠，或以片面强调人的"上齐于天"而致人的我执、自大，则是很大的思想误区。据此可见，中国哲学必须接受、承受西方二元对立思想的考验，接纳和涵容西方二分法的思想内涵和方法，充实和重建中国哲学的"广大和谐之道"。在此基础上进一步对"内在超越"与"外在超越"即方氏所谓的"超越"与"超绝"的理论型态及其关系作出适度修正和重整。也就是说，"内在超越"与"外在超越"作为两种基本的精神生活的超越方式，不能仅作为截然对立的状态。它们除了具有基本的分歧和差别的异质性的一面，也具有相互渗透，相互作用的一面。应当在此认识的基础上对中西两种超越性思想加以兼综的理解和进一步的整合。片面地肯定中国传统的天人合一思想对西方二元对立思想的优越性，是不够全面的。

就中西宗教、哲学中的神、人关系而论，方氏认同东方宗教"天人合一"、"梵我一如"的泛神论的神明观念，认为人与神明是一种密契融通的关系。他倾向于从人的形象来看神，从人性来理解神性，从而将人与神看作是在本源上一体相通的领域。相反，他对希伯来—基督教传统中的神明观念则持贬抑和拒斥态度，认为这种外在的神明观念造成了对人性的压抑和神人关系的对峙，也不同意将人性的价值归源于神性的理论。应该说，方氏在此将人的精神生活的两种基本的超越方式及其思想内涵的基本特征揭示出来，他对西方宗教和哲学的"神人相分"思想的批评也不无道理。他强调"外在超越"与"内在超越"即所谓"超越"与"超绝"这两种超越性精神截然对立的殊异性。但他没有意识到，"外在超越"与"内在超越"之间相互依存、相互渗透的关系。据此而论，必须重塑和重建东西方宗教、哲学中关于神明的形象和观念内涵，设法将二者结合和联结起来，构建"内在超越"与"外在超越"之间双向兼综的新的超越方式与沟通机制，而不可单向度地肯定或贬抑某种超越性的精神生活方式。同样，对于人性论的问题，不能将人性的无限性与有限性割裂，看作相互对立、相互反对的方面而相互排斥。相反，二者应是相反相成的关系。据此，中国传统的性善论和西方传统的原罪说恰可以相互对照和发明。方氏强调人性的价值本善自足，不同意将外在的神性作为人性的价值来源，或将人性看作相对性、有限性的领域，也不同意用外在的科学的方法来把握和理解人性。这种人性论固然是发挥了中国传统人性论的主流思想，它强调的是人性的理想性、可超越性和潜在的可完善性，但它对人性的局限性、给定性和现实的有限性显然有所忽略。就自然观而论，方东美强调中国人的自然观，其中既有物质的领域，又有精神的境界，是人与自然和谐无间的生命流行的境界。中国人既不把自然当作征服、宰制的对象，也不将自然视为物质的机械系统。这种观点符合中国哲学的精神，也颇为可取。他在批评西方科学的自然观时，认为西方建立在主观性与客观性即事实世界与价值世界二分法基础上的科学的宇宙观，是一个干枯的、物质的机械系统。他断认西方哲学的二分法是导致人与自然矛盾对峙，也是导致科学与宗教、哲学陷入对立、矛盾的根源。但是，问题在于方氏在发现西方科学的方法论的内在矛盾所在，便对其颇有不屑，将其作为一个价值虚无的领域。这种观点没有看到西方科学的方法所要求的价值中立，只是一种理论的假设，科学活动的过程和它所导致的结果即科学知识的系统本身，都可以说是一种价值的体现。因此，方氏的自然观可以说暴露了西方主流的科学的宇宙观的内在矛盾和问题，但他的解答和结论则尚待进一步探究。

综上可见，方东美关于中西宗教、哲学中神明、自然与人性论等问题的探讨，将其归诸"天人合一"与"二元对立"思想的分野，并且断认中国的"天人合一"思想及其体现的圆融和谐精神对于西方"二元对立"的"二分法"思想具有其无与伦比的优越性。方氏的天人之论可谓中国传统文化本位立场的集中阐释。他将中西哲学、宗教之间的深刻的异质性、歧异性的理论焦点揭露出来。但他的不少理论观点又难免其本位文化立场的片面性，甚至难以摆脱护教论的色彩。

二、本源性与创造性：成中英论儒学的精神性

成中英提出，儒学的精神性体现在对存在本体与自我本性的理解以及两者的内在关联上。他从儒家本体哲学的"超越而内在"与"内在而超越"的双重径路，彰明儒学归源于宇宙生命本体的根源性和贯通整体创发过程中的生命创造精神。而儒家对自我本性的理解也是根源于宇宙本体的创造性，并展现为人的自我实现过程。因此，儒家的人性论内在于人性本体之善，并不依赖超越的上帝以为救赎，表现出对生命存在和人性价值的完全肯定，而将恶的问题看作是人性发展过程中需要克服与转化的问题。与世界其他宗教相比，儒家的精神性在理论上可以涵容基督教和佛教，表现出更大的包容性与创发性。

（一）"超越而内在"与"内在而超越"：儒家精神性的两个向度的本体诠释循环

儒家的精神性涉及天、天道以及人的自我精神或本性的界定与理解，同时涉及两者的关联、互动。成中英沿循其本体诠释学的独特理路，从中国传统哲学"天人合一"精神的阐发中，拓展出"超越而内在"与"内在而超越"的"本体诠释循环"，无疑是对儒家精神性的一种创造性阐释。他认为，所有世界宗教在精神根源上都具有两重性格，即对超越性理想的追求和对现实的革新，兼具信仰的超越性与内在性。宗教大抵都是以一个将超越性的理想位格化的上帝为中心。而儒家或儒学却发展了革新社会与实现自我的方

向，把对象化的超越性信仰转化为自我实现的道德实践。因此，儒家或可视作一种"超宗教的宗教"或"人文的、伦理的宗教"。①

在他看来，儒学的精神性的探讨要归源于传统的易经哲学。因为正是易学开拓出人文精神的自觉，进而消融了对位格化的人格神的信仰，从而转化出以人为本的儒学。与西方的基督教、犹太教或其他世界宗教如佛教、伊斯兰教相比，它们大都必须挣脱、超离现实的世界以实现人对永恒的理念形式的归属。而儒家则呈现为内在化的超越，不断寻求在现实世界的自我转化和实现以及价值创造的过程。在儒学的本体宇宙的架构中，天代表了宇宙本体的创造力，对人的理解则可归源于天及天人的互动关系。换言之，人性的本源和人的存在过程乃至人的终极目标都根源于"天人合一"的命题。人秉承宇宙本体的创造力，因受时空的限制故为有限的创造力，但本源上却彰显为天的无限创造力。②

成中英提出从"超越而内在"与"内在而超越"的"本体诠释循环"来理解儒学的精神性。他不同意一般对"超越"的理解，以为上帝的超越性概念就是"不依赖"，也就是对人的存在或现实世界的一种超离。他列举西方宗教中托马斯·阿奎那的上帝概念说明，上帝显见具有与人有内在的存有关联，故不可能是完全的超越。他由此导向一个"超越而内在"与"内在而超越"的理解。所谓"超越而内在"，是指超越的天或上帝将其具有的性能呈现在其所创造的生命之中。在此，上帝只是一个原始创造力的符号。上帝的创造方式，为中国哲学的道体的自然化生或为人格神的奇迹造物，形成东西方文化传统的极大差别。既然宇宙万有为上帝所创造，则它们俱分享上帝的性能。人与物的差别在于人受于天的品质必高。物的品质只有物质性，生物的品质只有生命，而人则兼具物质性、生命性、意识性与道德性。可以说，人是天的自然创造力发展的顶峰和成品。人类能够发展并创造文明，也离不开天赋予人的创造力。易经哲学提供了一个天道化生，创造天地万物，

① 参见成中英：《儒家的精神性》，《新觉醒时代——论中国文化之再创造》，中央编译出版社 2014 年版，第 228 页。

② 参见成中英：《儒家的精神性》，《新觉醒时代——论中国文化之再创造》，中央编译出版社 2014 年版，第 230 页。

进而发展为人类文明的本体宇宙模式，其中包含了天道下贯人类文明的过程，也包含了从人类文明提升到天道的交互流通与循环的过程。以此可以理解《中庸》所说的"天命之谓性"，就是说超越的天道以其创化力和动能下贯于人的存在，形成人的性德。总之，"超越而内在"就是人秉承天道之创造力的过程，也是人之性德秉具的过程。因为人性秉具天道的创发力，故人性在原点上必然是纯善的。而恶只是后天的。超越而内在通过《易经》的本体宇宙创生论得到具体展示，天道化生循着一阴一阳之道衍生万物乃至人类，同时体现为天德的生生不已和地德的厚德载物。①

而所谓"内在而超越"，就是人既具有天命之性，如何充实和拓展自我的德性，必须经过一番切己反思感通万物的体验功夫，进行内省于己外观于物的感性与知性活动，进而实现自我的本性乃至回归天的真实本源。在此，"超越"主要是指自我德性的修持，《大学》称为"明明德"的过程，包含了向上提升和向外推广的双重涵义。即一面革新自我转化自我，一面以此实现社会群体的转化与革新。此亦儒家"克己复礼"由为己而为人的过程，其要义更体现于修齐治平的理论与实践之中。他强调，在孔子儒学中，"克己"与"复礼"是内外"两行"的关系，"克己"是开发与凸显人的本源的创造力，"克己"而后才能以自我的创造性实现与提升人群的全体性与内在关联性。既彰显了主体性的德性又实现了社会群体的超越和升华，表现为一个主客互动的本体开放的过程。成氏特别指出，当代新儒家的一些学者遵循陆王心学的立场，强调"主体性的朗现"，而对主体性与客体性的相互挺立的"合外内之道"却有所忽略。②

总之，"超越而内在"与"内在而超越"形成了一个"本体诠释的循环"，必须将两者结合起来，方能体现儒学精神性的全体。在他看来，孔子统合易经的本体创生精神为人伦之道，在《中庸》与《大学》分别体现为内在与超越的统一。《中庸》所包含的由"超越而内在"的过程，《大学》包含

---

① 参见成中英：《儒家的精神性》，《新觉醒时代——论中国文化之再创造》，中央编译出版社 2014 年版，第 233 页。

② 参见成中英：《儒家的精神性》，《新觉醒时代——论中国文化之再创造》，中央编译出版社 2014 年版，第 235 页。

的多为"内在而超越"的过程。乃至儒学的整体统合精神体现在周易、孔子、子思、孟子、曾子、荀子的理论体系。子思和孟子的学派以及曾子与荀子的学派，恰可以整合，相互补充。后世的儒家程朱与陆王，也是如此。①

（二）"性善论"：儒家人性论的主流

人性论一直是哲学探讨中歧见纷纭的一个核心问题。而儒家人性论则向以性善论为主流。成中英认为，既然人是宇宙创化的产物，人必然秉承了宇宙本体的创造力。因此，人性在本源的意义上，必然是纯善的。而所谓的性善，也就是人秉受天道的创发力，无有偏颇或扭曲。也就是说，人性在原初的、本源的意义上，注定是纯然为善的。他据此来理解《中庸》的"天命之谓性"，人的德性溯本于天道的创造力，故而人能够保有其性能，更能理性地认识价值的理想以成己成物。因为天命的动能下贯于人，形成人的性德，孔子方能言，"天生德于予"。人能秉受此纯善之性，方能成己成人，进而知己知人知性知天。因此，人性具有本质的善，而恶则是后天的。所谓恶，只是说人性在落入实际的存有的过程中，受到外在环境或外物的干扰与影响所致，与本性的善并不相矛盾。《大学》所谓的"大学之道"在"明明德，在亲民，在止于至善"，也表明人性有对理想社会的向往和期待，它与人性包含的内在的创造力合成人的趋善能力，界定了人性为善的意涵。②

成中英着重讨论了孟子的性善说。他认为，性善即本体之善，因其源于宇宙本体的创造力，具有原初性。其所以为善，是作为生命实现的目的性与完整性的动力与基础，是生命或生之为生的内在价值。同时，善的目的性和动力性还需要经过一个善的过程性来完成。因此，在本体的创造的起点上，善就是意志的无限自由的选择。孟子用水之向下，喻人性之善，乃是出于自然的趋势。其性善论的中心思想在于人秉具内在的德性，需要加以发挥和培养。它表明人性中包含了源源不绝的本体创造力，也表示人性中的本体

①　参见成中英：《儒家的精神性》，《新觉醒时代——论中国文化之再创造》，中央编译出版社 2014 年版，第 239 页。

②　参见成中英：《原性与圆性：性即理与心即理的融合》，李翔海、邓克武编：《成中英文集》第二卷，湖北人民出版社 2004 年版，第 228 页。

之善可以随时随地得到体现。相对于人性的本体之善，恶只是人性在实现过程中的失落、消解、扭曲、误导、迷惑。据此，成中英进而讨论了孟子哲学关于本体之善的实现问题。孟子为了维护本体之真，乃提出善养浩然之气的修养理论。其核心要义在于人心中包含了天地之正气，须善加养护此真实的本体，将人的内在精神卓然挺立于天地之间。可见，孟子修养论的正面是强调尽心、知性、知天和存心、养性、事天。而另一面则是对违反人之本性的习气的克服，教人循善而行，返归于正。总之，孟子对人性的深层结构的理解是，人生而有性，性发为善。①

在成氏看来，荀子主性恶论，表面上与孟子性善论针锋相对，而实际上两者恰是相反相成。荀子的人性论并不自外于儒家的精神性传统。因为荀子是从经验认知的层面来探讨人性，从事实上来说明人性受到扭曲的本质和趋于恶性恶行的性向。在他看来，荀子所谓的人性之恶，不是就人性的本质而论，因而人性是可以塑造而改变的。荀子强调须用理性知识、教化制度甚至刑法规章来改变社会环境，进而变化人的品质。荀子在历史事实的观察中，发现人性在现实层面易于为恶的趋向，主张通过理性知识的学习，发展礼法制度，以实现效果的善，乃荀子哲学的精要所在。荀子哲学以其外在的客观知识，与孟子哲学的内在的心性论，构成了整合一体的可能性。②

宋明儒学中关于人性的理论向有程朱理学的"性即理"和陆王心学的"心即理"的分歧和对立。但是从宇宙本体的根源性与整体性的观点，两者仍然可以综合为一个完整的理论。这是成中英对宋明儒学的一个重要的卓见。他认为，宋明心性之学固然多有歧义，但显见性不能仅从人的存在来解说，更应该从宇宙本体的层面来理解。对人性的本源的关注是理学与心学共同的主题。虽然理学"性即理"偏向外在的知性发展即所谓"道问学"，而心学则偏向内在的德性追求即所谓"尊德性"，但两者都有将超越性的"天理"内化为人的存在的心性的趋向。宋儒以性为生命的本源，又基于这种追

<hr>

① 参见成中英：《儒家的精神性》，《新觉醒时代——论中国文化之再创造》，中央编译出版社 2014 年版，第 239 页。

② 参见成中英：《儒家的精神性》，《新觉醒时代——论中国文化之再创造》，中央编译出版社 2014 年版，第 240 页。

源溯本的观点，发展为一种整体性的"本源形上学"与"本源人性论"，两者都是以孟子哲学为基础和灵感源泉。程朱揭出"理"为人性的本源，而将人性的不完美归之于"气"。故主张须涵养本源，以去气质之性的陷溺。而陆王则以心之灵明良知直指本源之理，而以本心无不善。程朱倡言"性即理"，进而讨论"天地之性"与"气质之性"之区别。"天地之性"即是"理"，乃本源性的纯善。而"气质之性"为"天地之性"所依存，为善恶相混，而非全善。即是说，人性乃先天的纯善，后天的不完善。因此，须通过自觉的主一持敬的变化气质的功夫以回复天理。而王阳明主"心即是理"、"心外无理"，又倡"致良知"说，其思想方向是内向的。他以良知为心之本体，以心恒得其正，不可有失为"致良知"的功夫。同时将"格物"释为"去其心之不正"，又以"穷理"为"明明德"。其哲学以心体相贯穿并以其为基础。总言之，成氏站在一个整体性本体诠释学的理论观点，力图为朱子性理学和阳明心学各自定位，认为二者其实各为一偏，而合之则为性体之全。①

（三）"超融"：儒学对其他宗教的融合

儒学强调"超越而内在"与"内在而超越"的持续创发的过程，体现出强烈的人文道德精神和自我实现与融合万端的精神。儒家"内在性"的精神性走上了人文化的伦理道德实践一途，同时具有浓郁的超越性的宗教情感。因此，儒家精神具有理想性与现实性的两面性。据此理解，成中英乃称儒家为"超越宗教的宗教"、"人文宗教"或"人性道德宗教"。他指出，在历史上，儒家虽然没有形成制度化的宗教，但作为人文精神传统及其价值的传承者，为传统社会文化提供了精神的动力与源泉。相对而言，儒家既具有对超越性的天的传统信仰，又具有注重社会人伦的道德精神。因此，在今天世界宗教多元并存，相互竞争与沟通的情势下，儒学以其天道的本体创造精神，具有更大的开放性、涵容性，能够汲取和包容其他形态的宗教精

---

① 参见成中英：《原性与圆性：性即理与心即理的融合》，李翔海、邓克武编：《成中英文集》第二卷，湖北人民出版社 2006 年版。

神性，体现出完全超越与包容的"超融精神"。儒家的这种"中道涵容"精神，对化解世界其他宗教所固有的排他性以及所体现的神人之间的张力，反而具有无与伦比的优越性。要而言之，儒学以其内在性的超越路径以及人文化的道德人伦精神为人类精神的发展，提示了一条极具生命力和创发力的道路和典型化的精神形态。而在今日世界文化日趋多元化的全球化时代，儒家以其"中道涵容"的"超融"精神，具有整合和融合世界全体文化的潜力与活力，而凸显出其特具的优越性。因此，理解与发挥儒家的精神性，尤显其重要。①

　　成中英强调，儒家人文精神根源于天道的本体创造精神。天、天道成为人的存在的根源，也是人性的基础，是人自我实现和发展的动力。天、天道作为根源性的本体创造力，而不是位格化的人格神或创造主的存在。这是儒学与西方亚伯拉罕系宗教的基本分野所在。作为根本创造力的天，而不必是人格化的创造主或主宰者的形象。因而，天也并非绝对的超越，相反却由于人文的思考成为内在于人的存在。为了更好地理解中西文化的精神性，成中英提出对宗教的概念作重新诠释。他认为："宗教是人的内心对崇高、无限、超越的感受和信念，因而可以为心灵的信仰或精神的信仰。"② 而且这一信仰的状态和对象还可以变成理论的宗旨加以理论的说明，进而形成教化的体系。同时一个信仰的形成，还必须作为人群内心共同认同的价值，需要心灵与情感深度的投入。可见，成中英对宗教的界定具有相对的模糊性和多元性。他主要将宗教看作对生命的终极性、整体性的一种信仰，而个人以自我的生命投入其中并与之建立联系的一种形式。基于这种理解，宗教具有多种类型。第一种类型是西方基督教或亚伯拉罕系宗教。它将一个外在的、绝对的人格神的"上帝"作为信仰的对象。上帝作为世间一切万有的创造者和主宰者，全知全能，却又超绝于一切万有之上。第二种类型是佛教和印度教。此类宗教将"终极与整体实在"作为终极的存在，也是自我或内在自我

---

① 参见成中英：《儒家的精神性》，《新觉醒时代——论中国文化之再创造》，中央编译出版社 2014 年版，第 242 页。

② 成中英：《儒家的精神性》，《新觉醒时代——论中国文化之再创造》，中央编译出版社 2014 年版，第 251 页。

的存在经验，进而通过一个自我修养的辩证过程得以将自我融入其中。这可以佛教的禅悟和印度教的"梵我一如"的体验为例证。第三种类型是康德所谓的理性的宗教。它实际上是将西方的基督教传统转化为以理性道德为基础的宗教，是以理性为原则对传统宗教的信仰对象"终极与整体实在"的一种重新诠释与论证。第四种类型是中国的儒家、道家，而以儒家为主要代表。它乃是基于理性的道德实践而致力于自性圆满的实现。其超越的对象不被理解为超绝于人类的理解经验和处境之中，而是内在于人类生命当中。因而体现了超越性与内在性、主体性与客体性的统一。其中人类的道德意识是对于"终极与整体实在"的意识的显现，人性的实现以根源性的天道为归趋。①

成中英着重比较了中西文化的宗教性或精神性的特质以及二者的关系。在他看来，这两种类型之间，并非截然对立的关系，而是有其精神性的普遍性与特殊性。它们代表了两种信仰和生活方式以及形上语言，两者可以和而不同，对立互补。就终极的层面而言，两者皆是宗教，又皆是道德。因为两者都指涉终极的信仰，又涉及人生的整体与人性的修持与价值选择的最后标准。基督教可谓终极的宗教，但涵括道德的内涵；而儒家则可谓终极的道德，但涵括宗教的精神。理论上来说，信仰和道德可以彼此涵容。但是，信仰并不能全面决定道德，正如道德不能全面决定信仰。儒家和基督教的精神性又表现出显著的歧异性。大体上来说，西方基督教或亚伯拉罕系的宗教，属于"外在超越"的形态，其超越性的精神以一个外在的、绝对的"上帝"为中心。而中国儒家则属于"内在超越"的形态，其超越性精神以天道为中心。由此导致基督教与儒家有关人性论的分歧以及外在救赎论与内在修持论的差别。基督教是先天的性恶论，故非人力所能救赎。这与儒家先天的性善或后天的性恶，绝然不同。② 成中英相信，在当代多元化的时代背景下，宗教、道德与科学走向了相互融合的趋势。宗教要接受科学的真和道德的善的

① 参见成中英：《儒家与宋明儒家哲学中的宗教实在与宗教理解》，李翔海、邓克武编：《成中英文集》第二卷，湖北人民出版社 2006 年版，第 59 页。

② 参见成中英：《21 世纪的新探索：天道、人性与文明》，《新觉醒时代——论中国文化之再创造》，中央编译出版社 2014 年版，第 61 页。

检验。而道德也须兼容宗教的信仰和科学的真理。据此，不同宗教之间得以相互融合与交汇。事实上也出现了基督教化的儒家或儒家化的基督教信徒。他进而提出在理论上用儒家的天道来重新诠释基督教的上帝，并将上帝理念与天道理念的融合当作当前宗教发展的一个方向。① 他特别强调儒家的中道涵容精神，具有融合、兼容其他宗教、文化的优长，因而在当代文化的对话、融合的过程中，理应发挥其中介、调和的突出作用。

（四）成中英超越性思想的评估和再思考

成中英关于儒家天人关系的理论，是在当代世界文化的宏观背景下对儒家精神性的一种追本溯源的梳理和论释，同时表现出强烈的中西文化比较和融会贯通的趋向。成氏从其整体哲学的观点出发，将儒家精神性归源于宇宙本体的创造力，以及天人之间的双向的动态关系，也即他所谓的"超越而内在"与"内在而超越"的理论。他坚持儒家传统主流的性善论的观点，同时又竭力将历史上儒家传统的不同的学术流派的有关理论观点整合为一体。应该说，成中英对中国传统的天道论、人性论的极具创发性的诠释与论证，具有其深刻的整合、统合中西哲学的理论意义。事实上，他正是在总结和检讨前人有关天人关系的理论研究及其思想成果的基础上，别开新见，将中国以"天道论"为中心与西方以"上帝论"为中心的中西精神性的比较研究，真正推进至对等的论域，从而摆脱了以往囿于狭隘的本位文化的立场，局限于文化之间优劣高下的论争和辩解。由此可见，成中英是出于中西整体思维的视域与方法，对中西天人之论的一次整体的比较和透视，涉及中西天人之际的一系列基本的理论问题。而他在世界整体哲学的背景下，回归于中国文化的本位立场，力图阐释和发挥中国传统的儒家精神性的特质及其在当代多元文化和宗教对话与沟通中的突出的中介与调和的作用，具有特殊的理论和现实的意涵。

可见，成中英天人关系思想是在新的理论基点上对中西文化的精神性、

---

①　参见成中英：《21世纪的新探索：天道、人性与文明》，《新觉醒时代——论中国文化之再创造》，中央编译出版社2014年版，第64页。

超越性思想的一种融会贯通的理论试探，具有极大的综合性、整合性的特质。首先，就其对中国哲学的精神性传统的整合而言。成中英对儒家精神性的诠释与论证，是沿循中国传统哲学的"天人合一"的思想路径，将"超越性"与"内在性"相结合。不仅如此，他还进一步从中国传统哲学的经典和诸多理论的梳理、论释中，以天人关系的贯通和天人合一思想为中心线索，开拓出"超越而内在"与"内在而超越"的双向路径，以此作为中国哲学"内在超越"形态的精神性的一体两面。其宗旨即在于涵盖与整合中国传统哲学的诸多理论流派，将性善论的孟子哲学与性恶论的荀子哲学，以及程朱理学与陆王心学，统合、纳入一个整体性的理论框架。同时，这种源于中国哲学内部的整合，还为中西天人关系理论的进一步整合，提供了必要的理论步骤和前提。其次，就中西精神性的整合而论。成中英在中西哲学全方位的比较、会通的研究中，真正将中西天人关系理论推进至对等并列的理论境域，进而摆脱了双方之间一向互争短长的争论，因而对一贯的单向度的本位文化的褊狭视域，是一个重大的理论飞跃和超越。应该肯定，成中英将天道作为宇宙本体的创造力，并以其作为人性存在的形上本源和基础，这种从本体论的层面对儒家的天道论、人性论的论证和诠释，将儒家精神性建立在一般本体论的理论基础上，也就使儒家精神性具备了世界哲学的理论形态，同时与世界其他文化的精神性相互补充、相辅相成。他确认，由于上帝论与天道论的分歧，即人类精神性的超越性在内在性与外在性的路向的抉择上出现的歧异，导致中西文化在整体精神性上的分殊。但两者之间仍然呈现为人类文化精神的共性与殊性、普遍性与特殊性的关系。他进而断认，中国文化以天道论、性善论为主的精神性与西方以上帝论、性恶论为主的精神性，两者乃是人类精神性发展不同走向的代表，各有特色，互有千秋。因此，中西文化及其影响的正负面难以遽作定论，其是非也无法绝对判断。[①] 最后，成中英从中西天人论的对照、比较中，回归于儒家精神性的阐发，并力图以其"内在超越"形态的精神性涵盖、包含西方"外在超越"型态的精神性。

---

① 参见成中英：《21 世纪的新探索：天道、人性与文明》，《新觉醒时代——论中国文化之再创造》，中央编译出版社 2014 年版，第 62 页。

他提出，可以用儒家的本体论与宇宙论来界定与充实上帝的特性。譬如在一定的条件下，用太极与天道来重新思考与诠释西方宗教的上帝之性与能，以此致力于儒家与基督教的互诠互释和相互融合。[①] 要而言之，神性存在于终极的创造性之中，也存在于人性深处。对于上帝的理解不可局限于位格化的人格神，也应开放于非位格化的德性化的诠释。在位格化的"外在超越"的上帝与非位格化的"内在超越"的天道之间保持一种辩证的张力与统一。[②]

成中英中西天人关系之论在理论上存在着一定的模糊性。他一面承认中国"内在超越"形态的精神性与西方"外在超越"型态的精神性乃是具有对等性的、相互独立的理论形态，但他一面又强调两者之间的辩证统合。说到底是以中国文化的"内在超越"形态的精神性为本位来理解和诠释西方"外在超越"形态的精神性。它将西方绝对的超越和位格化、人格神的上帝视为可以讨论的问题，其根由在此。但这种由理性的、人文的路径来理解、诠释西方绝对超越的上帝，毕竟与西方宗教的主流的观念不甚相符。一言以蔽之，成中英以中国"内在超越"形态的精神性为本位，来理解、诠释西方"外在超越"形态的精神性的理论路径，固然让中西两种精神性在真正对等的理论平台相接，但其中仍有不少问题值得进一步探讨。

三、方东美、成中英天人关系理论比较

方东美、成中英的天人之论是经由比较哲学的理论视域，转而回归中国文化的本位立场，其理论的共性主要体现在：

首先，方、成二氏的天人之论具有突出的比较哲学的理论视域。方东美将中国的天人合一思想与西方的二元对立、神人二分思想相对照。因此，

[①] 参见成中英：《21 世纪的新探索：天道、人性与文明》，《新觉醒时代——论中国文化之再创造》，中央编译出版社 2014 年版，第 62 页。

[②] 参见成中英：《儒家的精神性》，《新觉醒时代——论中国文化之再创造》，中央编译出版社 2014 年版，第 257 页。

他是在中西比较的理论背景下来比观中西天人之论的。与传统的囿于本位文化的单元文化心态显著不同，方氏对中国哲学天人合一思想的阐释，是将其置于中西对照、比较的理论视域。也就是说，中国哲学"天人合一"的精神及其思想内涵是在与西方哲学"神人二分"精神的比较中，得以全面、充分地展现和凸显出来。在这种比较研究的理论视域中，"天人合一"和"神人二分"作为两种典型的思想模式和精神形态，得到交互的确认和肯定。成中英的天人之论也是沿循比较哲学的理论路径。他对中国传统哲学的天道论、人性论的阐释与论证，显然是以西方的上帝论、性恶论为对照，以其作为理论背景的。而且，其思想内涵也是在这种比较、对照和双向的诠释中得以阐明和朗现。可以说，中国天道论的内在超越精神是借助与西方上帝论的外在超越精神的比较，其思想内涵得以真正的揭示和呈现。而中国人性论主流所主的先天的性善论也是在与西方先天的性恶论的比较中得到彰显。

其次，方、成二氏从中西哲学比较中，回归中国文化本位的立场，其天人观念仍然是中国传统的天道论、人性论主流思想在现代条件下的恢复和创发性诠释。方氏的天人思想就是在比较哲学和世界哲学的宏观背景下，回归于原始儒家道家哲学的天道观、人性论，并将其作为理论建构的主要凭借，以及中国哲学内部会通、整合的理论基点。方氏哲学的理论宗旨就是要发挥中国传统哲学的天人合一思想，以及性善论的主流观念，对西方主流的神人二分的上帝论和性恶论的思想观念，展开批判，借此显示和发挥中国传统的天人观念的特色和理论优势。可见，方氏的天人观具有强烈的中国本位文化的理论色彩，其理论重点也主要是集中发挥中国传统的"天人合一"思想对于西方"神人二分"思想的理论优势。成中英同样是在经由比较哲学和世界哲学的理论渠道，回归于中国文化本位的理论观点。成氏的天人理论主要是以中国传统文化源头的易经哲学以及中国古典的儒家道家的天道观和人性论为理论凭借，着重发挥中国传统哲学天道论的本体创造力和根源性思想，以及中国传统哲学中主流的性善论思想，并以此作为整合和融通中国传统哲学的一以贯之的中心思想。成氏哲学创构的理论宗旨就是在世界哲学的宏观背景下，恢复和发挥中国传统哲学的天道观和人性论的理论特色，结合当代世界文化发展的总体趋势，发挥和体现中国传统的天人合一思想的理论优势。

最后，方东美与成中英都注重强调发挥中国传统的天道论及其天人关系思想的理论优势。方东美经过中西哲学的比较研究，断认中国传统哲学的"天人合一"、"天人和谐"思想，是对西方"二元对立"、"神人二分"的严重挑战，而且也是本身无法克服的理论弊病的一剂解药，具有无可比拟的优越性。他认为，西方的神、人关系构成了一种二元对立，其"超绝"型的上帝论将神的存在置于超离于人世的地位，形成了神、人以及自然之间的隔阂。他也不同意西方的性恶论，认为其造成了对人性的贬抑。相反，他肯定中国哲学的天人合一思想，认为它形成了神、人和自然之间密接无间的和谐关系。而其主流的性善论也是唯一正确的理论形态。成中英注重发挥中国传统的天人思想的理论优势。成氏在比较哲学和世界哲学的理论背景下，着重发挥和诠释中国传统的"内在超越"形态的天人合一思想。他认为，中国传统的天人合一思想在当代世界多元文化中，仍然是一个重要的精神发展的理论形态和有竞争力的类型。他主要是致力于以中国传统的内在超越精神的天道论的理论观点，来诠释和论证西方的外在超越的上帝论，以此涵容、整合中西文化。他强调在当代多元文化的世界哲学背景下，发挥中国文化的中道涵容精神，作为世界多元文化沟通、调和的理论中介。

方东美、成中英天人之论的差异性、歧异性体现在：

首先，二氏将中西哲学的天人观置于比较哲学的理论视域，但是这种比较却因为他们所采取的理论观点和评判标准的殊异，而表现出对中西天人理论的不同取向。方氏对中西天人理论的比较，由于偏重中国文化的本位立场，故他强调发挥中国文化天人合一精神的优越性。因此，这种比较尚不能说是一种完全对等性的比较，实际上方氏将中国内在超越形态的"天人合一"精神，置于西方外在超越形态的"神人二分"截然对立的地位，而且具有更加优越的精神品质。也可以说，方氏的这种文化观，尚未能完全摆脱东方文化中心论的理论局限，故对中西哲学的天人之论的理论优点和缺点，难以做到对等性的、整体性的审视和评估，与真正的整体性的世界哲学的理论视域尚有一段距离。成中英对中西天人理论的比较，则倾向于一种对等性的比较研究。在他看来，中国哲学"内在超越"形态的"天人合一"精神，与西方"外在超越"形态的"神人二分"精神，作为人类精神发展的两种方式和形态，各有千秋，其正负面的评估很难判定。他致力于通过中西天人理论的相诠互释和相互发明，来阐释和揭示各自理论的思想内涵和精神特色。因此，成氏的中西天人之论，在通向双向的、对等性的比较研究和世界整体哲学的建构上，无疑是一大突破。

其次，二氏在对中西文化精神的理解与定位上，存在重要的差异。方氏倾向于将西方以"外在超越"的上帝论为主的文化形态定位为宗教，而将中国以"内在超越"的"天人合一"的文化形态定位为人文的、理性主义的文化。即他以希伯来—基督教的传统为宗教，而以中国儒家的传统为人文主义、理性主义文化。他将西方以"上帝"为中心的"外在超越"的精神形态，与中国以"天道"、"太极"为中心的文化精神视为截然对立的文化形态。进而言之，外在超越的精神形态因无法解决价值理想与人世的沟通，成为一种自身无法克服的弊病而为方氏所不取。而只有中国内在超越型态的文化精神才是真正沟通天人的，也是健康合理的、唯一正确的精神形态。成氏对中西精神性的定位是建立在关于超越性与内在性的辩证理解的基础上的。因此，中西文化的精神性表现为人类精神的普遍性与特殊性的关系。从超越性的层面来说，二者可谓俱为宗教，而从内在性的层面来说又俱为道德的人文文化。可见，成氏并不是单将外在超越的精神性界定为宗教，也不是单将内在超越的精神性界定为人文文化，而是试图以辩证的统一的观点来理解内在超越与外在超越的关系。当然，成氏最终还是倾向于用内在超越的中国天道来理解、诠释西方外在超越的上帝，表现出其理论自身的取向。

最后，二氏的天人思想都试图凸显和发挥中国文化精神的优势，但是其真实的思想意图和理论旨趣毕竟有所不同。方氏坚持中国文化"天人合一"、"天人和谐"的精神，以示对西方文化的"神人相分"、"二元对立"精神的挑战，表现出强烈的东方文化优越论的理论趋向。他从中国文化的本位立场，将西方文化以上帝论和性恶论为主的精神形态视为弊病，断认其神人关系陷入二元对立的困难，其人性论的先天性恶论也不健全。而只有中国文化的天人论才是唯一健康的形态。成氏的天人观也要发挥中国文化天人合一精神的优势。但他在双向的互诠互释的比较研究中，将中西两种精神形态视为对等性的关系，其理论的利弊各现，各具特色。成氏强调在当代世界多元文化对话、融通的总体格局下，发挥中国文化"天人合一"、"中道涵容"的精神特色，展示其在多元文化沟通、协调中的中介作用和应有的优势。

第八章　易经哲学与创生原点
——方东美、成中英对易经哲学的创造性诠释

　　方东美、成中英二氏运用现代哲学的理论方法研究易经，开拓了现代易学研究的先河。方、成二氏都强调易经在中国哲学中的根本地位。二氏力主易经为中国哲学的源头说，并力图以易经哲学来贯穿、会通中国哲学史。二氏运用现代哲学的方法研究和阐释易经，在整合、会通传统易学研究诸流派的基础上，得出了易经乃一套象征符号系统、卦爻辞和哲学性解释的组合。二氏通过对易经哲学的理解和阐释，建构起独具特色的哲学体系。他们的哲学归根到底都可以说是对易经哲学的创造性诠释。二氏的哲学创构都是以《易经》为理论原型，也都可以归源于易经哲学的形态。相对来说，方氏倾向于从多种源头来阐释中国哲学的起源，而易经哲学具有根本作用和地位；成氏则更加明确地突出和标举《易经》源头说，并将易学溯源于一个更加久远的传统。另外，方、成二氏的哲学建构都归源于易经哲学。方氏对易经哲学的阐释主要是发挥其价值学的形上学原理，属于价值本体论；而成氏在生命的界定中，更凸显理性的作用，倾向于从知识理性与价值理性的统一中建构其易学本体论的理论基础。

一、方东美对易经哲学的创造性诠释及其哲学形态

　　《易经》在中国传统学术中，向称群经之首。在儒家经典四书五经中也具有突出的乃至首要的地位。然而，由于学术路径的歧异，历来对《易经》

的认识和理解可谓见仁见智，歧见丛生。在现代新儒家诸哲中，对易经哲学的重视或不乏其人。而将易经提升到儒家和中国传统文化中具有根源性地位者，则始于方东美。方氏将儒家传统追溯到《尚书》的永恒精神的传统和《易经》的创造精神的传统。两者之中，他更重视易经哲学的创造精神的传统。方东美将易经哲学作为儒家和中国传统文化的根源，不仅为中国哲学史别开新解，事实上更无异于为中国传统哲学重开大本大源，也是为中国哲学的现代重建提供了一个形上学的价值源头。方氏也正是以《易经》哲学作为会通中国哲学内部系统的一以贯之的线索和理论基础，进而通过对易经哲学的创造性的诠释建构起自己别具特色的哲学体系。方氏对中国哲学史的阐释，实际上是以《易经》为中心线索，从而使之成为一个旁通统贯的整体系统的。他的哲学建构也是以易经哲学为原型，本质上是对易经哲学的一种创造性诠释。因而，其哲学可以归源于易经哲学的形态。

（一）易经哲学在方氏哲学中的根本地位

易经哲学在方氏哲学中实居于根本性的地位。方东美不仅将儒家和中国传统文化的源头溯源于《易经》，而且，他的哲学创构也是以《易经》为原型的。方东美将儒家与中国传统文化溯源于《尚书》和《易经》的传统，它们分别代表了永恒的宗教精神和创造性的精神。二者之中，方氏更重视易经哲学的根本精神及其对中国文化的根源性的地位与影响。方东美对易经哲学根本地位的重视，还体现在他对易经哲学在中国哲学史中的核心地位的梳理和确认。实际上，他将易经哲学作为中国哲学系统内部整合、会通的一条一以贯之的中心线索，中国哲学儒道释诸家乃至儒家哲学不同的传统和流派得以构成一个旁通统贯的系统。不仅如此，方东美还通过易经哲学的诠释，建构了自己别具特色的哲学。他的生命本体哲学的创构，与一般的现代新儒家运用现代哲学的方法诠释传统的宋明儒学的心本体、理本体哲学的路径，迥然不同。他在综合西方柏格森生命哲学、怀特海过程哲学和易经哲学的基础上，提出了一套独特的生命本体哲学的理论体系。归根到底，它可谓是对易经哲学的一种创造性的诠释，无论是思想内涵还是理论型态都可以归源于《易经》。因此，方氏哲学也可谓是易经型的。①

对于儒家和中国传统文化的起源问题，不少现代的研究者将其归源于孔孟。这个论断在现代新儒家学者中几成定论。而且大都以归源于孟子为主流和正统的理论观点。然而，方东美却是另辟蹊径，将儒家和中国传统文化溯源于一个更久远的传统，而孔孟无疑是这一赓续不绝的传统的重要继承者和阐释者。方东美的研究路径无异于孤峰突起，将中国哲学史的这一关键问题凸显在世人面前，也将其大大往前推进了一步，具有创发性的意义。如果说熊十力的哲学是以援佛入儒，独标心学，归本大易为宗旨，表明其哲学创构是以心学和易学实际上是一种心学化的易学为理论旨归。而明确标出易经为中国哲学的源头的理论观点，则当推方东美。本来，《易经》在中国传统文化中，向来被推崇为起源和源头的地位，有诸子百家之学出于《易经》之说。即使是儒家经典的四书五经，也以《易经》为群经之首。可见，方氏的《易经》源头说，并非离经叛道，实在是其来有自。方氏提出，儒家和中国传统文化远绍上古传承，其思想传统可以溯源于《尚书》和《易经》的传统，二者分别代表永恒的宗教精神和创造性的精神的传统。方氏将《尚书》看作是儒家从中得到天人之际的某种永恒启示的古老典籍，富有充沛浓厚的宗教体验，指涉一个高高在上的永恒的宗教的神秘世界和精神世界。《尚书》的传统与《周易》的传统之间存在着内在的联系，体现了中国哲学由秘密宗教向理性哲学转化的过程。方氏将《周易》看成是儒家从宗教文化向理性伦理文化转化的完成。因此，中国文化的奠基和塑形，实以《周易》的文化系统的完成为标志。可见，方东美将儒家和中国文化的起源，归于《尚书》和《易经》的传统，两者之间《易经》的传统尤具有关键性的地位。②

易经哲学在方东美整个哲学体系中还发挥着统摄性原理的作用。易经哲学成为他贯通、贯穿整个中国哲学史的基本原理和一以贯之的中心线索。方东美从易经哲学的深度阐发与理解中，得以领悟和把握中国哲学的根本精神和特点。他认为，易经哲学包含几大原理：（甲）生之理；（乙）旁通之理；

① 参见方东美：《原始儒家道家哲学》，台湾黎明文化事业公司1983年版，第三章。

② 参见方东美：《原始儒家道家哲学》，台湾黎明文化事业公司1983年版，第二、三章。

（丙）化育之理；（丁）创造之生命即价值实现历程之理。以上诸原理均体现于整个中国哲学史以及诸大传统乃至诸传统内部各个学派当中，它们之间又相互配合、相互贯通，成为一个会之有元、统之有绪的旁通统贯的总体的理论系统。[①] 他进而提出，中国哲学的根本精神可以"中"字来概括。而"中"在此其实涵有"中道"、"中庸"、"中和"等深刻意涵。归根到底，它乃是从易经哲学中得出的最重要的形上学原理。易经哲学作为中国哲学的源头和起点，中国哲学的诸大传统与其具有息息相关、血脉相承的联系。方氏指出，早在东周，代表中国哲学精神的几大主要传统已经形成，"墨家是宗教的还原，道家是哲学的还原，而在这两者之间的就是中国古代儒家的思想"[②]。可以说，儒道墨诸大传统是从不同方面发挥和体现了易经哲学的形上精神，而儒家则为得其中道。中国哲学在总体上形成了以理性主义为主的文化发展路径和人文主义精神的文化形态。在后来的中国哲学的历史发展中，在对待外来的佛教文化时，中国本位的儒道文化和易经哲学也是有以待之，发挥了融合、转化的作用，最后形成了中国文化儒道释并举的态势。儒、道、释诸家形上学系统呈对等并列坐标。而中国佛教哲学体现了"圆融和谐"的精神，"中道"、"圆融"成为中国化佛教最根本的精神特色。对于宋明儒学，它本来就是以儒家文化为本位，吸收、融合佛道文化的产物。而易经哲学在其中实际上自始至终发挥着统贯、关联的作用。因此，方东美并不是将宋明儒学各个分歧的学派视为截然对立的系统，而是注重发掘其间内在的联系和相辅相成的关系，使之成为一个内在关联的有机的整体系统。

（二）方东美对易经哲学的阐释

方东美讲儒家哲学的源流，从《尚书》和《易经》讲起，确实是一种别开生面的讲法。而在《尚书》的永恒性精神传统和《易经》的创造性精神传统之间，《易经》所代表的创造性精神传统更为重要。因为《易经》承接和综合了《尚书》的宗教精神，从而开创了中国传统文化理性主义的、伦理

---

① 参见方东美：《中国哲学之精神及其发展》上册，台湾成均出版社 1984 年版，第 108 页。

② 方东美：《原始儒家道家哲学》，台湾黎明文化事业公司 1983 年版，第 103 页。

的人文文化的范型。而汉儒董仲舒不懂《易经》，所接续的主要是《尚书》的永恒哲学的传统，讲"天不变，道亦不变"，是导致汉代哲学精神衰退的一大主因。[1] 他认为，《易经》启自上古时代另一久远的精神传统，代表了从永恒性的宗教文化向理性主义的伦理文化的完成。《周易》属于周代的文化系统，跟殷周之际的哲学革命密切相关。其中的两个关节点便是成周时代的人文自觉和春秋时代"礼坏乐崩"而引发的忧患意识。周公与孔子则是演绎与诠释《易经》的两个关键人物。成周时代的周公更多的是继承《尚书·洪范篇》"皇极大中"精神，而实现从神秘宗教到理性哲学的转化。孔子及其后学对于《易经》的诠释，则是体现了一种富于宗教使命感的人文精神的自觉。据此，方氏断认，周易哲学启自孔子本人，再经过商瞿子木等后学之传承与发挥，乃是一部经过长时期演变进化的思想结晶。《易经》作为一套卦爻符号系统早在孔子之前即已完成，而孔子的主要贡献是赋予其人文主义的解释，使《易经》转化为一套理性化的哲学。[2] 他指出："孔子与其门弟子虽生值季世浇离，世衰道微，周代之高尚文化理想急骤消失，几至荡然无存。惟有鉴于此，故益感责无旁贷。当务之急，最重要者莫过于从哲学上昌明精神上之超升与道德之崇高，以臻于人生更高尚之理想境界。职是之故，孔子及其后学乃发起一项哲学思想之革命运动，沿承易卦之符号系统而赋予种种人文主义之解释。"[3]

方东美对《易经》的诠释和理解，沿循以下三种路径。其一，"学《易》者所以通其象"。即易经的六十四卦是一个符号系统。汉代研究《周易》讲象数之学，也是汉易重心所在。对于《易经》六十四卦的符号系统如何形成的问题，方氏曾撰《〈易〉之逻辑问题》一文。他提出，《周易》的逻辑问题有两条路径。一条路径是从汉代的京房到近代的俞樾，采取归纳逻辑来说明。另一条路径从汉代的荀爽、虞翻到清代的张惠言、焦循，以演绎逻辑来说明。而这两套逻辑都犯了循环论证的根本错误。他认为，《周易》这套符号系统有其历史根源。他从《礼记·王制》篇、《周礼》或《白虎通义》等

---

① 参见方东美：《原始儒家道家哲学》，台湾黎明文化事业公司 1983 年版，第 124 页。

② 参见方东美：《原始儒家道家哲学》，台湾黎明文化事业公司 1983 年版，第 144 页。

③ 方东美：《中国哲学之精神及其发展》上册，台湾成均出版社 1984 年版，第 145 页。

书的考辨中得出结论，《周易》代表了中国古代的父系社会依据婚姻法则产生的社会结构。与夏代的《连山易》和殷商的《归藏易》根本不同。《周易》的系统是"乾坤并建"，其实是首"乾"。因为周代是从父系社会发展而来，父权较大。在他看来，《周易》属于周代的文化系统，具有父系社会的文化色彩。《易经》起初主要是一部敷陈事实、记叙历史的典籍，所呈示的不过是中国古代宗法社会形成及嬗变的历史过程。《易经》六十四卦代表了中国早期社会中异姓为婚的婚姻制度。① 他指出："《周易》的符号系统代表了中国极早期社会中的婚姻法，到极原始的卦是图腾符号，代表一个婚姻法，然后以血缘流通的办法，透过婚姻的步骤，使原始的两个社会的血缘系统日渐扩大。"② 其二，"学《易》者所以通其辞"。即《易经》中六十四卦有卦辞，每卦有六爻爻辞。要了解周易，就要先了解卦爻辞所以成立的经过和它中间的意义的连锁，就是把文字句法弄清楚，此书才可读。卦爻辞大都属于常识性的解释，也有一些属于初期科学的解释。③ 其三，"学易者通其理"。就是在最原始的符号资料和文字记录的基础上，进而作哲学的研究。孔子及其门人作"十翼"，属于对《易经》哲理的解释。《易经》的符号系统和卦爻辞，在孔子之前即已形成。孔子只是接受它们而已。孔子真正的贡献是对它们作哲学的研究。而"十翼"则是这种哲学研究的报告。可以说，《易经》不是个人的创作，而是历代的研究者的集体创作和传承的结果。即便是"十翼"也是如此。"十翼"的形成是由孔子发动，再由门人完成，从春秋经历战国一直到西汉，其整个的传统都以"十翼"来解释古代的"象辞"、"彖辞"和"爻辞"。真正对《易经》作哲学研究是从孔孟学派开始。孔子上承成周时代的哲学革命。它以理性的精神保留和转化了原始宗教的价值，从而成就了一个伦理道德的文化形态。《周易》代表了这个传统的完成。其中周公是一个枢纽。孔子接受了这个传统，进而集中于道德、艺术和价值哲学的系统的诠释和发挥，从而形成一个统一的哲学解释。因此，中国哲学精神是集中于以生命为中心的哲学，是一套生命哲学。《周易》的本体论系统也是以生命为

---

① 参见方东美：《原始儒家道家哲学》，台湾黎明文化事业公司 1983 年版，第 133—144 页。

② 方东美：《原始儒家道家哲学》，台湾黎明文化事业公司 1983 年版，第 147 页。

③ 参见方东美：《原始儒家道家哲学》，台湾黎明文化事业公司 1983 年版，第 142 页。

中心，它把道德、艺术和价值的理想贯穿起来，以完成生命的创造活动。因此，《周易》的哲学体系也是价值中心的哲学。而儒家的根本精神也就是把握宇宙创造精神的枢纽，进而把握、发挥和实现自我精神和价值的创造。[①]准此，方氏乃得出结论："《易经》一书，是一部体大思精，而又颠扑不破的历史文献。其中含有：（一）一套历史发展模式，其构造虽极繁复，但层次却有条不紊。（二）一套完整的卦爻符号系统，其推演步骤悉依逻辑谨严法则。（三）一套文辞的组合，凭借其语法交错连绵的应用，可以发抉卦爻间彼此意义之贯穿处。此三者乃是一种时间论之序曲或导论，从而引申出一套形上学原理，借以解释宇宙秩序。"[②]

（三）方东美的生命本体论及其"衡情度理"的哲学观

方氏的易学思想不仅体现在他本人对易经哲学的阐释，同时也体现在他本人的哲学建构当中。方氏哲学首先是一套以生命为中心的本体哲学。他在融会西方柏格森生命哲学、怀特海过程哲学和中国传统哲学尤其是易经哲学的基础上，提出了一套独特的生命本体哲学。他在综合、统合中国传统各派形上学的基础上，又借鉴和吸纳西方哲学主要是生命哲学的一些思想内容，提出了生命本体哲学的建构。可见，方氏在对易经哲学的独特领悟和理解中，将生命哲学作为东西方哲学据以沟通和融合的桥梁和途径，也是他本人建立其生命本体哲学的理论基点。也可以说，方氏的生命本体哲学建立在中西哲学比较、会通的基础上，也是对中国传统哲学尤其是易经哲学创造性诠释的结果。

方东美认为，易经哲学是一套生命本体哲学。不仅如此，易经哲学作为中国哲学的源头，其根本精神和思想要义得以贯穿、会通于中国传统哲学诸流派当中。在他看来，中国传统哲学的本体论就是"一个以生命为中心的本体论，把一切集中在生命上"[③]。中国传统哲学主要流派的形上学，均是以生命为"本体至真之境"。儒家所以追原天命，率性以受中；道家所以遵循

---

① 参见方东美：《原始儒家道家哲学》，台湾黎明文化事业公司 1983 年版，第 142—149 页。

② 方东美：《生生之德》，台湾黎明文化事业公司 1979 年版，第 289 页。

③ 方东美：《原始儒家道家哲学》，台湾黎明文化事业公司 1983 年版，第 158 页。

道本，抱一以为式；墨家所以尚同天志，就是因为天命、道本和天志，都是生命之源。他因而把原始儒家、原始道家和墨家都视为一套以生命为中心的生命本体哲学。儒、道、墨诸家的统会，就在于对生命价值的积极肯定。乃至于中国哲学后期的全幅发展，包括后来的大乘佛学和新儒家哲学，其思想体系都是生命精神的发泄。总之，中国哲学的主流，就是对于生命哲学奥义的发挥，是"合唱生命之礼赞"。①

方东美以生命为中心来重新审视和诠释中国传统哲学，并以此来会通中西哲学，从而开创了全新的理论视域，也标志着一种创造性的哲学系统的成立。生命哲学因而成为他诠释中国传统哲学，也是他会通中西哲学的理论凭借。可以说，生命本体论构成其整个思想体系的一条基本线索，并使之成为一个会之有元，统之有绪，旁通统贯的有机整体。方氏生命哲学的要义有二：其一是将世界在根本上视作精神性存在，也就是生命存在的领域，是普遍生命流行贯注的境域。其二，人是宇宙间最高的精神性存在，人既分享了天地自然的广大悉备的生命精神，复参与其创造进化的历程。故人也可以发挥自己的生命精神，完成德配天地的生命理想。方氏从其生命哲学的观点，将宇宙视为一个普遍联系的有机整体，它既是一个旁通统贯的机体结构，又是一个生生不息，创化不已的历程。而它从本原处所汲取的生命创造的原动力，是一种广大悉备的生命精神。他有时称之为"生生之德"。

在方氏生命哲学的观念体系中，宇宙人生被看作是生命流行的境域，而生命含情契理，情与理俱为生命本体所涵泳，是一对彼是相因的范畴。方氏基于其生命本体的理解，更由此开显出"情理两仪"，即由生命本体系统中"含情契理"的原始意象，显露出"情之世界"与"理之世界"，如此展开为对情理系统包括现实世界与可能世界中的情与理的考察。这是方东美对于哲学的基本观念。方东美进一步考察了哲学的起因。他说："哲学思想，自理论看，起于境的认识；自实践看，起于情的蕴发。我们若能把境的认识与情的蕴发点化了，自能产生一种珍贵的哲学。"② 方东美认为哲学思

---

① 参见方东美：《原始儒家道家哲学》，台湾黎明文化事业公司 1983 年版，第三章。
② 方东美：《科学哲学与人生》，台湾成均出版社 1980 年版，第 10 页。

想起于境的认识，但并不仅仅囿于境的认识。他说："治哲学者得了境的认识，当更求情的蕴发。"① 显然，方东美将科学的认知活动看成是"事理的要求"，而哲学则是在此基础上更进一步的认识形式，属于人类中"情理的要求"。方东美此处所说的"情"，是将其与科学的纯认知活动或唯求事理的理智活动相对的认识形式。他认为"情"是人类创进不已精神的表征，它根源于人类对真善美的向往，它是一种对于客观环境"价值化态度与活动"。可见，他所说的情，实质上是人们对宇宙人生的价值意识，代表了人生中更高层次的追求。在他看来，科学的理性认知活动只能得到关于物质世界或事实世界的知识，而人类精神的创造活动尚要将现实世界提升到理想的价值世界。他指出，近代哲学家因受到科学的影响，颇有主张严守"道德的中立"或"价值的中立"者，使其哲学只得着境的认识，而且执着于分析的方法，所以认识的宇宙只是一个冷酷的机械系统，而将人生的种种情趣的要求，价值化的需要统统抹杀掉。他强调，价值不是主观无据的幻想，而是人性的根本要求。因此，须从"事理的脉络"里看出"实质的境界充满了价值"。如此，我们的思想方进入哲学的意境。据此，方东美乃以如下图式来总括其哲学思想之结构② :

哲学思想 ——— 意境之写真 ｛ 境的认识 ——— 时空上事理之了解
　　　　　　　　　　　　　　 情的蕴发 ——— 事理上价值之估定

　　哲学写象人生，而人生意境由理与情构成。因此，它既要探寻其意境中属于时空方面的理，又要发抒此意境中属于价值方面的情，即所谓"衡情度理"，用他本人的另一句名言来说，即是"纵览宇宙理境，发抒人生情蕴"。方东美将哲学的工作定位为"衡情度理"，即以"情之世界"与"理之世界"作为其哲学的全体对象。但是方东美在进一步处理情与理二者的关系时表现出了其理论的偏向与内在矛盾。我们看到，方东美一方面认为情理是一对基于彼是相因关系的范畴，情理是一贯的，甚至是一体的，情由理

① 方东美：《科学哲学与人生》，台湾成均出版社 1980 年版，第 16 页。
② 方东美：《科学哲学与人生》，台湾成均出版社 1980 年版，第 16 页。

生，理自情出，情理是不可分割的全体，两者之间是一个函数关系。他称之为"情理的集团"或"情理的连续体"。这说明方东美是将情与理视为相互贯穿的对偶关系，二者处于对等的地位。但是另一方面，方东美又突出"情"对于"理"的优先地位乃至支配的地位。在情与理之间，方东美最终将"情之世界"与"理之世界"看成了两个相互独立的领域。而且，在"理之世界"与"情之世界"之间不是对等的关系，实际上，"理之世界"归根结底要受到"情之世界"的统摄与支配。换言之，科学的知识系统必须接受价值意识的支配和统领。可见，方东美在对待情与理的关系问题上是相当矛盾和混淆的。这种认识在他处理科学与哲学的关系问题时更加明显地表现出来。[1]

依据方氏哲学关于"境的认识"与"情的蕴发"的区分，他将科学定位为"时空上事理之了解"，属于"境的认识"；而哲学则既有"境的认识"，又有"情的蕴发"，是"事理上价值之估定"。他肯定科学与哲学是相互关联的，贯穿一体的。但他更强调科学作为价值创造的手段与工具，而只有哲学才集中了精神创造的价值。方东美在科学与哲学之间，采取知识与价值二分的做法，又试图肯定二者的密切联系将二者沟通起来，但他最终倒向了价值中心的立场，也就是以价值领域来统摄知识领域。他试图将科学纳入传统哲学的轨道中来，明显带有中体西用论的思路。

（四）方氏易学的理论特色及其主要贡献

方氏治易，另辟蹊径，独具一格，具有其显著的理论特色。也可以说，方氏在现代思想文化的背景下，运用现代学术和现代哲学的手段研究传统易学，将传统易学推进至新的历史境域。方氏可谓现代易学的开创者。他对传统易学和现代易学研究的贡献主要体现在以下诸方面：

首先，他提出易经是一套卦爻符号系统、一套文辞组合和哲理三者统合的系统。必须从象、辞、理三条路径来理解易经，再将它们综合、会通起来，才能得出易经的全体面貌和整体意蕴。不仅如此，从易经的卦爻符号系

---

[1]　参见方东美：《生生之德》，台湾黎明文化事业公司 1979 年版，第 139 页。

统，到卦爻辞，乃至于易经的哲理的解释，也是经历了一个历史演进的历程。因而《易经》乃是中国早期历史上历代的易学家沿袭传承以及共同协作的作品。孔子及其门人的贡献，是对《易经》已有的系统作哲学的解释和研究。传统的易学家往往是将此三者割裂开来，而各执一端，不知会通。例如，朱熹断认《易经》为卜筮之书，而否认其为哲学。也有专治《易经》的考据和文辞。最突出的是历史上汉易的象数之学与宋明易的义理之学，相互排斥和反对，使传统的易学研究陷于褊狭局促的境地。可见，方氏在综合历史上易学的流派和诸家之说的基础上，力图将它们整合、会通起来，并纳入一个整体的理论体系。这不仅有助于恢复《易经》的本来面貌和基本精神，也有助于传统易学诸流派主要是象数派和义理派的会通和整合。此两者对现代易学的开拓，实具有奠基性的意义。

其次，他在现代中国哲学中首次提出《易经》为中国哲学的源头说。同时，他还试图以易经哲学来会通、贯穿整个的中国哲学史。也就是说，他首次强调易经哲学在中国传统哲学中具有首要的、根源性的地位。他认为，中国传统哲学和儒家哲学的源头可以追溯于《尚书》和《易经》的传统。而这两者之中，《易经》具有关键性的、根源性的意义，也更重要。因为易经所代表的创造性的精神传统，标志着从《尚书》所代表古代永恒的宗教性传统的转变的完成。《周易》属于周代的文化传统，启自于殷周之际的哲学革命，中经周公的制礼作乐，完成于孔子及门人的哲学的解释。它是以理性的价值转化永恒的宗教价值，所代表的是一套理性主义的、人文主义的文化型态，在中国哲学史上具有根源性的地位。方氏还试图以易经哲学的思路和标准来评判中国哲学史。例如，他认为孔子的主要贡献和思想体现于对《易经》的哲学解释。而一般所说的《论语》只是格言集，不可能完全代表孔子的思想。董仲舒接续的是《尚书》的永恒思想，而非《易经》的创造精神，故不能代表儒家思想的正统，反而是导致儒家精神价值失坠的根源。他还力图用易经哲学来会通、贯穿中国哲学史。他从易经哲学的领悟、理解中，得出《易经》是一套以生命为中心的生命本体哲学。易经哲学的这种精神也体现在中国传统哲学诸学派及其思想流变的进程中。中国传统哲学就是一套以生命为中心的生命本体哲学。易经哲学的"中"、"中道"的精神始终贯穿、贯彻于中国传统哲学当中，发挥着统贯、关联的作用。中国哲学史也因而成为一个一以贯之的会之有元、统之有绪的旁通统贯的有机统一的整体系统。他说："真正讲《周易》哲学是从孔孟起，然后一代代传下去，传到后代，又有不同思潮的附会，因此一部易学史牵涉到整个中国思想的发展。魏晋的王弼代表一种道家易，把老庄哲学附会到《周易》上，可以做例子。"①

最后，方氏本人的哲学创构是以《易经》为原型的，其哲学形态完全是易经型的。他的生命本体哲学是易经哲学的一种创造性诠释，也可以说是一种广义的易经哲学。他指出："我们处在这个时代，接触过印度、西方的哲学思想之后，哲学的观点又和从前不同了；因此对于《周易》不仅仅讲狭义的《周易》哲学，同时也可以讲广义的《周易》哲学，以《周易》纯粹的儒家思想来贯通佛家华严的思想；同时以近代的法国柏格森的思想，或是英国的怀德海来说，也可以多方面地贯通。如此看来，因为我们接触的哲学传统多了，我们可以拿近代人的眼光来看《周易》，而弥补《周易》之不足。"② 方东美的生命本体哲学可以说就是在东西方哲学融合的现代背景下，在综合西方柏格森生命哲学、怀特海过程哲学以及中国传统哲学尤其是易经哲学的基础上的一种创造性的理论建构，它也是对中国传统哲学尤其是易经哲学的一种创造性诠释。生命本体哲学是方氏在总结、概括中国传统儒道释诸家形上学的基础上，尤其是在对易经哲学的创造性诠释的基础上提出来的。因此，方氏的生命哲学可以归源于易经哲学。生命哲学也成为他会通、沟通中西哲学的理论凭借和基点。方氏还以生命本体论为依据，展开其哲学的基本构架。方氏据其生命本体哲学，以生命作为世界根源性的"无名之指"，又由此显现出"情理二仪"，复由此展开对哲学"含情契理"性向的贞定以及科学与价值等问题的探讨。总之，他的哲学建构是以《易经》为原型的。他的生命哲学也可谓是《易经》形态的哲学。

①　方东美：《原始儒家道家哲学》，中华书局 2012 年版，第 148 页。
②　方东美：《原始儒家道家哲学》，中华书局 2012 年版，第 149 页。

二、成中英对易经哲学的创造性诠释及其易经哲学形态

在当代新儒家群体中，成中英向以对易经哲学的重视而著称。他不仅开创当代新易学的研究领域，也将传统易学的研究推进至当代显学的地位，可谓无出其右。成中英承接方氏易学的思想路径，将现代易学的发展开拓至新的理论境地。成氏首先旗帜鲜明地标出易学源头说，确立《易经》在中国哲学史中的源头活水的地位，为中国哲学史别开新局，也是中国哲学起源问题研究的重大理论突破。成氏还力图以易经哲学为中心来统率、贯通中国哲学史，因而使中国哲学史呈现为一个有机统一的整体的理论系统。成中英运用现代哲学的方法研究《易经》，并提出了成氏易学中独特的主体性与客体性相统一的"观"的理论，奠定了成氏现代易学理论的根基，也为其独具特色的本体诠释学的哲学建构提供了本体学与方法学的基础。成氏进而以易经哲学为理论原型，提出了其本体诠释学的理论建构。本体诠释学是成中英在现代中西哲学融合的世界整体哲学的背景下，汲取和吸纳西方哲学主要是分析哲学和诠释学的理论方法而又归源于中国传统哲学的理论创构，它归根到底乃是对易经哲学的一种创造性诠释。成氏以其本体诠释学为据，进一步阐发和发展了他的哲学的基本观点和理论体系。而且，他还注重其本体诠释学理论在现实领域的运用。总之，成氏建构了一个富有特色的完整的现代易学理论体系。

（一）易经哲学在成氏哲学中的根本地位

易经哲学是成中英哲学创构的理论原点，也是其本体诠释学的原型或雏形。成氏认为，中国哲学的现代重建，必须回到中国哲学的原点。而易经哲学正是整个中国哲学的源头活水和得以创生和发展的原点。从这一根源性的意义上来说，原始儒家、道家哲学乃至全幅的中国哲学都源生于此。也是在这一意义上，他称以往的中国哲学史为"断头的哲学史"。① 成氏力主《易

---

① 参见成中英：《易学本体论》，台湾康德出版社 2008 年版，"自序"。

经》为中国哲学的源头，此说为中国哲学史别开新解，实际上为中国哲学的现代重建提供了一个形上学的理论根据。这一理论命题具有多重丰富的理论涵义。首先，成氏提出的易经为中国哲学的源头活水说，为中国哲学乃至整个的中国文化的起源，追溯和拓展到一个遥远的传说中的时代。《易经》和易文化的形成及其作为中国文化的源头，不仅具有历史学的意义，更具有文化学和哲学的意义。也就是说，《易经》作为中国文化的源头，既有历史的文化起源的涵义，也有思想文化的根源的意义。另外，此说还具有整合整个的中国哲学史的意义。既然中国哲学史源于《易经》，因此，通过易经哲学也就可以将中国哲学整合为一个统一的整体。其次，他所说的回归中国哲学的源头易经哲学，其实质是对传统易经哲学的一种创造性诠释与重建，是在更高层次上对中国传统哲学的现代重构与恢复。正如西方近代文艺复兴运动是以"回到古希腊"为口号，而其实质则是代表西方文化从中世纪神学向近代人文主义发展的一种重大转向。同样，成中英标举回到中国哲学的原点，也具有类似的理论意义。这实际上代表了一种在新的理论基点上重建中国哲学的重大理论立场和观点。而且，它还显示出与其他现代新儒家诸哲"返本开新"而实际上是"接着（宋明儒）讲"的理论立场和观点，迥然有别。显然，成中英力主易经为中国哲学的源头活水以及回归中国哲学的原点，对中国哲学史乃至中国哲学的现代发展，都具有重大的理论意义。

　　成中英力图用易经哲学来整合、会通中国哲学。既然易经哲学乃是中国哲学的源头，易经哲学所体现的本体创生精神也必然贯注、流行于中国哲学的传统当中，整个中国哲学史因而得以统合为一个机体统一的整体系统。就儒家传统来说，孔子统合《易经》的本体创生精神为人伦之道。原始儒学在总体上呈现为内在性与外在性相统一的"仁智并举"的精神。这在《中庸》表述为"合外内之道"。儒家的这种精神性在《大学》的修齐治平之道中也得到阐释。总括言之，儒学的整体统合精神体现在周易、孔子、子思、孟子、曾子、荀子的理论体系。子思和孟子的学派以及曾子与荀子的学派，恰可以整合，相互补充。后世的儒家程朱理学与陆王心学，也照样可以纳入一个更大的统一的理论框架。① 就中国传统哲学儒道释诸家来说，儒家、道家本来都源生、根源于易经哲学。儒家所强调的刚健精神和道家注重的阴柔精神，在整体上构成了相反相成、阴阳互补的关系。② 二者可视为从不同的立场对易经哲学的解释与发挥。即便是后来传入的佛教哲学，因为与中国本土儒道文化相融合，产生了中国化佛教，也不难以其本体性、根源性精神在中国文化中得到定位。总之，成氏自觉地用易经哲学来贯穿、统贯中国哲学史。《易经》的本体创生和中道的精神始终贯穿于中国传统哲学，发挥着统贯、整合的作用。他还进一步用易经哲学的阴阳互补、主客统一和平衡统一的原理来阐释和说明中国传统哲学诸家及其内部诸流派之间的辩证统一和内在联系。整个中国哲学史因此呈现为一个有机统一的整体。易经哲学甚至成为成氏融合、会通中西哲学的理论基点。因为西方哲学以其知识哲学的定位而中国哲学以其价值哲学的定位，在新的整体哲学的架构内得以整合为一体。

成中英在阐发方东美哲学的本体架构时指出："这一本体架构可以表达为易经的思维模式，亦即'太极无名'，'情理两仪'，'哲学三慧'，'文化四相'，'诠释八阶'，'道通为一'。"③ 这显然是一种比较简要、概括而又独具创见的对方东美易学的理解和诠释。不仅如此，这一论析对我们理解和把握成氏易经哲学的本体意蕴和方法意识，同样具有重要的启发意义。成氏哲学力图在传统的本体框架内纳入现代哲学理性化的方法意识，进而衍生出其本体哲学的整体创生，一体多元，体用相涵互需的理论。其本体诠释学归根结底乃是易经哲学的一种创造性的诠释。可以说，易经哲学成为他融合与会通中西哲学，思考哲学基本问题乃至创构哲学体系的理论原点。他从对易经哲学的独特领悟、理解和诠释中，发展出了一套易经哲学体用相生、一体二元的本体架构，复由此拓展出本体与方法互基统一，知识与价值互生相长的理

① 参见成中英：《儒家的精神性》，《新觉醒时代——论中国文化之再创造》，中央编译出版社 2014 年版，第 240 页。

② 参见成中英：《论中西哲学精神》，东方出版中心 1996 年版，第 140、182 页。

③ 成中英：《方东美哲学的本体架构》，李翔海编：《知识与价值——成中英新儒学论著辑要》，中国广播电视出版社 1996 年版，第 286 页。

论原则。成氏在其本体诠释学的理论建构中，努力将传统哲学的智慧与现代生活相嫁接、相衔接，力图实现知识理性与道德理性的结合与整合，将现代理性与传统德性统一、纳入一个共同的理论框架。在此，成中英从易经哲学的理论原点，提出了本体与方法互涵，过程与结构互融，部分与整体互动的本体诠释学的基本模式，并以此作为其沟通中西哲学以构建世界哲学，涵盖现代生活实体以实现中国哲学现代转型的理论基础。

（二）成中英对易经哲学的阐释

成中英运用现代哲学的方法研究《易经》。他将其作为一本哲学的书，而且是一本形上学、本体论的书。也就是说，哲学是其体，占卜是其用。一般人只知其用，不知其体，是极大的误解。① 他认为《易经》中预设了一套观象察物以明体的思维活动，包含了体用相需、主客互通、天人合德、知行合一的思维模式的雏形。故成氏断言《易经》为中国哲学思维的源头活水。②多年来，他着重从易学的本体论层面来发挥其易经哲学的意义，认为《易经》是以人的整体经验层面对整体的宇宙天地，从而形成了中国哲学的本体意识。《易经》所表达的不仅是易的经验和现象，更是易的本体。他结合汉代郑玄"易学三义"，提出"易的五项涵义"：第一，不易性。指谓生生不已，变化不已是恒常的道理。根据《易经》的观点，易的本体自然创发为世界，本体之易即是此创造不已的自然流行，发而为生物不测之宇宙万象万物。第二，变易性。指在变化过程中多样事物的产生与发展。因之变易性即变异性。太极生两仪，两仪生四象，四象生八卦，都是差异化的结果。第三，简易性。《系辞》中说："乾以易知，坤以简能。易则易知，简则易从。"简易原理的深层涵义乃指谓宇宙万象的变化具有其条理结构以及其合理性律则。而《系辞》中"一阴一阳之谓道"就是简易原理的最集中表述。第四，交易性。指世界上诸多事物之间交相作用、彼此影响的关系。交易是事物发展自身实现其价值的基本途径。第五，和易性。指易的最终目的在于实现天地万物的

① 参见成中英：《易学本体论》，台湾康德出版社 2008 年版，"自序"。
② 参见成中英：《易学本体论》，台湾康德出版社 2008 年版，"自序"。

条理组织以及人类世界的和谐繁荣。亦即变化的过程趋向一个生命和谐的美好价值宇宙。总之，易之五义在易的整体本体论的基础上被整合一体。①

易的本体论的观点也蕴涵了一种易的方法论。成中英着重考察与论析了易经哲学中"观"的方法论。在他看来，易经哲学的"观"的思维模式为本体诠释学的方法论提供了一个理论模型。"观"是主体在自然条件下对自然对象的观察，引申为主体敞开胸襟以接受外在世界，并产生交感共鸣。"观"作为一种观察和理解人和世界整体性的方法论，是关于世界的一种开放的总的世界观。实际上它既是一种没有观点的观点，也是一种包含所有观点的观点，具有极大的涵容性和统摄性的特征。同时，它还是一种结合客观性的"外观"与主观性的"内感"而达致主客观统一性的"合外内之道"。②他认为，易经的"观"涵括"观见感通"和"察微知几"两项重大的方法。而且又可以细分为四：即"观见"、"感通"、"察微"、"知几"。他强调易经哲学的方法论并没有独立于本体的认知之外，也并非纯理性抽象，而是以主体精神投入事物全体。因此，《易经》的认知模式乃是自然契合天人合一、知行合一之道，易的认知活动也可以视为本体的活动且必须基于一体二分而合一的原理来理解。易经哲学的方法论及其原则，在他阐释本体诠释学的认知模式时，得以进一步发挥。他在此提出了"观"、"感"、"思"、"悟"、"通"的五套认知模式。其中，"观"是一种最初步也是最主要的将外部世界和事物作为整体性经验的认识。"感"是相对于外部的经验而引起的一种主观感受。它是人的心智的一种内在觉知和能力。"思"是一种理性思维的概念化的抽象能力，它通过判断、推理以及分析、综合等形式提供了一套理性思维的架构。"悟"是一种思想上的跳跃、扬弃，通过对现实事物的否定、超越而达致对全体真理的把握。"通"则是将有关的部分真理和智慧，综合、整合为一个整体的认知体系。③可见，就他所说的易经哲学的整体理性而言，

---

① 参见成中英：《论易之五义与易的本体世界》，《易学本体论》，台湾康德出版社 2008 年版。

② 参见成中英：《论〈易经〉中"观"的哲学涵义》，《易学本体论》，台湾康德出版社 2008 年版。

③ 参见成中英、杨庆中：《从中西会通到本体诠释——成中英教授访谈录》，中国人民大学出版社 2013 年版，第四章。

与易经哲学原初的整体直观思维方式相比，已有实质性蜕变和超越，实已涵盖和容摄了西方哲学分析性的理性精神，毋宁说是一种创发性的重构。他的本体诠释学的方法论，是借助易经哲学的"观"的方法论模型，同时整合并融摄了西方哲学的方法论系统而成的。

据上所论，成中英提出，《易经》这部深奥的书，应作哲学的理解。它常被当作占卜之书，是一个误解。整部《易经》，包含三个层面：即象征、卦爻辞和哲学性的解说。必须从原初的作为根源性的形上学的洞见来理解《易经》的哲学意蕴。《易经》具有占卜之用。但占卜也可以做哲学化的探讨，并不必如一般所断认为迷信或神秘。相反，占卜在古代社会穷于知识、只有托付推想的境况下，是一种合乎仪式和心理要求的实际决疑过程。① 成中英进一步从易学的发生学的历程，考察了《易经》形成的历史阶段，并力图统合易学发展中的象数与义理的系统，进而提出了"《易》的象、数、义、理一体同源论"。他认为，《易经》的形成经历了四个阶段：象、数（卜）、义（辞）、理。易的经验的形象化、象征化，是为易象。易的形象和象征符号的关系化及其在时空位置上的排列与应用，是为易数。易象在数的关系中呈显意义及凝为概念，此为易义。易象、易数、易义的整体化和思辨化，是为易理。先就象与数的关系来讨论。易的经验必借象来表达。八卦系统即中国人原始的象与数结合的宇宙学，表达了一个宇宙图像。易象中包含的内在关系或变化关系，就是易数。此为占卜发生的依据。可见，在易的原始经验中，不仅象中有数，数中有象，象、数的发展趋于融合。据此可知，系辞中"易有太极，是生两仪。两仪生四象，四象生八卦"，揭示了由一生二，二生四而四生八以至无穷的过程。此一宇宙发生论既是数的一种展开，又是象的一种展开，故而象数是交融的。进而论之，易的象数是易的义理的基础。义理超出象数，但必须是象数发展到整体的阶段，成为一个关系网络，其内在的宇宙意义和自然意义也就发生了，如此易的义理便出现了。因此，象数与义理相互渗透，象数中有义理，义理中有象数。在易学系统中，象数与义理同时发展，形成一个大系统却又相互引发、相互衬托。总之，象数与义理乃

---

① 参见成中英：《易学本体论》，台湾康德出版社 2008 年版，第 99 页。

一体同源，也使《易经》得以整合体系，具备发展、创新的活力。①

（三）成中英易经哲学的本体构架及其哲学观

易经哲学是成中英哲学创构的理论原点，也是其本体诠释学的原型或雏形。成氏认为，中国哲学的现代重建，必须回到中国哲学的原点。成中英在对传统易经哲学的独特领悟、理解和诠释中，发展出了一套本体哲学的架构。同时，他也是以易经哲学为骨干，确立了其以《易经》整体理性为中心的整体统合的思维方式的。这也是成中英"新易学"的理论雏形。因此，易经哲学成为他融合与会通中西哲学，思考哲学基本问题乃至创构哲学体系的理论原点。成中英本体诠释学是在中西哲学会通、融合的基础上的理论创构，也是对中西哲学的本体论与方法论的一种重新整合与重构。显然，在成中英本体诠释学的理论建构中，本体是一个核心范畴。他指出："本是本源，是生生不息的充满创造力的本源。体是体系，即理解和知识的体系。体源于本。"② 成氏所谓的本体，既是作为根源性的、活生生的宇宙本体，又是据此产生的知识体系。两者合而言之，本体就是宇宙的本源及其衍生的宇宙生命的整体。可见，成氏关于本体的观点，根源于中国传统哲学对于宇宙和生命本源的理解，尤其是作为中国哲学源头的易经哲学；同时又尽力融入西方哲学理性化、概念化的本体的观念，进而冶为一炉，一体兼容。

本体诠释学力图在中国传统哲学的本体框架内纳入现代西方哲学理性化的方法意识，表现出显著的综合与会通中西哲学的理论取向。本体诠释学就是在对中西哲学的本体论、方法论的分析、综合和批判、反思的基础上的一种创造性重构。本体诠释学的创构，缘于中西哲学的本体意识与方法意识的融合、汇合。鉴于中西哲学的传统偏向于本体论或方法论的缺失，成中英乃着力倡导一种在本体与方法之间相互融合、相互沟通的思想方式和理论模式。他力主在一种新的整体思维的框架内重新整合、统合本体与方法。本体诠释学即是"面临着本体与方法之间相互排斥、相互需要的矛盾而提出的整

---

① 参见成中英：《易的象、数、义、理一体同源论》，《易学本体论》，台湾康德出版社 2008 年版。

② 成中英：《何为本体诠释学》，《本体与诠释》，生活·读书·新知三联书店 2000 年版，第 23 页。

体思考"①。在他看来，中国传统的易经哲学就是这种整体思维的雏形。他明确肯定，本体诠释学"根植于中国哲学的观念之中，尤其是根植于强调整体作用的易经哲学之中"②。受到易经哲学机体统一、体用相涵互须的整体思维的启发，本体诠释学乃力求本体与方法之间的融合、统一。而所谓本体与方法的融合、统一，也就是在整体的本体意识的统率下，以理解、认识宇宙全体生命和人类社会及其文化在根源性、整体性乃至时空性或过程性的统一性、会通性。也可以说，它是在世界哲学的宏观背景下，运用现代哲学的理性方法对中国传统哲学尤其是易经哲学的一种创造性诠释和重建。

成中英从对易经哲学的独特领悟、理解和诠释中，发展出了一套本体与方法相统一的本体诠释学的哲学架构。在这套概念系统中，他从本体的实质与意义的界定与诠释开始，阐发了生命的本质统摄理性和意志的要素，复由此衍生了知识与价值的活动。由于对知识与价值的偏向，才造成西方哲学偏重知识论，而中国哲学偏重价值论的不同趋势。中西哲学传统因此表现为相反又相成的特征。在此，成中英将本体诠释学作为沟通中西哲学的媒介。他从易经哲学的理论原点，提出了本体与方法互涵，过程与结构互融，部分与整体互动的本体诠释学的理论模式。也就是说，易经哲学是它从事哲学创构的出发点，也是本体诠释学的原型。

成中英从对生命整体性的肯定和认识中提出自己对哲学的基本观点："哲学应该是自生命的肯定，产生生命的价值与知识，再进而对知识的反省来探讨价值，从价值的反省来寻绎知识，并从两者交互的反省中来彼此充实与重建。借此产生一套价值哲学与知识哲学，以及衍生的文化哲学与人生哲学，才能提供人类以生命的智慧。"③ 这里，他将哲学界定为对生命的肯定，而整体性的生命包含了两个层面，即作为理性的"知"的知识层面和作为意志的"志"的价值层面。"哲学乃是缘知以求志，缘志以求知的过程。"④ 进一

---

① 成中英：《中国哲学的现代化与世界化》，台湾联经出版事业公司 1985 年版，第 281 页。

② 成中英：《世纪之交的抉择》，知识出版社 1991 年版，第 83 页。

③ 成中英：《中国文化的现代化与世界化》，中国和平出版社 1989 年版，第 237 页。

④ 成中英：《深入西方哲学的核心——我的哲学教育与哲学探索》，李翔海、邓克武编：《成中英文集》第一卷，湖北人民出版社 2006 年版，第 354 页。

步而论，这两个层面是相互联系的，它们都源于人的生命的整体经验。"知（知识之动）和志（价值之动）都是人的原始经验，两者相互为用，相互依存。"① 这样，知与志双照，方能体用不二，显示出整体性本体的统一性、丰富性和创造性。哲学的活动就是介于知识与价值之间双向的永无止境的探索过程，既导向价值开拓知识，也导向知识开拓价值的互为基础的相反相成的双向运动。② 在这一生命整体性的本体思考构架内，理性与意志，乃至作为其发用的知识与价值，都是密切关联的方面和"背向同体"的统一体，具有内在的统一性和本体的整体性，体现了相反而相成的根本特征。成中英关于哲学乃是生命整体性的理解和认识，以及他关于整体性的生命本体涵摄了理性和意志的层面的理论，可以归结为一种生命本体论。

不难发现，成中英哲学理论的一些主要观点乃至思想架构，都是接续了方东美的生命本体哲学而来。方氏哲学由生命本体的理解和贞定，复由此开显出"情理二仪"，即由本体的"无名之指"衍生出"情理二仪"，如此展开为其生命本体系统中含情契理的原始意象，并由此进一步开拓出其哲学"时空上事理之了解"和"事理上价值之估定"即知识化活动与价值化活动相涵互摄的理论结构。③ 方、成二氏哲学思考的模型或形态可以说都是受到易经哲学的启发并以之为理论典范的。但是，两者在此也表现出一些基本的差异和分歧。虽然方、成二氏均肯定生命本体的整体性，并强调由此整体性的世界开显出的两个面向，即"情"与"理"或"志"与"知"，在根源上的互基性和交互性，但归根到底，二氏所注重和偏向的方面是不一样的。虽然方东美肯定"情之世界"与"理之世界"乃是彼是相因的函数关系，但他最终仍然将"情之世界"置于对"理之世界"的支配与统摄地位。因而方氏哲学可以归结为一种价值本体论。而成中英则力图凸显和发掘其哲学对理性的知识活动与意志的价值活动的双向对流关系，但他最终乃是将理性置于其

---

① 成中英：《世纪之交的抉择》，知识出版社 1991 年版，第 366 页。
② 参见成中英：《深入西方哲学的核心——我的哲学教育与哲学探索》，李翔海、邓克武编：《成中英文集》第一卷，湖北人民出版社 2006 年版，第 354 页。
③ 参见李安泽：《生命理境与形而上学——方东美哲学的阐释与批评》，中国社会科学出版社 2007 年版，第 102 页。

哲学的中心地位。据此，成氏哲学实际上可以归结为一种理性本体论，从而表现出其理论的主要精神特质和特色。

（四）成氏易学的理论特色及主要贡献

方东美与成中英运用现代哲学的方法研究古老的易经哲学，开拓了现代易学研究的先河。而成氏的易学研究尤其具有突出的现代意识和世界意识，他本人也更加自觉地担当起现代易学在当代中国和世界的弘扬和传播，推动易学研究的广泛开展和进步。可以说，方东美、成中英二氏乃是现代易学当之无愧的开拓者、奠基者。而成中英则是现代易学领域中最活跃的一位旗手和重要推手。他的易学研究的理论特色及贡献主要体现在以下几个方面：首先，他提出易学源头说和易学中心说，将《易经》哲学置于中国哲学不可替代的根源性的、根本的地位。成氏明确标出易学源头说，为中国哲学史别开新解，对思想史、文化史、宗教史，乃至中华民族的起源及民族性格等研究，都具有重大的理论意义和启迪。他力主《易经》为中国哲学的源头活水说，对以往的中国哲学史研究是一个重要的补正和参考，对中国哲学的起源和中国上古文化史的研究，也具有显著的启发和借鉴的意义，可以说是中国哲学起源研究领域的一个重大的理论突破。成氏还力图通过易经哲学将中国哲学史贯穿、整合起来，他以其本人别具特色的本体诠释学理论为中心线索，将整个中国哲学史统合为一个一以贯之而又相互关联的有机统一的整体系统。中国传统儒、释、道诸家哲学乃至其中的各个流派及其发展，通过易经哲学得以统合为一体，进而呈现为一个整体统一的面貌来。易经哲学在成氏哲学中甚至还成为他融合、会通中西哲学的中介和理论基点。中西哲学以其价值哲学与知识哲学的定位在新的整体哲学架构中呈现为辩证统一的整体。

其次，成中英运用现代哲学的理论方法研究和阐释《易经》。他着重从易学的本体论层面来发挥易经哲学的意义，认为《易经》是以人的整体经验面对整体的宇宙天地，从而形成了中国哲学的本体意识。《易经》所表达的不仅是易的经验和现象，更是易的本体。他在结合传统的关于易学的理解基础上提出了"易学五义"，即不易性，变易性，简易性，交易性及和易性。

易之五项涵义在易本体的根源性、整体性的层面被整合为一体，从而开拓出易的整体本体论的论域。不仅如此，易的本体论的观点还蕴涵了一种易的方法论。他着重考察与论析了易经哲学中"观"的方法论。"观"是主体在自然条件下对自然对象的观察，引申为主体敞开胸襟以接受外在世界，并产生交感共鸣。"观"作为一种观察和理解人和世界整体性的方法论，是关于世界的一种开放的总的世界观。它还是一种结合客观性的"外观"与主观性的"内感"而达致主客观统一性的"合外内之道"。合而言之，易经哲学是一种本体论与方法论相结合、相统一的哲学。而且，它是中国古代先民和易学家历代沿承和协作的成品。孔子及其门人的贡献是对易经做哲学的解释和研究。他得出结论，整部易经包含三个层面：即象征符号系统、卦爻辞和哲学性的解说。必须从原初的作为根源性的形上学的洞见来理解易经的哲学意蕴。因此，易经这部书应做哲学的理解。它常被当作占卜之书，是一个极大的误解。

再次，成中英在对传统易经哲学的独特领悟、理解和诠释中，发展出了一套本体哲学的架构。同时，他也是以易经哲学为骨干，确立了其以《易经》整体理性为中心的整体统合的思维方式的。这也是成中英"新易学"的理论雏形。易经哲学是成中英哲学创构的理论原点，也是其本体诠释学的原型或雏形。成氏认为，中国哲学的现代重建，必须回到中国哲学的原点。因此，易经哲学成为他融合与会通中西哲学，思考哲学基本问题乃至创构哲学体系的理论原点。成氏哲学力图在传统的本体框架内纳入现代哲学理性化的方法意识，进而衍生出其本体哲学的整体创生，一体多元，体用相涵互须的理论。他从对易经哲学的独特领悟、理解和诠释中，发展出了一套易经哲学体用相生、一体二元的本体架构，复由此拓展出本体与方法互基统一，知识与价值互生相长的理论原则。其本体诠释学归根结底乃是易经哲学的一种创造性的诠释。成中英据此提出了一套以生命为中心的哲学观。他从本体的实质与意义的界定与诠释开始，阐发了生命的本质统摄理性和意志的要素，复由此衍生了知识与价值的活动。在这一生命整体性的本体思考构架内，理性与意志，乃至作为其发用的知识与价值，乃是密切关联的方面和"背向同体"的统一体，具有内在的统一性和本体的整体性，体现了相反而相成的根本特征。成中英关于哲学乃是生命整体性的理解和认识，以及他关于整体性的生命本体涵摄了理性和意志的层面的理论，可以归结为一种生命本体论。①

最后，成氏易学还注重与现代社会生活的结合及其应用。其整体伦理学与管理哲学就是其易经哲学两个重要的应用领域。他从本体诠释学的整体统一原则出发，力图在现代社会生活中贯注和体现知识理性和价值理想的均衡与统一的理念，探索和开创中国现代化进程中伦理与管理双向并进的道路，实现伦理与管理的现代化。中国伦理体系的现代化，就是既要发挥传统的具有强烈目的性的德性伦理的优越性，又要使之适应现代社会科技与经济发展的需要。这就要求对中国传统伦理的体系进行改造，通过中西伦理体系的整合，将西方伦理体系中理性化、知识化的责任伦理引进来，融入心性化、价值化的德性伦理当中，建立一个德性伦理与责任伦理相辅相成又机体关联的新系统。成中英还力图将现代科学的管理建立在中国传统的管理哲学的基础之上。这种管理哲学的特点本质上是一种哲学的管理。它既能掌握传统的文化资源和人文精神，又能汲取现代的科学资源和理性精神，且能克服其中的局限性而超越其上。② 说到底是一种结合传统文化管理与现代科学管理或传统伦理管理与现代经济管理于一体的综合型管理。成中英的中国管理哲学或称成氏"C"理论，其要点在于从易经哲学体用相须和德性与理性相涵互生的理论架构中，开拓出中国现代管理的基本理论和原则，其基本思路是将中国传统的伦理管理和人文精神与西方现代的科学管理和理性精神相结合，其实质是将中国传统的管理之道与现代社会生活相结合，从而实现中国管理哲学的现代化。③

① 参见成中英：《儒学整体伦理学与世界新文明：伦理整体化与儒学世界化》，《合外内之道——儒家哲学论》，中国社会科学出版社 2001 年版。

② 参见成中英：《中国伦理体系及其现代化》，《新觉醒时代——论中国文化之再创造》，中央编译出版社 2014 年版。

③ 参见成中英：《中国管理之道的现代诠释——自序》，《C 理论的要素分析》，李翔海、邓克武编：《成中英文集》第三卷，湖北人民出版社 2006 年版。

三、方东美、成中英易学理论之比较

方东美、成中英运用现代哲学的理论方法研究《易经》，开创现代易学研究之先河。方、成二氏的易学存在着显著的共性特征，表现如下：

第一，二氏强调易经哲学在中国哲学中的根本地位。他们标榜《易经》为中国哲学的源头，并力图以易经哲学来贯穿、会通中国哲学史。方东美提出，儒家和中国传统文化远绍上古传承，其思想传统可以溯源于《尚书》和《易经》的传统，二者分别代表永恒的宗教精神和创造性精神的传统。两者之中，《易经》的传统尤具有奠基性的意义。易经哲学在方东美整个哲学体系中还发挥着统摄性原理的作用。易经哲学成为他贯通、贯穿整个中国哲学史的基本原理和一以贯之的中心线索。成中英明确标出，易经哲学是整个中国哲学的源头活水及其得以创生、发展的原点。从这一根源性的意义上来说，原始儒家、道家哲学乃至全幅的中国哲学都源生于此。成氏提出的《易经》为中国哲学的源头活水说，为中国哲学乃至整个的中国文化的起源，追溯和拓展到一个遥远的传说中的时代。《易经》和易文化的形成及其作为中国文化的源头，不仅具有历史学的意义，更具有文化学和哲学的意义。成中英还力图用易经哲学来整合、会通中国哲学。中国哲学的本体创生和中道的精神得以贯穿中国传统哲学诸家，整个中国哲学史因此成为一个机体统一的整体系统。

第二，方、成二氏运用现代哲学的理论方法研究和阐释《易经》，在综合传统易学诸流派主要是象数派和义理派的基础上，得出《易经》乃是象征符号系统、卦爻辞及哲学性的解释三者的组合。《易经》主要是一部哲学书，而非占卜之书。方氏提出，易经包含一套卦爻符号系统，卦爻辞和哲学的形上学三部分。因此，《易经》须沿循象数、文辞、义理三种途径来理解。不仅如此，从《易经》的卦爻符号系统，到卦爻辞，乃至于《易经》的哲理的解释，也是经历了一个历史演进的历程。因而《易经》乃是中国早期历史上历代的易学家沿袭、传承以及共同协作的作品。《周易》在根本上是一套以生命、价值为中心的哲学。孔子及其门人的贡献是对《易经》做哲学的研究和解释。成中英着重从易学的本体论层面来发挥易经哲学的意义，他在结合传统的关于易学理解的基础上提出了"易学五义"，即不易性，变易性，简易性，交易性及和易性。他还着重考察与论析了易经哲学中"观"的方法论。它是一种结合客观性的"外观"与主观性的"内感"而达致主客观统一性的"合外内之道"。合而言之，易经哲学是一种本体论与方法论相结合、相统一的哲学。他得出结论，整部易经包含三个层面：即象征符号系统、卦爻辞和哲学性的解说。必须从原初的作为根源性的形上学的洞见来理解《易经》的哲学意蕴。因此，《易经》这部书应做哲学的理解。它常被当作占卜之书，是一个极大的误解。

第三，方、成二氏通过对易经哲学的阐释、理解，建构起自己独具特色的哲学理论，他们的哲学归根到底都可以归源于对易经哲学的创造性诠释。方东美的生命本体哲学可以说就是在东西方哲学融合的现代背景下，在综合西方柏格森生命哲学、怀特海过程哲学以及中国传统哲学尤其是易经哲学的基础上的一种创造性的理论建构，它也是对中国传统哲学尤其是易经哲学的一种创造性的诠释。方氏还以生命本体论为依据，展开其哲学的基本构架。方氏据其生命本体哲学，以生命作为世界根源性的"无名之指"，又由此显现出"情理二仪"，复由此展开对哲学"含情契理"性向的贞定以及科学与价值等问题的探讨。成中英在对传统易经哲学的独特领悟、理解和诠释中，发展出了一套本体哲学的架构。同时，他也是以易经哲学为骨干，确立了其以《易经》整体理性为中心的整体统合的思维方式的。这也是成中英"新易学"的理论雏形。他从对易经哲学的独特领悟、理解和诠释中，发展出了一套易经哲学体用相生、一体二元的本体架构，复由此拓展出本体与方法互基统一，知识与价值互生相长的理论原则。成中英据此提出了一套以生命为中心的哲学观。他从本体的实质与意义的界定与诠释开始，阐发了生命的本质统摄理性和意志的要素，复由此衍生了知识与价值的活动。成中英关于哲学乃是生命整体性的理解和认识，以及他关于整体性的生命本体涵摄了理性和意志的层面的理论，可以归结为一种生命本体论。

方、成二氏易学的歧异表现在：

　　第一，二氏都强调易经哲学在中国哲学中的根本地位，而在理论的展开和偏向上毕竟有所差异。方氏在追溯中国哲学的源头时，将《尚书》的传统和《易经》的传统同时作为中国哲学的源头。而且，他还认为，从《尚书》到《易经》的演进，标志着中国古代文化从永恒宗教的精神传统向理性化的人文、伦理精神的完成。因此，《易经》对中国传统文化的发展具有奠基性的作用和意义。他还断认易经哲学的生命哲学、价值哲学的原理贯穿于中国传统哲学诸家。因而，易经哲学对中国哲学发挥着整体性的统摄性原理的作用。整个中国哲学因此成为一以贯之的旁通统贯的理论系统。成氏明确提出《易经》为中国哲学的源头活水说，为中国哲学乃至整个中国文化的起源，追溯和拓展到一个遥远的传说中的时代。他还竭力考辨上古时代《易经》的演化、发展形态，而《周易》则是发展臻至成熟阶段的成品。《易经》作为中国哲学的源头，后起的儒家、道家都源生于此。成氏自觉地用易经哲学来贯穿、统贯中国哲学史。易经的本体创生和中道的精神始终贯穿于中国传统哲学，发挥着统贯、整合的作用。不仅如此，他还进一步用易经哲学的阴阳互补、主客统一及平衡统一的原理来阐释和说明中国传统哲学诸家及其内部诸流派之间的辩证统一和内在联系，整个中国哲学史因而呈现为一个有机统一的整体。

　　第二，方、成二氏运用现代哲学的理论方法阐释易经哲学，倾向于统合传统的象数易和义理易，将《易经》看成一个符号、文辞和哲学的组合和系统。而二氏之间，方氏主要是提出了运用现代哲学的理论方法研究、阐释易经哲学的一些基本原理和理论观点。方氏提出，《易经》一书包含一套卦爻符号系统、一套卦爻辞和一套哲学的形上学。因此，《易经》须循象、辞、理三条途径来研究。《易经》主要是一部哲学的形上学的书。而不可当作占卜之书。他还运用现代逻辑的原理来推演易经的卦序，说明《易经》的符号系统代表了中国古代宗法制社会的婚姻法。他断认《周易》属于周代的文化系统。《易经》是一套生命哲学、价值哲学。孔子及其门人的贡献在于哲学的解释。这些都是方氏易学的独特见解。相形之下，成氏易学在理论的系统化和体系化方面则具有较大的发展。他认为《易经》中预设了一套观象察物以明体的思维活动，包含了体用相需、主客互通、天人合德、知行合一的思维模式的雏形。他从易学的本体论层面来发挥其易经哲学的意义，据此提出"易的五项涵义"：即不易性，变易性，简易性，交易性及和易性。他还着重考察与论析了易经哲学中"观"的方法论。合而言之，易经哲学是一种本体论与方法论相结合、相统一的哲学。他得出结论，整部易经包含三个层面：即象征符号系统、卦爻辞和哲学性的解说。他还进一步论证易经的象、数、义、理的一体同源，从而在理论上对象数与义理的统合作出了缜密的论证。

第三，方、成二氏以易经为其哲学创构的理论原点、原型，建构起易经型态的哲学，而其哲学的思想内涵和理论形式仍然各有特色。方东美在东西方哲学融合的现代背景下，综合西方柏格森生命哲学、怀特海过程哲学以及中国传统哲学尤其是易经哲学，创造性地提出了生命本体哲学的理论建构。它也是对中国传统哲学尤其是易经哲学的一种创造性的诠释。方氏还以生命本体论为依据，展开其哲学的基本构架。方氏据其生命本体哲学，以生命作为世界根源性的"无名之指"，又由此显现出"情理二仪"，复由此展开对哲学"含情契理"性向的贞定以及科学与价值等问题的探讨。易经哲学也是成中英哲学创构的理论原点，是其本体诠释学的原型或雏形。成氏哲学力图在传统的本体框架内纳入现代哲学理性化的方法意识，进而衍生出其本体哲学的整体创生，一体多元，体用相涵互须的理论。他从对易经哲学的独特领悟、理解和诠释中，发展出了一套易经哲学体用相生、一体二元的本体架构，复由此拓展出本体与方法互基统一，知识与价值互生相长的理论原则。其本体诠释学归根结底乃是易经哲学的一种创造性的诠释。成中英据此提出了一套以生命为中心的哲学观。他从本体的实质与意义的界定与诠释开始，阐发了生命的本质统摄理性和意志的要素，复由此衍生了知识与价值的活动。

第四，成氏易学不仅注重形上学的理论建构，他还力图与现实的社会生活相结合。成氏的本体伦理学和管理哲学就是其易学研究的两个应用领域。他从本体诠释学的整体统一原则出发，力图在现代社会生活中贯注和体现知识理性和价值理想的均衡与统一的理念，探索和开创中国现代化进程中伦理与管理双向并进的道路，实现伦理与管理的现代化。成中英还力图将现代科学的管理建立在中国传统的管理哲学的基础之上。这种管理哲学的特点本质上是一种哲学的管理。说到底是一种结合传统文化管理与现代科学管理或传统伦理管理与现代经济管理于一体的综合型管理。可见，成氏易学表现出强烈的对形而下的现实领域的关注，由此成为成氏易学的一个极为鲜明的理论特色。

第九章　和谐与冲突

——方东美、成中英论中西哲学精神

方东美、成中英在其哲学研究中对中西哲学有着系统的比较研究，并通过比较哲学建构了其富有特色的哲学理论。方、成二氏经过比较哲学研究一途，回归并认同于中国本位文化的立场。因此，他们对中国哲学精神的认定和发挥具有更加深厚的思想内涵。二氏对中西哲学的判分和界定，在基本的观点上大体上一致，都倾向于以"和谐"与"矛盾"作为中西哲学精神的分野。相对而言，方氏的比较哲学虽然摆脱了单元的、单向的文化心态，但还没有完全走出传统的本位文化中心论的影响，其理论基本上仍然是中体西用论的模式。成氏力倡中西哲学双向的互诠互释，因而，其比较哲学走向了一种对等的、双向的比较研究，也真正从以往单元文化心态中挣脱出来。方、成二氏经过比较哲学的途径，回归于本位文化。他们的文化立场仍然有所区别。方氏对中国本位文化的和谐精神有着坚定的乃至偏执的信念。而成氏则倾向于在现代世界文化的背景下解决中国文化的问题，发挥其特有的优势，而不是专意解答西方文化的难题。

一、"圆融和谐"与"二元对立"：方东美论中西哲学精神

方东美的哲学研究是在中西交融的理论背景下进行的。他以形而上学为中心，直探中西哲学的内涵与底蕴。他认为，中国哲学的精神就在于"圆融和谐"的智慧，即他所谓的"广大和谐之道"；而西方哲学则是一种以

"矛盾对立"为特征的"二分法"思想，它始终不能脱离"二元对立"的思想模式与格局。相对而言，中国哲学精神在根本上具有优越性，适足以构成对西方哲学的挑战，也是解救其理论困难的唯一解药。方东美在东西整体思维的视阈，衡论中西哲学精神，表明其比较哲学研究已臻入非常深刻之境。然而，虽然方氏对西方哲学的理论困难的揭示乃至对西方"现代性"的批判，都可谓鞭辟入里，但他偏向肯定和夸大中国哲学"天人合一"思想的优越性，而对其思想弊端却缺乏照察和足够认识，因而难免其本位文化立场的理论局限。

（一）"超越"与"超绝"：方东美论中西哲学精神

在中国现代哲学史上，方东美是一位具有世界眼光和现代意识的哲学巨擘。方东美的哲学研究具备一个深广的中西融合的文化背景。他对中西哲学的认识，是基于他独特的哲学研究的路径，也就是与他所说的"形而上学"的路径密切相关。方东美自述其哲学研究，"独采形而上学一途"①，他对中国哲学精神的探讨即是循此路径。他提到的其他民族所创建的形上学有古希腊的系统，印度人由宗教热忱与神思玄理合一所创的系统，和近代欧洲由浮士德精神，即尚智活动与严格批评之科学理论所构成之形上学系统。② 他将这些类型的形上学相归类，分为三种类型：即"超绝"型、"超越"型和"内在"型。因为他理解的"超越"（transcendental），又包含"内在"（immanent）的涵义，故他实际上是将形上学划分为两大类型：即"超绝"型与"超越"型。③ 这是方东美将中外形上学系统相对照所得出的结论，也是方氏剖分中西形上学的基本理论观点。

以比较哲学的方法，深入到中西哲学的核心即形上学系统的比较，并由此来探究和揭示中国哲学之精神主旨，是港台和海外新儒家群体研究中国哲学的一个主要特征。他们在研究中得出了一些几乎普遍认同的共识和观点，即认为西方哲学中的"超越性"乃是"外在超越"，而中国哲学中的

---

① 方东美：《中国哲学之精神及其发展》上册，台湾成均出版社 1984 年版，第 21 页。

② 参见方东美：《中国哲学之精神及其发展》上册，台湾成均出版社 1984 年版，第 27 页。

③ 参见方东美：《中国哲学之精神及其发展》上册，台湾成均出版社 1984 年版，"献辞"。

"超越性"则是"内在超越"。例如，唐君毅、牟宗三、张君劢、徐复观在他们共同署名的《为中国文化敬告世界人士宣言》中提出，以具有内在超越性的天人合一思想作为中国哲学精神的主要特征。另外，像刘述先、余英时等大体上也都认同于以"内在超越"和"外在超越"这两种超越性思想的划分作为中西哲学精神的分野所在。他们所说的"外在超越"，与方东美所说的"超绝"的含义大体相同，都是以其表示古希腊哲学、基督教神学和近代康德哲学等所代表的西方哲学的"超越性"思想。而他们所说的"内在超越"，则是指中国哲学以"天人合一"为代表的"超越性"思想。尽管他们对这一问题的观点存在着许多分歧，但是在一些主要的、基本的界定上还是有其共同点的。他们对于中国哲学的"超越性"的认识，都是将"超越性"与"内在性"相结合，并以此作为中国哲学精神的根本思想和原则。他们对于东方哲学中的"天人合一"、"梵我一如"的"内在超越"的传统，基本上抱持认同和肯定的态度。

　　方东美作为较早提出这一问题的学者，由于他本人执持中国文化本位的立场，对这一问题的解决倾向于一种绝对化的极端观点，亦可谓一种典型之论。他将西方的形上学视为"超绝"形态，认为它自身存在严重的难以克服的困难，而只有中国的"内在超越"形态的形上学才是唯一正确与合理的形态。方氏指出，"超绝"型的形上学的弊病在于深溺二分法，而视宇宙为"两橛二分"状态，整个世界呈现为二元对立，因而产生了世界统一性的严重难题。① 因此，方氏对西方"外在超越"或"超绝"型的形上学持贬抑和摒弃的态度。而他对中国哲学的"内在超越"型的形上学则极表推崇和认可。其理由即在于中国哲学的形上学摒弃了二分法为方法，更否认二元论为真理，以此可以克服西方哲学中二元对立性的理论难题。② 他认为，在西方"超绝"型形上学的思想模式中，对于自然与超自然，心灵与肉体，主体与客体，现象界与本体界等，乃至于其他一切问题的讨论，都陷入二元对立的困境，而莫得其解。由这种思想模式所提供的世界图式是一个分裂的、矛盾

---

① 参见方东美：《中国哲学之精神及其发展》上册，台湾成均出版社 1984 年版，"献辞"。

② 参见方东美：《中国哲学之精神及其发展》上册，台湾成均出版社 1984 年版，第 36 页。

对立的世界，其中人与神，人与人，人与自身乃至人和整个世界都形成了矛盾对立。① 相反，中国哲学"天人合一"的思想模式是一种整体性、综合性、融贯性的思维方式，由是派形上学观之，人与神明，人与人，人与一切万有乃是交融互彻，密切关联，和谐统一的关系。② 因此，方氏强调，西方"超绝"型的形上学是一种病态的思想模式，而只有中国"内在超越"型的形上学才可以解决其理论的根本难题。

方东美从中西哲学对比的视域，着重批评了西方哲学二元对立模式的缺陷，将其归结为"和谐"的重要性被忽略和曲解，而典型的中国哲学恰是深体广大和谐之道，体现为圆融和谐的生命精神，因而他对西方以矛盾冲突为主的思想型态采取摒弃的态度。在他看来，与西方"超绝"型形上学相比，中国的"内在超越"型或"机体主义"形上学存在着诸多方面的优点：其一，西方哲学由于采用"二分法"，人、神、自然乃至一切问题的讨论都被放在分割的、孤立的理论系统内来解决，结果整体的世界被分割为互不融通的局部领域，宇宙上下层境界的联系尤其成为问题。而中国机体主义形上学，由于注重机体的统一，却可以避免"二分法"的缺陷，形成一个"旁通统贯"的理论系统，由一个整全的视阈透视宇宙、人生的全体。根据这种机体主义形上学的观点，神、人、世界乃至一切问题都被放在旁通统贯的系统内得到理解。③ 其二，西方哲学中的自然观，由于执着于二分法，整全的自然界被截然二分为初性与次性，使得人与自然对立；而中国哲学的自然观却足以克服西方科学主义的偏执，而追求一种广大圆融的观点。中国人的自然观念，不仅是物质世界，也是精神世界，是二者浑然一体、融会贯通的生命境界，人与自然之间是交融互摄的和谐关系。④ 其三，西方哲学认为人性具有先天的原罪，人唯有仰赖上帝才能得救。而中国哲学则相信人性本善，尽人之本性即可上参天道，于现实世界即可完成最高道

---

① 参见方东美：《生生之德》，台湾黎明文化事业公司 1979 年版，第 262 页。

② 参见方东美：《生生之德》，台湾黎明文化事业公司 1979 年版，第 321 页。

③ 参见方东美：《生生之德》，台湾黎明文化事业公司 1979 年版，第六章"从比较哲学旷观中国文化里的人与自然"。

④ 参见方东美：《中国人生哲学》，台湾黎明文化事业公司 1984 年版，第二章"宇宙论的精义"。

德。① 其四，西方"超绝"型的形上学导致了价值理想世界与现实世界的隔绝，它一方面产生了真善美的价值世界无法与下层世界沟通的问题，另一方面则产生了价值中立主义无法安顿价值的问题。而中国哲学的机体主义形上学则视宇宙一切万有都具内在价值，因此在价值理想与现实世界之间没有鸿沟，它是即理想即现实主义，或即现实即理想主义的，就是肯定在现实世界就可以实现完美理想。② 要之，中国哲学的"超越"型形上学，以其广大和谐与圆融无碍的精神，适足以克服西方二元对立思想的矛盾困境，它所代表的圆融和谐的智慧和精神，是世界上唯一不受"恶性二分法"思想侵蚀的文化生命，具有西方"超绝"型形上学无法比拟的优越性。

（二）"二元对立"：方东美论西方哲学精神

方东美认为，西方"超绝"型形上学的最大特征是依一种绝对模式，运用"二分法"，将整个世界严分为"本体界"和"现象界"，即"形而上界"与"形而下界"。西方哲学在建立范畴之间关系时产生的困难在于，它运用"主客二分"的方法把整个世界划分为上层的本体界与下层的现象界，却无法谋求和实现上下层世界之间的联系与贯通。③ 在方氏看来，西方"超绝"型形上学的根本缺陷，乃是根于"二元对立"的心态，宇宙据"幻想妄见"被剖分为"两橛二分"状态，令自然界与超自然界，肉体与灵魂，时间与永恒，启示之绝对与纯理之绝对，皆处于对立状态，生灭变化的形相世界与永恒的法相界，世俗生活领域与价值理想领域，乃成为悬隔不通的两个世界。④ 西方人由于偏执"二分法"这种"二元对立"的思想模式，以至于产生世界统一性的理论难题，它导致价值世界与事实世界的悬隔不通。这在古希腊哲学便是法相界与形象界的上下界的"疏离"（chorismos）。中世纪神学把重心完全放在永恒世界，但造成对人性与尘世的贬抑。近代西方哲学集中于知识论，又造成主客体之间的对立。方东美称这种思想为"孤立的系

---

① 参见方东美：《中国人生哲学》，台湾黎明文化事业公司 1984 年版，第五章"道德观念"。
② 参见方东美：《中国哲学之精神及其发展》上册，台湾成均出版社 1984 年版，第 36 页。
③ 参见方东美：《华严宗哲学》下册，台湾黎明文化事业公司 1981 年版，第 368 页。
④ 参见方东美：《中国哲学之精神及其发展》上册，台湾成均出版社 1984 年版，第 28 页。

统"（isolated system），其理论缺陷在于，"孤立的思想系统对于广大和谐的宇宙全体，只能有部分的理解，而不能作完满的说明"①。他指出，这种二元对立性是西方思想最深刻的内在矛盾，也是在它自身内部无力解决的理论难题。整个西方哲学，从古希腊到中世纪，一直到近代乃至于现代，这种"二元对立"性的思想模式成为西方的心病，总是无法解决。

1. 古希腊哲学的二元对立的理论难题

方东美认为，西方超绝型态的哲学传统，肇始于苏格拉底、柏拉图的"精神主义"哲学。在古希腊哲学中，方东美着重以苏格拉底、柏拉图和亚里士多德哲学为例证，分析了它们作为"分离型"思想的特征和根源。他指出，苏格拉底在理论上追求一个有秩序的、和谐的整体宇宙（cosmos），但由于他惯于分析的方法，使他在理论上所希冀的和谐整体的构想成为虚构。他执着于将心灵与肉体，理性与妄见，至善与罪恶分离开来。因此，方东美将他判为西方哲学史上第一批"分离型"思想家，或者说，乃是西方"分离型"思想体系的建立者。②他尤以柏拉图为例，剖析了其理论的难题和希腊哲学的困惑。柏拉图的理念论哲学根据二分法将世界划分为理念世界与事实世界，却无法实现形而上的价值世界与形而下的事实世界的沟通，从而实现其价值学的统一。③他指出："在柏拉图哲学中最严重的问题是'分离'，就是形而上与形而下世界中间，很难有一座桥梁加以沟通。"④柏拉图提出的理念世界是一个集中了真善美的价值完满的世界，但柏拉图的困惑在于他始终无法实现上、下界的沟通，使理念世界中真善美的价值流注到现实世界中来。在他看来，古希腊哲学的这种二元对立的思想模式，导致对人性的看法，陷入二元论的错误，人性被分裂为极不相容的两个方面，如古希腊奥菲派的宗教以人类为两种神力即善神与恶神合成。这样，"一个上下隔绝的两层世界在希腊哲学的发展领域上，可以说始终没有获得解决"⑤。方东美对古

---

① 方东美：《华严宗哲学》下册，台湾黎明文化事业公司 1981 年版，第 162 页。
② 参见方东美：《生生之德》，台湾黎明文化事业公司 1979 年版，第 260 页。
③ 参见方东美：《华严宗哲学》下册，台湾黎明文化事业公司 1981 年版，第 5 页。
④ 方东美：《原始儒家道家哲学》，台湾黎明文化事业公司 1983 年版，第 20 页。
⑤ 方东美：《中国大乘佛学》，台湾黎明文化事业公司 1984 年版，第 317 页。

希腊哲学视物质世界与肉体为罪恶渊薮的理论不以为然，对于苏格拉底以人生为"实践死亡"的说教也是深致其疑。[①]

2. 西方"犹太—基督"宗教传统的"疏离"问题

在方东美看来，希腊哲学与希伯来宗教的结合不是偶然的。他指出，由于古希腊哲学无法实现上、下界的沟通，从而实现其价值学统一，古希腊哲学乃将哲学转化为宗教神学，希望依靠上帝的精神权力，来重新实现这个分裂的世界的综合、统一。因此，正是柏拉图与亚里士多德的共同努力，才使得西方接受了把自然与超自然分开的希伯来宗教思想。[②] 而希伯来的宗教精神是歌颂永恒世界，对现实的自然世界颇有不屑之意。中世纪神学是在古希腊哲学的间架上接受了希伯来思想，基督教思想的重心还是建立在永恒世界上。上帝和天国是超自然的、高高在上的存在，而人则匍匐在下，这样便造成了对尘世和人性的贬抑。[③]

方氏由此断认西方宗教传统源于希伯来宗教的遗传。他认为，西方的希伯来和基督教的宗教传统，主要是自然神论（Deism）。这种"自然神论"的宗教，由于二分法的思想方法，神明乃成为"超绝"的存在。它们将神的存在置于遥不可及之处，隐于无形的至尊至圣和远超尘世之所，从而导致人与神明之间的沟通产生严重困难，乃至于神性无法用理性来说明。再有救赎说与原罪说的观念，神的天国终于被推到遥不可期的将来。在这种宗教传统中，神明的存在居于压倒性的绝对地方，它所代表的神圣界"全然异于此世"。[④] 这种神圣对象不仅超离于一切熟悉事物而成为"超自然界"，并终将超离此时此世而提升为"超越世界"。简单地说，神与人类和世界的关系是完全"超绝"、"疏离"的。方氏将"犹太—基督"的宗教传统归结为几个要素，即过分强调"受造物意识"而引发的：首先，由人类虚无而生之宗教的敬畏感；其次，由神明超强权势而生之宗教的自我弃绝感；最后，由遗传原

---

① 参见方东美：《华严宗哲学》下册，台湾黎明文化事业公司 1981 年版，第 174 页；方东美《中国人生哲学》，台湾黎明文化事业公司 1981 年版，第 23 页。

② 参见方东美：《生生之德》，台湾黎明文化事业公司 1979 年版，第 261 页。

③ 参见方东美：《中国大乘佛学》，台湾黎明文化事业公司 1984 年版，第 50 页。

④ 参见方东美：《生生之德》，台湾黎明文化事业公司 1979 年版，第 330 页。

罪而生之迫切需要的他力救赎。依据这种极端的自然神所见，神是高居皇天的至尊，它对低处凡俗的人与世界毫无助益，因为人间一切终归虚无，正如俗谓"神明高居皇天，人间万事皆非"。① 方氏认为，这种自然神论的神明观念由于被武断地视为与一切事物完全疏离，这种终极的疏离已使人与世界陷于虚无，它造成了人与神，人与他人，终致人与自我之疏离，因而为他所不取。

3. 西方近代哲学的"主客对立"问题

方东美指出，"分离型"的思想乃遍布于西方近代的哲学、科学、宗教、文艺及日常生活上。他列举了笛卡尔的二元论，古典科学上"二分法"的运用，形成物质的"初性"和"次性"之分别的学说，以及康德在现象与本体之间彻底运用理性方法而产生的矛盾割裂，乃至黑格尔哲学中的辩证逻辑和本体论。从哲学上观之，这种二元对立性矛盾集中体现于认识论中的主客体和内外界的对立。同时，由于这种二分法的运用，在宗教、哲学和社会生活中形成了二元对立的世界观，反顾人性，也便造成了双重人格，其统一性也就随之产生了难题。②

方东美称欧洲宇宙观为一种"凌空系统"，以其境界范围广大，其性质深秘微密，其内容虚妄假立，构成真虚妄、假和合的二元或多端对立系统。衡之于心性构造，则成"神魔同在"的双重人格，其普遍典型以浮士德为代表。③ 方东美断言，近代欧洲哲学由于在思想方法执守二元或多端敌对的模式，它产生了一系列严重的内在矛盾难以根除，其中包括人与世界被截然二分的难题和价值虚无主义倾向。在方氏看来，近代欧洲人固然因其二分法思想导致科学思想发达，并据以发挥权能，产生了工业文明的巨大成果，但是其中也蕴含了因价值匮乏而引发的极大危机。欧洲文化的这种"虚无主义"精神，即根源于其哲学上的二元或多端敌对的理论系统。

在方氏看来，西方这种"超绝"形态的形而上学，始终无法解决上下层宇宙对立的问题，致使形而上的价值理想"超绝"于形而下的现实世

---

① 参见方东美：《生生之德》，台湾黎明文化事业公司1979年版，第332、336页。

② 参见方东美：《生生之德》，台湾黎明文化事业公司1979年版，第262页。

③ 参见方东美：《生生之德》，台湾黎明文化事业公司1979年版，第141、142、144页。

界。① 它甚至在现代西方哲学也有所表现，导致两个极端方向的发展。一条路径是只承认事实世界的存在，而对价值世界则采取"价值中立"的立场予以消解，这就是所谓"科学主义"的路线。另一条路径则是神本主义的路径，对现实世界采取彻底鄙视的态度，认定它是个罪恶的场所，要人们鄙弃它，超离它。而只有仰赖上帝，人才能得救。总之，主客二分的二元对立的思想模式，造成了西方哲学中世界统一性的根本难题。

（三）"圆融和谐"：方东美论中国哲学精神

方东美认为中国哲学的根本精神就在于深体"广大和谐之道"，体现为圆融和谐的生命精神，因而是对西方以"二元对立"、"矛盾冲突"为主的思想型态的克服和超越。在他看来，中国哲学采取"机体主义"的方法探究事物，它将整个宇宙视为和谐统一的有机整体和生命流行的境界，同时注重以人的生命精神与宇宙总体的生命精神相配合，体现为"天人合一"的思想特征。他认为，中国哲学注重机体的统一，以一种机体的视域透视宇宙一切差别境界，并于其中求其会通与综合，从而形成一个旁通统贯的系统。中国哲学诸家都发展了这一特性，就是能够观照人和世界的全体，确信人和世界在根源上都是连成一体的整体，其间是普遍联系、广大和谐的关系，体现为彼是相因、交感和谐的中道。这种和谐统一的思想原则在中国哲学儒、道、释诸家得以贯穿，中国哲学的根本精神就体现于这几大主要传统的会通、会合之处。

1. 原始儒家哲学的中和精神

方东美认为儒家是"时际人"（time-man）的典型，比较重视将道德理想落实于现实世界。他对儒家精神的把握，侧重于原始儒学的创造精神和人文精神。他极赞原始儒家哲学"生生而和谐"的精神与"天人合德"的理想，认为原始儒家开辟了一个健康饱满而又博大高明的境界。他把原始儒家看成注重传统与注重创造的统一，而《尚书》与《周易》便体现了这两个源远流长的传统。② 与通常的讲儒家源流以《论语》为主不同，方东美比较重

---

① 参见方东美：《中国大乘佛学》，台湾黎明文化事业公司 1984 年版，第 314 页。
② 参见方东美：《原始儒家道家哲学》，台湾黎明文化事业公司 1983 年版，第 49 页。

视《尚书》与《周易》的系统。他认为《尚书》的思想体系在中国古代文化中暗示了永恒的一面。他着重论析了《洪范九畴》的宗教哲学涵义，发现"皇极大中"实乃上古时代本体论原理之缩写符号，凝结了先民的神秘心理体验，暗示了永恒的精神领域。它体现了中国古代文化由神秘宗教向理性哲学转化的过程。[①] 他认为，《易经》代表了儒家传统中创新、进步的一面，它把宇宙秘密展开在时间的变迁过程之中。《易经》从敷陈史实到涵摄深厚的哲学意义，与殷周之际的哲学革命密切相关，它作为一套符号系统早在孔子之前即已完成。

2. 原始道家哲学的超脱解放精神

在方氏看来，道家为典型的"太空人"（space-man），侧重于以诗艺幻想点化现实世界使之成为空灵的意境。它所代表的是一种超脱解放的精神。他提出，儒家论道是从"本体论"（ontology）讲，而道家论道则是从"超本体论"（me-ontology）讲。"超本体论"为方氏独创的说法，他以此来说明道家"超越"的精神和智慧。他还特别强调，老子的哲学的要点是以"有"和"无"代表了"道之双回向"，它一方面在相对世界或现象世界里建立本体论系统，另一方面又在超越世界上面建立"超本体论"，然后再将二者会通起来，将相对的"有"与绝对的"无"纳入一套共同的理论体系。[②] 方东美对于庄子哲学的阐释主要是以后设哲学的观点重在阐发《庄子》原典中所蕴含的形上学。他指出庄子"建之以常、无、有"，点出了老子思想之精义。不仅如此，庄子哲学将精神超越的活动历程推至"重玄"之境，将原存在于老子哲学中"有无对反"的矛盾予以调和，在此基础上更将宇宙全体视为一个相待互涵的有机系统。[③]

3. 中国大乘佛学的圆融和谐精神

方东美将佛学之道视为"菩提道"，认为佛家的精神侧重于先知、宗教家的彻底解脱、觉悟的精神。他把中国大乘佛学看作是中国传统文化的

---

① 参见方东美：《原始儒家道家哲学》，台湾黎明文化事业公司 1983 年版，第 79 页。
② 参见方东美：《中国哲学之精神及其发展》上册，台湾成均出版社 1984 年版，"老子哲学"部分。
③ 参见方东美：《原始儒家道家哲学》，台湾黎明文化事业公司 1983 年版，第 242 页。

一个重要组成部分，是中国本土儒道文化与印度佛学相融合的中国化佛教，体现了中国文化精神的独特智慧。他着重发挥佛教圆融和谐的精神，并以此作为中国大乘佛学的根本精神与理论特色。他认为中国佛学的这种精神特征恰可对治西方哲学的心病，解决西方哲学史上二元对立的理论难题。

方东美认为，三论宗的实质是凭借智慧，依上回向路径，把人类理性提升到极高的境界，借此成立一套体系与范畴系统，以般若正智统摄诸般差别世界，故此宗要义在于把握宇宙上层的最高智慧，在精神上臻至"般若与菩提相应"的境界。① 对于法相唯识宗，他的一个基本观点是，必须把唯识学与法相学结合起来，就是根据纯净的智识来统摄世界的一切差别相状。因为阿赖耶识是如来藏藏识，染净同位的混合体，善不善因，只有断尽染污才可达到转识成智的目的，故讲唯识学不能只讲到识就止住，还要讲唯智，如此才可以消除我法二执，把握真实的知识与智慧。② 他特别强调天台宗三谛圆融说在中国佛学发展史上的理论贡献。天台将三论的"二谛"发展为"三谛"，即由真俗二谛发展为空、假、中三谛圆融的中道观，不仅要消除真俗二谛之对立，连真谛、俗谛与中道哲学的对立也被消解，其结果是成立一个和谐、统一的思想体系。这便是天台的"一心三观"。③ 方东美称华严宗哲学为"广大和谐的哲学"（philosophy of comprehensive harmony），以其为最能体现佛教圆融特色的广大和谐精神的佛教哲学体系。方东美认为华严宗是一套机体主义哲学，其理论要旨在于说明，在整个世界的各种层次的境界，融贯了普遍的"理"，而此普遍的"理"能够渗透到宇宙万象的"事"中，如此，便可以将一切万有的差别性、对立性、矛盾性等多元关系综合起来，形成一个广大和谐的体系。④ 华严宗哲学凭借法界缘起，从而实现了超越界与现实界的沟通，它使用理与事两大范畴，将佛学中真谛的"空"与俗谛的"有"两套观念结合起来，在上层的理想界与下层的现实世界之间便搭起了

---

① 参见方东美：《中国大乘佛学》，台湾黎明文化事业公司 1984 年版，第十一章。
② 参见方东美：《中国大乘佛学》，台湾黎明文化事业公司 1984 年版，第十九章。
③ 参见方东美：《中国大乘佛学》，台湾黎明文化事业公司 1984 年版，第 453 页。
④ 参见方东美：《华严宗哲学》下册，台湾黎明文化事业公司 1981 年版，第 174 页。

一座桥梁。①

4. 方东美比较哲学思想评估

方东美对于中西哲学精神的阐发，是从中西哲学整体思维出发，对中西哲学的一次全体透视。他以形而上学为中心，直探中西哲学的精神主旨。他的比较哲学研究已然深入到中西哲学精神的深处。而且，他以"天人关系"为题，确实抓住了中西哲学的一个很关键的根本问题，因而他对于中西哲学的比较也就在以往基础上大大前进了一步。故此，方氏对于中西哲学比较领域的理论贡献，是不容忽视的，亦应得到合理而公道的论析与评估。

应当肯定的是，方东美站在东方文化的立场，将西方文化传统归结为"分离主义"的特征，尤其是西方近代哲学更是陷入了他所说的"孤立的思想系统"，造成了科学、宗教和哲学之间的分隔与限制，终致他所谓人的"疏离"问题的出现。方氏对于西方文化的这种批评确实是深刻的，已然触及了西方文化的核心和"灵魂"。耐人寻味的是，西方时下方兴未艾的"后现代哲学"，正是对其自身固有的以"二元对立"、"天人相分"为特征的文化传统的清理与反思。从特定的视角来看，方东美站在中国文化立场对西方文化的批评，倒是与西方后现代主义思潮不谋而合。由此可见，方氏对西方哲学的批判性观念，不能不说是富有东方哲学的睿见和洞识，已然窥其堂奥。

不仅如此，方东美将中国传统哲学归结为以"天人合一"为特征的"广大和谐"之道，这在基本倾向上也是符合中国哲学的精神特质的。在中国哲学发展史上，天人合一的思想倾向占据了主流地位，这是一个明显的事实。这种思想型态所具有的一些优点，在中国哲学史上也有所表现，并且得到世界上有识之士越来越多的认可。可见，方氏对中西哲学精神的认识和把握，确有其不可磨灭的优胜和精要所在。

但是方东美对中西哲学精神的研究和把握，在理论上也存在一些显著的困难和缺点。在中西哲学之间，方氏以"机体主义"和"分离主义"将其

---

① 参见方东美：《华严宗哲学》下册，台湾黎明文化事业公司 1981 年版，第十七章。

视为截然两分、相互对峙的两大系统。方氏的中西哲学史观，只能把握其大体却难以把握其复杂而丰富的全体。因为就中西哲学全体来看，西方哲学在总体的发展方向上虽然以"二元对立"、"二分法"的思想为主导，但是毕竟也存在"天人合一"的思想以及像怀特海之类的"机体主义"思想观念。中国哲学发展的主导趋向为"天人合一"思想，但是另外也有一些"天人相分"的思想，甚至还有别墨、名家等反对形而上学的思想体系的存在。

尤为严重的是，方氏在批评西方哲学"二分法"、"分离型"思想的困难和缺点时，便忽略了其固有的优点，而在肯定中国哲学"天人合一"思想的优点时，却忽略甚至有意回避了其中的困难和问题。尽管他对西方哲学"二分法"的思想方式的剖析确曾触及要害，乃至他为西方哲学所开出的药方也并非全无道理。而且，当代西方哲学的发展趋势，似乎正是朝着摆脱和远离其传统的二元对立性的固有轨辙而开始走向与东方"天人合一"思想趋近。但这也并不能证明方氏所立论的根据就确实可靠。因为正是这种以"二元对立"为特征的西方思想文化，开启了世界范围内广泛的现代性思潮。我们不能因为它所暴露出来的某些明显缺点和弱点，就全盘否认其突出的优点。

方氏本人由于偏向肯定"天人合一"思想的优点，而对其弊端与缺点缺乏照察和充分认识。天人合一思想固然有"天人一体"的整体观念，能够对西方二元对立思想所产生的"孤立的系统"有纠偏的作用。但是，"天人合一"思想因为缺少分析的方法，却存在着严重的笼统不分的弊病。它导致历史上中国文化中科学思想的长期滞后，并引发一系列严重的问题。另外，中国哲学"天人合一"的思路固然肯定了"人"可以上通于"天"，它在"人"的有限性与"天"的无限性之间架设了一道沟通的桥梁。但在这种思想中，由于过分地强调"天"与"人"的"合一"、"不二"，而导致"天"的无限性的失坠，甚至以人的有限性领域来取代"天"的无限性领域。在中国哲学史上，"天人合一"的命题长期地被简单地归约为同一于高高在上的宗教意义的"上天"，或僵死的道德意义的"义理之天"，人遭受到来自代表整体性的"天"、"天理"的势力的压抑甚至奴役。这些都是至为显著而不能不予以正视的事实。

从总体上来看，方东美对中国哲学的"天人合一"思想表示推崇和认同，而对西方文化的"天人相分"、"二元对立"思想则表示贬抑和排斥。这是方氏哲学中一以贯之的根本性思想。他自己曾陈述其哲学宗旨为"欲凭借我广大悉备、圆融和谐之中华智慧，向彼处处不脱二元对立，时时陷入困惑疑难，在在表现橛裂型态之西方思想方式，展开挑战"①。他的这种心态表明他在学术研究中坚持中国文化的本位立场，这是一种可取的态度。但他由此走向另一个极端，对本位文化的优越性抱持坚定的乃至武断的态度，其理论甚至有陷于"东方中心主义"的思想误区的危险。

要之，方东美运用比较哲学的方法，以形而上学为中心探究中西哲学的精神，在理论上颇多创新和特识。他批评西方哲学的"二分法"、"分离型"思想模式的缺陷，是能够击中要害的。他对于中国哲学的"机体主义"、"融贯型"思想模式的优点也颇能同情理解。但是，他以为西方哲学"二分法"思想存在某些理论困难便断认其为病态而在克服之列，以为中国哲学"融贯型"思想存在着某些领域内相对的优点而忽略其在另外方面的不足，则容易造成理论上的偏见。毋庸置疑，西方哲学"主客二分"、"二分法"的思想方式与中国哲学"天人合一"、"融贯型"的思想方式，同为人类理性和思想发展臻至比较高级层次与成熟形态的两种基本的思想方式，它们之间断不是截然二分、泾渭分明的分离状态，而是相互渗透、交互作用的关系。而且，各种文化的存在和发展，均有其自身特具的理由和目标而不可替代。如果我们夸大任何一种思想形态的优越性，而贬抑和摒弃其他类型，都可能导致人类思想的萎缩和文化发展的偏向。只有正确认识和处理中西思想、文化之间的关系，通过双向批评和互诠互释，冀其共同提高和升华，人类思想才能真正迈上健康发展的正途，多元文化之间才能展露出和谐共进的光明前景来。

---

① 方东美：《中国哲学之精神及其发展》上册，台湾成均出版社1984年版，第11页。

二、知识与价值：成中英论中西哲学精神

成中英在世界整体哲学的背景下，运用比较哲学的理论方法通观中西哲学的全体，以把握其精神内涵的实质和类型。他以其本体诠释学的理论架构将中西哲学定位为知识哲学和价值哲学，两者在一个总体哲学的框架内构成相反相成、互补统一的有机整体。他还着重从深层的本体论、方法论的层面考察和比较了中西辩证法的类型和各自的特点，中西辩证法和中西哲学得以在一个更加深广的理论境域统合与展示。这本身就是在施展一种高层次的和谐化辩证法。成氏还关注在当代全球化和多元文化对话的时代处境中和谐文化与冲突文化面临的机遇和挑战，力图为中国文化的世界化和世界文化的融合、整合，提供一个源于中国哲学的智慧洞见与和谐化的方案。可见，成中英正是在这种双向的中西互诠互释的比较研究中，真正摆脱了单元文化心态的羁绊，而走向一种世界性的、整体性的比较哲学的理论系统和体系的建构。成氏比较哲学的理论宗旨和目标就是趋于一种世界化的整体哲学的理论。

（一）知识与价值：中西哲学的定位

比较哲学与比较文化是成中英学术研究的一个重要方面。而比较哲学研究则构成了成氏哲学体系的一个重要的有机组成部分。成中英正是借助比较哲学的环节和步骤从而走向本体诠释学的理论建构的。可以说，成中英比较哲学的理论，其宗旨就在于为中西哲学的对立和冲突寻求和架设一道会通、融合的途径和桥梁。他力图通过中西哲学的比较研究和双向的互诠互释，发现其间的内在联系和整体秩序，进而在新的理论基础上开拓新的世界哲学的理论架构。成中英以其整体理性的本体哲学架构为据，从中西哲学互诠互释的视域融合中，力图为中西哲学定位，并以此作为构建其世界哲学的出发点。在他看来，中国哲学在实质上是本体理性的精神，而西方哲学则是分析理性的精神。两者相反而相成，背反实相须，共同成为建构中的世界整

体理性不可分割的"一体之二元"。在此，成中英由其本体理性的形上睿识，通观中西哲学之全体及其发展，乃将中西哲学的融合与会通视为当然之理则与必然之趋势。而且，他认为分析理性的作用是导向知识，而本体理性的作用是导向价值。因此，他倾向于将西方哲学在本质上作为一种知识哲学，而将中国哲学在本质上作为一种价值哲学，而它们最终又导向一个整体性的世界哲学的建构。

中西哲学的这种偏向在知识论和价值论的领域有着显著的表现。成中英认为，西方哲学是以理性为方法，以知识为目标，力图通过知识的建构来了解世界，侧重于建立一个知识性的世界。因此，西方哲学本质上是以知识论为中心。与之相对照，中国哲学在本质上是价值哲学，侧重于对宇宙人生的价值问题的反思和探求。它归结为一种以生命经验为中心，以实现宇宙，人生，社会的全体价值为目标的价值本体。因而中国哲学导向一个价值性世界的建构。他认为，西方哲学自始即以知识的探讨为重心。而知识以理性为工具与基础。从理性的发展到知识宇宙的建立，一直是西方哲学的主流。纵观西方哲学史，古希腊哲学代表了一种理性的方法意识的自觉和理性哲学的建立，而知识即美德的命题可谓确立西方哲学传统的基本方向。中世纪的经院哲学仍然是理性化的系统和方法意识的成品。而近代以来西方哲学更是方法意识和理论理性不断突破的过程，此尤可以科学的发展为明证。要之，知识的灿烂蔚为西方哲学，而知识的灿烂实根于理性方法所建构的观念系统。[1] 比照西方哲学，成中英从反观中对中国哲学得出了一个基本的认识，认为中国哲学在本质上是一种价值哲学，是基于对生命的会通和对生活经验的整体反省中得出的对宇宙、人生以及人类、社会价值的肯定与体验。此观点在中国传统哲学儒、道、墨、法诸家均有体现，而以儒家最为典型。而易经哲学作为整体的本体意识和一套机体统合的思维方式，对中国哲学传统具有奠基性的作用和意义。[2]

他力图通过对知识与价值的双向诠释与批评，来整合与还原人类生命

---

[1]　参见成中英：《从本体诠释学看中国文化异同》，《中国文化的现代化与世界化》，中国和平出版社 1989 年版。

[2]　参见成中英：《中国文化的现代化与世界化》，中国和平出版社 1989 年版，第 230 页。

本体之整全，并以此作为其会通中西以及现代哲学重建的理论基点。在他看来，西方哲学主要是一套知识哲学，其缺失在于对价值和整体本体的把握不够。而中国传统哲学主要是一套价值哲学，其缺失在于对知识与方法的轻忽。他主张，通过中西哲学的整合导向一种世界哲学的建构，从而实现知识与价值在新的基点上的平衡与统一。他尤其强调通过汲取西方哲学的知识和方法来充实和完善中国哲学，实现中国哲学的现代化。他认为，用价值来规范知识与用知识来建立价值是一个双向并行的过程，而不能偏执于一端。既不能将一切生命活动与意志活动划归知识，而忽略价值问题的重要性，如西方哲学；也不能欠缺对知识作广大精微的探索，使价值的树立缺失知识的基础，如中国传统哲学。必须从生命整体性结构的理解中，洞识知识与价值为一体二面的互基性的辩证关系，实现知识与价值的有机统一与结合。也就是说，必须既从知识的层面来了解、批评和建立价值，用知识来开拓价值；又从价值的层面来了解、批评和建立知识，用价值来开拓知识。从而实现知识与价值的双向并建，进而在本体的根源性意义上充实和拓展哲学发展的基础和空间。①

　　在他的本体哲学的整体观照下，中西哲学呈现出迥然不同的景观。其歧异和分野主要在于四个方面：其一，外在的人文主义和内在的人文主义。虽然人文主义都肯定和突出人在宇宙中的中心地位和自身的重要价值，但西方人文主义是相对外在的神和客观宇宙而言的，它强调人的主体地位是通过与上帝乃至自然相抗争、相抗衡而获致的。这种思想之间有一种相互配合的关系，发展出近代勘天役物即由认识自然进而控制自然的观念。而中国的人文主义则不与自然万物相对立，讲究人际关系以及人与自然之间的和谐。其二，机械的自然主义与有机的自然主义。中国人从整体意识出发，将自然视为生命流行的、生生不已的整体境界，强调人与天地万物的同体会合，不需要从外在的上帝而只需从生命连续体本身即可获得生命的意义。西方则视自然为一个供人利用的机械系统和工具，其意义的来源是外在的上帝。其三，具体的理性主义与抽象的理性主义。中西方都重视理性思维，但西方

----

① 参见成中英：《中国文化的现代化与世界化》，中国和平出版社 1989 年版，第 238 页。

是理论理性发达，由逻辑的运用导致理性的制度化和普遍的理性原则的建立，趋于抽象化的理论思辨。而中国人的理性则较重视具体性的经验和在实践中践行的道德理性。其四，人格修养的实用主义与功利的实用主义。中国人历来重视在集体和社会群体中进行人格修养。西方的实用主义是功利的，并将追求个人的功利与追求整体的、社会的功利相协调。这种讲求效率、效益的精神，与儒家提倡的自我实现的过程、修身养性的境界截然不同。归结起来，中国哲学趋于整体理性的精神，而西方哲学则趋于分析理性的精神。中国人强调整体思考，统一的观念和天人合一的整体思维非常突出。而西方人则是分析的、逻辑的概念思维，主客分离、神人分离的趋向很显著。[①] 显见，成中英中西哲学的比较和定位，运用比较哲学的方法，在中西哲学之间求其同异，再彼此互相诠释，最后趋向一个整体哲学的观念和系统。

（二）"和谐"与"冲突"：中西辩证法的类型

成中英将人类基本的思维方式建立在统一性本体和形上学观念之上。因此，中西哲学的比较也可以归诸中西两种思维方式即他所谓"和谐化辩证法"与"冲突辩证法"的比较。成中英从本体的层面对世界哲学的方法论系统，作出最基本的分类和论析。他剖析了三大类型的方法论系统，这就是印度佛学传统中倡言的全然无执、全然否定的中观辩证法。它将现实世界中的一切视作幻相与假相，在本质上是一种以超越的方式解决现实的问题包括现实中的矛盾、冲突。西方哲学以黑格尔、马克思为代表的追求永恒进步的矛盾辩证法。它视矛盾、冲突为现实事物存在的一般状态和本质，也是事物得以实现发展，永恒进步的一般的、普遍的方式。而中国哲学则是一种根源于易经哲学，以普遍和谐为特征的和谐化辩证法。其最显著的特点是将世界理解为一种本质的和谐或和谐化的过程，并倾向于通过和谐化的方式解决现实世界的矛盾和冲突以及种种问题。成中英对世界哲学三大辨证法系统的比较研究，是从根源性的本体层面探索世界哲学诸种类

---

① 参见成中英：《中国文化的现代化与世界化》，中国和平出版社 1989 年版，第 113 页。

型的异同，从而也是从根本上将中国哲学的重建研究，推进并纳入世界哲学的轨道之中。因此，这种比较研究本身就是在施展一种高层次的和谐化辩证法。

在他看来，中、西、印三种辩证法源自不同的文化背景和哲学传统，就其理论结构和思维模式来进行辩证，它们在整体的世界哲学中各得其所，虽然相互歧异乃至对立，但又是互补而相成的关系。① 通过这种多维的比较和相互诠释，中国哲学"和谐化辩证法"的特征和优点乃彰显出来。与冲突辩证法比较，由于这种辩证法在本体上肯定矛盾、冲突的存在，强调通过对立面的斗争和更高阶段的综合来解决矛盾的冲突，因此具有浓厚的直线前进的色彩。相形之下，和谐化辩证法则视和谐为实在的基本性质，也没有黑格尔、马克思辩证法所有的耀眼的进步观。② 与超越辩证法比较，中观辩证法的特色是以彻底否定、全然无执的方式达到一种般若实相和对世界真相彻悟的境界。它在处理和谐与冲突时，是将其俱视为常识界的空幻，实际上是以一种超越的方式来化解问题。由此反可凸显儒道辩证法包容世间一切差异和主动实现和谐化的精神。③ 总之，和谐化辩证法建立在本体和谐的体认之上，基于整体生命的反省，通过理性和主体修养的实践以促进和谐价值的实现。它既不否认现实的矛盾、冲突，视之为空幻、假相；也不认为对立、冲突具有本体的性质，甚至将其视为参与和谐化过程的要素而将其纳入本体和谐的轨辙。他还引证中国历史上和谐化辩证法融摄、克服印度本土的中观辩证法的实例，来说明儒道辩证法的活力。虽然他承认中国传统的和谐化辩证法在近代以来遭遇来自西方冲突辩证法的强大挑战和影响，但他认为从一个长远的眼光来看，这两种辩证法的冲突和竞争的结果并不能说已见分晓，仍是一个悬而未决的重要问题。他最终强调，就对人类经验的意义及思想上一贯性的要求来看，或以人类的需要、人类的理性而言，儒、道"和谐化辩证法"与其他类型的辩证法相比较，实具有更大的相关性与更广的包容性。他的结论是，在与其他辩证法的未来竞争中，儒道的和谐化辩证法还是一个非常有

① 参见成中英：《论中西哲学精神》，东方出版中心 1996 年版，第 184 页。

② 参见成中英：《论中西哲学精神》，东方出版中心 1996 年版，第 184 页。

③ 参见成中英：《论中西哲学精神》，东方出版中心 1996 年版，第 186 页。

力的体系。①

　　成中英从中西哲学的整体观出发，还对中西哲学的宇宙观、知识论、方法论、因果观、时空观做了广泛的比较和考察，构成了一个比较完整的比较哲学的理论体系。成中英的比较哲学研究，其要点是在中西哲学的整体意识的统领下，深入到中西哲学的各个领域和具体问题的论析，因而在理论深度和广度上都较之前的研究大为拓展，表现了比较哲学研究领域的巨大进步。成氏比较哲学研究的理论特色在于，从中西哲学的互诠互释的理论视域，逐步趋向一个比较完整的世界哲学的整体理论体系，从而摆脱了单向的本位文化的以中释西或西化论的以西释中的褊狭思路的失误与不足，进而开拓出比较哲学研究中西互诠互释的双向的理论进路，也为世界哲学的建构铺垫了一条可行的道路。成氏比较哲学研究实质上是在新的理论基点上对中西哲学的一种重新定位和诠释，为中西哲学的双向重建提供一个理论的中介和模型。它既为中国哲学的现代重建提示理论的基础和发展路径，也为西方哲学的发展弥补缺失且指点方向，在中西哲学的共建共构中走向一个世界哲学的理论体系。可见，成中英比较哲学理论是在当代中西哲学融通的时代背景下诞生的一个独特的理论体系，它必将本领域的研究推向一个更加深广的理论境域。

（三）和谐文化与冲突文化在全球化时代的境遇与前景

　　比较文化思想可谓其比较哲学理论的延伸。成中英主要是发挥中国文化的和谐、融合的精神，以应对西方文化的矛盾、冲突的精神，同时在这个过程中实现中国文化自身的现代化和世界化。特别是自 20 世纪 90 年代中期冷战结束，由于世界风云突变和国际形势骤变，世界文化领域和平发展与战争冲突的主题显得尤为尖锐和突出。美国学者亨廷顿的文明冲突论提出，文明的冲突为未来世界政治形态发展的趋向，配合了美国现实政治争夺世界霸权的需要，一度甚嚣尘上。成中英指出，亨廷顿断认儒家文化与伊斯兰文化未来可能联手对抗西方世界的可能性，故主张西方未雨绸缪，先行部署抵制

---

① 　参见成中英：《论中西哲学精神》，东方出版中心 1996 年版，第 201 页。

抗衡之道。但亨氏既没能在理论上深入剖析西方文明乃至世界其他诸文明的本质与形式等构成要素，又没能辨析伊斯兰教与儒家文明在近代以来的历史和现实中备受西方文明的压迫，共同起而对抗、图谋抵制，故而产生文化的冲突的真实原因。故其理论在历史观上是简陋的，在文化观上是含糊不清的，其实只是西方为力保现实利益及其权力意志的现形。他从中西文化的诸多层面的分析中得出结论，认为西方文化具有冲突的因子，成为"冲突文化"的典型，而中国文化则具有中和的因素，因而成为"融合文化"的实例。他认为，文化的深层和核心涉及宗教信仰和价值观。西方文化的核心则是上帝意识和深层的权力意志与宰制意识，是导致文化冲突必然产生的根源。而中国文化的核心是自然意识和深层的德行意志与和谐精神。它提出，通过中国文化的和谐、融合的精神，转化、消融了西方文化的权力意志和宰制意识的根源，则文化的冲突也便能够制止和消除。他着重比较了西方文化的上帝观与中国文化的自然观。西方文化中的上帝观和上帝意识根深蒂固。源于基督教的排他性导致对外的宗教战争和对内的宗教迫害。西方的上帝意识及其衍生的二元对立思想，带来现代文明的极大成就的同时也带来极大危机。人类站在上帝的主体性上以自然万物为认知、探索、控制、征服的对象。这种观念造就了西方科学和技术以及工业化和现代化的发展。但也带来环境污染，生态失衡和人的异化与精神失落的危机。而源于中国文化的自然观和自然意识，强调了动态平衡、和谐转化与人生价值的意义以及自然意识的本体地位。因此，中国人可以在多元文化的差异中寻求动态的统一，乃至同时接受不同的宗教传统而不相妨碍。通过中国文化的自然意识中蕴涵的涵容精神，可以解除西方文化二元对立和上帝意识蕴含的矛盾冲突与狭隘的排他性。西方文化虽然在上帝意识的基础上发展出现代化的模式，但东方的儒家伦理可以从西方工业化中吸取教训而作改善和提升，在自然意识的基础上发展出新的经济伦理。因此，中国的融合文化模型可以在批判、超越西方的上帝意识的基础上包容、改良西方的上帝意识，以此消除西方冲突文化诸种冲突和自毁倾向。成中英着重从文化的层面发挥中国文化的涵容性质和融合精神，并作为转化西方的力量进而建立起互补的关系。①

　　成中英认为，当前世界文明的发展面临着极大的危机和挑战。其根源在于世界诸种文明内部或之间不能融通、整合，导致整体性精神的失落。他根据对整体人性的界定和不同的发展方向，分析了人类文明理性的内涵，认为在"轴心时代"中国出现孔子，希腊出现苏格拉底，印度出现释迦牟尼，中东出现耶稣基督，他们分别代表了道德、知识和精神、宗教的发展方向，并为人类文化奠定了基础。可以说，中国的道德文明，希腊的理性文明，印度的出世宗教精神文明和希伯来的超越宗教精神文明各自代表了世界文明发展的不同方向。它们各有偏向，但四者在人性的基础上又是一体的，是互相融合与依持的关系。它们本身都构成了人类文明整体理性的根基，形成了多元统合的整体。因而文明的融合与整合也是一种必然的趋势与需要。在他看来，人类文明当前的危机，在于知识、精神与伦理的分离与分裂，在于文明的三种内涵无法整合，以致各趋极端的发展，形成对抗与对立。也就是说，在知识传统中遗失精神与伦理，在伦理传统中轻忽知识和精神，而在精神传统中轻视伦理与科学，形成人类文明中理性发展的盲点。因此，能否进行知识、伦理、精神这三大领域的整合，是人类文明在全球化时代面临的严峻考验。他主张通过文明的对话，在多元的文明传统中实现视域的融合与文明的理性的整合，进而建立多元一体的人类文明。针对当代文明发展中科学技术主导一切，导致生态环境和精神价值失落的危机，以及世界几大主要宗教之间互相排斥，招致宗教和文化的冲突的局面，他强调要运用中国儒学和易经哲学的中道涵容与和谐精神，更好地推动多元文化之间的协调，以及世界诸大宗教之间的沟通，实现世界文明的整体重建和整合。②

（四）中西哲学的融合与整合及世界整体哲学的建构

　　成中英通过中西哲学的互诠互释和比较研究，旨在建立一个整体性的

---

① 　参见成中英：《21 世纪：中西文化的融合与中国文化的世界化》，《新觉醒时代——论中国文化之再创造》，中央编译出版社 2014 年版。

② 　参见成中英：《全球化中的东西方文化差异与交融》，《新觉醒时代——论中国文化之再创造》，中央编译出版社 2014 年版。

世界哲学的构架，并对中西哲学的思维模式和理论结构进行辩证和重新定位，同时对中西哲学的未来发展厘清方向。经过世界整体理性的辩证，他断认中西哲学既对立、冲突，又一体、统一，实乃相反相成，构成一个不可分割的整体系统。他确信，必须了解中西哲学作为彼此联系、相互结合的整体系统在理论上有一体性的共同基础。中西哲学作为本体理性和分析理性所开拓的理论系统在整体理性的基础上会合、统一起来。他认为，西方哲学惯于通过知识来了解宇宙，以建立一个知识性宇宙。因此，西方哲学本质上是知识哲学。基于西方主知哲学的认知，也基于主知的理性主义所建构的知识宇宙，如何安排、接纳人的意志及价值活动，则为严重的问题。① 纵观西方哲学，知识化、理性化思考虽然开拓了新的知识领域，扩大了人类生活境界，但同时也促成了人类面临生活目标的冲突、生活意义的失落以及生命价值的空虚等问题。也就是说，如何在知识宇宙中安排人的价值成为西方哲学的难题。而反观中国哲学，中国哲学是以肯定、实现生命的意志为中心，而价值是意志的一种投现和创造。因而中国哲学在本质上可谓一种价值哲学。由于中国哲学的理性主义是具体的理性主义，忽视纯粹知识与理论知识的发展，对于实现价值目标的知识工具不予重视，欠缺对知识作精微性与广大性的探索。价值宇宙的知识层面也就付诸阙如，因此价值也就不能真正落实。在此，中国哲学的问题恰好与西方哲学相反，是如何在价值宇宙中建立知识。② 在成中英看来，知识与价值具有同等的重要性，乃是两相依持，不分轩轾。就价值对知识的重要性来说，以价值为本体、根源与原则，用价值来规范知识，体现出价值的主导作用和生命意义的实现。而就知识对价值的重要性而言，价值的问题需要知识来解决，价值的实现也需要知识来引导。知识可以作为价值实现的条件和基础。因而知识对价值具有方法学的意义，同时通过知识对价值的反省也可以实现价值。知识与价值之间，乃具有内在的、整体的相对性，不应该相互排斥，而应该相互结合。③ 既要从知识的层面去了解价值、批评价值，进而建立价值；又要

① 参见成中英：《中国文化的现代化与世界化》，中国和平出版社 1989 年版，第 224 页。
② 参见成中英：《中国文化的现代化与世界化》，中国和平出版社 1989 年版，第 232 页。
③ 参见成中英：《中国文化的现代化与世界化》，中国和平出版社 1989 年版，第 233 页。

从价值的层面来了解知识、批评知识，进而建立知识。建立"价值的知识学"和"知识的价值学"，乃是一个双向并建的进程。① 由此可见，中西哲学的互诠互释和双向批评，不唯必要，抑且必需，乃是通向一个整体性世界哲学的必要环节和必由之路。引而申之，中西哲学的未来发展和动向，呈现出一个反向的对流运动，也就不难理解了。成中英认为，在当代中西哲学走向一个世界整体理性和整体哲学的建构过程中，西方哲学趋于从分析的、理性的哲学转向价值化的、整体性的建构；与之相反，中国哲学则是从整体性的、价值化哲学注重知识和理性的概念形式。但西方哲学的主流仍然在于分析的、理性化的知识哲学的建立；同样，中国哲学的主流仍在于以价值哲学为中心。② 他指出，从总体上看，西方哲学方法的核心是理性的建构方法。理性本身是求分的，经常"援理以释性"，往往知分而不知合。而中国哲学却正好相反，是一种"性理"的方法，即"举性以见理"，求合的倾向比求分的倾向要强烈得多。当代西方哲学的最大特点就是多元性，这是理性的要求，也与文化积淀有关。③ 他认为，当代西方哲学的发展趋向，就是要突破理性的限制，而达到对理性全体的把握。这从尼采唯意志论哲学和胡塞尔现象学的兴起，可以得到明证。他总结了当代西方哲学的"九家十说"，④ 发现在西方哲学内部，存在着学派与学派之间的整合。例如，奎因整合逻辑实证主义与实用主义，创立其逻辑实用主义。哈贝马斯则将康德、马克思和实用主义结合起来，提出其沟通理论与批判理论。而哲学诠释学也是为了整合科学与人文之间的冲突和对立。英美的经验主义和欧陆的理性主义相互易位，趋于更高层次的沟通。另外，西方哲学的潮流开始与东方哲学相互影响，特别是与中国道家哲学相趋近。他列举海德格尔的存在哲学，后期维特根斯坦哲学，怀特海过程哲学，哈贝马斯沟通理论，乃至德里达结构主

---

① 参见成中英：《中国文化的现代化与世界化》，中国和平出版社 1989 年版，第 236 页。

② 参见成中英：《中国文化的现代化与世界化》，中国和平出版社 1989 年版，第 235 页。

③ 参见成中英：《论中西哲学精神》，东方出版中心 1996 年版，第 4 页。

④ 成中英所谓的西方哲学"九家十说"指：实用主义、现象学派、现象主义学派、逻辑实证论、日常语言分析哲学、存在主义学派、过程哲学、新实在主义、结构主义、新托马斯主义。参见成中英：《论中西哲学精神》，第 83 页。

义哲学为例证，说明中西哲学的总体趋势是中西互诠互释和趋于一体多元的整体哲学的系统。[①] 成中英指出，中国哲学迈上世界化的途径并对西方施加影响，基本上是通过禅学、易经哲学和道家哲学等迂回路线而竟其功。这种影响正反映了西方文化的深刻危机和内在弱点。[②] 他认为当前西方文化乃至人类文化的问题需要中国文化的参与和贡献，而中国文化要起衰振弊，恢复生机与活力，也需要参照和借鉴西方文化的形式和系统。因此，中国哲学的世界化和世界哲学的中国化，是一个双向的过程。而他一直致力于会通、沟通中西哲学的世界整体哲学的理论建构。他强调中国哲学的世界化必须经历以下几个步骤和环节：首先，他认为中国传统的易经哲学的思维方式具有一体多元、整体创生的特征，对于西方哲学的分析理性和概念思维具有其整体性的优势。因此，他主张通过对易经哲学的创造性诠释和重构，作为中国哲学现代重建和中国哲学世界化的理论原点，也是会通中西哲学的理论中介。其次，必须完成中国哲学内部最大程度的整合。在儒家传统内部，需要重新整合强调仁学的孟子哲学和强调礼学的荀子哲学，以及偏重心学的阳明学和偏重理学的朱子学，乃至将古典儒学和宋明儒学结合成一个整体圆融的形态。再上溯到儒家道家哲学，在根源性意义上可以构成一体同源的关系。由此，整个中国哲学总体上都可以整合成一个内在联系、辩证统一的整体系统。如此中国哲学的整体精神和面貌得以凸显出来。最后，必须比照和参考西方哲学，使中国哲学具有理性的架构和表达形式，同时使中国哲学固有的价值哲学具备知识理性的基础。这样借助于西方哲学，激发中国哲学的精神和生命力，再以重建的中国哲学批评西方哲学，回馈世界哲学的建构。[③]

---

① 参见成中英：《论中西哲学精神》，东方出版中心 1996 年版，第 10 页。

② 参见成中英：《论中西哲学精神》，东方出版中心 1996 年版，第 349 页。

③ 参见成中英：《论中西哲学精神》，《中国哲学的现代化与世界化》，台湾联经出版事业公司 1985 年版。

三、方东美、成中英比较哲学与比较文化理论之比较

方东美、成中英的比较哲学在其哲学研究中具有突出的地位。方、成二氏在比较哲学领域有着系统的理论建构。二氏比较哲学理论的共性方面体现在三个方面：

第一，他们在哲学研究中运用比较哲学的理论方法和视域。他们的哲学具有比较哲学的理论背景。方氏率先在比较哲学领域取得实质性的突破。他将中西比较研究从早期的文化形态学的比较，推进至形上学的领域，确立了其比较哲学的基本理论模式。如果说他早年的《哲学三慧》尚存留文化现象学的描述色彩，而他后期从形上学着手，着重于对中西哲学精神的把握。他从思维模式着手将中西哲学判为"圆融和谐"与"二元对立"形态，已臻入相当完备的比较哲学论域。成中英则自觉地运用比较哲学的理论方法通观中西哲学的全体，以把握其精神内涵的实质和类型。他在总体上将中西哲学定位为知识哲学与价值哲学，两者在一个总体哲学的框架内构成相反相成、互补统一的有机整体。他还着重从深层的本体论、方法论的层面考察和比较了中西辩证法的类型和各自的特点，又从中西哲学的宇宙观、知识论、方法论、因果观、时空观做了广泛地比较和考察，构成了一个比较完整的、比较哲学的理论体系。成氏力图通过这种双向的中西互诠互释的比较研究，真正摆脱了单元文化心态的羁绊，而走向一种世界性的、整体性的比较哲学的理论系统和体系的建构。

第二，方、成二氏的哲学研究，经过比较哲学一途，回归于中国文化本位的立场，可谓是一种"出乎其外，入乎其内"的思想路线。方东美的哲学研究走出了一条在比较哲学背景下回归本土哲学的独特的曲折路径。与梁漱溟、熊十力等现代新儒家老一辈的人物终生囿于中国传统哲学的本位文化视野不同，方东美竟其大半生之功，致力于西方哲学之消化与理解，乃得深入西方哲学之堂奥。可以说，方东美所具备的深厚的西方哲学的造诣有助于他对中国哲学精神之深入领会，也使他能够通过比较哲学的方法彰显中国哲

学之精神特质。要之，方氏经过中西哲学的比较，对中国哲学的"广大和谐之道"和"圆融和谐"的精神保持更加坚定的信念和无与伦比的信心。成中英则是更加自觉地经由比较哲学回归于中国哲学的本位。成氏通过中西哲学的互诠互释，导向一个中西哲学双向并建的历程。他认为，中国哲学的世界化同时也就是实现自身现代化的历程。成氏从比较哲学的理论视域中开展出中西哲学双向的、对等的批评与互诠互释的观点，并最终将它们统合于以《易经》为原型的本体诠释学的理论构架。显见，成中英中西哲学的比较和定位，运用比较哲学的方法，在中西哲学之间求其同异，再彼此互相诠释，最后趋向一个整体哲学的观念和系统。就其实质来说，则是在一个更加宏阔的中西会通的理论背景下重建中国哲学。

第三，方、成二氏在比较和判分中西哲学时，其基本观点趋于一致，他们都倾向于将西方哲学作为一种矛盾、冲突的精神及类型，而将中国哲学作为和谐、中和的精神及类型。方东美以形上学为中心，将中西哲学划分为"超越型"和"超绝型"。通过比较哲学的研究，他得出结论：中国哲学的精神就在于"圆融和谐"的智慧，即他所谓的"广大和谐之道"；而西方哲学则是一种以"矛盾对立"为特征的"二分法"思想，它始终不能脱离"二元对立"的思想模式与格局。相对而言，中国哲学精神在根本上具有优越性，适足以构成对西方哲学的挑战，也是解救其理论困难的唯一解药。成中英以其整体理性的本体哲学架构为据，将中西哲学定位为知识哲学和价值哲学，两者在一个总体哲学的框架内构成相反相成、互补统一的有机整体。他还着重从深层的本体论、方法论的层面考察和比较了中西辩证法的类型和各自的特点，中国哲学的和谐化辩证法和西方哲学的冲突辩证法在一个更加深广的理论境域得以展现与统合。成氏还关注在当代全球化和多元文化对话时代处境下中西文化所代表的"融合文化"与"冲突文化"面临的机遇和挑战，他力主中西文化的融合、整合是克服当前世界文化危机的可靠的方案和出路，而中国哲学则可以提供根源性的智慧和洞见。他的世界整体哲学建构可以溯源于中西哲学双向并建的理论思考，而归根到底仍然可以说是源于中国哲学的形上智慧和洞见。

方东美、成中英比较哲学理论的分歧和差异表现三个方面：

　　第一，方、成二氏在哲学研究中运用比较哲学的方法，但是方氏的比较哲学在一定程度上仍然没能超出本位文化中心的心态，其思想不脱中体西用论的模式。方东美通过比较哲学的研究，认定西方哲学是一种基于二分法和二元对立思想模式的矛盾对立的精神和类型，而中国哲学则在于天人合一思想和"广大和谐之道"。相对而言，中国哲学精神具有根本上的优越性。他在其比较哲学的哲学建构中能够汲纳西方哲学的一些理论方法，体现出其理论突破单元文化心态的进步性。但他的理论宗旨在于以中国的和谐文化向西方的冲突文化展开挑战，则有陷于东方中心论的危险。成中英力主中西哲学的互诠互释和双向的、对等的比较研究。他鼓吹中西互为体用论，就是要完全突破单元文化心态，走向一种双向的、对等的比较哲学研究。成中英运用比较哲学的方法通观中西哲学的全体，他将西方哲学定位为知识哲学而将中国哲学定位为价值哲学，二者在一个新的理论架构内成为相反相成的辩证统一的整体。他从本体论、方法论的层面比较中西辩证法的类型和特点，指出中国和谐化辩证法在当代多元文化竞争中仍是一个有力的体系，而且具有其独特的优势。可见，成氏在世界整体文化的宏观背景下，力图通过中西哲学的互诠互释，经由中西哲学的双向批评和双向并建，走向一个新的世界整体哲学的建构。

　　第二，方、成二氏经由比较哲学回归于中国哲学，但他们对中西哲学的观点以及文化心态仍然存在重要的差别。方东美经过比较哲学理路，认同于中国哲学。他断认西方基于二分法的分离型思想和二元对立的思想模式是一种矛盾对立的精神类型，在本质上是一种病态的思想方式。只有中国哲学天人合一思想和圆融和谐的精神或所谓的"广大和谐之道"，才是唯一正确的思想方式和精神类型，也是西方哲学克服其理论难题和危机的唯一药方和出路。显见，方东美的比较哲学带有显著的本位文化优越论的色彩和我族文化中心主义的论调。这对流行的西方中心论可能有纠偏的一时之效，但其理论毕竟难称公允持平之论，与一种双向的、对等的比较研究尚有距离。成中英力图从对等的、双向的中西哲学互诠互释的比较哲学研究，导向中西哲学的双向并建和整体哲学的重建。他鼓吹中西哲学互为体用论。可以说，他的比较哲学可谓真正克服了单元文化心态的限制，而开启了一种双向的、对等的比较哲学研究。他经由比较哲学回归于中国传统哲学，实质上是对中国哲学的一种创造性重建。他基于易经哲学的本体架构对中西哲学的比较和定位，成为其构建世界整体哲学之"一体二元"和必要环节。可见，成氏对中国哲学精神的认同，真正具备一个世界整体哲学的宏阔眼界和理论背景，也更加切合世界文化和中西哲学发展的现状。

第三，方、成二氏对中西哲学的界定和判分，侧重点有所差异。方、成二氏都倾向于以"和谐"与"矛盾"作为中西哲学精神的分野。但方氏侧重于从形上学的层面来区分中西哲学的类型和思想分野。方氏将中西形上学界定为超越型与超绝型，由此展开对中西哲学精神的分判，即中国哲学的精神就在于"圆融和谐"的智慧，即他所谓的"广大和谐之道"；而西方哲学则是一种以"矛盾对立"为特征的"二分法"思想，它始终不能脱离"二元对立"的思想模式与格局。方氏的比较研究涉及中西哲学最核心的形上学层面，因而较以往的比较哲学研究大为推进和拓展。而成中英在着重于形上学领域的比较的同时，还关注中西哲学文化在现实层面的一些问题。他从易经哲学的本体架构，考察和论证了中西哲学作为知识与价值的内在联系的环节和"一体之二元"的对立统一的整体。他还着重从本体论、方法论的层面，分析了中国和谐化辩证法和西方冲突辩证法的思想内涵和实质，指出中国哲学辩证思维的特质和优势所在，进而展开对中西文化在当代多元文化对抗与对话并存的总体格局中的发展方向与前景。可见，成氏的比较研究力图将形上学和现实领域的问题沟通起来，一体思考，表现出对现实问题强烈关注的趋向。

第十章　内在超越与天人合德

——方东美、成中英的中国哲学史观

在方东美、成中英哲学中，对中国哲学史的阐释构成了其哲学体系的一个重要组成部分。方、成二氏都是经由比较哲学，回归于中国文化的本位立场。他们对中国哲学的阐释具有一个比较哲学乃至世界哲学的理论背景。他们经过比较研究，认同于中国哲学的"内在超越"的精神形态和"天人合一"的思想模式和方式以及由此衍生的和谐精神。二氏由其独创的易经哲学的理论观点，将中国传统哲学的发展视为一个有机统一的整体，整个中国传统哲学得以整合、统合为一个一以贯之的辩证统一的有机整体。二氏经由比较哲学回归于中国哲学，但是他们的文化心态仍然有别。方东美鼓吹以中国哲学的"广大和谐之道"，向西方哲学"二元对立"的思想展开挑战，其思想根柢尚难脱东方文化中心论的局限。而成氏则从双向的、对等的比较研究，超脱了单元文化心态。由此导致方氏对中国哲学的认同，更多出于本位文化的立场。而成氏对中国传统文化则出于一种更加理性、实际的分析。

一、"机体形上学"：方东美的中国哲学史观

方东美阐发中国哲学之精神，是以整体的西方哲学为对照，在中西交融的世界宏观文化背景下对中国哲学的一次整体透视。他从形而上学的层面来把握中西哲学的精神，并从中西形而上学的比较中将中国哲学界定为"内在超越"形态。同时，就中国本位文化的立场来看，方东美从儒、道、墨或

儒、道、释等多元文化交合的观点来观察和探讨中国哲学的根本精神，认为中国哲学精神就在于多种文化的会通、会合之处。方氏这一观点的确比那种固执于一家一派或定某家某派为一尊的狭隘观点，要显得开放和宽容，但是他从"内在超越"的理论视域，将符合这一基本特性的思想流派，如原始儒家道家、中国大乘佛学以及宋明清新儒学划入自己的理论范围，而将不符合这一标准的其他中国哲学流派统统排斥在外。可见，方东美对中国哲学精神的理解，确是别开生面，启人新思，而又存在着其理论的局限性。

（一）比较视域下的中国哲学之精神

方东美经过比较研究，发现中国哲学的精神就在于"广大悉备、圆融和谐"的智慧，即所谓的"广大和谐之道"。他以西方哲学为参照系，将中国哲学的原则归结为"融贯"、"合一"、"圆融"、"和谐"等特征，要而言之，"和谐"是中国哲学最根本的精神。而西方哲学在他看来则是一种以"矛盾对立"为特征的"二分法"思想，它始终不能脱离"二元对立"的思想模式与格局。相对而言，中国哲学精神在根本上具有优越性，是西方二元对立思想所无法比拟的。因此，中国哲学适足以构成对西方哲学的挑战，并解救西方哲学的问题和困境。方氏从内在超越的观点，确信人和世界从其根源上是一体贯通的生命流行的境域。人和宇宙全体之间是普遍联系、广大和谐的关系，体现为彼是相因、交感和谐的中道。故人可以从本源处汲取生命创造的原动力，完成其德配天地的广大悉备的生命精神。从方法学的立场而言，中国哲学一向不用二分法形成对立矛盾，而是注重机体的统一，以一种全体的视域，透视宇宙一切差别境界，再于其中求其会通与综合，从而形成一个旁通统贯的系统。方氏从中西形上学的比较中，将中国哲学归结为和谐性精神与矛盾精神的对立，并在各层面得以体现，即本体论上"超越"与"超绝"的对立，思想方法上"机体主义"与"二分法"的对立，在思想形态上则是"融贯型"与"分离型"的对立。总之，中国哲学的根本精神就在于以"天人合一"、"天人合德"为主要思想内涵的圆融和谐精神，即他所谓的"广大和谐之道"。他相信中国哲学的广大和谐精神是解救西方"二元对立"弊病的唯一解药，具有其无法比拟的优越性。

　　方东美对于中西哲学的认识，是基于他独特的哲学研究的路径，也就是与他所说的"形而上学"的路径密切相关。方东美的哲学研究"独采形上学一途"，他对中国哲学精神的探讨也是循此路径。他说："通中国哲学之道，盖亦多方矣。然余於是书则独采形上学途径，旨在直探主脑及其精神所在。"① 又说："吾人于'形上学'一辞，势须取其多重义涵，不滞一偏，处于不同时代之不同民族，对其形式、内容及其精神，皆可产生种种不同之看法。"② 他提到的其他民族所创建的形上学有古希腊的系统，印度人由宗教热忱与神思玄理合一所创的系统和近代欧洲由浮士德精神即尚智活动与严格批评之科学理论所构成之形上学系统。他将这些类型的形上学相归类，分为三种类型：即"超绝"型，"超越"型和"内在"型。因为他理解的"超越"（transcendental），又包含"内在"（immanent）的涵义，故他实际上是将形上学划分为两大类型：即"超绝"形态与"超越"形态。这是方东美将中国哲学的形上学与其他文化的形上学系统相对照所得出的结论。但是，方东美虽然承认形上学有多种形态和涵义，他并不是要将它们放在对等的地位来对待，而只是将它们放在次要的地位甚至是陪衬的地位，其目的就是要凸显中国哲学形上学的优越性。他本人明确地肯定，"范限既定，余遂得于众多问题或径置而弗论，或姑及其梗概耳"③，"凡非中国思想一脉相传之形上学理论，悉不在本书主旨讨论之列"④。可见，方东美是循"内在超越"的形上学路径来探究中国哲学的精神与思想主旨的。

　　方东美作为较早提出这一问题的学者，由于个人坚持于中国文化本位的立场，对这一问题的解决偏于一种绝对化的极端观点。他将西方的形上学视为"超绝"的型态，认为它自身存在严重的难以克服的困难。而只有中国的"内在超越"型态的形上学才是唯一正确与合理的形态。方氏指出，"超绝"形态的形上学的弊病在于深溺二分法，而视宇宙为两橛二分状态，整个世界呈现为二元对立，因而产生了世界统一性的严重难题。因此，方氏对西

---

① 　方东美：《中国哲学之精神及其发展》上册，台湾成均出版社 1984 年版，"献辞"。
② 　方东美：《中国哲学之精神及其发展》上册，台湾成均出版社 1984 年版，第 27 页。
③ 　方东美：《中国哲学之精神及其发展》上册，台湾成均出版社 1984 年版，"献辞"。
④ 　方东美：《中国哲学之精神及其发展》上册，台湾成均出版社 1984 年版，第 28 页。

方"外在超越"或"超绝"型的形上学持贬抑和摒弃的态度，而他对中国哲学的"内在超越"型形上学则极表推崇和认可，其理由在于中国哲学的形上学摒弃了二分法为方法，更否认二元论为真理①，以此可以克服哲学中二元对立性的理论难题。他认为，在西方"超绝"型形上学的思想模式中，对于自然与超自然，心灵与肉体，主体与客体，现象界与本体界等，乃至于其他一切问题的讨论，都陷入二元对立的困境，而莫得其解。由这种思想模式所提供的世界图式是一个分裂的、矛盾对立的世界，其中人与神、人与人、人与自身乃至人和整个世界都形成了矛盾对立。相反，中国哲学"天人合一"的思想模式是一种整体性、综合性、融贯性的思维方式，由是派形上学观之，人与神明、人与人、人与一切万有乃是交融互彻，密切关联，和谐统一的关系。因此，方氏强调，西方"超绝"型的形上学乃是一种病态的思想模式，而只有中国"内在超越"型的形上学才可以解决其理论的根本难题。方东美从中西哲学对比的视角，着重批评了西方哲学的形上学二元对立模式的缺陷，将其归结为"和谐"的重要性被忽略和曲解，而典型的中国哲学恰是深体广大和谐之道，体现为圆融和谐的生命精神。因而他对西方以矛盾冲突为主的思想型态采取摒弃的态度。

（二）中国哲学的通性与特点

方东美将中国传统哲学定位为"内在超越"形态的形上学，肯定中国传统哲学诸流派本着"内在超越"精神，在总体结构上构成一种"建筑学式的立体统一"。他在早期以儒道墨作为中国哲学精神的主要代表，后来有所修正，将儒、道、释作为中国传统哲学的主要代表。方氏乃将原始儒家、原始道家与大乘佛学三家形上学统归一类，尝谓儒、道、释三家之形上学宛若对等坐标形态，同时展开，呈对列之局，就是断认中国传统哲学系统虽歧异，而其中实贯穿着"一以贯之"的精神或"一贯之道"，从而使中国哲学史的系统呈现为一个旁通统贯的，既内在关联、又相互融通的有机统一体。概言之，中国哲学精神就体现在原始儒家、原始道家、大乘佛学和新儒学的

---

① 参见方东美：《中国哲学之精神及其发展》上册，台湾成均出版社1984年版，第36页。

会通处。这样，诸家形上学同时并存，共流慧韵，汇聚为中华民族的集体智慧和中国哲学的"共命慧"。诸家形上学理论演奏的大合唱，共同彰显了中国哲学精神的特色。可见，"内在超越"的形上学构成了方氏中国哲学史理论的统摄性原理。他据此将中国哲学概括为三大特色：

1. 旁通统贯论

方氏从内在形上学的观点，将中国哲学看作一个统之有宗，会之有元的旁通统贯的系统。不仅如此，儒、道、释诸家哲学系统内部各自又构成了"一以贯之"的理论系统。他以"内在形上学"、"机体形上学"为一条主要线索，将中国哲学的主要流派看作一个具有内在统一性的整体。他认为儒、道、释诸家虽然理论形态各异，但在肯定遍在宇宙万有的究极本体作为其哲学的根本基础上的却是共同的。因此，中国哲学诸家都是透过一个最高的价值本体，而将世界看作一个统一的整体。中国哲学就是要了解、把握宇宙全体，以高度的形而上智慧、道德精神和艺术才能，形成具有创造性的生命精神，以贯穿、配合宇宙生命的全体力量。

方氏以中国传统诸家哲学为旁通统贯的系统，其中贯穿着"一以贯之"的精神。他肯定宇宙万有中贯穿了最高的精神本体。生命本体和价值本体的确立和会合，构成了诸家哲学的统一的形上根源。诸家本此精神，承认宇宙生命之大化流行，又以本体为一切万有之根本，这在儒家如孔子在《论语》中所云："吾道一以贯之"，在道家则是"抱一以为天下式"，大乘佛学诸宗则开展各自的缘起论来说明宇宙的统一性。不过，虽然诸家以"内在超越"的形上本体作为其哲学的共同基础，但是它们在理论的取向和侧重点上又各有不同。在方氏看来，儒家立论是从人世的角度，其一贯之道主要是"忠恕之道"；而道家的立论则是从宇宙最高的价值真相出发，而不仅是从人世间的相对价值出发；佛家则与道家相近，是消除精神上的各种偏见与执着，最后把握宇宙最高的价值真相。[①] 总之，儒、道、释诸家在理论形态上虽异，但它们都承认至上本体的内在超越性，以此说明宇宙人生为旁通统贯的整体，因此，它们在根本精神上是一贯的、统一的。

---

① 参见方东美：《中国哲学之精神及其发展》上册，台湾成均出版社 1984 年版，第 36 页。

2. "道论"

方氏将中国传统诸家哲学看作旁通统贯的系统，而"道论"则是贯穿其中的内容。道在诸家哲学中是通用的共名，但在各家的哲学系统中意指不一。此"一贯之道"，在儒家为"三极之道"，在道家为"超脱解放之道"，在佛家为"菩提道"。

儒家的"三极之道"，也就是将"一贯之道"析之为三，即天道、地道、人道。方东美以周易中的"乾元"所代表的"大生之德"来解释"天道"。方氏以"乾元"作为"宇宙的创造冲动"（cosmic creative impulse）的象征，代表了一种广大性的宇宙创造精神。"地道"相对于"天道"而言，它只能是配合"乾元"之根本的创造力，在承受原始创造力之后，对于生命的孕育力。这也就是《易经》中所谓的"广生之德"。"人道"，就是在人类生活中，以人的精神自觉，贯通天地之道，从而维持宇宙的平衡，实现人的精神价值与意义。在方氏看来，人居天地之中，他在精神上既能分享"天道"的创造力量，又能分享"地道"的孕育生命的力量，也就是将"天道"代表的"大生之德"和"地道"代表的"广生之德"相配合，合此二者，便是"生生之德"。他特别强调人在宇宙的中心地位，主张人应发扬生生不已的生命精神，以契合宇宙全体的生命精神，臻至天人合德的理想境界。

道家的"一贯之道"为"超脱解放之道"。方东美认为，道家论道，以人的生命精神与宇宙的全体精神相配合、相贯通，在这一点上道家与儒家是一致的。但是，道家之一贯之道，探本溯源，乃在"玄之又玄"中，在一切表象之后求其真相，在相对真理、相对价值之后求取最高的真相与价值。在方氏看来，儒家的"六艺"所代表的人文精神和价值理想，只是以人为中心所创造的价值，而在道家的眼光看来，这些价值只是人类社会中的相对价值，而不是宇宙最高价值。因为道家的观点是"人法地，地法天，天法道，道法自然"。在人之上还有许多价值层级和更高的境界。① 道家总是要透视一切相对价值与现象，把握最后的真相与价值之核心。道家不是从"有"而

---

① 参见方东美：《方东美先生演讲集》，台湾黎明文化事业公司1979年版，第51页。

是从"无"来谈哲学。在道家哲学中,"无"比"有"更重要,它总是以彻底的否定法来透视真相的表层,达至最后的真理。因此,道家哲学所讲的一贯之道,需要不断克服有限知识的偏见和相对价值的缺陷,而达到最高智慧的把握。

佛家的"一贯之道"为"菩提道"。所谓"菩提道",是指佛教的精神解放,彻底觉悟之道。佛教用"缘生法"将一般人认为真实的世界,找出其构成的因缘条件,以期勘破这些因缘条件,从而使生命超出这种束缚。方东美区别了佛教的两大类型的"缘生法",将其区分为"束缚道"与"解脱道"。他认为小乘佛学的因缘法,对现实人生采取完全否定的态度,视其为罪恶、黑暗、痛苦的领域,而采诅咒、鄙弃和逃遁的立场。而大乘佛学才是彻底的真正的解脱之道。大乘佛学修正了小乘佛学的缺陷,以最高的般若智慧成立一整套的思想系统,与宇宙最高真相"菩提"相应,由个人精神之超升,摄取宇宙一切真相与价值于内在生命,化除现实世界与绝对永恒世界的矛盾,以精神的灵光照耀整个世界。

3. 人格超升论

方东美认为,中国哲学四大思想传统,即儒家、道家、佛家、新儒家,都有一个共同的预设,就是哲学的智慧是从伟大精神人格中流露出来的。[①]这是中西哲学相比的一个显著差别。西方哲学尤其是近代思想从逻辑和知识论的途径探讨哲学,它从思想的客观系统中设法将人的性情、品格、情操化除后,依据逻辑方法建立思想系统。而中国哲学的目的不只是将思想与观念系统表达出来,它同时也是哲学家的人格和生命精神的宣泄。中国哲学的中心在生命。[②]中国哲学总要表现一个高度的精神人格,并以此来贯穿其理论体系。[③]

方东美同意英国剑桥大学康佛教授(Prof F. M. Cornford)的观点,认为哲学家是"先知,诗人,圣贤的综合人格"。哲学家根据高度的智慧和价值理想,将过去、现在和未来贯穿起来,成立一种理论系统,以伟大的人格在

---

① 参见方东美:《原始儒家道家哲学》,台湾黎明文化事业公司 1983 年版,第 39 页。
② 参见《方东美先生演讲集》,台湾黎明文化事业公司 1979 年版,第 79 页。
③ 参见方东美:《原始儒家道家哲学》,台湾黎明文化事业公司 1983 年版,第 13 页。

现实世界里发扬创造的精神，产生伟大的行动，才可以构成这种复合型的人格。中国哲学诸家都主张现实中人在现有的知能才性的基础上，努力培养理想化与完美无缺的人格。"就儒家言，主张'立人极'，视个人应当卓然自立于天壤间，而不断地、无止境地追求自我实现；就道家言，个人应当追求永恒之逍遥与超放；就佛家言，个人应当不断求净化、求超越、求解脱，直至各派所企仰之人格理想在道德、懿美、宗教三方面之修养俱能到达圆满无缺之境界为止。"① 儒、道、佛三家在追求人格超升，以期实现至善圆满的人格上是一致的。

（三）方东美中国哲学史的新论和特识

方东美对于中国哲学的阐释，将其阐发为统一的、一以贯之的整体，并以内在的、机体的形上学来阐明整个的理论系统。方氏这种对于中国哲学的观点，是基于他的机体哲学的特殊理论框架，并以此为准来阐释，说明中国哲学的结果。他自认为这种以中国哲学之主要趋势为形上学的观点，"庶几近实"，但是必须排除以下三派：第一，阴阳家之唯物派；第二，名家及分析派，分别以后期墨家，惠施，与公孙龙为代表；第三，王充之经验主义怀疑派。② 因为在他看来，后二派均有强烈的反形而上学的倾向。阴阳家与杂家也向为他所轻视。至于墨家，他也是所论尤少，几置不论。由此可见，方氏对于中国哲学史的诠释、解读，完全是哲学家根据自己哲学理论的创造性解读的"一家之言"。以中西哲学比较、对照的观点来看，他突出了中国哲学的"特点"、"特殊性"，而比较忽略中西哲学的共性和普遍性；就中国哲学本位的立场来看，他又偏向于集中探讨中国哲学的"通性"、"普遍性"，而对于一些具有特色的理论和学派则重视不够，尤其是那些不符合其理论标准和旨趣的学派则几置不论，一律排斥在其理论框架之外。

正因为方东美是以哲学家的眼光来观察、探究中国哲学，他的中国哲学史观颇多特色和创新之论。这一点若与国内其他的中国哲学史研究相比尤

---

① 方东美：《中国哲学之精神及其发展》上册，台湾成均出版社 1984 年版，第 50 页。

② 参见方东美：《中国哲学之精神及其发展》上册，台湾成均出版社 1984 年版，第 33 页。

可彰显出来。虽然中国哲学是一个源远流长的历史范畴，但作为一门独立的学科研究在我国却是源自 20 世纪。它的一个重要背景是面对西方哲学的冲击和挑战，中国哲学需要重新定位，确立符合时代特色的新形式。胡适的《中国哲学史大纲》乃是为适应这种时代需要而做的开创性工作。他在写法上"依傍西洋人的哲学史"，来重新梳理，记叙中国哲学史的史料。胡适的哲学史写作在形式上完全取自西洋哲学，包括问题、内容及范围的确定都是依仿西方哲学的结构。他的研究在当时开创一种新的研究范式，对整个中国哲学史学科的发展影响甚为重大。由于胡适的中国哲学史没有完成，所以他的贡献主要是问题的提出，研究方法的确定以及学科范式的确立。[①] 冯友兰的《中国哲学史》是第一部完整性的学科著作。他在不少方面有继承也有超越。他受胡适的研究范式的启发，采用西洋哲学观念，来阐发中国哲学，主要是将程朱理学与西方新实在论相结合，运用西方哲学逻辑分析方法来诠释中国哲学。这样，他的哲学史确实更加系统而多新解。冯友兰还运用其哲学的共相与殊相的关系，比较深入地辨析了中国哲学与西方哲学的关系，从而在理论上为中国哲学史学科奠定了基础。与胡、冯二氏的中国哲学史研究相比，方东美的研究更加凸显了中国哲学的特殊性、个性化色彩。他在自己的研究中力图摆脱西方哲学的思想方法的限制，表现了建立独立的、不依傍于西洋哲学的中国哲学史学科的强烈愿望和信心。他对胡、冯二氏的哲学史研究均抱严厉批评态度，如他批评"中国学者不少人忘本，使得中国青年由文字起，到思想习惯，都有一种内在贫乏症"[②]。他批评"冯友兰的新理学，其中的中国哲学完全由宋明理学到新理学的观念，只占中国哲学的四分之一的分量，再加以他之了解宋明理学是透过西方新实在论的解释，因此剩下中国哲学精神少之以少"[③]。他明确地反对"透过西洋哲学"，采用逻辑分析的科学方法来研究中国哲学，认为这种研究虽有不含混，不笼统的优点，但不能把握中国哲学的精神，"容易形成孤立的系统"，"依此路径，只能了解名家、

---

①　参见陈来：《现代中国哲学的追寻》，人民出版社 2001 年版，第 350—352 页。

②　方东美：《原始儒家道家哲学》，台湾黎明文化事业公司 1983 年版，第 3 页。

③　方东美：《原始儒家道家哲学》，台湾黎明文化事业公司 1983 年版，第 5 页。

墨家"①。他采取"机体形上学"的路径研究中国哲学，就是明显地不满意于胡、冯的中国哲学史研究，过于"依傍于西洋哲学"，运用西方哲学的方法，形式和范式来诠释中国哲学而导致中国哲学的精神"少之又少"，难以充分表现的缺陷。从这一角度，方氏的中国哲学史研究有突破旧的研究范式，开创新格局，新理路的作用和意义。

　　方东美的中国哲学史研究的首创意识和创新精神在许多具体的问题和领域都有所体现，概言之，可以从以下几方面来看。就中国哲学的思想源头来说，一般的哲学史都是以先秦时期为准，而方东美却远溯至上古时期，他利用比较宗教学和比较民俗学的研究成果，发现"皇极"、"大中"系远古时代象征神秘化宗教信仰的根本意符，其中蕴涵一套原始本体论。方东美将《尚书》作为儒家久远的思想源头。方氏在探讨先秦思想时，将原始儒家道家思想并重，而将其他一些重要流派如名家、墨家等弃置不论，尤其是他在讨论儒家思想时，一反通常以《论语》作为儒家思想代表的观点，而是强调《周易》在儒家思想传统中的根本地位。另外，他在以下的汉唐思想的探讨中，对于以董仲舒为代表的汉儒思想评价甚低，反而特别推崇隋唐时代中国大乘佛学在形上学理论建构上的高度成就，以其堪与原始儒家道家相媲美。这一方面体现了方东美精深的佛学造诣，另一方面也反映了方氏兼容并蓄、相当宽广的胸怀。这是一些当代学者难以望其项背的。他在宋明清新儒学的探讨中，其主要的思想观点尤其令人重视。与当代研究新儒学的时贤大都推尊新儒学迥乎不同的是，方氏固然肯定宋明新儒学的理论成就，但也指出其偏执于道德理性的缺失，尤其是对他们固执道统观念给予严厉批评。他以为宋明儒学思想庞杂而非纯儒，已不能与原始儒学的精神相比拟。方氏的这一观点，使他与当代新儒家中专门以接续宋明儒学的传统自任，无论接续的是理学，还是心学，抑或是气学的一批学者，严格地区分开来。

　　方东美讲中国哲学发展的历史，主张诸家并重，他强调要"扩大心量"，即以兼容并蓄的心态对待诸家文化思想，并求其会通。他明确反对以儒家思想代表中国文化的全部，更反对独尊儒家的卫道观念，道统观念。他

---

① 参见方东美：《原始儒家道家哲学》，台湾黎明文化事业公司 1983 年版，第 14、23 页。

指出讲儒家要容纳道家，先秦的大儒思想可以容纳有道家、墨家的地位；同样的道理，道家、墨家乃至法家等都是互相容受，互相融通的关系。① 甚至他讲中国哲学还要与整个的文化价值结构相配合，将哲学与文化的其他门类如文学、艺术、宗教等方面贯穿起来，形成中国文化的丰富内涵，和它特有的一以贯之的"历史持续性"。方东美从旁通统贯的观点，认为中国哲学的智慧在于诸家的广泛会通、融通，而不是相互排斥、妄自尊大，各自孤立的、封闭的系统。同时哲学的智慧还须同社会文化的广大领域配合，贯穿起来，如此才形成高度丰富的文化和智慧。他以此作为中国历史文化独具的"历史持续性"的深层根源。这是一个很深刻的洞见。

（四）方东美中国哲学史理论之总体评估

方东美阐发中国哲学之精神，是以整体的西方哲学为对照，运用了比较哲学的方法，在中西交融和世界文化的宏观背景下对中国哲学的一次全体透视。方氏的中国哲学研究，扬弃了以往"以西阐中"或囿于本位文化立场的不足，他运用比较哲学的方法，又立足于中国哲学的本位立场，在理论上和思想方法上都有所突破，颇多特识新见和可观的贡献。但同时我们也应看到，方氏坚执中国文化本位的立场，强调中国哲学的优越性，又将一些重要学派排斥在其论述的范围之外，这些都是明显的不足，说明了方氏中国哲学史理论的局限性。

方东美以形而上学为中心来研究哲学，又从中西形上学的对比着手来探究中西哲学的精神，他的比较已经深入到中西哲学的核心。方氏根据自己独特的哲学观来划分中西哲学的超越性思想，即"超越"或"内在超越"与"超绝"两种超越形态，并以此作为区分中西哲学的根本原则以及评判的基本标准，这种做法引起了广泛的争议和讨论。这也说明方氏提出的这一问题确实抓住了中西哲学的核心与关键。方东美两种超越观的划分，即"超绝"与"超越"或"外在超越"与"内在超越"思想的划分，在中西哲学之间划分了一道明确的分界线，它对于我们理解中西哲学的精神特质，把握中西哲

---

① 参见《方东美先生演讲集》，台湾黎明文化事业公司 1979 年版，第 160 页。

学发展的主要趋势，甚至是在总体上评价中西哲学，提供了一种独特的理论视角和参照系，为我们进一步深入地研究中西哲学提供了一条可贵的思想路径。

方东美机体主义通观的重要特点是融合了多重的理论观点而形成的一个机体统一的系统。方东美用机体哲学的观点来考察中国哲学史，认为中国传统哲学是一个具有内在统一性的旁通统贯的有机整体。他综赅中国传统哲学的四大流派即儒家、道家、佛家和新儒家而融合成一个旁通统贯而又一以贯之的中国哲学史体系。方氏打破了传统的以儒家为中心的中国哲学史观，也反对任何以某家某派为中心的习惯做法，因而形成了一个比较开放的、具有包容性的中国哲学史体系。

方东美对中国哲学精神及其发展过程的研究，在理论上也存在一些困难和缺点，他运用比较哲学的方法来研究中国哲学，其比较哲学的理论核心在于中西两种超越观的划分，即"超越"与"超绝"或"内在超越"与"超绝"的划分。在这一问题上，方氏强调了"超绝"型形上学的理论困难，即形上界的价值理想与形下界的现象世界造成了对立与隔绝。方氏的这一批评固然击中了西方"外在超越"型形上学的理论要害，但是，他却忽略了"内在超越"理论可能会遭到另外的，但也同样严重的困难。西方以基督教为代表的"超越"，"神"成了外在于存在的"绝对的他者"（the wholly other），这确实构成了神与世间万物隔绝，即方氏所说的"疏离"问题。这是西方以"超越"与"内在"分为两橛的二元论思想的理论困难。但采取将"超越"与"内在"相结合的路径，却容易产生另外的偏向，即忽视了绝对存有的无限性，而以有限性的存在当作无限的存在。中国哲学"天人合一"的思路固然肯定了"人"可以上通于"天"，它在"人"的有限性与"天"的无限性之间架设了一道沟通的桥梁。但在这种思想中，由于过分地强调"天"与"人"的"合一"、"不二"，而导致"天"的无限性的失坠，以人的有限性领域来取代"天"的无限性领域。这是在中国传统哲学中普遍存在而又亟须反思的严重问题。儒家思想强调要在人世间的现实领域实现价值理想，有其合理之处，但也产生了以有限性的"人"上齐于无限性之"天"的悖论，乃至造成了中国历史上一直无法克服的祸患和难题。方东美认为"内在超越"的理路具有"外在超越"理论所无法比拟的优越性。因此，他认定"内在超越"乃是唯一正确的文化发展方向，这样的思路容易造成文化发展方向上的偏向，与他没有深入反省甚至是回避"内在超越"思想的内在困难是密切关联的。

方氏机体主义哲学的超越理论的另一不足是不能说明和把握中西哲学的复杂且丰富的全体领域。在中西哲学之间，方氏用"机体主义"和"分离主义"将其视为截然二分、相互对峙的两大系统。而在中国哲学内部，方氏以"机体主义"将其视为一以贯之的有机统一体。方氏的中西哲学史观，只能把握其大体却难以把握其全体。因为就中西哲学来看，西方哲学在总体的发展方向上虽然以"二元对立"、"二分法"思想为主导，但是毕竟也存在"天人合一"的思想以及像怀特海之类的"机体主义"思想观念。中国哲学发展的主导趋向为"天人合一"思想，但是另外也有一些"天人相分"的思想，甚至还有别墨、名家等反对形而上学的思想体系的存在。

总之，方东美运用比较哲学的方法，以形而上学为中心探究中西哲学的精神，在理论上颇多创新和特识。他批评西方哲学的"二分法"、"分离型"思想模式的缺陷，是能够击中要害的，他对于中国哲学的"机体主义"、"融贯型"思想模式的优点也颇能同情理解。但是，他以为西方哲学"二分法"思想存在理论困难便断认其为病态而在克服之列，以中国哲学"融贯型"思想存在着某些相对领域内的优点而忽略其在另外方面的不足，则容易造成理论上的偏见。我们认为，西方哲学"主客二分"、"二分法"的思想方式与中国哲学"天人合一"、"融贯型"的思想方式，同为人类理性和思想发展臻至比较高级层次和成熟形态的两种基本的思想方式和思维形式，它们之间断不是截然二分、泾渭分明的分离状态，而是相互渗透、交互作用的关系。如果我们夸大任何一种思想形态的优越性，而摒弃其他类型，都可能导致人类思想的萎缩和文化发展的偏向。只有充分认识和正确处理这样两种思想型态之间的关系，人类文化才能真正迈上健康发展的正途，多种文化之间才能真正展露出和谐发展的光明前景来。

二、"本体创生"：成中英的中国哲学史观

成中英以中西哲学比较为理论背景，运用其独创的本体诠释学的理论观点，阐释中国哲学精神的类型及特点。他认为，中国哲学作为内在超越型形上学，代表了一种本体创生与中道涵容的和谐化精神。与西方哲学相比，具有其显著的特色。他力图以易经哲学的本体创生和阴阳互补的辩证统合原理为枢纽，以贯穿、会通中国哲学史，进而将中国传统哲学诸家及其内部诸流派统合、整合为一个一以贯之的、辩证统一的有机整体和理论系统。可见，成中英的中国哲学史的理论建构，体现了一种源于中国哲学的根源性的本体创生精神的整体化和系统化的理论拓展和实验，具有极大的涵盖性和涵容性。他对中国哲学精神的阐释，集中体现了其会通中西，涵容诸家，再回头重建中国哲学的一种理论试探和努力。

（一）比较哲学视域下中国哲学精神之特性

成中英从比较哲学的理论视域出发，运用其独创的本体诠释学的理论观点，阐释中国哲学精神的类型和特点。他从"内在超越"型形上学的界定和分判中，断认中国哲学在根本上是一种根源性的"本体创生"精神以及由此衍生的以"中道涵容"的"和谐化"为实质的和谐精神。这是成氏以西方"外在超越"型形上学和"二元对立"精神相对照得出的结论，由此也可以彰显出中国哲学显著的精神特色。他从形上学的层面剖分中西哲学精神的类型，从而将中国哲学推进至世界整体哲学的理论平台。成中英由中西形上学的剖分即内在超越与外在超越的区分开始，展开对中西哲学精神形态及其特点的分析。大体上来说，西方基督教或亚伯拉罕系的宗教，属于"外在超越"的形态，其超越性的精神以一个外在的绝对的"上帝"为中心。而中国儒家、道家则属于"内在超越"的形态，其超越性精神以天道为中心。成中英强调，儒家人文精神根源于天道的本体创造精神。天、天道成为人的存在的根源，也是人性的基础，是人自我实现和发展的动力。天、天道作为根源

性的本体创造力，而不是位格化的人格神或创造主的存在。这是儒学与西方亚伯拉罕系宗教的基本分野所在。① 成中英由中西形上学的比较中，认同于中国哲学的天人合一精神，以及由此彰显的以"中道涵容"、"和谐化"、"中和"为实质的和谐精神。他从中国哲学的"中和"、"和谐"与西方哲学的"矛盾"、"冲突"的比较中，将"和谐"作为实在界的基本状态和构成。相反，矛盾和冲突则不属于实在界，它不过是事物自然和谐状态的失序与失衡。② 他还力主通过中国文化所蕴含的中道涵容精神，可以解除西方文化二元对立和上帝意识蕴涵的矛盾冲突与狭隘的排他性。强调运用中国儒学和易经哲学的中道涵容与和谐精神，更好地推动多元文化之间的协调，以及世界诸大宗教之间的沟通，实现世界文明的整体重建和整合。

成氏以其本体诠释学为据，将本体的安立作为其哲学的首要问题。成氏所谓的本体，既是作为根源性的、活生生的宇宙本体，又是据此产生的知识体系。两者合而言之，本体就是宇宙的本源及其衍生的宇宙生命的整体。可以肯定，成氏关于本体的观点，根源于中国传统哲学对于宇宙和生命本源的理解，尤其是作为中国哲学源头的易经哲学。③ 成氏由此将中国哲学的天、天道、太极等作为其哲学的最根本的范畴。同时，本体的创造性原理成为其哲学中最高的具有统摄性的根本原理。根据其易学本体论的观点，易的本体自然创发为世界，本体之易即是此创造不已的自然流行，发而为生物不测之宇宙万象万物。此与西方神学中以上帝为世界创造者有异，也与印度佛学视宇宙万象为空幻、假相有异。易本体的创造性涉及本体的超越性问题。由于易本体之创造性落实在易之创造性活动中，故易之本体的超越性即其内在性。④ 成中英沿循其本体诠释学的独特理路，从中国传统哲学"天人合一"精神的阐发中，生发出"超越而内在"与"内在而超越"的"本体诠释循环"，无疑是对中国哲学精神的一种创造性阐释。进而他从儒家本体哲学拓

---

① 参见成中英：《儒家的精神性》，《新觉醒时代——论中国文化之再创造》，中央编译出版社 2014 年版。

② 参见成中英：《论中西哲学精神》，东方出版中心 1996 年版，第 180 页。

③ 参见成中英：《何为本体诠释学》，《本体与诠释》（2000 年辑）。

④ 参见成中英：《论易之五义与易的本体世界》，《易学本体论》，台湾康德出版社 2008 年版。

展出"超越而内在"与"内在而超越"的双重径路，彰明儒学归源于宇宙生命本体的根源性和贯通整体创发过程中的生命创造精神。而儒家对自我本性的理解也是根源于宇宙本体的创造性，并展现为人的自我实现过程。因此，儒家的人性论内在于人性本体之善，并不依赖超越的上帝以为救赎，表现出对生命存在和人性价值的完全肯定，而将恶的问题看作是人性发展过程中需要克服与转化的问题。与世界其他宗教相比，儒家的精神性在理论上可以涵容基督教和佛教，表现出更大的包容性与创发性。①

成中英从生命存在整体性的本体论观点出发，认为构成生命整体的诸要素之间乃具有内在的、实质的整体和谐与辩证统一的关系。也就是说，生命存在从本体的、实质的意义来看，是一个和谐的、统一的整体。而矛盾和冲突却只是暂时的、非本质的现象，是缺乏本体性自觉的表现。也就是说，生命存在从本体上、实质上是一个和谐的现象。生命存在中的矛盾与冲突，可以通过一个和谐化的过程来化解。这也是成氏经由对中国哲学中和、和谐精神和西方哲学矛盾、冲突精神相比较得出的一般的理论观点和结论。他进而断认，生命在寻求实现其本质的过程中，可以通过自我生命与世界生命的整体的相关性和根源的统一性的认识，在生命本体的整体自觉下得以实现本质的和谐。② 同样，个人同社会、自然乃至宇宙全体的矛盾、冲突都得以化解。通过这样多层次的不断提升的和谐化过程，个人、社会、自然乃至宇宙全体，都可以臻至一个整体和谐的境界。而这种和谐化过程的实现，"乃是基于本体上理性与意志，生命与宇宙，个体与社会都是统一的和谐整体。生命的发展以及陷入冲突，理性的认识自觉与意志的寻求解决，都是实现此一本体和谐的途径与过程"③。可见，成中英本体和谐观和整体性和谐思想，乃是源于易经哲学和中国传统哲学的"天人合一"思想，而又有其本人独到的见解与发挥。成中英由此还进一步从形上学的层面考察和比较了中西哲学两种基本的思维方式，即他所谓的"和谐化辩证法"与"冲突辩证

---

① 参见成中英：《儒家的精神性》，《新觉醒时代——论中国文化之再创造》，中央编译出版社 2014 年版。

② 参见成中英：《中国文化的现代化与世界化》，中国和平出版社 1989 年版，第 238 页。

③ 成中英：《中国文化的现代化与世界化》，中国和平出版社 1989 年版，第 235 页。

法"。他力图通过这种比较展现中国哲学"和谐化辩证法"的特点和优点，乃至涵盖和包容西方哲学"冲突辩证法"，从而在一个更加深广的理论层面阐释和发挥中国哲学的和谐精神进而将中国哲学推进至一个世界哲学的理论平台。

（二）中国哲学的源头易经哲学及原始儒道哲学

成中英力图用本体诠释学的哲学理论阐释中国传统哲学及其发展。也就是说，易学本体论的观点成为贯穿、贯通中国传统哲学发展的一条中心线索。本体哲学的创造性、创生性原理贯穿中国哲学发展的始终，成为中国哲学发展的最高的统摄性原理。整个中国哲学史由此呈现为一个一以贯之的有机联系的统一的整体系统。他将中国传统哲学看作一套生命本体哲学。他从易经哲学的独特理解、领悟中，发展了一套生命本体哲学的整体理性的理论架构，并以此涵盖、笼括中国传统哲学诸家及其演化发展的各个流派。可见，成氏力图以易经哲学为中心来统率、贯通中国哲学史，因而使中国哲学史呈现为一个有机统一的整体的理论系统。成氏自觉地用易经哲学来贯穿、统贯中国哲学史。《易经》的本体创生和中道的精神始终贯穿于中国传统哲学，发挥着统贯、整合的作用。他还进一步用易经哲学的阴阳互补、主客统一和平衡统一的原理来阐释和说明中国传统哲学诸家及其内部诸流派之间的辩证统一和内在联系。他主张，易经哲学为中国哲学的源头。中国传统哲学诸家都可以溯源于易经哲学。就中国传统哲学儒、道、释诸家来说，儒家、道家本来都源生、根源于易经哲学。儒家所强调的刚健精神和道家注重的阴柔精神，在整体上构成了相反相成、阴阳互补的关系。① 二者可视为从不同的立场对易经哲学的解释与发挥。即便是后来传入的佛教哲学，因为与中国本土儒道文化相融合，产生了中国化佛教，也不难以其本体性、根源性精神在中国文化中得到定位。而就原始儒学来说，孔子、子思、孟子、曾子、荀子的理论体系可以统合为一个整体的系统。子思和孟子的学派以及曾子与荀子的学派恰可以整合，相互补充。后世的儒家程朱理学与陆王心学，也照样

---

① 参见成中英：《论中西哲学精神》，东方出版中心1996年版，第140、182页。

可以纳入一个更大的统一的理论框架。

　　成中英旗帜鲜明地标出易经源头说，断认易经哲学为中国哲学的源头活水。此说与一般的将中国哲学的起源追溯于先秦的儒道墨诸家迥然不同。实际上是将中国哲学的起源追溯到一个更加久远的传统，而中国传统哲学的儒道墨诸家都是源于这一传统，而且都是对这一传统的不同类型的阐释和继承。成氏甚至将中国哲学的起源追溯到传说中的伏羲时代。他力图从哲学理论上追溯与还原易经从象、数、义、理的演化历程及其一体同源的属性，揭示和证明《易经》在中国远古时代文化创生和发展中的根源性地位。《易经》哲学源头说还意味着中国传统哲学诸家都源生于此。也就是说，中国传统哲学的诸子百家之说，其衍生和发展的源头都可以追溯到易经哲学。这一理论反而易于与传统的诸子百家起源于《易经》，《易经》为群经之首的说法相互印证。而现代的中国学者因为过于注重现成的文献材料和依傍西洋学者的理论，容易轻忽传统的定见，导致理论的盲点和偏颇。成氏因此断言胡适、冯友兰的中国哲学史为"断头的哲学史"。[1] 易学源头说还意谓易经哲学的本体创生和创造性原理贯穿于中国传统哲学的发展历程，起到了统摄性原理的作用，中国哲学史由此呈现、整合为一个一以贯之的、辩证统一的有机整体。成氏力主《易经》为中国哲学的源头，此说为中国哲学史别开新解，实际上为中国哲学的现代重建提供了一个形上学的理论根据。这一理论命题确实具有多重丰富的理论涵义。

　　成氏将易经哲学视为中国哲学的源头。易经哲学直接影响了先秦的儒家道家哲学。也可以说，先秦儒家道家哲学直接源生于易经哲学。儒家与道家是易经哲学的原型分化的产物。可以肯定，儒家与道家都是继承易经的思维方式以观察和体验宇宙人生的思想成果。只是儒家继承的是《易经》生生不已、刚健自强的创造精神，肯定人类文明的创造活动及伦理化的自我实现。而道家也同样体悟了生生不息的道，但对此生生不息之道的全体性和返本归源的根源性做了更深刻的理解。[2] 从本体论而言，儒家以天为世界的本

---

① 参见成中英：《易学本体论》，台湾康德出版社 2008 年版，"自序"。

② 参见成中英：《中国哲学中的方法诠释学》，李翔海、邓克武编：《成中英文集》第四卷，湖北人民出版社 2006 年版，第 305 页。

源，也是最高的信仰对象。因为人格神色彩的淡化，天被转化为自然化的天道和内在化的道德性的天命，儒家实现了从原初的易道开拓出伦理与人文的世界。道家以道为世界万物的终极根源。道家摒弃天命的道德化的内涵而强化天道的自然化色彩。老子举出道的本体观以涵盖天地万物。庄子则以天地的精神为本心，逍遥于天地之间，臻至道通为一之境。① 自方法论而言，儒家在其本体意识的天道观和天人合一的观念的统领下，仁智并举，而以中道予以统合，进而实现内在的知识与品德以及外在的伦理化的社会秩序。而道家则是一切以道为法，主张通过"致虚守静"、"少私寡欲"的修养，以静观万物和宇宙的"有无相生"，体察道之全体，进而达致无为而无不为的目标。② 可见，儒家所强调的刚健精神和道家注重的阴柔精神，恰好从相反的方面继承和发挥了易经哲学的本体创生精神，而在整体上构成了相反相成、阴阳互补的关系。③

先秦的原始儒学直接承易经哲学发展而来，其自身经过历史的演变，形成了一个系统化的脉络。其中最突出体现的是以孔子的学说为中心，以孟子德性内在的理论和荀子理性内在的理论为辅翼，中间经过《中庸》、《大学》的理论发展，总体上构成一个相当完备的系统。④ 孔子作为儒学的创始者，开创了一个"仁学"的思想体系。他继承历代文化精神传统，而又具备综合创新的意识，进而开展出新的精神境界，其哲学在总体上呈现为内在的整体性与开放性，也是本体创造性原理的显示。⑤ 孟子与荀子继承孔子哲学的本体认知精神，自不同的方向发展。后世儒学往往视孟子为正统，而荀子之学遭到歧视。事实上，孟子的纵贯的道德心性先验论之思想统绪与方法，

---

① 参见成中英：《本体诠释学体系的建立：本体诠释与诠释本体》，李翔海、邓克武编：《成中英文集》第四卷，湖北人民出版社 2006 年版，第 35 页。

② 参见成中英：《中国哲学中的方法诠释学》，李翔海、邓克武编：《成中英文集》第四卷，湖北人民出版社 2006 年版，第 305—310 页。

③ 参见成中英：《论中西哲学精神》，东方出版中心 1996 年版，第 140、182 页。

④ 参见成中英：《本体诠释学体系的建立：本体诠释与诠释本体》，李翔海、邓克武编：《成中英文集》第四卷，湖北人民出版社 2006 年版，第 36 页。

⑤ 参见成中英：《孔子哲学中的创造性原理》，李翔海、邓克武编：《成中英文集》第二卷，湖北人民出版社 2006 年版，第 4 页。

与荀子横贯的格物究理的后验的思想统绪与方法，同时并存，成为原始儒学相反相成的两翼和整体的系统。若由此推广至《论语》，乃至《尚书》与《易经》，可以看到原始儒学内省与外观兼顾，纵贯与横贯并行，经验与理性共存，从而在思想源头上构成一个平衡互补的整体系统。[①] 可见，孔子统合《易经》的本体创生精神为人伦之道，在《中庸》与《大学》分别体现为内在与超越的统一。《中庸》所包含的由"超越而内在"的过程，体现了天命之谓性的天命内化为人性的道德情操的范型。《大学》包含的多为"内在而超越"的过程，开展了一个一以贯之的内圣外王之道和道德实践性的面向。乃至儒学的整体统合精神体现在周易、孔子、子思、孟子、曾子、荀子的理论体系。子思和孟子的学派以及曾子与荀子的学派，恰可以整合，相互补充。[②]

（三）宋明清儒学及其理论体系

成氏认为，宋明儒学的发展和建立，可以视为儒学本体论在吸收佛道的形上学的智慧基础上接近圆熟的理论形态。宋明儒学与古典儒学相比，起点不同，理论型态也有很大差异。古典儒学的特点是建立一个礼乐教化的伦理秩序，而宋明心性之学却在于开拓一个至善的精神世界。古典儒学是社会道德哲学，而宋明儒学是内化心性和形上学的心性之学。古典儒学自形而下的实践指向形上学，宋明儒学则是自形上学指向形而下的实践。总言之，古典儒学则重视横贯的社会世界，而宋明儒学重视纵贯的形上世界。若就整体的发展来看，此横贯的思想型态与纵贯的思想形态，两者却可以接合为一个互补统一，相辅相成的圆融的体系，从而将理性的先验探索与经验的事实证明以及内省的体验和钻探与外观的考察和推展相结合。[③] 不仅宋明儒学与古典儒学可以整合为一体，而且宋明儒学内部也可以展开这种整合。宋明儒学

---

① 参见成中英：《现代新儒学建立的基础》，《合外内之道——儒家哲学论》，中国社会科学出版社 2001 年版，第 340 页。

② 参见成中英：《儒家的精神性》，《新觉醒时代——论中国文化之再创造》，中央编译出版社 2014 年版，第 239 页。

③ 参见成中英：《现代新儒学建立的基础》，《合外内之道——儒家哲学论》，中国社会科学出版社 2001 年版，第 338 页。

由北宋周敦颐融通无极、太极与阴阳五行于一个本体宇宙论而奠基。朱熹融通理气与心性为一体的系统以及王阳明仁智并包的本体明觉。三者从一个更加广大的理论系统又可以再作统合。程朱陆王的差异的分疏在于，程朱讲格物穷理，是外观的推展。陆王讲道德良知，是内省的钻探。两者虽然出发点不同，但以成就天人合一的境界为目标是一致的。虽然它们有外察与内省的分别，但作为道德形上学仍有共同点，故仍可以作为一个平衡互补的整体系统。①

北宋儒学由周敦颐、邵雍、张载基于易传建立了理论的基础。而程颢、程颐实为北宋儒学的中坚。二程直承孟子，创建理学的体系。其主要思想体现在《河南程氏遗书》。程颢自称："吾学虽有所受，天理二字却是自家体贴出来。"天理是他从现实的深刻观察中提取出来的普遍之理，实际上就是阴阳、善恶依据一消一长法则所表现出的相互对待、相互补充之理。也就是说，天理是他从自然和现实社会的观察中总结出来的基于阴阳对待的生生之理。程颢的重要见解在于将生生的体验阐释为本源之善，这种体验既不是逻辑原则，也不是思想的反思。这就意味着程颢关于生生的思考和体验，能够达到对包罗万象的程序、普遍规律及天理的更深刻的理解。

程颐在构建和组织其哲学思想方面更加精确和有条理。他的哲学中支配性的观念是理。他在阐释易传时构建了一套关于理与气的理论话语。阴阳变化的生命力为气，事物发展所必然遵循的原则为理，理与气不可分离。他的另外一个重要命题是性即理。也就是将人性的根源追溯到万物终极之理。他认为性理是一种道德价值观念，就其基本特征来说，性理根源于理。程颐用理、气结合的思想方法，建构了一套完整的人性学说，认为生命之气必然与理相关联，以理为基础。他从心性的结构的理解出发，将人依据道德转化和道德行为来提升自我作为关键的问题。②

成中英尤其重视朱子哲学，视其为宋代哲学的集大成者。他著文为朱

---

① 参见成中英：《现代新儒学建立的基础》，《合外内之道——儒家哲学论》，中国社会科学出版社 2001 年版，第 340 页。

② 参见成中英：《二程本体哲学的根源与架构》，李翔海、邓克武编：《成中英文集》第二卷，湖北人民出版社 2006 年版。

子哲学辩解，力辟牟宗三以朱子"别子为宗"说，引起学界广泛的关注。他认为，朱子哲学以"理"为核心思想，受到大乘佛学华严宗"理事无碍"和易传"穷理尽性至命"思想的影响。朱子哲学有一个十分重要的起点，即是求得与古典儒学义理的融洽与贯通。朱子继承二程之学，他结合个人直接体证和理性思辨，把儒学的理论体系推向一个更精微广大的境地。朱子哲学以"理"为中心，可归诸理本体哲学。以"理"来说明宇宙人生的整体性、根源性和普遍性及其所具有的存在结构和关系秩序。首先，关于朱子理气说的分疏。朱子以太极就是理，也就是天地万物的根源。因此理是根源性的，气是派生性的。而理气又是同时存在的，有是理便有是气，有是气便有是理，是一种相涵互容的关系。但是，"理为形而上，气为形而下"，理气之间又存在着一种逻辑上先后的关系。由此，朱子揭橥其哲学的"理一分殊"的要旨。也就是说，理的本体的根源性、整体性的原则与事的分殊的特性的原则是统一的、一致的。本源上的"理一"与派生之"分殊"，并非二截。据上所论，朱子形成其哲学的心性理论，也可谓其哲学的重心所在。其心性理论有关心与性的关系，仍可以体用关系来说明。性为心之体，心为性之用，说明心由性发，并以性为基础显现其活动。心的一般活动可以看作性所规范，甚至性的更多性能也要以心为工具来实现。此即孟子所谓"尽其心，则知其性"。朱子还分辨"义理之性"和"气质之性"，以"义理之性"为善之根，以"气质之性"为恶之源。人心若偏离人性内在的天理法则，而追逐一己之私欲，则造成人格完整性的损害。由此也可了解朱子"存天理，灭人欲"的思想真谛所在。朱子主张通过格物和读书以求学致知，达到理解义理、体会道理并直显本体的境界。他同时也强调生活行为上的道德实践以与格物致知穷理相应。朱子十分重视涵养的主敬或持敬，并以之作为生活言行到实践的起点。总之，朱子的思想径路是先力求典籍中义理的条贯以印证格致工夫中的事物之理，最后会通凝聚为道体的理解和体会，并落实于生活的涵养与实践。这也就是止于至善的天人合一的境界。①

---

① 参见成中英：《论朱子哲学的理学定位与其内含的圆融和统贯问题》，《合外内之道——儒家哲学论》，中国社会科学出版社 2001 年版。

朱子主"性即理"，阳明主"心即理"；朱子主"即物穷理"，阳明主"致良知"。两者构成了宋明儒学的一个对子。成中英基于一个后设哲学的观点，力图对二者予以会通，并对阳明学做批评的分析。王阳明哲学的主旨在"致良知"。阳明以其心学的观点阐释《大学》，将"致知"与"致良知"等同起来，"致知并非后儒所谓充广其知识之谓也，是致吾心之良知"。也就是以致知为致德性之知。阳明担心人在格物求知时不知至善在吾心而向外求，而将外物当成定理。阳明以心为本体，以心为良知之源，倡言"心外无物"，"心外无理"。而所谓"致良知"，也即致吾心之良知于事事物物。而所谓"格物"，也即是格己心之不正，祛除私心私欲之蔽，以恢复本心的灵明不昧。王阳明由此解释"至善"，以为善即是明白认识本心本性，是一种自我本性的肯定，也就是发于良知的灵明本觉的一种超越自我的情感与行为。而所谓"明明德"，发明本心的一体之仁，终至大人者与天地万物为一体的境界，实现人性为善的特性与价值。成中英对阳明哲学的一个批评是，王阳明不强调对事物知识性的了解，只强调主观的人性的发动，故其"与天地万物为一体"的仁心极易蹈空，无法落实。王阳明把一切都价值化，把一切都变成价值化的过程。因此，阳明哲学的问题乃是对知识本身的重要性认识不够，对知识与价值的关系也未能析解。成氏主张，基于知识与价值互基性的了解，在朱子与阳明哲学之间实现一种融合与沟通。就阳明哲学而言，尤其要认识心的作用不限于良知的作用，也有纯知的作用。同样，朱子讲"穷理致知"，也只是心的作用的一个方面，而不可否定心的"致良知"的作用。①

（四）成中英中国哲学史观总体评估

成中英从比较哲学的理论路径，回归于中国哲学的本位立场。他从一个对等的中西哲学的互诠互释的比较研究中，发挥和阐释中国哲学之精神要义。也可以说，他的中国哲学研究，具备一个深广的世界总体哲学的宏阔背景。他力图从中西哲学的比较导向一个世界整体哲学的建构，同时在这种世

---

① 参见成中英：《论王阳明"朱子晚年定论"与"大学问"所涵摄的知识问题》，《合外内之道——儒家哲学论》，中国社会科学出版社 2001 年版。

界哲学的背景下回头再重建中国哲学。成氏的这种研究路径，代表了一种"先理解西方，再回头重建传统"的精神方向，也可谓是一种"出乎其外，入乎其内"的思想路线。与其前辈相比，成中英真正得以摆脱了东方文化中心论或单元文化心态的限制，而走向了一种中西互诠互释的理论境域。成氏通过中西哲学双向的互诠互释和比较，寻求中国哲学的整体定位和现代重建的理论基点。他认为，中国哲学作为内在超越型形上学，代表了一种本体创生与中道涵容的和谐化精神。与西方哲学相比，具有其显著的特色。成中英以其独创的本体诠释学理论阐释和建构中国哲学理论，体现了一种源于中国哲学本体创生精神的整体化、系统化的理论创构与拓展。总言之，成氏对中国哲学精神的阐释，集中体现了其融汇中西，涵容诸家，进而重建中国哲学的一种理论试探和创见。

成氏运用其独特的本体诠释学的理论观点，在中西哲学的哲学互诠互释的比较中，阐释中国哲学精神的形态和特性。他认为，西方外在超越的精神形态，其超越性精神以一个外在化的、绝对的人格神上帝为中心。而中国儒家、道家的"内在超越"的精神形态，其超越性精神则以天、天道为中心。成氏重新阐释中国哲学的天人合一命题。他强调，儒家人文精神根源于天道的本体创造精神。天、天道成为人的存在的根源，也是人性的基础，是人自我实现和发展的动力。天、天道作为根源性的本体创造力，而不是位格化的人格神或创造主的存在。这是哲学超越性精神的基本分野所在。成中英由中西形上学的比较中，认同于中国哲学的天人合一精神，并由此彰显以"中道涵容"、"和谐化"、"中和"为实质内涵的和谐精神。

成中英从易经哲学的创造性诠释中，将本体创生与和谐化辩证法的原理作为一条一以贯之的中心线索，以贯穿、贯通中国哲学史，进而将中国传统哲学诸家及其内部诸流派都纳入一个整体化、系统化的理论体系。成氏由此以其本体诠释学或易学本体论的理论观点阐释中国哲学，整个中国传统哲学的发展呈现为一个一以贯之的、辩证统一的有机整体。他从易经哲学的独特理解、领悟中发明了一套本体哲学的整体理论构架，并以此来涵盖、笼括中国传统哲学诸家及其理论的演化发展。可以说，成氏易学本体论的创造性、创生性原理得以贯穿中国传统哲学发展始终，也是以此作为中国传统哲学发展的最高的统摄性原理。成氏以易经哲学的本体创生及中道、和谐精神统率、统贯中国哲学史，发挥着统贯、整合的作用。他还进一步用易经哲学的阴阳互补、对待统一和中道平衡的原理来阐释和说明中国传统哲学诸家及其内部诸流派之间的辩证统一和内在联系。他力主《易经》源头说，以易经哲学为中国传统哲学诸家之源头。中国传统哲学主流之儒家、道家都源生于此。儒道二家可以说乃是从不同立场和方面对易经哲学的继承和发挥。儒家所强调的阳刚精神和道家注重的阴柔精神，在整体上构成了阴阳互补、相反相成的关系。即便是后来的中国大乘佛学，因为是外来佛教与中国本土儒道文化融合的产物，也不难以其高度的形上学与中国本位文化形成互补、对待的系统。成氏还力图以此来整合、会通中国传统哲学诸家内部各流派的关系。例如，原始儒学的孟子学派以及荀子的学派恰可以整合，形成互补的关系。后世的儒家程朱理学与陆王心学，乃至中国哲学史上的墨家、法家、阴阳家、名家等，也照样可以纳入一个更大的统一的理论框架。[①] 可见，成氏的中国哲学史理论确具有广大的涵容性，能够更好地说明中国传统哲学的整体性、系统性和统一性的结构。

　　成氏中国哲学史理论的一个可能的问题在于，其本体诠释学视野下的中国哲学及其发展，意味着以一种理性的观点阐释中国哲学。成中英本人也强调，必须显发和建立中国传统哲学的"内在理性形式"，并以其与世界哲学的"普遍理性形式"相衔接。成氏受到西方哲学传统的影响，力图使中国哲学展现为一种理性化、知识化的形式和系统。这其实是对中国传统哲学的一种重释、重建的工作。从成氏所受哲学训练及主要思想趋向来看，他所创构的本体诠释学的理论方法，其思想资源主要源于西方分析哲学、诠释学的理论方法。可以说，他所竭力标榜的新的理性方法，是中西理性方法的结合和综合，也就是中国哲学机体理性、整体理性和西方分析理性、机械理性方法的会合、融合。毋庸置疑，成氏哲学的理论方法事实上已经打上了浓重的西方哲学尤其是分析哲学、诠释学的理论色彩。问题是用这样一套相当西方

---

① 　参见成中英：《儒家的精神性》，《新觉醒时代——论中国文化之再创造》，中央编译出版社 2014 年版，第 240 页；成中英：《论中西哲学精神》，东方出版中心 1996 年版，第 140、182 页。

化的或者说带有浓重西方化色彩的理论方法阐释中国哲学，存在着一个突出的哲学理论的形式与内容是否协调与契合的问题。成中英本人也曾指出："我一直确信，中国哲学有一种内在的生命，但又需要一种新形式。所谓新形式，并不一定指西方哲学所具有的那种形式。因为没有任何人能把一种外来的形式强加于本土学术的内容上而不体验到某种不协调。"[①] 显然，成氏用这种整体理性与分析理性相结合的理性形式来诠释中国传统哲学，无疑是一种源于他本人独创性理论的创造性的诠释。当他用这种理论来阐释古典儒家哲学时，断认其仁智并举的精神本身就包含和综合了知识理性与价值理性的形式。这种解释或许与经典文本尚有一种契接的关系。而中国哲学的一些流派例如有些道家流派追求"言语道断"、"得意忘言"的境界，禅宗甚至完全中止理性的方法的运用，明确、彻底地拒绝理性的分析和理性的形式。如果一定要强调理性的形式和方法，是否会造成这些中国哲学流派的精神和思想内涵的扭曲和误解？成氏运用其独特的理性形式和方法来阐释中国哲学，固然是一大理论的创新。但它是否与中国传统哲学相契合，仍有待实践过程的检验。

三、方东美、成中英中国哲学史理论比较

方、成二氏的关于中国哲学及其发展的理论，存在的共性的特征体现在三个方面：

第一，二氏经由比较哲学回归于中国文化的本位立场，体现了一种"先深入西方，再回头重建传统"或者说"出乎其外，入乎其内"的思想路线。方东美的哲学研究走出了一条在比较哲学背景下回归本土哲学的独特的曲折路径。与梁漱溟、熊十力等现代新儒家老一辈的人物终生囿于中国传统哲学的本位文化视野不同，方东美竟其大半生之功，致力于西方哲学之消化与理解，乃得深入西方哲学之堂奥。可以说，方东美所具备的深厚的西方哲学的

---

① 　成中英：《世纪之交的抉择》，知识出版社 1991 年版，第 111 页。

造诣有助于他对中国哲学精神之深入领会，也使他能够通过比较哲学的方法彰显中国哲学之精神特质。要之，方氏经过中西哲学的比较，对中国哲学的"广大和谐之道"和"圆融和谐"的精神保持更加坚定的信念和无与伦比的信心。成中英则是更加自觉地经由比较哲学回归于中国哲学的本位。成氏通过中西哲学的互诠互释，导向一个中西哲学双向并建的历程。他认为，中国哲学的世界化同时也就是实现自身现代化的历程。成氏从比较哲学的理论视域中开展出中西哲学双向的、对等的批评与互诠互释的观点，并最终将它们统合于以易经为原型的本体诠释学的理论构架。显见，成中英中西哲学的比较和定位，运用比较哲学的方法，在中西哲学之间求其同异，再彼此互相诠释，最后趋向一个整体哲学的观念和系统。就其实质来说，则是在一个更加宏阔的中西会通的理论背景下重建中国哲学。

第二，方、成二氏经过比较研究，认同于中国哲学的"内在超越"的精神型态和"天人合一"的思想模式和方式以及由此衍生的和谐精神。方东美在中西形上学的比较中，将中西哲学划分为"超越型"和"超绝型"。通过比较哲学的研究，他得出结论：中国哲学的精神就在于"圆融和谐"的智慧，即他所谓的"广大和谐之道"；而西方哲学则是一种以"矛盾对立"为特征的"二分法"思想，它始终不能脱离"二元对立"的思想模式与格局。相对而言，中国哲学精神在根本上具有优越性，适足以构成对西方哲学的挑战，也是解救其理论困难的唯一解药。他从"内在超越"型形上学的界定和分判中，断认中国哲学在根本上是一种根源性的"本体创生"精神以及由此衍生的以"中道涵容"的"和谐化"为实质的和谐精神。这是成氏以西方"外在超越"型形上学和"二元对立"精神相对照得出的结论，由此也可以彰显出中国哲学显著的精神特色。成中英强调，儒家人文精神根源于天道的本体创造精神。天、天道成为人的存在的根源，也是人性的基础，是人自我实现和发展的动力。天、天道作为根源性的本体创造力，而不是位格化的人格神或创造主的存在。这是儒学与西方亚伯拉罕系宗教的基本分野所在。成中英由中西形上学的比较中，认同于中国哲学的天人合一精神，以及由此彰显的以"中道涵容"、"和谐化"、"中和"为实质的和谐精神。

第三，二氏由其独创的易经哲学的理论观点，将中国传统哲学的发展视为一个有机统一的整体，整个中国传统哲学得以整合、统合为一个一以贯之的辩证统一的有机整体。方东美从形上学的途径研究中国哲学，探其精神主旨，又以"内在超越"型态作为中国形上学之典型。他以此为准绳衡之于中国哲学史，则中国哲学发展的总体趋势为形上学，更确切地说，是以原始儒家、原始道家、中国大乘佛学以及新儒家为代表的内在形上学。方东美对于中国哲学的阐释，将其阐发为统一的、一以贯之的整体，并以内在的、机体的形上学来阐明整个的理论系统。方氏这种对于中国哲学的观点，是基于他的机体哲学的特殊理论框架，并以此为准来阐释，说明中国哲学的结果。成中英力图用本体诠释学的哲学理论阐释中国传统哲学及其发展。也就是说，易学本体论的观点成为贯穿、贯通中国传统哲学发展的一条中心线索。本体哲学的创造性、创生性原理贯穿中国哲学发展的始终，成为中国哲学发展的最高的统摄性原理。整个中国哲学史由此呈现为一个一以贯之的有机联系的整体系统。他从易经哲学的独特理解、领悟中，发展了一套生命本体哲学的整体理性的理论架构，并以此涵盖、笼括中国传统哲学诸家及其演化发展的各个流派。可见，成氏力图以易经哲学为中心来统率、贯通中国哲学史，因而使中国哲学史呈现为一个有机统一的整体的理论系统。

方、成二氏的中国哲学史理论的分歧在于三个方面：

第一，二氏经由比较哲学回归于中国哲学，但是他们的文化心态仍然有别。方东美鼓吹以中国哲学的"广大和谐之道"，向西方哲学"二元对立"的思想展开挑战。应该说，其思想根柢尚难脱东方文化中心论的局限。方氏通过比较研究，更加坚定对于中国哲学的信念。他认为中国哲学以"内在超越"型形上学和以天人合一为特征的"圆融和谐"精神，具有西方哲学外在超越型形上学和以二元对立为特征的"矛盾"、"冲突"精神无可比拟的优越性。这种文化心态尚存有东方文化中心论的色彩，与一种对等的、双向的比较哲学研究还有一段距离。而成氏则从双向的、对等的比较研究中，超脱了单元文化心态。他力图通过中西哲学的比较研究和双向的互诠互释，发现其间的内在联系和整体秩序，进而在新的理论基础上开拓新的世界哲学的理论架构。成氏以其整体理性的本体哲学架构为据，从中西哲学互诠互释的视域融合中，力图为中西哲学定位，并以此作为构建其世界哲学的出发点。成氏以西方"外在超越"型形上学和"矛盾"、"冲突"思想相对照，将中国哲学界定为"内在超越"型形上学，并断认中国哲学在根本上是一种根源性的"本体创生"精神以及由此衍生的以"中道涵容"的"和谐化"为实质的和谐精神。中西哲学由此呈现为一个对等的、互补相成的整体的理论系统。

第二，方、成二氏对中国哲学精神的类型和特性的基本界定和认识，存在着基本的共识，但毕竟也存在较大的分歧。可以说，方氏对中国哲学的认同，更多出于本位文化的立场，对中国哲学精神抱持肯定和褒扬的态度。而成氏对中国传统文化的认同则出于一种更加理性、实际的分析。方氏在中西形上学的比较中，将中西方的形上学视为"超越"与"超绝"的形态，并断认西方哲学的形上学存在严重的难以克服的困难。而只有中国的"超越"形态的形上学才能解决其二元对立的理论难题，也是唯一正确与合理的型态。方氏对西方"外在超越"或"超绝"型的形上学持贬抑和摒弃的态度，而他对中国哲学的"内在超越"型形上学则极表推崇和认可。因此，方氏主张以中国哲学天人合一的和谐精神向西方二元对立的矛盾、冲突精神展开挑战，解决其理论难题。成氏以西方"外在超越"型形上学和"二元对立"的"矛盾"、"冲突"精神相对照，将中国哲学界定为"内在超越"型形上学，并断认中国哲学在根本上是一种根源性的"本体创生"精神以及由此衍生的以"中道涵容"的"和谐化"为实质的和谐精神。虽然成氏认同于中国哲学的精神型态及其特性，并力图以其涵容西方哲学的思想内涵，但他并不认为中国哲学精神具有其绝对的优势，也不认为它是唯一正确的理论型态。他还主张中国文化所蕴含的中道涵容精神，可以解除西方文化二元对立和上帝意识蕴涵的矛盾冲突与狭隘的排他性，在当代多元文化的竞争中具有其不可替代的优势。

第三，方氏由其生命哲学的观点阐释中国传统哲学，易经哲学固然发挥了统摄性原理的作用。成氏则出于其本体诠释学的观点，他还进而发现中国传统诸家及其内部诸流派之间的阴阳互补的辩证联系。方东美将中国传统哲学视为一套生命哲学，他从"内在超越"的形上学途径研究中国哲学，并以原始儒家，原始道家和大乘佛学作为中国哲学的主要代表，他认为中国哲学精神就体现于诸家形上学理论的会通处。他以生命哲学为中心线索，将中国传统哲学儒家、道家和大乘佛学以及新儒学的哲学整合、统合为一个一以贯之、一体统一的整体。成中英从其本体诠释学的观点阐释中国哲学及其发展。他力图以易经哲学的本体创生和阴阳互补的辩证统合原理为枢纽，以贯穿、会通中国哲学史，进而将中国传统哲学诸家及其内部诸流派统合、整合为一个一以贯之的、辩证统一的有机整体和理论系统。可见，成中英的中国哲学史的理论建构，体现了一种源于中国哲学的根源性的本体创生精神的整体化和系统化的理论拓展和实验，具有极大的涵盖性和涵容性。在成氏的中国哲学史中，不仅传统哲学儒道佛诸家，连名家、墨家等都得到恰当的定位和容纳。而且，诸家哲学的一些主要流派，比如儒家哲学的孟学与荀学、程朱理学与陆王心学也被纳入一个广大融通的理论体系之内。

第十一章 本立道生，回归原点

——方东美、成中英的哲学特质及其学术流派

在中国现代哲学发展历程中，方东美、成中英都以现代新儒家而著称于世。他们的哲学探索可谓中国哲学现代重建和现代新儒学运动中一个重要方面的代表，据有不可忽视的地位。方、成二氏在学术上存在师承关系，其哲学建构具有一脉相承的内在联系和明显的共性特征，事实上已然形成中国现代哲学史上一个特色鲜明的学术流派。因其特具的开放性的特征，故可名之为"开放的现代新儒家"。方、成二氏的哲学在一系列重要的理论问题上存在共识或共性的趋向，成为一个学派得以成立的最核心的理论特征，从而为开放的现代新儒家奠定理论基础，进而为其发展确立基本的轨范。同时，他们的哲学思想又存在显著分歧并保持各自的特色，也为一个学派的发展开拓了至为广阔的理论空间。

一、"融贯东西，回归原点"：方东美、成中英哲学的共性特征

近代以来，中西会通成为中国学术发展最显著的特色和共同的趋势。方东美、成中英的哲学探索可谓这种理论努力的集中体现乃至集大成者。作为一个正在形成和发展的学术流派，"开放的现代新儒家"代表了一种"先理解西方，再回头重建传统"或者说"出乎其外，入乎其内"，实质上是经由中西比较和会通，再回归中国传统的思想路线。方、成二氏的哲学建构可

谓中西会通的典范，他们都在融汇东西之学的基础上建立了各自的别具特色的哲学理论体系。方东美可谓"开放的现代新儒家"的开创者、创建者。他的哲学会通中西，涵摄众家，复回归于中国哲学，建立了一个生命本体论的哲学体系，为"开放的现代新儒家"开辟了一条创造性的学术路线，并为其发展奠立了基本的规模。成中英则可谓"开放的现代新儒家"的继承者、奠基者。他秉承会通中西，回归传统的学术宗旨，建立了一个本体诠释学的理论体系，力图为中国哲学的现代重建提示一条具有创发性的理路，为"开放的现代新儒家"的建立，奠定其理论的基础，并指示其发展的方向。他们在理论上力主回归中国哲学的源头，其实是标举一种理论的综合创新，为中国哲学的现代重建提供一种价值学的目标。他们的哲学实质上是易经哲学的一种创造性诠释和重建，具有极大的开放性和涵容性的特点，可谓是中国哲学在世界哲学的理论背景下，寻求现代重建的一种理论试探和实践。

方东美、成中英的哲学研究具备中西哲学融合的理论背景。方、成二氏从比较哲学一途致力于中国哲学的现代重建。他们经由中西哲学的比较与会通，回归于中国哲学的本位立场，其哲学实质上乃是中国传统哲学尤其是易经哲学的一种创造性诠释。方东美、成中英从中西形上学的比较中肯定和彰显中国哲学"内在超越"型态形上学的特点，其哲学建构可归结为本体论的重建。他们对本体与方法、知识与价值等重大理论问题的思考和解答，事实上都建基于易经哲学的理论模型，力图在传统哲学的本体架构内汲纳西方现代哲学的方法意识，在传统的价值本体的框架内纳入现代的知识体系，从而突出地体现了中国哲学在现代历史境遇中寻求重建和范式转换的理论宗旨。不仅如此，方、成二氏还运用其易经哲学的理论观点重新梳理和诠释中国哲学史，使中国传统哲学得以整合、统合为一个有机统一的整体系统。其中国哲学史理论表现出更加开放、包容的精神。总之，方东美、成中英的哲学在一系列重要理论领域存在同一性或共性的趋势与特征。这种同一性或共性的趋势表明方、成二氏哲学之间一以贯之的继承性和作为一个学派存在的共同的理论基础。

第一，方东美、成中英的哲学建构都建基于中国传统的易经哲学，他们的哲学实质上乃是易经哲学的一种创造性诠释。可以说，方、成二氏的哲学创构，都是以易经哲学为理论原型，也都可以归源于易经哲学的形态。不仅如此，方东美、成中英还十分重视易经在中国传统哲学中的根本地位。他们从易经哲学的创造性诠释中提出一套独特的生命本体哲学，并以此为中心线索来统合和整合中国传统哲学，进而会通和贯通中西哲学。方、成二氏标榜回到作为中国传统哲学原点的易经哲学，实际上代表了一种中国传统哲学现代重建的重大理论立场和思想转向，其实质是为中国哲学的重建提供一个重要的形上学原理与价值学源头，也是他们在中国现代学术之林中成为一个独树一帜、特色鲜明的学术流派的根由。方东美由易经哲学的独特领悟和理解中，将本体的安立作为其哲学的根本。方氏由其生命本体哲学，将根源性的"无名之指"作为世界的本体、本源，复由此开显出"情理二仪"的原始意象，进而展开其哲学"衡情度理"性向的贞定以及知识化活动与价值化活动相涵互摄的理论结构。成中英也是以易经哲学为纲维，确立了以整体理性为核心的整体统合的思想模式。他从易经哲学的创发性思考与诠解中，发展出一套本体与方法相统一的本体诠释学的哲学架构。成氏从本体的实质统摄理性与意志的要素，复由此衍生了知识与价值的活动。他进而提出其本体哲学的整体创生、一体多元，体用相涵互须的理论模式。方、成二氏进一步以易经哲学为依据，来重新梳理和诠释中国传统哲学，进而会通中西哲学，从而开创出全新的思想境域和理论范式。他们重视易经哲学在中国传统文化中的根源性地位，并以此作为中国传统哲学内部得以整合、会通的一条一以贯之的中心线索，从而使整个中国哲学史呈现为一个机体统一的整体系统。方、成二氏对中国传统哲学的阐释和理解，由此体现为较为开放、包容的精神，是其易经哲学的理论观点得以贯彻的重要方面，构成了其哲学体系的有机组成部分。

第二，方东美、成中英基于其易经哲学的整体架构，开展出其关于本体与方法统一性与互动性的理论思考，进而将其视为一种相互规约与界定的双向的诠释与批评的关系。方、成二氏哲学都具备融摄中西哲学的深厚背景和思想意涵。在其哲学建构中，方法论据有十分突出的地位。这是与传统哲学一向以本体论为中心迥然不同的理论趋向。他们倾向于将本体与方法作为对偶性的范畴，从而建构起两者之间双向的、具有交互作用的联系。方东美在中西形上学的比较与融合的基础上，提出一套生命本体论与机体主义方法论的理论建构。他综合、融合西方柏格森生命哲学、怀特海过程哲学和中国传统的易经哲学，提出一套独特的生命本体哲学。其机体主义方法论也是融摄了西方哲学的方法学特征，而其实质仍然可以归诸中国哲学的形上智慧，从而开拓出一种体现中国哲学根本精神的思想模式。可见，在方氏哲学中，以生命为中心的本体意识本身就提示了一种思维模式，其生命本体论树立了其哲学的理论范型和目标，而机体主义方法论则通过对本体的理解和实现而确立了与之配合的运思模式，其本体意识与方法意识具有对应性、一致性。成中英的本体诠释学的理论建构，根植于中国传统的强调整体创生作用的易经哲学，同时汲纳现代西方哲学主要是诠释学、分析哲学的理论方法，并力图在传统的本体架构内汲纳现代哲学的方法意识。受到易经哲学的机体统一、体用相涵互须的整体思维的启发，本体诠释学乃力求本体与方法的统一与融合，本体与方法之间体现为一种双向的、交互作用的动态平衡与统一。本体诠释学可谓中西哲学的本体意识与方法意识的辩证统一和有机结合。由此可见，方、成二氏以易经哲学为中介和原型会通中西哲学，表现出对方法论的高度重视，本体与方法在理论结构上是具有相互决定和双向的交互作用的对偶范畴。

第三，方东美、成中英基于其哲学的基本观点，将科学的知识领域与人文的价值领域作为两个相互独立的领域，两者之间具有交互作用和相互影响的关系。同时，他们强调价值领域对知识领域的统摄作用，而将科学的知识领域作为价值实现的工具和手段。方、成二氏对知识与价值问题的探讨，都是以知识领域与价值领域的划分为前提和基础的。这在方氏为"平面的宇宙"与"立体的宇宙"的划分，在成氏则为"知识性宇宙"与"价值性宇宙"的划分。二氏强调科学的知识活动以事实世界为限域和对象，而人文的价值世界则属于另一个独立的领域。他们强调科学的知识活动的工具性，反对科学对价值领域的僭越。方东美据此强烈批评对现代科学主义所主张和恪守的"价值中立主义"，断认其以自然科学的方法处理价值问题，结果将哲学、宗教、艺术的世界也当作科学的对象，从而导致价值的"漂白"和匮乏。方、成二氏肯定知识与价值是相互独立的领地，但两者又是相互关联、交互作用与影响的关系。方氏由其生命本体"含情契理"的贞定，将科学对事理的了解的"境的认识"与哲学对事理了解的价值估定作为本体层面密切关联、相互依赖的一体，二者是一种彼是相因的函数关系。成氏由生命本质涵摄理性与意志的要素，复由此衍生知识与价值相涵互生的理论结构，进而展开对知识与价值辩证关系的思考。他由生命整体性的理解中，洞察知识与价值为一体二面的互基性的辩证统一的关系，力主通过二者双向的诠释与批评，导向一个知识与价值平衡互动的人类文化的整体性系统。方、成二氏倾向于凸显价值领域对知识领域的优位性和统摄性的作用，而将知识作为价值实现的工具和手段。他们力图以价值本体的统一性原理为准则，实现人类文化所有知识门类的整合乃至科学、人文和宗教的融合。

第四，方东美、成中英的天人之论是经由比较哲学的视域，转而回归于中国文化的本位立场，注重强调和发挥中国传统的天道论及其天人关系思想的优势和优越性所在。方、成二氏从中西形上学的比较着手，其天人之论具备中西哲学比较的理论视域。他们从中西哲学的超越性思想即"外在超越"与"内在超越"的剖分与比较中，充分揭示与凸显中国哲学天人合一思想的根本精神与思想内涵，认同与肯定中国哲学内在超越形态的天人合一思想的特点与优势。二氏的天人思想是在比较哲学和世界哲学的宏观背景下，回归于中国传统哲学尤其是原始儒家道家哲学的天道论、人性论思想。方东美哲学的理论宗旨就是要在比较哲学的背景下发挥中国传统的天人合一思想的精神主旨和性善论的思想观念，并借此对西方主流的神人二分的上帝论和性恶论思想展开批判，发挥和彰显中国本位文化的理论特色和优势。成中英则是以中国传统的易经哲学和古典儒家道家的天道论和人性论思想为凭借，发挥中国传统哲学天道论的本体创生精神和性善论思想，借以体现中国哲学的天人合一思想的理论优势。方东美经过中西哲学的比较研究，断认中国传统哲学的天人合一、天人合德思想，构成了对西方"二元对立"、"神人相分"思想的严重挑战，也是克服其理论困境的唯一药方，具有无可比拟的优越性。他认定中国哲学的天人合一思想，形成了神、人、自然之间的和谐关系，因而是唯一正确的思想形态。成中英也认为，中国传统的天人合一思想，在当代世界多元文化发展的格局中，仍然是一个重要的精神发展的形态和富有竞争力的类型。

第五，方、成二氏的哲学研究具备中西比较哲学的理论背景。他们运用比较哲学的理论方法和视域，展开对中西哲学系统的比较研究。方东美将中西比较研究从早期的文化形态学的比较，推进至中西哲学的核心形上学领域，确立了其比较哲学研究的基本模式。成中英则更为自觉地运用比较哲学的理论方法通观中西哲学的全体，以把握其精神内涵的实质和类型。二氏经由比较哲学一途，回归于中国文化的本位立场。方东美通过中西哲学比较研究，以彰显中国哲学之精神，进而肯定和认同中国哲学以"天人合一"为基本内涵的圆融和谐精神即所谓"广大和谐之道"。成中英则通过中西哲学的互诠互释的比较研究，进而导向一个中西哲学双向并建的历程和世界整体哲学的系统建构，其实质则是在一个更加宏阔的中西会通的理论背景下重建中国哲学。方东美与成中英经过中西哲学的比较研究，将中西哲学归结为以"天人合一"的和谐、中和精神与"二元对立"的矛盾、冲突精神，以此作为中西哲学精神的分野和特质所在，并倾向于认同中国哲学的精神特征。方氏认为，中国哲学的根本精神就在于以"天人合一"和"圆融和谐"为特征的智慧，而西方哲学则是一种以"矛盾对立"为特征的"二分法"思想。相对而言，中国哲学的"广大和谐之道"具有西方"二元对立"思想无可比拟的优越性。成中英依据其本体哲学架构，将中西哲学定位为知识与价值互补统一的有机统一的整体系统，并从本体论、方法论诸层面比较中国哲学和谐化辩证法和西方哲学冲突辩证法的类型。他强调中国哲学的优势地位，力主中西哲学、文化的整合、统合，乃是克服当前世界文化危机的可靠途径与出路。其世界整体哲学建构，仍然可以溯源于中国哲学的形上智慧和洞见。

第六，在方、成二氏的哲学中，对中国传统哲学的阐释构成了其哲学体系的一个重要的有机组成部分。方、成二氏对中国哲学的研究具备一个世界哲学的宏观背景。二氏经过比较哲学研究，回归于中国传统哲学的本位立场，乃至认同于中国哲学"内在超越"的思想形态和"天人合一"的精神内涵。他们强调中国传统哲学内部的整合，进而发挥其中道、和谐的精神特色与理论优势。方东美从中西形上学的比较中，将中西哲学划分为"超越"与"超绝"的类型，并断认中国哲学的根本精神即在于以天人合一为代表的圆融和谐的智慧或所谓"广大和谐之道"，其本身具有西方哲学"二元对立"的"二分法"思想无法比拟的优越性，适足以构成对西方哲学的挑战，也是解救其理论困难的唯一解药。成中英则从中西哲学的"内在超越"与"内在超越"的分判与比较中，彰显中国哲学的精神特色和理论优势所在。他由此断认中国哲学根本上是一种根源性的本体创生精神以及由此衍生的以中道涵容、和谐化为特质的和谐精神。方、成二氏由其独具特色的易经哲学的理论观点，将中国传统哲学的发展视为一个有机统一的整体系统。方东美以其内在的、机体的形上学的观点来阐释中国传统哲学，将其视作由原始儒家、原始道家、大乘佛学和新儒学所代表的内在形上学的系统。成中英以易学本体论作为贯通中国传统哲学的中心线索，进而用易经哲学的本体创生、中道和谐思想来统率中国哲学史，乃至以阴阳互补、对待统一的原理来阐释和说明中国传统哲学内部诸流派的辩证统一和内在联系。整个中国传统哲学得以整合、统合为一个一以贯之的辩证统一的有机整体。

二、"同源殊流，一本异趋"：方东美、成中英哲学的歧异和殊性特征

　　方东美、成中英哲学确实具有共性的特征。方、成二氏在中国哲学的现代重建运动中，另辟蹊径，已然创立了一个新的学术流派。虽然他们沿循中国哲学本体论重建的思想路线，但是与一般的现代新儒家沿袭传统哲学主要是宋明儒学的心本体、理本体哲学重建的思路截然不同。他们标榜回到中国哲学原点的易经哲学。可以说，二氏所倡言的中国哲学的现代重建，实质上主要是中国传统的易经哲学的一种创造性阐释。显见，方、成二氏的哲学在本体与方法，知识与价值，比较哲学乃至中国哲学史观等诸多理论领域和重大问题上，都存在一些基本的共识和共性特征，标志着中国哲学现代重建运动中一个别具特色的学术流派的成立。另一方面，方、成二氏的哲学也存在着重要的歧异和殊性的特征，体现出一个学术流派在思想演变过程中的理论发展及丰富性、复杂性的思想内涵。方、成二氏具有师承关系，其哲学的

一脉相承的共性特征也是明显的。成氏哲学秉承中西会通，重建传统的宗旨，在此基础上毕竟又有重要的发展。成氏力主一种"中西互释中挺立"的思想方式的突破和理论范式的转换，其哲学对于现代性的思想内涵的汲取和开放性精神的开拓，既可以说是对方氏哲学的突破和超越，也将当代新儒学的理论思维拓展到新的境界。就其思想模式而论，方氏哲学仍然可以归结为传统哲学体用论的形态。其思想模式基本上没有挣脱中体西用论的范型。而成氏哲学经由中西哲学的互诠互释的比较研究，走向一种中国文化本位意识的中西互为体用论的理论模式，从而实现了理论范式的重大突破与转换。扼要而论，方氏哲学在处理范畴之间关系时，实质上并没有摆脱传统体用论的局限，其思维结构仍然拘限于一种不对等、不对称的范畴关系。方氏哲学在处理本体与方法、价值与知识等问题时都是如此。如他强调本体意识对方法意识的支配性和决定性地位，价值本体对知识领域的统摄和制约作用等。而成中英哲学则在体用互动互用的理解与思考中发展出新的体用关系。其中西互为体用的思想模式贯穿于本体与方法、知识与价值、中西比较乃至一系列理论问题的思考。由于这种思维方式的突破和理论范式的转换，成氏哲学并不是局限于形而上学的领域，而是力图关注形而下的生活世界，将中国哲学的智慧与现代科学与民主的精神汇合起来。其现代管理哲学和整体伦理学的开拓，可谓这种理论旨趣的体现。

结合如上相关主题的综合与分析，方东美、成中英哲学的思想主旨的不同和理论特色主要体现在以下诸多方面：

第一，方、成二氏受到中国传统易经哲学的启发并以之作为思想源头，故其哲学可以归结为易经哲学的形态。然而两者在思想内涵与理论结构上又有突出的差别，进而形成各自的理论特质。虽然方、成二氏哲学均肯定生命本体的整体性，并由此整体性的生命世界开显出相互关联又一体相通的两个面向，即"情"与"理"或"志"与"知"的要素，从而确立其哲学的基本内核与形态。但由于各自强调和侧重的偏向乃至由此衍化的范畴关系和理论结构有所差异，从而造成不同的思想趋势和哲学特质。虽然方东美肯定"情之世界"与"理之世界"乃是彼是相因的函数关系，但他最终仍然将"情之世界"置于对"理之世界"的支配与统摄地位。而成中英则力图凸显和发掘其哲学对理性的知识活动与意志的价值活动的双向对流关系，但他最终乃是将理性置于其哲学的中心地位。不唯如此，更加重要的是，方、成二氏哲学在处理由生命本体所开显的两个相关面向的关系时，表现出实质性不同的趋向。虽然二者都倾向于将其视为密切关联、一体相通的领域，但是他们的侧重和偏向究竟不同，由此也决定了二氏在建立其哲学范畴关系时的不同理论结构和特质。就方氏哲学而论，他肯定"情理二仪"是一种相涵互摄、辩证统一的关系，但他最终断认"情之世界"对于"理之世界"具有支配性、统摄性的意义和地位，进而导致方氏哲学在处理本体与方法、价值与知识等范畴关系时，最终趋于一种上层境界对于下层境界的支配与统摄的理论结构和不对等关系，从而使方氏哲学更多地保留了传统哲学的理论特质。相反，成氏哲学则更强调由生命本体开显的"一体之二元"的双向并建，交互作用关系，当然其中并不否认一方的主导性以及另一方的从属性的地位与作用。由于成氏哲学突出理性的作用，同时也更强调易之本体世界所开显的"一体之二元"的辩证统一关系，以及由此衍生的范畴之间的对等互诠关系的理论结构，从而使成氏哲学更加突出地呈现出一种现代性的特质。

第二，方、成二氏都是以易经哲学为其哲学的理论原点和本体架构，但因为各自的理论偏向和侧重点不同，导致其哲学在本体论和方法论上存在重要的歧异。方氏哲学由生命本体的"无名之指"衍生出"情理二仪"，虽然他肯定"情之世界"与"理之世界"为一种彼是相因、相涵互摄的函数关系，但他最终断认情感对理性的统摄性、支配性的地位。因而方氏哲学可以归结为一种以情感为中心的生命本体论或者价值本体论。而成氏哲学虽然也强调由生命整体世界开显出的两个面向即"志"与"知"或"意志"与"理性"的互基性与交互性，凸显理性的知性活动与意志的价值活动的双向对流关系，但他最终将理性置于其哲学的中心地位。故此，成氏哲学可以归结为一种理性本体论。进而论之，二氏对于本体与方法的关系属性及其模式的理解也显出其明显的差异。方氏哲学实际上更加突出本体论的中心地位，其运思模式主要是在形而上的本体世界的统率下，展开对形而下的知识领域或现实世界的统摄作用。虽然他也承认本体与方法、知识与价值等范畴之间的交互性作用，他往往称之为"上下回向"，但他毕竟确认它们之间是上层境界对于下层境界所具有的决定性与统摄性的关系，即一种不对等的关系。这说明方氏哲学的理论结构尚未摆脱传统的体用论的思维模式。而成氏哲学则从本体的创生作用，拓展出一套本体与方法之间具有交互性与对等性的范畴关系。而且，成氏哲学还显著凸显出方法论、知识论的重要地位，强调本体意识与方法意识的辩证统一和有机结合。这表明，其哲学已突破传统哲学的本体论为中心乃至体用论的模式，从而开拓出一个全新的理论境界。

第三，方、成二氏都很重视知识与价值的密切关联和交互作用，但是由于其理论的侧重点和偏向不同，由此导致其知识与价值理论的关系模式和理论结构也有所不同。方、成二氏关于知识与价值的理论都是建立在知识与价值划界的基础之上。虽然二氏都将知识与价值视为相涵互摄、辩证统一的关系，但方氏哲学更偏重主观性的情感的作用，而成氏哲学则更重视客观性理性的作用。方氏哲学关于"境的认识"与"情的蕴发"的区分，将科学定位为"时空上事理之了解"，属于"境的认识"。而他关于哲学涵义中则既有"境的认识"，又有"情的蕴发"。他实际上更偏重于"情的蕴发"对于"事理上价值之估定"的作用。换言之，他强调的是科学知识作为价值创造的手段和工具的意义。相对而言，成氏哲学更重视理性的地位和作用，而将知识论、方法论置于其哲学的突出位置。在讨论知识与价值的关系时，他将知识提升到与价值具有对等性的地位，主张用价值规范知识和用知识来建立价值乃是一个双向并行的过程，而不可偏于一端，洞识知识与价值为一体二面的互基性的辩证统一关系。显见，在方氏哲学中，其理论模式主要建立在价值本体对知识领域的统摄性、支配性地位之上，知识与价值之间说到底乃是一种不对等的关系。因而方氏哲学可以说是一种强势的价值本体论。而成氏哲学虽然也承认价值领域对于知识领域的优位性乃至主导性地位，但他毕竟在强调知识领域的基础地位的同时，甚至肯定二者之间存在相互依存乃至相互转化的关系。成氏凸显知识的地位与作用，将知识与价值拓展为一种交互性与对等性的关系。其哲学虽然仍肯定价值对知识具有统摄性作用，故不脱价值本体论的立场。但这种统摄性主要是作为知识统一性原理，价值对知识并不具有绝对的支配性的作用和地位。因此，成氏哲学可谓一种价值优位论。

第四，方东美、成中英对中西文化天人关系理论的分疏和理解，也存在着不同的趋向和要点。虽然二氏对中西哲学的超越性的定位趋于一致，即将"内在超越"与"外在超越"作为两者的代表，但在对二者之间的关系的把握和处理上却是显然不同的思路。大体上来说，方东美将西方哲学的超越性视为一种具有"二元对立"和"神人相分"的精神特征，作为"超绝"形态的西方文化乃是一种病态的思想形态的代表，而只有中国"天人合一"的思想形态才是唯一正确的形态。而成中英对于中西天人理论的观点，则倾向于一种对等性的比较研究的立场。他认为中西文化的宗教性与超越性即中国哲学的"内在超越"形态的"天人合一"精神与西方"外在超越"形态的"神人二分"精神，乃是人类精神发展的两种基本方式与形态，两者并非截然对立的关系，而是有其精神内涵的普遍性与特殊性，它们可以和而不同，对立互补。由是而论，虽然二氏都试图凸显和发挥中国文化精神的优势，但是其真实的思想意图和理论宗趣毕竟有所不同。方氏坚持以中国文化"天人合一"、"天人和谐"的精神展开对西方文化"二元对立"、"神人二分"精神的挑战，表现出强烈的东方文化优越论的理论趋向。而成氏则注重从中西双向的互诠互释中，在当代世界多元文化对话与融通的总体格局下，来发挥中国哲学"天人和谐"、"中道涵容"精神的特质与特色，进而展示其特具的中介、调和的作用和优势。

第五，方、成二氏关于比较哲学理论的分歧与差异在于，虽然二氏都倾向于将中西哲学界定为"和谐"与"冲突"的理论特征和类型，但是其基本的立场和观点仍然具有显著的差别。要而言之，方氏的比较哲学在一定程度上尚未能挣脱东方文化中心论的心态，其思想不脱中体西用论的立场。而成氏则从中西哲学的互诠互释的双向的、对等的比较研究当中，趋向一种中西互为体用论的立场。可以说，方氏经由比较哲学研究，认定西方哲学乃是一种二分法思想和基于二元对立模式的矛盾对立的精神和类型，故其本质上是一种病态的思想方式。而中国哲学则是一种"天人合一"和圆融和谐精神的"广大和谐之道"，同时也是唯一正确的思想方式和类型。相对而言，中国哲学在根本精神上具有无可比拟的优越性，也是克服西方哲学思想弊端的唯一"药方"和出路。方氏比较哲学的要旨在于以中国哲学的和谐精神对西方哲学的矛盾对立思想展开挑战，其理论尚未能完全摆脱东方中心论的局限。而成氏的比较哲学则真正突破了单元文化心态，力图从中西哲学的双向的、对等的互诠互释的比较研究，导向一种中西哲学的双向并建和世界整体哲学的建构。成氏从中西互释的比较视域，逐步趋向一个整体的世界哲学的建构，从而在根本上摆脱了单向的囿于本位文化立场的"以中释西"或西化论的"以西释中"的褊狭思路与不足。其实质是在新的理论基点对中西哲学的一种重新定位和诠释，同时为中西哲学的双向重建提供一个新的理论中介和模式。成氏强调在世界多元文化的总体语境中，发挥中国文化的和谐、融合精神，以应对西方文化的矛盾、冲突精神，同时在这一进程中实现中国文化的现代化与世界化。

第六，方东美、成中英对于中国哲学精神的阐发及其中国哲学史的理论观点，具备中西哲学比较的思想背景。二氏经由比较哲学的路径，回归于中国本位文化的立场，但是其文化心态仍然有别。方东美认为，以天人合一思想为代表的中国哲学精神和内在超越的思想形态，乃是唯一正确的思想类型。同时，中国哲学精神具有西方哲学无法比拟的优越性。因此，他鼓吹以中国哲学的"广大和谐之道"，向西方哲学的"二元对立"思想和"超绝"型态，展开挑战。可见，其思想尚难摆脱东方中心论的思想局限。成中英用比较哲学的理论视域，在一种世界整体哲学的思想背景下阐释中国哲学精神。他以西方哲学"外在超越"形态和"二元对立"精神相对照，将中国哲学界定为"内在超越"形态和"天人合一"的和谐精神。在其本体诠释学的视野观照下，中西哲学被视为对立互补，辩证统一的整体系统。中国哲学作为"内在超越"形态的形上学，代表了一种源于本体创生的中道涵容的和谐化精神，与西方哲学相比具有显著的特色。进而论之，方、成二氏由其独特的哲学理论观点出发，力图将中国哲学的发展视为一个内在联系的、辩证统一的整体系统。方东美从其生命哲学和"内在超越"的形上学的观点，将中国传统哲学作为一个旁通统贯而一以贯之的机体统一的系统。他认为中国哲学精神体现在原始儒家、原始道家、大乘佛学和新儒家等四大传统之会合处。方氏尽量以兼容并蓄的心态对待传统文化，并求其会通。但他采取"内在超越"的形上学路径，乃将不符合这一理论特征的一些重要学派如墨家、名家等排斥在外，表现出其理论的不足。而成中英由本体诠释学的整体理性的观点，用易经哲学阴阳互补，对待统一的原理来阐释和说明中国传统哲学诸家及其内部诸流派之间的辩证统一和内在联系。他力图将中国传统哲学展现为一种理性化、知识化的形式和系统，具有更广大的涵容性，从而更好地说明中国传统哲学的整体性发展。

总体上来看，方东美哲学仍然可以归诸传统的形上学类型。其哲学建构是以传统的本体论为中心的。虽然他冀图使中国哲学突破以宋明儒学为代表的道德形上学的狭窄范域和窠臼，他甚至竭力在其哲学系统内纳入现代性的科学、理性、逻辑的要素，并建立一个他所谓的科学、道德、艺术"三者合德"的哲学范型或形上学系统。但由于在他的哲学体系中科学等现代性要素只是具有工具、手段的地位和意义，他的哲学系统整体上呈现为一个金字塔式的结构，其上层境界对下层境界发挥着统摄性、决定性的作用，而现代性的科学、理性只是作为整个体系建构的基础。可见方氏哲学在思想内涵乃至主要形式上较中国传统哲学确有突破，但其思想结构毕竟保留着中国传统哲学体用、本末、道器论的基本范型。方氏哲学对现代性的社会生活领域也较少关注或持贬抑态度。如他蔑视西方式的"向下看齐"的民主，将西方现代民主政治与中国传统的"德治主义"对立起来，就是明证。而成中英哲学则突破了中国传统哲学的体用论的范型，标志着现代新儒学研究中一种新的范式的奠立。成氏哲学在建立范畴关系时不是一种"上下回向"的模式。他扬弃了中国哲学现代重建中流行的"中体西用"论的模型，而趋向一种中西互为体用论的范式。成氏哲学在建立诸如本体与方法、知识与价值等范畴关系时，趋于一种对等回还、双向并建的关系结构和诠释模式。在成氏哲学中，现代性的理性精神居于核心的地位。他的本体诠释学竭力汲取西方分析理性的精神，而设法充实和重建其意想中的整体理性的内涵和范围。他甚至意欲使中国哲学呈现为一个知识化的、理性化的形式和系统。成氏哲学的主体虽然仍可以说是一种形上学的建构，形而上学的问题和思考是他关注的焦点。但他对现代性的社会生活领域也十分重视。他还强调以传统哲学的伦理德性为根基，开拓和容纳现代性的科学、民主的生活世界，将现代性的科学理性与传统德性看作是互为体用的关系。他甚至在其本人的哲学研究当中，专门探讨现代性的伦理与管理问题，表现出对形而下的生活世界或现代性的社会生活领域的极大关切。

三、"中西互释中挺立"：成中英对方东美哲学的继承与发展

方东美、成中英的哲学存在着显见的亲缘关系，二者之间具有一脉相承的内在联系。方、成二氏之间不仅具有师承关系，而且在学术上也存在着内在的关联，在思想路径、学术主旨、理论形态等方面有着一致性、亲缘性的关系，事实上形成了中国当代学术史、哲学史上一个前后相续的、独树一帜的学术流派。成中英对方东美哲学既有传承、继承的一面，更有突破、发展的一面，对于这个方兴未艾的学术流派的形成和发展，起到了至关重要的作用。成中英早在大学时代，就曾聆听方东美讲授哲学概论，并深受其学术思想的熏陶、影响，乃决心走上哲学的道路。后来考入台湾大学哲学系研究生，正式迈入方氏门墙，成为方东美执教台大后的一位重要弟子。成中英由此对方氏的学术更加崇尚，特别是认同其"先理解西方，再回头重建传统"的所谓"后五四建设心态"。他也因此决志追求西方学术和哲学，以反哺中国传统，走上了一条曲折的学术探索历程。成氏此后求学西方，而不曾忘怀中国传统哲学，深入西方哲学的核心，转而谋求中国哲学的重建之道，其曲折的学术道路的抉择都是深受其师方东美的影响，并以方氏为效法对象的。成中英后来以当代新儒家名于世，在其毕生的学术生涯中，也都是自觉地以方氏的学术传人自任。可以说，成中英哲学受到方氏哲学的影响是多方面的。成氏在哲学研究路径的取向上受到方氏哲学的影响，体现在对"回归中国哲学原点"说的坚持和发挥。他在方氏"中国哲学源头"理论的基础上，旗帜鲜明地标出"易经源头说"，为中国哲学史别开新解。成氏的本体诠释学的理论建构受到方氏哲学的影响，其哲学的本体架构都是以易经哲学为理论出发点和原型的。方、成二氏的哲学都是易经形态的哲学。成氏哲学对方氏哲学的继承性还体现在对中国哲学根本精神即和谐精神的肯定和坚持。成

氏的本体和谐思想以及和谐化辩证法与冲突辩证法乃至和谐文化与冲突文化的剖分的理论，显然直接受到方氏中国哲学"广大和谐之道"理论的影响。

成中英对方东美哲学的继承性首先体现在，成氏自觉认同方东美"先理解西方，再回头重建传统"的所谓"后五四建设心态"，走出了一条先深入西方哲学的核心，再反哺中国传统，以谋求中国哲学重建的独特学术路径。这既不同于西化派的"以西释中"，以破坏性的反叛传统、谴责传统为能事；也不同于文化保守派（主要是现代新儒家）立足于传统哲学（主要是宋明理学或心学）的传统，以汲纳和吸收西方哲学。成中英效法乃师，先是深入西方哲学的心脏，再图谋中国哲学的重建。他在自己学术道路的定位和择取上完全是以乃师方东美为皈依和样板的。也正是因为成中英对西方哲学有着严格的、系统的学术训练，对当代西方哲学尤其是分析哲学、诠释学的发展有着精湛的理解和把握，他才能更加清楚地掌握世界哲学的整体动向和发展趋势。也只有在这种中西融通的世界整体哲学的背景下，他才能更深刻地认识中国哲学的全体和根本精神所在，进而重建中国哲学。成中英在其哲学探索和创新的活动中，从中西哲学互诠互释的比较哲学研究中，回归于中国传统哲学主要是易经哲学的理论重建和创造性诠释，建立了其独特的本体诠释学的哲学理论体系。成氏本体诠释学根植于中国哲学尤其是强调整体创生作用的易经哲学，同时汲纳现当代西方哲学主要是诠释学、分析哲学的理论方法和思想成果，力图在传统的本体框架内纳入现代哲学理性化的方法意识。其本体诠释学的理论建构，集中体现了成氏在中西会通的理论背景下重建中国哲学的价值理念。这和方氏哲学创构的基本理路也是一致的。进而论之，成氏哲学从中西互诠互释中开拓出中西互为体用的理论境域，进而建构起其本体哲学的整体创生，一体多元，体用相涵互须的理论体系，表明其哲学已完全摆脱和超越了本位文化中心论的立场和单元文化的简易心态，是对传统哲学体用论思维或中体西用论模式的重大理论突破和超越，标志着中西哲学的融合已臻至新的理论境界。

成中英在思想路径上对方氏哲学的继承性，还体现在对"回归中国哲学原点"说的坚持和发挥。现代新儒家大都具有强烈的"道统"意识，都有一个依据自己学术流派和理论体系杜撰出来的一个正统理论谱系。他们主张中国哲学的复兴，其实就是宋明"理学"或"心学"的现代复兴和重新阐释。此亦所谓"接着（宋明儒）讲"的思想路线。因此，现代新儒学也可谓宋明"理学"、"心学"抑或"气学"的复兴或现代翻版。方东美则既反对"道统"意识，又不赞同"接着讲"的思想路线，而是另辟蹊径，异乎寻常地提出"回到中国哲学的原点"，要恢复原始儒家道家哲学健康饱满的生命境界和活力。其实质是为中国哲学的重建提供一个全新的价值学的源头和目标，从而重开大本大源。成中英沿循方氏的思想路线，力主"回到中国哲学的原点"，其原意当然不是复古，而是要全面地认识和把握中西文化传统，融会贯通，在此基础上回归于中国传统哲学的再创造，从而重建中国哲学的传统。他还旗帜鲜明地标出"易经源头说"，以《易经》为中国哲学的源头活水，中国传统诸家哲学包括儒家道家都源生于此。中国传统哲学由此呈现为一个统贯的、辩证统一的整体系统。易经哲学成为贯穿中国传统哲学的一条主线。他还据此反对现代新儒家中流行的独尊儒学，甚或独尊儒学的某家某派的做法，力辟牟宗三"尊王抑朱"的教条。成中英本人的本体诠释学的理论建构也可以说是易经哲学的重建和创造性诠释。他还力图以此作为会通中西哲学的中介。可见，成中英着力主张和发挥"回归中国哲学的原点"说，实际上是为中国哲学的重建提供一个新的价值学的原点和目标，通过对中国传统哲学主要是易经哲学的创造性诠释和理论重建，从而探源溯本，重开本源，恢复中国哲学的生机与活力，为中国哲学的现代重建奠定根本。

成中英在哲学型态上对方氏哲学的继承性，体现在易经哲学的总体形态。方、成二氏的哲学都是一种易经哲学的理论形态。成中英在阐发方东美哲学的本体架构时指出："这一本体架构可以表达为易经的思维模式，亦即'太极无名'，'情理两仪'，'哲学三慧'，'文化四相'，'诠释八阶'，'道通为一'。"[①] 这显然是一种比较简要、概括而又独具创见的对方氏哲学的理解和诠释。也可见方氏哲学完全是易经哲学的形态。不仅如此，这一论析对我们理解和把握成氏易经哲学的本体意蕴和方法意识，同样具有重要的启发意

---

① 成中英：《方东美哲学的本体架构》，李翔海编：《知识与价值——成中英新儒学论著辑要》，中国广播电视出版社 1996 年版，第 286 页。

义。其实成氏哲学也是以易经哲学为其理论出发点和原型的。成氏哲学力图在传统的本体框架内纳入现代哲学理性化的方法意识，进而衍生出其本体哲学的整体创生，一体多元，体用相涵互须的理论。其本体诠释学归根结底乃是易经哲学的一种创造性的诠释。可以说，易经哲学成为他融合与会通中西哲学，思考哲学基本问题乃至创构哲学体系的理论原点。他从对易经哲学的独特领悟、理解和诠释中，发展出了一套易经哲学体用相生、一体二元的本体架构，复由此拓展出本体与方法互基统一，知识与价值互生相长的理论原则。成氏在其本体诠释学的理论建构中，努力将传统哲学的智慧与现代生活相嫁接、相衔接，力图实现知识理性与道德理性的结合与整合，将现代理性与传统德性统一、纳入一个共同的理论框架。在此，成中英从易经哲学的理论原点，提出了本体与方法互涵，过程与结构互融，部分与整体互动的本体诠释学的基本模式，并以此作为其沟通中西哲学以构建世界哲学，涵盖现代生活实体以实现中国哲学现代转型的理论基础。可见，方、成二氏的哲学创构，都是在中西会通的世界哲学的理论背景下，对中国传统哲学尤其是易经哲学的创造性诠释和理论重建，从而为中国哲学的现代重建奠定理论根基。

成中英哲学在根本精神上对方氏哲学的继承性，体现在对"生生而和谐"精神的持守和发扬。方氏哲学的理论主旨就在于秉承和发扬中国哲学的"圆融和谐"精神即所谓"广大和谐之道"，向西方哲学以"二元对立"为特征的分离型思想展开挑战，以彰显中国哲学的特色和优势。显然，成中英在扬弃方氏哲学的本位文化中心论的理论色彩的同时，对于中国哲学的根本精神和理论特色的把握和阐扬，仍然是与方氏哲学相承接的。成中英从生命存在整体性的本体论观点出发，认为构成生命整体的诸要素之间乃具有内在的、实质的整体和谐与辩证统一的关系。也就是说，生命存在从本体的、实质的意义来看，是一个和谐的、统一的整体。他认为中国哲学就是一种根源于易经哲学的以普遍和谐为特征的"和谐"哲学。其最显著的特点就是将世界理解为一种本质的和谐或和谐化的过程，并倾向于通过和谐化的方式解决现实世界的矛盾、冲突以及种种问题。而且，矛盾和冲突都只是暂时的、非本质的现象，是缺乏本体性自觉的表现。可以说，成氏的本体和谐论和整体性和谐思想完全是根源于中国传统哲学的。

成中英还集中比较了中西"和谐化辩证法"与"冲突辩证法"的理论异同，肯定中国和谐化辩证法包容差异，化解冲突的强大活力与优势。成中英经过这种比较研究，认同于易经哲学和中国传统的"天人合一"思想，着力发挥中国哲学的和谐精神，并以此与西方二元对立的矛盾、冲突的思想相抗衡、相竞争，进而促进中西哲学的会通、融合。在当代多元文化的对话和竞争中，他力主通过中国文化的和谐、融合的精神，转化、消融西方文化的权力意志和宰制意识的根源，以制止和化解文化的冲突和对立。

成中英在承接、消化方东美哲学的基础上，创造性地提出了本体诠释学这一独特的哲学理论体系。本体诠释学对于方氏哲学的突破和发展是多方面的，归结起来可归于思想模式和理论范式的重大突破和转型。具体地说，就是从传统哲学体用论或中体西用论的思维模式和范式转化为一种中西互为体用的思想模式和理论范式的确立。成中英从中西互诠互释的比较研究中，回归于中国传统哲学的重建，从而彻底克服固有的本位文化中心论的立场和单元文化的简易心态，进而开拓出一种世界整体哲学视野下重建中国哲学的宏大理论架构。其要在于一种思维方式和思想模式的根本转型和建立。换言之，方氏的生命本体哲学虽然突破了传统哲学的单元文化心态，但其理论核心仍然残留着浓重的中体西用的色彩，故其基本的理论模式和思想范式尚不脱传统哲学体用论的窠臼。从其深层的思想模式与内在结构来看，方东美哲学仍然在一定程度上表现出传统哲学体用论思维的取向，在一些核心范畴，例如本体与现象等问题的设定与处理上与宋明理学也具有内在结构的一致性。方氏哲学中体西用论思维模式还表现在，他的生命哲学的本体架构虽然汲取了一些西方哲学的理论方法，但只是将其作为哲学建构的工具和手段。方氏哲学申称以中国哲学的"广大和谐之道"，向西方哲学的二元对立形态的二分法思想展开挑战，可谓方氏哲学中体西用论思维的集中体现。而成中英则是沿着中西哲学会通的思想路线，通过中西哲学互诠互释的比较研究，树立了一种中西互为体用的思想模式和理论范式，不仅突破了方东美哲学的理论局限，也是对传统哲学的体用论思维模式和现代新儒学中广为流行的中体西用论的思想模式的根本突破，标志着一种新的思维模式和理论范型的建立。成中英主张要在体用互动互用的理解与思考中发展新的体用关系，也就是以西方文化之体用结合中国文化之体用，发展一个整体的中西体用互动互用、相互补充的过程，最终由中西文化的融合导致一个新的有机体的诞生，从而创造一个新的体用。① 成氏哲学的中西互为体用论，为中国哲学的现代转型奠定了理论的范型，属于一种思想模式和思维方式的重大突破。

成中英对方氏哲学的突破和发展体现在诸多的领域和方面。

首先，在比较哲学方面，方氏的比较哲学虽然摆脱了单元的、单向的文化心态，但还没有完全走出传统的本位文化中心论的影响，其理论基本上仍然不脱中体西用论的模式。因此，方氏哲学的比较研究，尚不能真正作为双向的、对等的比较研究。其主旨在于彰显中国哲学的理论优势，以拯救西方哲学的危机。成中英力主中西哲学的互诠互释和双向的、对等的比较研究。他鼓吹中西互为体用论，就是要完全突破单元文化心态，走向一种双向的、对等的比较哲学研究。成中英从中西互诠互释的比较研究中，开拓出中西互为体用论的思想模式，突破了现代新儒家固有的中体西用论的理论故辙，为中国哲学现代重建和理论创新树立了新的理论范式。

其次，从本体学与方法学的观点看，方、成二氏皆注重本体与方法之间的互动与统一，其本体论与方法论的哲学建构，皆建基于传统的易经哲学，是易经哲学的一种创造性诠释。然而，虽然方东美也将本体与方法视为"两行"或"上、下回向"的关系，但其哲学中更凸显的是本体与价值的地位和作用；方氏哲学更多体现为一种本体的境界，是至上的本体或价值领域对下层世界或形而下领域的统摄。而在成中英哲学中，本体与方法则是一种交互性和对等性的对偶范畴。相对而言，他更突出理性和方法的地位和作用。成氏哲学更重视方法的规范和法则，重视理论的原则和理想在现实层面的落实及其与现实生活领域的衔接。易言之，由于成中英哲学强调一种中西哲学互为体用的立场，因而展现出更为彻底的开放性精神。

再次，从知识学与价值学的观点看，方氏基于其哲学"衡情度理"的认识，将科学的知识领域和哲学的价值领域看作相互关联的一体。方氏最终更强调价值领域对知识领域的统摄性、支配性的地位和作用，知识只是作为

---

① 参见成中英：《合外内之道——儒家哲学论》，中国社会科学出版社 2001 年版，第 9 页。

价值实现的手段和工具。成氏从其生命本体涵摄理性与意志的观点，衍生出知识与价值平衡互动的一体二面的理论架构。知识与价值既相互独立，又交互作用与影响。成氏针对方氏的知识与价值截然二分的理论试图有所缓解。他一面肯定科学的知识具有中立性和工具性，一面又认为科学的客观知识活动，也是一种心灵的活动。因此，科学有被决定为内在价值的可能。这等于说，科学的求真活动也是一种价值的体现。相形之下，成氏更加重视科学知识和理性认识的作用和地位。

最后，从其哲学的和谐理论而论，方、成都倾向于将和谐作为中国哲学的根本精神和理论形态。而且，和谐被视为源于本体的一种实质性的状态和境界。然而，方氏对和谐趋于一种实体的、实然的境界的理解。因此，他断认中国哲学的和谐境界对西方哲学的二元对立的矛盾、对立的境界具有无与伦比的优越性。而成氏则认为和谐既是一种实质性的、整体性的状态，更倾向于将和谐视为一种源于本体创生的、生生不息的和谐化过程。因而他不仅将"和谐"与"冲突"视为对等的范畴和思想类型，还倾向于用"和谐"文化来包容和转化"冲突"文化，体现出对和谐与冲突辩证关系更加深刻的认识和理论拓展。

四、"后五四建设心态"：方东美、成中英的学术流派及其理论特征

方东美、成中英以现代新儒家著称于世。当然，由于方、成二氏学术的独特性，学术界对于这一问题也曾引发激烈讨论。而且，方、成二氏之间具有师承关系。他们的学术存在着显著的共性特征。也可以说，方、成二氏的学术在中国现代学术史上已然形成一个独树一帜的学术流派。在港台地区，儒学研究因其学术传承、理论旨趣乃至学术风格的差异，有两个大的学术流派颇为可观。其中一派是以遵奉熊十力为开山宗师的唐君毅、牟宗三、徐复观等人为代表。这一学派的特点是以接续中国哲学的道统和统绪自认，主张捍卫中国传统文化尤其是儒家文化的正统地位。他们接续的主要是

宋明儒学中"心学"的统绪,故特别强调道德形上学的树立。另一个自成一格的学术流派就是方东美及其门下弟子。方、成二氏当为其前后相续的中坚人物。他们主张打破道统意识,对中国传统文化颇多开放与包容精神。他们力主回归中国哲学的源头,其实质是对中国传统哲学的一种创造性重建。其学术主旨是在中西会通的理论背景下回归于中国传统哲学,实际上代表了中国哲学的一种现代意识的觉醒和理论重建,可谓是一种"后五四建设心态"。可见,现代新儒学"熊、牟"一系与"方、成"一系的发展,蔚为显学,相映成趣,实为中国哲学当代演进中值得关注的现象。有人根据海外儒学发展中存在的这种显著的分歧和分化的趋向,将其命名为"广义的现代新儒家"和"狭义的新儒家",① 其实正是指出了当代中国文化发展中一个正常的,却亟须深入探究的现象和问题。

方东美、成中英对于现代新儒学运动中这个引人瞩目的学术流派的形成,发挥着至关重要的作用。方东美可谓"开放的现代新儒家"的开创者、创建者。他的哲学融贯中西,涵摄众家,复回归于中国文化本位,建立了一个生命本体论的哲学体系,为"开放的现代新儒家"开拓了一条创造性的学术路线,并为其发展树立了基本的规模。方东美作为一位在港台地区享有盛誉的"一代大哲",终身以哲学导师的身份坚守在大学教育的岗位,并以其哲学睿识直接影响了一大批学人,从而造成了一个以他为中心的学术流派。他早年执教中央大学时的重要弟子有程石泉、唐君毅等。他后来执掌台湾大学哲学讲席,重要弟子有成中英、刘述先、傅伟勋、陈鼓应、孙智燊、释净空,还有黄振华、沈清松、邬昆如、傅佩容、安乐哲等。成中英则可谓"开放的现代新儒家"的继承者、奠基者。他秉承会通中西,回归传统的学术宗旨,经由中西互诠互释的比较研究,回归于中国哲学的立场,建立了一个本体诠释学的理论体系,力图为中国哲学的现代重建提示一条具有创发性的理路,为"开放的现代新儒家"的建立,奠定其理论的基础,并指示其发展的方向。成中英主要是接续方东美开创的经由中西会通,最终回归中国传统的

---

① 参见刘述先:《方东美哲学与当代新儒家思想互动可能性之探究》,《鹅湖月刊》第 26 卷第 6 期。

学术路线，并将其发扬光大。他以其深入西方的哲学造诣，着力推动中西互诠互释的比较、融通，甚至对方氏哲学中残存的本位文化中心论的偏执有所矫正和廓清，并将中国哲学的现代化与世界化的建构推进至世界哲学的理论平台。成氏长期执教海外，又活跃在国际国内的学术舞台，并以其独创的本体诠释学的哲学体系，饮誉学林，在海内外有着广泛的影响。

以方东美、成中英为代表的"开放的现代新儒家"，从思维方式或思维模式的层面而言，力图挣脱固有的单元文化心态的限制，而追求一种"在中西互释中挺立"的理论境域。广义上的"开放的现代新儒家"，其实是一场中国文化现代意识觉醒的运动，应该是突破了方东美、成中英本人所囿的狭隘范围，甚至也突破了以方、成二氏为中心、为代表的学术团体的范围（我们在此多取此义）。它主要是指一种已然形成却方兴未艾的学术思潮，对突破固有的单元文化心态有着自觉的意识，主张在一种深层次的中西融通的文化自觉意识中致力于本位文化的重建和再创造。概而言之，作为一个正在形成和发展的学术流派，"开放的现代新儒家"代表了一种"先理解西方，再回头重建传统"或者说"出乎其外，入乎其内"，实际上就是经由中西比较和会通，再回归中国传统的思想路线。他们在理论上力主回归中国哲学的源头，其实是标举一种在世界哲学的背景下坚持中国本位文化意识的理论的综合创新，为中国哲学的现代重建提供一种价值学的目标，从而再开大本大源。他们的哲学归根到底乃是中国传统易经哲学的一种创造性诠释和重建，具有极大的开放性和涵容性的特点。

总之，"开放的现代新儒家"体现了如下的一些显著的理论特征：

第一，"先理解西方，再回头重建传统"的"后五四建设心态"。方东美、成中英的哲学探索，都经历了一个比较曲折的历程。他们在哲学研究和创新活动中，走出了一条经由比较哲学和世界整体哲学的背景下回归本土哲学的独特的理论探索径路。与一些老一辈的现代新儒家的人物如梁漱溟、熊十力等囿于中国传统文化的本位文化视野不同，方东美、成中英都是经过了严格的西方哲学的训练，并竟其大半生乃至毕生之功，致力于西方哲学的消化与理解，乃得深入西方哲学的堂奥和核心。西方哲学方面的精湛造诣，使他们对中国哲学的认识不仅是出于情感和信仰的认同，而更多是理性的认定。系统的西方哲学的训练为他们厘清中国哲学的范畴提供了方便的工具，有助于他们对中国哲学精神的深度把握。不仅如此，他们由此得以克服单元文化心态的局限，力图在哲学研究中开辟出一条在中西互诠互释中挺立的本土哲学重建的道路。这不仅是对西化论的"以西释中"的思想路线，同时也是对文化保守派的"以中释西"的思想路线的一次极大的理论突破和超越。可见，"开放的现代新儒家"本质上是在现代条件下寻求中国传统哲学重建的一次理论试探和努力，在根本上则是一种对传统哲学深层中体西用论的思维模式或思想范式的更新和突破，进而导向一种世界整体哲学视野下或模式下的中国哲学的创新和重建。其突出的理论意义尚有待历史的检验和进一步的探讨，而毋庸置疑的是亟须引起足够的关注。

第二，比较哲学的思想背景和理论视域。方东美、成中英的哲学研究都具备一个深广的比较哲学的思想背景和跨文化的视野。方、成二氏力主通过中西哲学传统的融合会通，进而在世界整体哲学的理论背景下致力于中国哲学的现代重建。比较哲学在其哲学研究中具有十分突出的地位，也是其哲学体系中一个重要的有机组成部分。比较哲学的理论视域的开拓和运用，使他们得以突破固有的单元文化心态，也使其中国哲学重建工作具备广泛的世界意识和现代意识。方东美从中西整体思维出发，揭示和评判中西哲学精神。他从中西思维方式和思想模式着手，将其归结为"圆融和谐"与"二元对立"的精神和思想类型。方氏的比较哲学寄托了他兼容并蓄，综合创新的文化理想。成中英也是在世界整体哲学的思想背景下来认知和把握中西哲学精神的，并将中西哲学界定为知识与价值相反相成又互补统一的有机整体。成氏比较哲学不仅突破了单元文化心态，也超越了流行的中体西用论的既定模式。他通过中西哲学的互诠互释和双向批评，走向一种中国本位意识的中西互为体用论的理论观点，实现了思想范式的重大突破。可见，方、成二氏经由比较哲学一途，回归于中国哲学的现代重建，为他们在中西融合的世界整体哲学的背景下，进行哲学创新和发展提供了可靠的保障，为其中国哲学的现代化与世界化的理论实践开辟了一条可行的途径。

第三，"回归中国哲学的原点"的思想路线。一般现代新儒家诸哲都有强烈的"道统"意识，主张中国传统哲学的复兴，其实是宋明儒学即宋明心学和理学的重新阐释。这就是所谓"接着（宋明儒）讲"的思想路线。与此迥乎不同的是，"开放的现代新儒家"不同意"接着讲"的思想路线，也不赞同"道统"意识。他们主张，要全面地认识和把握中西文化传统，融会贯通，在此基础上回归于中国传统哲学的再创造，从而重建中国哲学的传统。而且，与一般现代新儒家学者以先秦儒道墨诸家哲学为中国哲学的源头不同，他们认定在此之前，中国哲学尚存在着一个更久远的传统，主要是易经哲学的传统。因而易经为中国哲学的源头。据此，他们对中国传统哲学的阐释，多富于开放性与包容性精神，并主张讲中国哲学传统应摒弃道统意识，也要反对独尊儒学，应该诸家哲学并重，不执一偏。儒学只是中国传统哲学的一个组成部分，也不要片面强调某家某派。基于对中国传统哲学统贯的、整体的理解，他们将中国哲学重建的眼光投向中国哲学的原点，力主恢复中国哲学原初的生命力和健康饱满的生命境。方东美、成中英都不赞同将重建中国哲学传统的任务寄托于宋明儒学无论是心学抑或是理学的复兴。现代新儒家实质上是宋明儒学即道德形上学的重建。而"开放的新儒家"则是中国传统易经哲学的创造性诠释与重建。这是两者在哲学发展路径上的一个基本的分歧。"开放的现代新儒家"力主回归中国哲学的原点，实际上是为中国哲学的重建提供一个新的价值学目标，通过中国传统易经哲学的创造性诠释，恢复中国哲学的生机活力，进而再开大本大源。

　　第四，以易经哲学为原型的本体哲学建构。方东美、成中英都有一套本体哲学的创构，其实质是中国传统易经哲学的一种创造性诠释。方东美在融会西方柏格森生命哲学、怀特海过程哲学以及中国传统哲学尤其易经哲学的基础上，提出了一套独特的生命本体哲学的创构。成中英的本体诠释学，根植于中国哲学尤其是强调整体创生作用的易经哲学，同时汲纳现当代西方哲学主要是诠释学、分析哲学的理论方法和思想成果，力图在传统的本体框架内纳入现代哲学理性化的方法意识，进而衍生出其本体哲学的整体创生，一体多元，体用相涵互须的理论。可以说，它是在现代世界哲学的宏观背景下，对中国哲学尤其是易经哲学的一种创造性诠释。归结起来，方、成二氏的本体哲学都可谓是一种生命本体哲学，也都可以归源于易经哲学的理论型态。进而论之，方东美、成中英以易经哲学为原型的本体哲学架构，与现代新儒学通常的心本体、理本体哲学的现代重建的理路，已有实质性的突破，代表了中国哲学现代重建与创新中一条崭新的理论路径。易经哲学的创造性诠释的理论建构，为中国哲学的现代重建再开大本大源，也为中西哲学的会通以及中国传统哲学的整合提供了理论的凭借和标准。可以说，"开放的现代新儒家"正是借助易经哲学的创造性诠释，从而树立了其哲学的开放性的理论体系与特质，进而涵摄中西哲学于一体，乃至融通中国传统诸家哲学，为中国哲学的现代转型奠定理论基础。

第五，"生生而和谐"的根本精神与价值理想。方东美、成中英从其生命本体哲学的观点，将宇宙万有的存在看作是一个"生生而和谐"的过程。方东美在对中国传统哲学诸家作融会贯通的了解，尤其是经过比较哲学的观点的基础上，将世界在根本上视作精神性存在，也就是生命存在的领域，是普遍生命流行贯注的境域。而人是宇宙间最高的精神性存在，人既分享了天地自然的广大悉备的生命精神，复参与其创造进化的历程。故人也可以发挥自己的生命精神，完成德配天地的生命理想。他进而认为中国哲学的根本精神就在于深体广大和谐之道，了悟人类与一切生命都浩然同流，生生不息，创进不已。生命的价值也就在于全体生命的完成，在于这种充沛圆融的"太和"境界的实现。方氏主张以所谓中国哲学的广大和谐精神与西方二元对立性格相抗衡，是其文化保守主义立场的集中体现。成中英从生命存在整体性的本体论观点出发，认为构成生命整体的诸要素之间乃具有内在的、实质的整体和谐与辩证统一的关系。也就是说，生命存在从本体的、实质的意义来看，是一个和谐的、统一的整体。他认为中国哲学就是一种根源于易经哲学的以普遍和谐为特征的"和谐"哲学。其最显著的特点就是将世界理解为一种本质的和谐或和谐化的过程，并倾向于通过和谐化的方式解决现实世界的矛盾、冲突以及种种问题。而矛盾和冲突都只是暂时的、非本质的现象，是缺乏本体性自觉的表现。可见，"开放的现代新儒家"认同于易经哲学和中国传统的"天人合一"思想，着力发挥中国哲学的和谐精神，并以此与西方二元对立的矛盾、冲突的思想相抗衡、相竞争，进而促进中西哲学的会通、融合。

第六，融合会通的理论特色。中国传统学术大都追求"通"的境界，断认世间所有的学术最终都可以会通、融合，所谓"道通为一"。这与现代学术的专业精神似乎格格不入。"开放的现代新儒家"则既追求专业哲学，又追求融合会通的境界，体现出鲜明的理论特色。当然，其最突出、最显著的理论特色当是中西哲学的融合会通。方、成二氏的治学都经历一个"先深入西方，再回头重建传统"的曲折历程。他们深入西方哲学的堂奥和核心，又自觉地回归于中国哲学。方、成二氏经由比较哲学回归于本土哲学的重建，力图以其易经哲学的本体架构涵摄、笼括中西哲学的全体，致力于世界诸大文化传统的融会贯通，进而导向一个整体性的世界哲学的系统。从中国本位文化的视角来看，他们致力于中国传统哲学主要传统乃至其内部诸学派的融合会通。二氏由其独创的易经哲学的理论观点，将中国传统哲学的发展视为一个有机统一的整体，整个中国传统哲学得以整合、统合为一个一以贯之的辩证统一的有机整体。而就现代学科之间的横向联系来说，"开放的现代新儒家"还明显地表现出寻求学科之间整合、融合的理论趋向。方东美追求宗教、哲学与艺术"三者合德"的结合，乃至倡言一种诗与哲学融合的诗性化哲学。成中英则力求哲学、宗教与科学相结合、相融通的理论境界。他还着力将其哲学的形而上的理论与形而下的社会实践相结合，开辟出其本体伦理学和管理哲学的理论领域。可见，"开放的现代新儒家"注重融合会通的这一理论特色，与现代哲学寻求跨文化、跨学科的融合会通的趋势相符合，与中国现代哲学追求中西会通的时代精神乃至与中国传统学术贵在融通的精神也是一致的。一言以蔽之，"开放的现代新儒家"总体上呈现出中国哲学"道通为一"的精神特质和理论特色。

第十二章 归本还源，和而不同

——"开放的现代新儒家"与中国现代哲学

以方东美、成中英为开创者、奠基者的"开放的现代新儒学"，广义上可谓一场中国文化现代意识觉醒的运动，也是中国现代文化思潮发展中的一个新趋势。"开放的现代新儒学"是在与中国现代文化思潮其他诸流派的争鸣、斗争中诞生和发展起来的，它与中国现代文化思潮其他诸流派存在着密切的联系。正是在这种既关联又斗争的历程中，"开放的现代新儒学"在中国现代文化思潮诸流派中独树一帜，蔚为显学，并逐渐形成自己独特的思想特征和理论特色的。毋庸置疑，方、成二氏作为这一已然形成而方兴未艾的文化思潮的中坚和主要代表，树立了这一学术流派独树一帜的精神气质和独特的思想特色。二氏所开创的"先理解西方，再回头重建传统"的所谓"后五四建设心态"，代表了一种在中西会通的理论背景下致力于中国传统哲学现代重建的思想路线，也是中国文化现代意识和世界意识的觉醒和再创造，具有极大的开放性和涵容性的特点。

一、"开放的现代新儒家"：中国现代
文化思潮中的一个新趋势

众所周知，中国现代学术思潮发轫于 20 世纪初叶的新文化运动。中国现代文化思潮中的一些主要学术流派的形成都可以溯源于新文化运动。这是一个毋庸置疑的事实。然而，人们亦应看到，中国学术界在经历新文化运动

之后，经过批判的反思和创造性的综合，特别是在经历中国改革开放以来深度的中西文化的交流融合，一股建设性地重建传统的新思潮沛然兴起，这就是"开放的现代新儒家"的"后五四建设心态"的出现。这却是不为当代学术界众所周知的一个事实。它其实是中国现代学术思潮发展中的一个新的动向，亟须引起我国学术界的重视和深刻检讨。

新文化运动于 20 世纪初叶拉开序幕，实为我国现代学术思潮及众多学术流派诞生之肇端。新文化变动的主流思潮一般都倾向于"以西释中"，即由一种自己认可的西方哲学或文化的理论体系或观点，来阐释、诠释中国哲学、文化的问题。中国哲学、文化乃成为被解释、被阐释，甚至是被消解的对象。其要在于运用西方先进的哲学、文化的理论观点，以解决中国社会文化存在的问题。相反，文化保守派则属于"以中释西"，即坚持一种中体西用论的观点来认识西方、汲纳西方。其要在于坚持中国传统文化的主体性地位。前者的问题在于，生搬硬套地搬来西方的一套哲学和文化的观念，作为解决中国文化百病的灵丹妙药，却不看其是否合乎病人的胃口。本位文化的主体性地位被彻底轻忽了。而后者的问题则在于，通过中国哲学的一套固有的模式或框架来认识、汲纳西方，却导致其与西方现代文化意识整体性的隔膜和曲解。

正是在这种时代背景下，一股新的思想潮流乃沛然而兴。这就是以方东美、成中英为代表的"开放的现代新儒家"。它是我国学术界在经历新文化运动尤其是在经历改革开放以来中西文化深度交流会通的历史巨变之后，经过批判性的反思和创造性综合，一股建设性地重建传统的思潮乃告诞生和形成的。它的出现，代表了一种"先理解西方，再回头重建传统"即在中西会通的基础上重建传统文化的"后五四建设心态"。这一学术流派的开创者和创建者为方东美先生，为其前期的主要代表人物。而成中英先生则是该学派在当代的主要代表人物，也是该学术流派的继承者、奠基者。从思维方式或思维模式的层面而言，它力图挣脱固有的单元文化心态的限制，而追求一种"在中西互释中挺立"的思想境域，在经过中西文化的双向交流和会通的基础上，重新理解和把握中国传统的精神要义，而不仅是一味地立足于传统以接受和学习西方。广义上的"开放的现代新儒学"，其实是一场中国文化现代意识觉醒的运动，应该是突破了方东美、成中英本人所囿的狭隘范围，甚至也突破了以方、成二氏为中心、为代表的学术团体的范围（我们在此多取此义）。它主要是指一种已然形成而方兴未艾的学术思潮，对突破固有的单元文化心态有着自觉的意识，主张在一种深层次的中西融通的文化自觉意识的背景下致力于本位文化的重建和再创造。概而言之，作为一个正在形成和发展的学术流派，"开放的现代新儒家"代表了一种"先理解西方，再回头重建传统"或者说"出乎其外，入乎其内"，实际上就是经由中西比较和会通，再回归中国传统的思想路线。他们在理论上力主回归中国哲学的源头，其实是标举一种理论的综合创新，为中国哲学的现代重建提供一种价值学的目标，从而再开大本大源。他们的哲学归根到底乃是中国传统易经哲学的一种创造性诠释和重建，也可谓是中国哲学在世界哲学的理论背景下寻求现代重建的一种理论试探和实践，具有极大的开放性和涵容性的特点。

应该肯定的是，新文化运动内部诸流派对中国现代发展的即"现代化"的大方向上是存在共识的，只是他们对于中国如何实现现代化的道路的认识乃是各异其趣，以至大相径庭。

新文化运动中的几位风云人物，皆可谓时代巨变的特殊历史环境中风云际会的产儿。他们乘西学东渐历史进程中西风独盛的强劲势头，以呼应当下"三千年未遇"的传统文化崩解的大格局中激越"反传统"的时代呼声，终成为领一时风骚的时代健儿和弄潮儿。他们本身其实都很难说是真正意义的具有创造性的哲学家、思想家。考察他们在此特殊历史境遇下的思想宗旨及其运思模式，其本身关切的焦点可能并不是哲学理论的创发，而是现实问题的解答。他们意欲凭借和运用各自信奉和认同的西方先进的哲学、文化的理论观点，进而解答、解决中国社会文化存在的一揽子问题。虽然他们以新文化的导师和启蒙者的面目出现于世，但他们自身对现代社会多元化的丰富内涵和性格并无真实理解和把握，也不具备多少科学、民主的真实素养。而只是寄望于引进和奉持西方的某种先进的学说和理论，从而施行其一揽子解决中国问题的宏大计划和社会救治工程。所以，就其思想方式和运思模式来看，在他们身上所体现的最大特色，可能仍然是传统文化所塑造的"单元简易心态"的遗传和折射。甚至可以说，新文化运动中的西化论者，在思想根源上仍然不脱中体西用论的范围。他们意欲以其西方之"矢"，去射中国之"的"，也就是要以西方哲学的理论学说，来解决中国社会文化的问题。换言之，中国社会文化的问题就是其心目中的"体"，而西方哲学的学理则成了其心目中的"用"了。中国哲学、文化乃成了被解释、被阐释，甚至是被消解的对象。其要在于运用西方先进的哲学、文化，以解决中国社会文化存在的问题。可见，其问题就在于，生搬硬套地搬来西方的一套哲学和文化的观念，作为解决中国文化百病的灵丹妙药，却不看其是否合乎病人的胃口。中国哲学、文化的主体性被完全轻忽了。这当然只能作为一时救急之需，而不可能真正担负起为中国现代文化奠基的重任。由于新文化运动在理论储备和创造性上严重不足，故虽有摧陷廓清之功，甚或有开风气之效，但不可能持久，而只能作为另一场真正意义的现代文化运动的序幕。

现代新儒家也是新文化运动的一股重要思潮和学术流派。相形之下，现代新儒学的理论根底要显得深厚，但这却是与其母体宋明儒学联系在一起的。在新文化运动一片"打倒孔家店"和讨伐"孔孟之道"的反孔声浪中，梁漱溟挺身而出，申称誓要出头为孔子辩护。看来梁氏的学术活动，主要是在道义上、精神上为一场势在必行的现代新儒学思潮和运动奠定根基，树立楷模。当然，梁氏以比较文化学的方法，比观中、西、印三大文化类型及其发展路向，也有其开拓性的意义。而他在心学的理论建构上却有待现代新儒学的另一位开山宗师熊十力氏来补足和完成了。熊氏可谓现代新儒学思潮在哲学理论的形上学建构上的奠基者。他援佛入儒，归本心学，在现代条件下重建了一个儒学心本体的体用不二的新唯识学的理论体系。显见，熊氏哲学接续宋明心学的理路，其哲学也不超过传统哲学体用论的规模。后起的冯友兰、贺麟也是接续宋明新儒学的理论路线。冯友兰声称自己是"接着讲"，就是说他们是宋明儒学思想路线的继承者。只是冯氏接续的是宋明程朱理学的路线，而贺麟接续的是陆王心学的思想路线。相对来说，冯、贺二氏具有深厚的西方哲学的训练和理论功底。因此，他们得以运用西方哲学的理论方法，来重新阐释他们所推尊的宋明理学和心学。在这方面，冯友兰可谓树立了一个理论的典范。冯氏运用西方新实在论和逻辑分析方法，重新阐释宋明理学的范畴和学理，建立一个"新理学"的哲学体系。1949 年以后，在港台地区，有一批学人坚持儒家道统的观念，在精神上尊奉熊十力为导师，这就是以唐君毅、牟宗三、徐复观等为代表的现代新儒家阵营。他们俨然以现代新儒家的正统和主流自任。其实，他们的新儒学理论建构，在思想方法上与冯友兰的新理学并无二致，都是运用西方哲学的理论方法，致力于儒家哲学的现代重建。不过，与冯氏的新理学的重建不同的是，牟宗三所接续的是陆王心学的理路，所利用和汲取的西方哲学的资源更偏向于康德哲学。而归根到底，牟氏哲学的理论结构和型态，也不脱中体西用论的模式。这在牟氏的"良知坎陷说"和"新内圣外王"理论中得以明确呈现。①

　　总体上说，一般所谓的现代新儒学，其实就是宋明儒学的"接着讲"。不过，有的是宋明心学的"接着讲"，有的是宋明理学的"接着讲"。他们的治学方法本质上也无二致，大都是汲取和采纳一些西方哲学的理论和现代逻辑分析方法，致力于宋明心学或理学理论体系的现代重释、重建。因此，他们所说的中国哲学的重建，其实也就是宋明儒学的接续和重建。一言以蔽之，一般意义上的现代新儒学，可谓是宋明儒学的理论体系的现代翻版。现代新儒学的理论范型和思想模式与其母体宋明儒学存在着血脉的联系。从其根本的理论范式和思想模式来看，现代新儒学沿袭其母体宋明儒学体用论的思想，其哲学也大都设法汲纳、吸收一些西方哲学的理论方法和思想内涵，而其思想模式大体都是中体西用论的模型或形态。问题在于，通过中国哲学的一套固有的模式或框架来认识、汲纳西方，却导致其与西方现代文化意识整体性的隔膜和曲解。现代新儒家鼓吹的以中体西用的办法来理解和接纳西方，在整体上是值得怀疑的。②

　　经过新文化运动的洗礼，中国思想界通过批判的反思和综合的创新，出现了一股新的文化思潮，这就是前期以方东美为代表，之后以成中英为代表的"开放的现代新儒家"的兴起。当然，广义的"开放的现代新儒学"，其实是一场中国文化现代意识觉醒的运动。作为一种已然形成却方兴未艾的学术思潮，它对突破固有的单元文化心态有着自觉的意识，主张在一种深层

①　参见李泽厚：《略论现代新儒家》，《中国现代思想史论》，天津社会科学院出版社 2003 年版。

②　参见李泽厚：《漫说西体中用》，《中国现代思想史论》，天津社会科学院出版社 2003 年版。

次的中西融通的文化自觉意识中致力于本位文化的重建和再创造。这与一般的现代新儒家立足于传统之上，而吸收和接纳西方，其实并不一样。方东美事实上是这一思潮的开拓者、创建者。他的哲学融贯中西，涵摄众家，复回归于中国文化本位。他在融合中国传统哲学主要是易经哲学和西方柏格森生命哲学与怀特海过程哲学的基础上，建立了一个生命本体论的哲学体系，为"开放的现代新儒家"开拓了一条创造性的学术路线，并为其发展树立了基本的规模。成中英则可谓"开放的现代新儒家"的继承者、奠基者。他秉承会通中西，回归传统的学术宗旨，经由中西互诠互释的比较研究，回归于中国哲学的立场，建立了一个本体诠释学的理论体系，力图为中国哲学的现代重建提示一条具有创发性的理路，为"开放的现代新儒家"的建立，奠定其理论的基础，并指示其发展的方向。可见，方、成二氏作为这一已然形成而方兴未艾的文化思潮的中坚和主要代表，树立了这一学术流派的独树一帜的精神气质和独特的思想特色。方、成二氏所代表的"先理解西方，再回头重建传统"的所谓"后五四建设心态"，可以说是一种在中西会通的理论背景下致力于中国传统哲学现代重建的思想路线，也是中国文化现代意识和世界意识的觉醒中和再创造，具有极大的开放性和涵容性的特点。

"开放的现代新儒家"作为一个方兴未艾的成长中的学术流派，它的诞生和出现是与中国社会现代化的历史进程同步的。尤其是改革开放以来，随着我国社会进步和对外交流的不断深入与发展，中国社会文化的现代意识与世界意识也不断深化与进步。同时，回归传统，重建传统的意识也与日俱增。总体上来看，"开放的现代新儒学"思潮及其理论建构，适应、顺应了中国社会现代化的历史进程和社会发展方向，从而展现出极大的理论生机与活力，具有巨大的社会需求空间和基础。但是，就其具体的理论内容和形态，仍有待现实的社会实践的不断检验和证明。也就是说，"开放的现代新儒学"的理论建构与现实的社会实践之间永远处在一个互动的关系，而其理论建构也需要不断创新，不断进步，从而展现为一个不断开放的体系。

二、"开放的现代新儒学"：现代新儒学思潮中的另类典范

在中国现代文化思潮的几股大的学术流派中，现代新儒学思潮体现出的理论创造力最为突出和深厚。当然，这也是与其母体宋明儒学联系在一起的。而且，现代新儒学立足于传统文化的本位立场，汲纳和吸收西方哲学的思想成果及理论方法，展现出中国哲学在现代条件下寻求重建的重要精神方向。毋庸置疑，"开放的现代新儒学"也是置身于中国现代文化思潮当中，并以之为理论背景，而且是直接以现代新儒学为重要的思想来源而形成和发展起来的。其问题意识、理论型态与思想内涵以及思想方法，都是与中国现代文化思潮息息相关，尤其是与现代新儒学思潮声息相通。换言之，它是在与中国现代文化思潮诸大流派的竞争、搏斗与沟通中形成和发展起来的。可以说，"开放的现代新儒学"是中国现代文化思潮发展的产物，也是现代新儒学运动发展的产儿。以此观之，以现代新儒学为对照，彰显各自学术发展的源流和特色，理解和把握"开放的现代新儒学"与中国现代文化思潮尤其是现代新儒学思潮的联系与分野，共性与特性所在，尤显重要，对我们总体上更为深刻地认识中国文化的发展脉络和方向，也是必要的。

一般而论，梁漱溟被公认为现代新儒家思潮的奠基者。他在新文化运动一片"打倒孔家店"、讨伐"孔孟之道"的反孔声浪中，挺身而出，申称誓欲为孔子申辩。梁氏可谓是为一场势在必行的传统文化复兴运动在道义上、精神上奠定根基，树立楷模。而他运用比较文化学的方法，比较中、西、印三大文化型态和精神生活的路向，体现了他要为儒家申辩的思想主张。梁漱溟在当时激进的反传统的时代潮流中，敢于逆潮流而动，誓为孔子哲学申辩、代言，以其巨大的道德勇气和人格感召力，成为新文化运动中与西化派相抗衡的传统文化复兴运动的代言者。同时，他在学术方法上，也并不是完全囿于传统，而是敢于创新，利用当时最新的比较文化学的理论成果为自己的学术观点张目。而他真正所皈依的思想其实是宋明儒学主要是陆王心学的一套理论，即他所说的当下即是，不假思量的生活态度和方式。而以

上诸要点恰是后来现代新儒学理论发展的纲领和核心的精神理念所在。因此，虽然梁漱溟并不是专业的哲学家，但他仍被推许为现代新儒学运动的开创者、奠基者。①

熊十力常被奉为开启现代新儒学山林的另一位开山宗师。熊氏援佛入儒，归本儒家大易和心性之学，他利用佛教唯识学的名相概念重建了一个儒学心本体论的体用不二的理论体系。熊十力构建其哲学理论的方法和路径主要是引佛入儒，融合儒佛于一体，这种思想历程倒是与宋明儒学完全合辙。同时，他也表现出对西学融摄、汲取的趋向，力图在传统哲学的根基上容纳新学，创建新的哲学体系。熊十力以"体用不二"为其哲学的根本思想。他发挥王阳明"心即理"的思想主旨，倡言"直指本心"，"反识本心"；又宗主《易经》，乃"以体用不二立宗"，将发明本体、本心作为其哲学的根本要旨。他自承其体用论，归本于易经和孔子哲学，以本体即流变的过程，反对将本体与现象割裂为二。他还依据"体用不二"的理论，破斥佛、道，乃至批判西方哲学。他对中西哲学的看法是："中学以发明心地为一大事，西学大概是量智的发展。如使两方互相了解，而以涵养性智，立天下之大本，则量智皆成性智的妙用。"在此，熊氏力图以中国传统哲学主要是心学为准则，以批评和融摄西方哲学。可见，他并非排斥西学，而是主张以中国哲学的道德精神为根本，以西方哲学理性分析的"量智"为工具，表现为明显的中体西用的思想模式和理论特征。②

后起的冯友兰、贺麟也是接续宋明新儒学的理论路线。冯友兰声称自己是"接着讲"，而不是"照着讲"，就是说他们是宋明儒学思想路线的继承者，但是又在现代条件下有所翻新。冯友兰另有一说，叫"新瓶子装旧酒"，这也好比是一个古代人，让他穿上现代的衣装。只是冯氏接续的是宋明程朱理学的路线，而贺麟接续的是陆王心学的思想路线。相对来说，冯、贺二氏具有深厚的西方哲学的训练和理论功底。因此，他们得以运用西方哲

---

① 参见李泽厚：《略论现代新儒家》，《中国现代思想史论》，天津社会科学院出版社2003年版。

② 参见胡军：《熊十力的新唯识论》，汤一介、李中华主编：《中国儒学史》（现代卷），北京大学出版社2011年版。

学的理论方法，来重新阐释他们所推尊的宋明理学和心学。在这方面，冯友兰可谓树立了一个理论的典范。冯氏运用西方新实在论和逻辑分析方法，重新阐释宋明理学的范畴和学理，建立一个"新理学"的哲学体系。冯友兰哲学的核心思想和基本范畴乃继承和发展程朱理学而来，又"利用现代新逻辑学对于形而上学的批判，以成立一个完全不著实际的形上学"。他称之为"新理学"。这样，冯友兰通过逻辑解析的手法重新阐释程朱理学的范畴系统，提出了几个主要的概念，即理、气、道体、大全。他认为其"新理学"的这些观念虽然不能使人有实际的知识，但可以提高人的境界，使人知天、事天、乐天以至于同天。他认为这就是哲学的"无用之用"，"也可成为大用"。①

在港台地区，唐君毅、牟宗三、徐复观等儒学研究者以维护儒家道统自任，在精神上尊奉熊十力为导师。而且，他们在其学术活动中俨然以现代新儒家的正统和主流自居。其实，他们的新儒学理论建构，主要是陆王心学的统绪，系道德形上学的重建，其中尤以牟宗三为代表。牟氏的"道德形上学"建构在思想方法上与冯友兰的新理学其实并无二致，都是运用西方哲学的理论方法，致力于儒家哲学的现代重建。不过，与冯氏的新理学的重建不同的是，牟宗三所接续的是陆王心学的理路，所利用和汲取的西方哲学的资源更偏向于康德哲学。可以说，牟氏以其西方哲学的造诣，完成其师熊十力体用论哲学的现代哲学的形式系统，使道德形上学以现代哲学的面目示人，此亦可谓牟氏对"熊门王学"的理论发展了。牟氏还注重通过中国哲学史的论述，来阐发其哲学观点。他的中国哲学史理论要点在于"道统说"和"儒学三期说"，以原始儒学，宋明新儒学和现代新儒学为界说。牟氏严分程朱和陆王的分野和差异，以陆王为孔孟儒家正宗，而贬抑程朱。他又汲取和借鉴康德哲学，从而树立了心学的道德主体性，以主体性的心体，作为宇宙和道德秩序的根源，此心体即性体。此亦牟氏道德形上学的核心思想所在。

---

① 参见胡军：《冯友兰的新理学》，汤一介、李中华主编：《中国儒学史》（现代卷），北京大学出版社 2011 年版。

由上可见，现代新儒学体现出一些显著的共性特征和理论特色：首先，道统论的文化意识。现代新儒家大都具有强烈的文化主体性的担当意识，并由此衍生出强烈的道统意识。梁漱溟孔孟儒学和传统文化遭到猛烈的挞伐的历史境遇中，慨然为孔子学说代言、申辩，体现了一种对传统文化的担当意识。现代新儒家诸哲在中国传统文化遭到外来文化的强势的入侵，并反客为主的态势下图谋中国传统文化的重建，这在广义上都可以说是一种道统意识。广义上来讲，坚持中国传统文化的主体性地位，对外来文化采取汲纳、吸收的态度，以求中国传统文化的重建，这种文化立场和态度，都可谓道统意识。至于个别学派所标榜的道统意识，例如，牟宗三以陆王心学为孔孟儒学的正统，而"熊、牟"一系又为陆王心学的正统传人。这可谓是一种狭义的道统意识，属于传统文化的正统观念在现代文化中的遗留。可见，广义的道统观念，可以等同于文化的传统。而狭义的道统观念则须警惕。其次，"接着（宋明儒）讲"的思想路线。现代新儒学所接续的其实就是宋明儒学的思想统绪，他们所说的中国哲学的重建，实际上也就是宋明心学和理学的重建。由此观之，一般所谓的现代新儒学，其实就是宋明儒学的"接着讲"。不过，有的是宋明心学的"接着讲"，有的是宋明理学的"接着讲"。例如，冯友兰"接着讲"的是程朱理学，而熊十力、牟宗三"接着讲"的则是陆王心学。他们的治学方法本质上也无二致，大都是汲取和采纳一些西方哲学的理论和现代逻辑分析方法，致力于宋明心学或理学理论体系的现代重释、重建。因此，他们所说的中国哲学的重建，其实也就是宋明儒学的接续和重建。一言以蔽之，一般意义上的现代新儒学，可谓是宋明儒学的理论体系的现代翻版。现代新儒学与其母体宋明儒学存在着血脉的联系，它们的理论形态、内在结构以及思想模式都具有直接的联系。再次，中体西用的思想模式。从其根本的理论范式和思想模式来看，现代新儒学沿袭其母体宋明儒学体用论的思想，其哲学也大都设法汲纳、吸收一些西方哲学的理论方法和思想内涵，而其思想模式大体都是中体西用论的模型或形态。中体西用论最集中地体现在现代新儒家对待西学的总的态度上。例如冯友兰明确地承认中体西用论，他说："如所谓中体西用论者，是说组织社会的道德是中国人所本有的。现在所须添加者是西洋的知识、技术、工业，则此话是可说的。"① 这段话其实可以作为现代新儒家中体西用论的经典论述。后来牟宗三的"良知坎陷说"或"内圣开出新外王"，理论的表述形式更显曲折，而实质上则是一个意思，其思路大体上也是一致的。现代新儒学的问题在于，通过中国哲学的一套固有的模式或框架来认识、汲纳西方，却导致其与西方现代文化意识整体性的隔膜和曲解。

在新文化运动之后，随着我国社会现代化运动的深度发展和中西文化融合的深入，一股建设性地重建传统的新思潮沛然兴起，这就是"开放的现代新儒学"的"后五四建设心态"的出现。方东美可谓是"开放的现代新儒家"的开拓者、创建者。方东美亦被公认为现代新儒家的重要代表人物。他一生潜心研究哲学思潮，冀能了悟其源流正变。他深入西方哲学堂奥，又自觉地回归于中国哲学，走过了一条曲折的学术探索历程。方东美的哲学路线代表了一种"先理解西方，再回头重建传统"的精神方向，所谓"后五四建设心态"。方东美哲学体现了融贯东西，涵摄众家，复以中国文化为本位的特征，代表了中国哲学在现代条件下寻求重建与发展的一种尝试与方向。他通过比较哲学研究，最终回归于中国文化本位。因此，他重建中国哲学传统的工作具备了世界总体文化的宏阔背景，有着深远的文化意蕴与现代意识。他强调讲中国文化传统，应该诸家并重，虽然他以儒家为中国文化精神之主脑，但他并不赞成定儒家为一尊的做法，尤其反对"道统"观念。他不同意"接着（宋明儒）讲"的路线，而是把眼光投向中国哲学的原点。他主张回复原始儒家道家哲学健康饱满的生命境界。他的生命本体哲学的标出，表明其哲学创构开辟了一个崭新的境界。可见，方东美哲学确实具有开创性特点，他为中国哲学的现代重建开创了一条崭新的道路和方向。

成中英亦以当代新儒家名于世。他在当代中西文化由激烈碰撞、冲突走向深度对话、融合的时代背景下，经过对中国传统哲学的自我省思与批判，提出了中国哲学现代化与世界化这一代表时代精神及其发展方向的理论课题。他在中西哲学互诠互释的比较研究当中，彰显中国哲学的独特价值与智慧。他所倡言的中国哲学的现代重建，具有世界哲学的宏观背景，并由此

---

① 冯友兰：《新事论》，生活·读书·新知三联书店 2007 年版，第 228 页。

导向一个世界整体哲学的建构。他对现代新儒家诸哲所奉行的立足于传统文化的本位以汲纳、接受西学的方法与知识体系的立场，有所针砭。他倡导一种"先出乎其外，再入乎其内"的思想路线，即他所谓的"后五四建设心态"。与一般"接着（宋明儒）讲"的路线不同，他主张回到中国哲学的原点。他将易经哲学视为中国哲学的源头活水。成氏在深入西方哲学的核心后，回归于中国哲学的本位立场。他提出的本体诠释学的理论建构，根植于中国传统哲学的根本精神，又充分汲纳西方哲学主要是分析哲学、诠释学的理论和方法，力图在传统哲学本体架构内纳入现代哲学理性的方法意识，说到底乃是对中国传统哲学主要是易经哲学的一种创造性诠释。他强调，必须将中国传统哲学与现代生活的实际相结合、相衔接。他的管理哲学和整体伦理学的研究，可以视为本体诠释学的两个应用领域。他还注重用本体诠释学的理论方法、观点来研究中国哲学和世界哲学史。总之，成中英哲学构成了一个内在关联的整体的理论体系，而本体诠释学则是其中一以贯之的主线，也是其整个理论体系的根本和基础。

可见，方东美、成中英在其哲学研究和创新活动中，走出了一条经由比较哲学回归于本土哲学的重建之路。比较哲学的跨文化视域的开辟，使他们得以克服单元文化心态的局限，力图走出一条在中西双向互诠中回归本土哲学重建的道路。这不仅是对西化论的"以西释中"，同时也是对文化保守派的"以中释西"的思想路线的突破和超越。也可以说，"开放的现代新儒家"在中西会通的立场重建传统，与现代新儒家诸哲立足传统以汲纳、吸收西方，并不一致。不仅如此，一般现代新儒家诸哲都有强烈的"道统"意识，主张中国传统哲学的复兴，其实是宋明儒学即宋明心学和理学的哲学的重新阐释。这就是所谓"接着（宋明儒）讲"的思想路线。与此迥乎不同的是，"开放的现代新儒家"不同意"接着讲"的思想路线，也不赞同"道统"意识。他们主张，要全面地认识和把握中西文化传统，融会贯通，在此基础上回归于中国传统哲学的再创造，从而重建中国哲学的传统。基于对中国传统哲学统贯的、整体的理解，他们将中国哲学重建的眼光投向中国哲学的原点，力主恢复中国哲学原初的生命力和健康饱满的生命境界。方东美、成中英都不赞同将重建中国哲学传统的任务寄托于宋明儒学无论是心学抑或是理学的复兴。一言以蔽之，现代新儒家实质上是宋明儒学即道德形上学的重建。而"开放的新儒家"则是中国传统易经哲学的创造性诠释与重建。这是两者在哲学发展路径上的一个基本的分歧。开放的现代新儒家的哲学创造，其要在于一种思维方式和思想模式的根本转型和建立。具体地说，就是从传统哲学体用论或中体西用论的思维模式和范式转化为一种中西互为体用的思想模式和理论范式的确立，从而为中国哲学的现代转型奠定了理论的范型。

三、"广义的现代新儒家"与"狭义的现代新儒家"：一场持续不断的论争

现代新儒家从 20 世纪初叶诞生，至今已迈过一个世纪的发展历程。其中存在的许多问题亟须总结和检讨。而海内外人士极为关切的问题尤为其发展的前景与方向。在世所公认的现代新儒家群体中，有两个流派尤其引起学术界的关注。这就是"熊、牟"一系和"方、成"一系。这两大学派在港台和海外的声势和影响颇大。而且，因为其各自的学术传承、理论旨趣乃至学术风格的差异，自然形成了两个大的儒学研究的团体和学术流派，颇为可观。一者是以遵奉熊十力为开山宗师的现代新儒家群体。这一学派的特点是以接续中国哲学的道统和统绪自认，主张捍卫中国传统文化尤其是儒家文化的正统地位。他们接续的主要是宋明儒学中"心学"的统绪，故特别强调道德形上学的树立。另一个自成一格的学术流派就是开放的新儒学，以方东美及其门下弟子为代表。方、成二氏当为其前后相续的中坚人物。他们主张打破道统意识，对中国传统文化颇多开放与包容精神。他们力主回归中国哲学的源头，其实质是对中国传统哲学的一种创造性重建。其学术主旨是在中西会通的理论背景下回归于中国传统哲学，实际上代表了一种现代意识的理论重建，可谓是一种"后五四建设心态"。可以说，现代新儒学"熊、牟"一系与"方、成"一系的发展，蔚为显学，相互对峙，实为中国哲学当代演进中值得关注的现象。有人根据海外儒学发展中存在的这种显著的分歧和分化

的趋向，将其命名为"广义的现代新儒家"和"狭义的新儒家"。① 这两大学派都以中国传统的重建为主旨，在学术上存在交集和争论，本来也是学术发展中的正常状况和现象。考察这两大学派的交往和论争就尤具有典型的意义。

说到这两大学派之间的学术交流与争鸣，当首推熊十力、方东美之间的交往。熊、方二氏都属于现代新儒家丛林的开宗派的人物，尤其是熊、方二氏所开创的学派在当今的现代新儒学阵营中应属于最有影响力和最具学术冲击力的。故他们二人的交往实已蕴涵了超越个人交往的含义。熊、方二氏之间，熊十力要年长十四岁，但若论起资历来，他们却是平辈的同事。他们进大学任教的时间大体相近，甚至在武汉时就开始共事了。后来熊十力至北京大学教授佛教哲学，而方东美则主要在中央大学开设西方哲学。抗战期间却因战乱之故，共聚山城，两人自然分外欣喜。十力先生却因其讲师的身份，不被已编入西南联大的北京大学收留。方东美得知老友生活无着，便命学生唐君毅前去请来中大给哲学系师生演讲，还同校长罗家伦商量应聘熊十力的事。熊十力应约前来，其演讲也大受欢迎。只是熊十力后来应梁漱溟之约请，转赴勉仁书院任教，此议遂罢。由此一段情节可知，熊、方二氏的交往尚属正常。

方东美素知十力对佛教内学造诣甚深，今得幸遇，岂可错过切磋讨论之良机，便去信探究起佛家"性字究作何解"的佛教义理。谁知熊收信后，却产生误会，以为方一向研究西方哲学，今来信与商佛学是诬他不懂佛义。双方争论至此已非专为论学，而杂以意气之争了。方东美除以多通书函辨明己意外②，还寄诗一首："惊涛卷石翻沉冤，啼鸠伤春泣断魂。物不得平犹泄愤，人非丧志怎忘言？"表述自己被老友误解的苦闷心情。若单就此事而论，自表面观之，此事可见二位大哲在个性上若相抵牾。熊先生独标自我，率性而为，却不喜就一名相而细加辩析，而方先生却一丝不苟，对于学理的探究决无草率之意。进一步而论，也反映了二人在治学方法上的差异。方东美受到西方哲学方法的严格训练，故对佛教的范畴也要细致辩析，而熊则囿

---

① 参见刘述先：《方东美哲学与当代新儒家思想互动可能性探之究》，《鹅湖月刊》第 26 卷第 6 期。

② 参见方东美：《与熊子贞先生论佛学书》，《中国大乘佛学》下卷，中华书局 2012 年版。

于传统哲学的方法，不习惯做此等工作。而归根结底来说，还是二氏论学之根源有别，熊之论学融会儒佛，归宗大易，其要却在于阳明之学。而这与方氏融贯中西，会通诸家有相通处。然其要终在原始儒道哲学，故方氏有批评熊"先生思想深入宋儒圈套"之语。① 熊、方二人这段交往，甚至演为现代新儒家丛林的一段著名公案。后来熊氏一脉以新儒"正统"自许，而方氏之学不属于此列。这样说来，熊方二人之争执至今尚未有结语。当然，方氏又对熊十力表示了较多的理解和谅解。在学术思想，两人在归宗大易生化之旨上是一致的，但他们在具体的方法和路径上又有歧异。熊氏追宗宋明陆王一系的心性之学，而方氏则主回归中国哲学原点，其讲学出入中西之间，具一比较哲学的背景。这是二氏在学术路向上的重要分野。

方东美与港台学界另一新儒家重要代表人物牟宗三之间，亦有过节。其原因深究之，一方面源于两人之个性，一方面源于学术观点之分歧。早在中央大学共事时期，两人就因一些系务和人事纠结，颇有芥蒂，以致牟宗三愤而辞职。到台湾后，两人虽同以治中国哲学为业，置身于同一片狭小天地，却很少来往。方、牟二氏之间，方氏年长十岁，论起来要属于前辈，因为方与熊十力氏为朋友与同事，属于平辈之间，而牟则一向以继承熊门学脉自居。本来学人之间的交往，以学术思想的交流为尚，其他均为枝节，但这些观念却在一些自居于现代新儒家的人物那里相当突出，导致无谓的"门派"、"门户"之争，这是值得关注的现象。方东美在晚年讲学中，极力反对"讲儒家由宋儒说起"，认为"以宋明理学可以代表原始儒学，也是一种误解"。他还特别强调反对"道统"意识。这种议论指向所有"接着（宋明儒）讲"的流派，牟宗三当然也包括在内。方氏的批评并没有引起积极的反馈，反招来牟氏的反唇相讥，称："他们不喜欢理学家，也不喜欢《论语》，不喜欢《孟子》"，"他们用美学的观点来讲儒家"，"其实这是很差劲的"，"严格来讲，他们用这种美学的态度来讲儒家，这是不负责任的"②。看来方东美这位"广义的新儒家"的开创人与牟宗三这位"狭义的新儒家"的掌门人之间

---

① 参见方东美：《中国大乘佛学》，台湾黎明文化事业公司1984年版，第165页。

② 转引自蒋国保、余秉颐：《方东美思想研究》，天津人民出版社2004年版，第392页。

的笔墨官司算是不可开交了。

　　成中英一般被公推为当代新儒家第三代。这一点也为他本人所认可。①
其实，这种惯于以代际传承论学的方式，无关乎学术大旨之发明，可能只是
作为约定之成说，尚称允当。试以西哲苏格拉底、柏拉图、亚里士多德一系
的师承关系比观，此旨自明。世人恒重视其间学理之创发，至于其代际之传
承则不甚论究。故亚里士多德慨言，"吾爱吾师，吾尤爱真理"，此确为的
论。成中英与现代新儒家开山人物熊十力氏并无交集。他撰有《熊十力哲学
及当代新儒家哲学的界定与评价》，《从当代西方知识论评价熊十力的本体哲
学》等，可见对熊氏哲学的重视。他在文中肯定："熊氏的哲学，博大宏深，
自成体系。他的哲学是深造于大乘佛教与易经哲学的结晶。他解悟于大乘佛
学之弊，乃反归于易道之生生思想。这有赖于宋明理学之传承及受佛道影响
而归本于儒家易学。但他较诸宋明诸家更能正用佛释，吸收其精华，但在根
原上认同儒家，积极地开创了一个以儒家思想为宗的哲学网络。"这一段话
对熊氏哲学之主旨指陈甚确，明示其出入佛道而归宗于儒家易学之旨。成氏
据此断言，"综观五四时代西学冲击以来，从事新儒家哲学之创造最有成就
者无疑要推熊十力先生"，"事实上，熊氏也确为现代中国创导及发挥中国儒
家哲学最有创见及影响力者"②。他进而将熊氏哲学归结为以下五项特征：一、
体证本体；二、即体即用；三、理气一体；四、心物互用；五、融合量智。可
见，他对熊氏哲学概括全面而析论准确。文中对熊氏哲学的缺失也有所讨
论，指出"他虽强调了体证本体的精微高明面，却对此一体证的广大中庸面
不够发挥"。虽然"熊氏言体证本体而融合量智"，其论确有胜义在，但熊氏
以性智为体，量智为用，其说仍难以令人信服，"如何使西学的量智与中学
的性智相互了解，并使量智皆成性智之妙用，却正是问题之所在"③。

---

①　参见成中英：《新觉醒时代——论中国文化之再创造》，中央编译出版社 2014 年版，第
　　73 页。

②　成中英：《熊十力哲学及当代新儒家哲学的界定与评价》，李翔海编：《知识与价值——成
　　中英新儒学论著辑要》，中国广播电视出版社 1996 年版，第 265 页。

③　成中英：《熊十力哲学及当代新儒家哲学的界定与评价》，李翔海编：《知识与价值——成
　　中英新儒学论著辑要》，中国广播电视出版社 1996 年版。

　　成中英与"新儒家第二代"即熊十力的门人唐君毅、牟宗三等有问学的联系，而徐复观因为是成父的诗文之交，还被视为父执辈。[①] 对于近些年来唐、牟等哲学在大陆备受重视和影响大增，他说这当然是一个好的现象。同时他指出，唐、牟哲学对宋明儒学的研究和中西会通的理论有其独特的优点，也有独特的问题。就牟宗三哲学而言，他的哲学的基本理论范型和结构承接熊十力而来，也就是接受熊氏哲学良知本体和体用论的理论模型，将性智为体量智为用的理论，用西方哲学乃至佛学的理论予以重新诠释和发挥。牟氏的道德形上学，实质上依循康德哲学本体与现象的区分的理论，又以此与王阳明的良知本体学说相会通，并受到《大乘起信论》"一心开二门"的启发，乃建立其"有执的存有"与"无执的存有"的形上学的理论架构，进而力图从"无执的"良知本体中开展出"有执的"科学与民主。这也就是牟氏的"良知坎陷说"和"道统、学统和政统"的"三统并建"说的主要内容。他认为，牟氏的道德形上学是无执的存有与有执的科学的对立，是脱离中国传统的本体学的框架，走入了西方排他性辩证逻辑的存有论而不自知。他对牟氏的坎陷说和内圣开出新外王之义也表示存疑。成中英尤其反对牟氏在对宋明儒学判教式的评价中将朱子判为"别子为宗"，认为朱子之学是极富创见的集大成者，是中国哲学发展中的一个重点与模范，如何竟说朱子为别子为宗？他意在将宋明哲学中的程朱与陆王在一个更加广大的理论架构中整合为一体。[②] 成中英对唐君毅的"心灵九境"说的本体心性学也十分欣赏，认为此一本体心性学为本体诠释学提供了丰富的诠释资源。总之，他的结论是："牟先生与唐先生都为当代新儒学的体系建立奉献了形上学与价值哲学思考的重要典范。后来者应该从中同时取得教益并汲取教训，建立更美好的中国哲学体系。"[③]

　　总的看来，所谓的"广义的现代新儒家"对于"狭义的现代新儒家"

---

① 参见成中英：《新觉醒时代——论中国文化之再创造》，中央编译出版社 2014 年版，第 73 页。

② 参见成中英：《新觉醒时代——论中国文化之再创造》，中央编译出版社 2014 年版，第 88—91 页。

③ 成中英：《新觉醒时代——论中国文化之再创造》，中央编译出版社 2014 年版，第 93 页。

多采建设性批评的立场和态度。尽管这种批评有时也很激烈。这也说明，"开放的现代新儒家"正是自觉地将自己置于现代新儒学的同道，属于同一阵营，而非截然对立的关系。据实而论，方东美对熊十力的学术基本上保持肯定的态度。虽然二氏治学路径有着显著的差异，但在基本面向上还是有其共同点的。同样，成中英对牟宗三哲学的主要理论都有深入的剖析和批评，而其基本精神仍然是积极的批抉和涵容的态度。这也可见，"开放的现代新儒家"是在中国现代文化思潮的理论背景下，对现代新儒学运动批判反思和综合创新的产儿。据此，方东美的生命本体论哲学的创构可以看成是建基于对现代新儒学心本体、理本体哲学的综合、整合的理论创构。而它在思想模式上仍较多保留着现代新儒学中体西用论的浓重色彩，是容易理解的。成中英沿循生命本体论建构的理路，建构其本体诠释学的本体哲学架构，进而树立了一个中西互为体用的、体用相涵互须的理论模式，并最终克服和扬弃了中体西用的理论模式，实现了思想模式和理论范式的重大突破和创新。这也证明，理论思维的进步和发展，有其自身的规律可循。我们从"广义的现代新儒家"与"狭义的现代新儒家"的互动中可以看到，在一定范围内的学术争鸣乃至交锋，有助于学术的进步和发展，乃至成为学术发展的一大动源。

四、"开放的现代新儒家"与中国现代哲学

中国现代文化思潮发轫于 20 世纪初叶的新文化运动，迄今已经历一个世纪的风雨历程。在今日世界已迈入全球化时代，世界文化发展中"多元化"与"一体化"趋势同时并进的当下境遇中，亟须对中国现代文化思潮的发展脉络、思想根源和基本方向等问题予以整体的回顾、反思和深刻检讨。当然，这是一个整体性的理论课题，涉及问题的领域过多而可能让人一时漫无头绪，以致误入歧途。在此，我们着重从理论发展的思想模式和深层结构的层面，着力指出新文化运动主要思潮在文化发展的理论模式和内在结构上，普遍存在着"单元简易心态"。而其思想根源其实源于传统文化中体用论思维方式在特殊历史条件下的理论再现或折射。我们看到，西化派采取西

方哲学、文化的一套理论学说，来诠释、论析中国文化的问题，中国文化成了被诠释、被解析以至于被消解的对象，中国文化的主体性被完全轻忽了。这应该是文化发展中的一个非常的变态，而非常态的情形。而现代新儒家的"以中释西"，大体上是沿循中体西用的模式来汲纳和吸收西方哲学、文化，以解决中国哲学现代重建的课题。他们所说的中国哲学的重建，其实不过是宋明儒学的现代翻版，所谓"新瓶装旧酒"。其要在于坚持本位文化发展中国文化的主体性。而其问题则在于，用中国传统哲学一套固定的模式解释西方哲学，并将其纳入自己的理论框架，导致中国哲学在整体上与现代哲学精神格格不入。其实，从根源性的思想模式来说，即使是西化派甚或也可以归结为一种中体西用论的思维模式。他们不过是试图以西方哲学、文化作为解决意想中的中国问题的方法和工具。以这种单元、简易的思想模式，从事中国现代文化的建设和发展，导致对西方文化的理解片面、肤浅，以偏概全，绝对是难免的。也不可能从根本上解决中国社会文化的问题，而只能是救一时之急。就是说，中国现代文化思潮的主要流派无论是西化派还是传统派，都是沿袭传统的体用论的"单元简易心态"的理论模式，他们在思想深层结构和思维模式上因袭传统，用传统的方式反传统，故而无法走出传统，超越传统；用单一的、简陋的思维模式来接纳和吸收西学，也不可能有什么卓越的成效。这是一个亟须面对的问题。进而论之，中国现代文化的创新，不仅是理论内容和形式的革新，更应该是深层的理论结构和思想方式的创新。中国现代文化发展必须深入到一个实质性的理论更新的层面，实现思想方式和理论范式的整体创新。

毋庸置疑，"开放的现代新儒学"是在中国现代文化思潮的曲折发展中乘势而起，沛然而兴的一股新思潮。它是中国现代文化思潮在历史运动中的产物，同时也是现代新儒学运动的直接产儿。可以说，"开放的现代新儒学"是以中国现代文化思潮为理论背景，其形成和发展直接以现代新儒学为重要的思想来源，其问题意识、理论形态与思想内涵以及思想方法，都是与中国现代文化思潮息息相关，尤其是与现代新儒学思潮声息相通。有道是，"山重水复疑无路，柳暗花明又一村"。正是在与中国现代文化思潮诸大流派的竞争、搏斗与争鸣中，"开放的现代新儒学"乃得逐渐诞生、塑形以至成熟起来，形成了一个卓然独立、相当可观的学术流派。针对中国现代文化思潮中西化论者一味随波逐流地追赶西潮，完全丧失本位文化的立场和"全盘西化"的论调；以及现代新儒学诸家沿循宋明儒学理本体或心本体的中体西用论模式的现代重建的理路，"开放的现代新儒学"乃决意针砭其弊，另辟蹊径，力图为中国哲学的现代重建开辟出一条可行的康庄大道来。与西化派的全盘西化和反传统的思想路线不同，与现代新儒家立足传统以汲纳、吸收西学的思想路线也不尽一致，"开放的现代新儒家"走出了一条"先理解西方，再回头重建传统"的曲折发展的思想路线，即所谓"后五四建设心态"。他们决意在中西会通的理论基础上，重建中国哲学的传统，其理论探索和创构表现出极大的开放性和涵容性的特色。"开放的现代新儒学"对于中国现代学术思潮的突破和发展，并不是着眼于个别的理论观点的更新和超越，而是在整体的思想模式和理论范式上的根本性的超越与突破。换言之，它不仅代表了一种全新的思想路线文化发展的理路，而且最重要的是实现了深层的思想模式和理论范式的革新，是一种源于根本思想方式和理论范式的革命，进而为中国现代文化的发展奠定根基，树立模型。

　　"开放的现代新儒学"是在中国现代文化思潮激烈碰撞、斗争的总体环境中的产物。它的诞生、形成和发展，必然与中国现代文化思潮的诸大流派息息相关。它在中国现代文化思潮中独树一帜，蔚然成为当世显学，首先是在与其他学术流派的斗争、争鸣中崭露头角的。不容否认的一个事实是，"开放的现代新儒学"的成立，意味着对其他学术思潮和流派的批判、否定。实际上，方东美自承其学术主旨就是坚持中国哲学的圆融和谐精神和"广大和谐之道"，向西方"二元对立"形态的矛盾、斗争思想展开挑战，其理论宗旨昭然若揭。他对中国自由主义的代言人胡适的哲学思想，也是着力否定、抨击，相当严厉。即使是属于现代新儒家阵营的梁漱溟、熊十力、冯友兰，虽然有所肯定，但也是批评有加。成氏哲学在这方面有所缓和，但对维护师说、发挥己说，也是不遗余力。最明显的实例就是他对牟宗三哲学的深刻剖析和批评。由此也可见，"开放的现代新儒学"是建立在对中国现代文化思潮的批判、反思的基础上的。但是，如果以此断认它是对中国现代文化思潮其他流派的完全否定，则是一大误解。事实上，"开放的现代新儒学"

与中国现代文化思潮存在着密切的联系。它的形成和发展，离不开中国现代文化思潮的理论背景，而现代新儒学则成为其直接的思想来源。它的问题意识、理论的形式和内容，以及思想范式，都与中国现代文化思潮息息相关。方东美在其哲学中力图以价值本体统摄科学知识的领域，这也可见新文化运动中科玄论战的问题意识的影响。他的生命本体哲学的建构，首先应该是融摄现代新儒学理本体、心本体哲学的理论创构。这也可以证明方氏哲学力图涵摄、包容其他学术流派思想的趋向。"开放的现代新儒学"的这种涵容性格，在成中英哲学得以突出的表现。成氏竭力在自己的哲学建构中涵容、融摄其他的理论体系，即他所谓的"超融"。可见，"开放的现代新儒学"是在新的理论基点上对中国现代文化思潮诸流派思想的突破与超越，又是一种涵容和融摄。

总之，"开放的现代新儒学"是中国现代文化思潮激烈争鸣、碰撞的理论产儿，更是中国社会现代化运动深度发展的思想结晶。广义上的"开放的现代新儒学"，可以说是一场中国文化的现代意识觉醒的文化思潮和思想运动，是这场文化觉醒运动在理论上的反映与集中体现。可以肯定，随着我国改革开放和社会现代化运动的不断深入和向纵深发展，"开放的现代新儒学"必将继往开来，推陈出新，不断发扬光大，终臻至更加完善和成熟的理论境界。其思想特征和理论特色也将更加鲜明和突出地展示出来。当然，回顾和总结"开放的现代新儒学"的发展历程，对我们把握这个学派的思想特点和理论特色是完全必要的。方东美在其哲学研究中走出了一条"先理解西方，再回头重建传统"的思想路线，即所谓"后五四建设心态"。其思想路线既不同于西化派的反传统的全盘西化论，与现代新儒家立足传统以吸收、理解西方也不尽相同。这实际上是一种在中西会通的理论基础上重建传统的思想路线。成中英也是自觉认同"后五四建设心态"和思想路线。针对一般的现代新儒学都是沿循宋明儒学心本体、理本体的现代重建的理论路径，即所谓"接着讲"，他们力主"回到中国哲学的原点"。这就意味着中国哲学的重建，必须超越与突破传统哲学而首先是宋明儒学的体系，其实质不是复古，而是要为中国哲学的重建树立一个价值学的目标，从而再开大本大源。"开放的现代新儒学"的理论建构，其思想主旨也是要重建传统以与现代文化的科学、民主精神相结合。他们在经历批判、反思的理论活动中，终于挣脱中体西用论的理论模式，而树立了一种中西互为体用的思想模式，从而为中国哲学的重建奠定新的理论范式，标志理论思维的重大突破和超越。

总括而论，以中国现代学术思潮为背景尤其是与现代新儒学相对照，开放的现代新儒学体现为以下若干鲜明的理论特色：

第一，"先深入西方，再回头重建传统"的所谓"后五四建设心态"。"开放的现代新儒学"力主在中西会通的理论基础上重建中国哲学的传统，代表了一种"先理解西方，再回头重建传统"或者说"出乎其外，入乎其内"，实际上就是经由中西比较和会通，再回归中国传统的思想路线。这一思想路线既与西化派的反传统和全盘西化论不同，与传统派立足传统接纳、吸收西方也并不一样。"开放的现代新儒学"的创建者方东美在哲学探索中走出了一条"先深入西方，再回头重建传统"的曲折路径和历程，实际上就是经由比较哲学和中西会通的理论路径，再回归于中国哲学传统的重建。这一思想路线也为成中英所自觉认同。他秉承中西会通，进而重建中国哲学的传统的学术宗旨，经由中西互诠互释的比较研究，回归于中国哲学的立场，建立了一个本体诠释学的理论体系，力图为中国哲学的现代重建提示一条具有创发性的理路，为"开放的现代新儒家"的建立，奠定其理论的基础，并指示其发展的方向。成中英主要是接续方东美开创的经由中西会通，最终回归中国传统的学术路线，并将其发扬光大。他以其深入西方的哲学造诣，着力推动中西互诠互释的比较、融通，并将中国哲学的现代化与世界化的建构推进至世界哲学的理论平台。以方、成二氏为代表的"开放的现代新儒家"，在其哲学研究中走出了一条在中西会通的基础上重建传统的理论路线，由此得以克服单元文化心态的局限，力图开辟出一条在中西互诠互释中挺立的本土哲学重建的道路。这不仅是对西化论的"以西释中"的思想路线的矫正和扬弃，同时也是对文化保守派的"以中释西"的思想路线的一次极大的理论突破和超越。可见，"开放的现代新儒家"本质上是在现代条件下寻求中国传统哲学重建的一次理论试探和努力，在根本上则是一种对传统哲学深层中体西用论的思维模式或思想范式的更新和突破，进而导向一种世界整体哲学视野下或模式下的中国哲学的创新和重建。其突出的理论意义尚有待进一步的探讨和历史的检验，而毋庸置疑的是应引起足够的关注。

第二，"回到中国哲学原点"的理论目标。"开放的现代新儒学"在理论上力主回归中国哲学的原点，这其实是标举一种理论的融合会通和综合创新，为中国哲学的现代重建提供一种价值学的目标，从而再开大本大源。与一般现代新儒家都具有强烈的道统意识，主张中国哲学的重建应沿循宋明理学、心学的重建的理路即所谓"接着讲"的思想路线迥然不同的是，"开放的现代新儒学"不同意"接着讲"的思想路线，也不赞同"道统"意识。他们把中国哲学重建的目标转向中国哲学的原点，主张要全面地认识和把握中西文化传统，融会贯通，在此基础上回归于中国传统哲学的再创造，从而重建中国哲学的传统。而且，与一般现代新儒家学者以先秦儒道墨诸家哲学为中国哲学的源头不同，他们认定在此之前，中国哲学尚存在一个更久远的传统，主要是《易经》哲学的传统。因而《易经》为中国哲学的源头。据此，他们对中国传统哲学的阐释，多富于开放性与包容性精神，并主张讲中国哲学传统应摒弃道统意识，也要反对独尊儒学，应该诸家哲学并重，不执一偏。儒学只是中国传统哲学的一个组成部分，也不要片面强调某家某派。基于对中国传统哲学统贯的、整体的理解，他们将中国哲学重建的眼光投向中国哲学的原点，力主恢复中国哲学原初的生命力和健康饱满的生命境界。可见，《易经》源头说为中国哲学的重建，提供了一个理论的基点和原型。方、成二氏本人的哲学都可以归结为易经哲学的一种创造性诠释和重建。二氏以易经哲学为原型的本体哲学创构，与现代新儒学通常的心本体、理本体哲学的现代重建的理路，已有实质性的突破，代表了中国哲学现代重建与创新中一条崭新的理论路径。这也可以视为两者在哲学发展路径上的一个基本的分野。可见，"开放的现代新儒学"力主回归中国哲学的原点，实际上是为中国哲学的重建提供一个新的价值学目标，通过中国传统易经哲学的创造性诠释，恢复中国哲学的生机活力，进而再开大本大源。

第三，"中西互释中挺立"的理论范式。方东美经由比较哲学和中西融合的理论路径，回归于中国哲学传统的重建，他所开辟的思想路线，就其实质而言是一种思想方法和理论范式的转换，与西化派的"以西释中"和传统派的"以中释西"的"单元简易心态"的理论结构和思想方式，有着实质性的歧异。与一些老一辈的现代新儒家的人物如梁漱溟、熊十力等众生囿于中国传统文化的本位文化视野不同，中西哲学的理论视域有助于其对中国哲学精神的深度把握。不仅如此，他由此得以克服单元文化心态的局限，实现理论形态的转换。虽然如此，方氏哲学仍然在很大程度上保留着中体西用论的色彩。这从他的哲学力图以价值本体统摄科学知识的领域便可见一斑。但方氏比较哲学视域的开辟及其哲学"双回向"的理论结构的开拓，毕竟为新的理论范式的创构提供了理论前提和基础。成中英沿着中西比较和融合的理论路径，经由中西双向的互诠互释和比较融通，回归于中国哲学传统的重建，进而树立了一种中西互为体用的思想模式和理论范式，实现对中国哲学重建中广为流行的中体西用论模式的根本突破和超越，标志着一种新的理论范式的建立。成中英主张要在体用互动互用的理解与思考中发展新的体用关系，也就是以西方文化之体用结合中国文化之体用，发展一个整体的中西体用互动互用相互补充的过程，最终由中西文化的融合导致一个新的有机体的诞生，从而创造一个新的体用。他认为，中体西用论与西体中用论，都有其理论的片面性。他提出，我们必须重新立体和立用，要在中西互为体用的理解与思考中发展新的体用关系。也就是用中国文化的体用结合西方文化的体用，来发展一个新的整体的体用的结构和过程。① 成中英从易经哲学本体相生体用互须的哲学架构中，衍生出本体与方法统一、知识与价值互动的理论原则，开拓出理性与德性双向共建的理论体系，进而导向一个将传统哲学的智慧与现代生活相嫁接、相衔接的哲学建构。可见，成中英沿着中西比较和会通的理论路径，走向中西双向的互诠互释，进而树立一种中西互为体用的理论范式，为中国哲学的现代重建奠定理论根基。这也足以证明开放的现代新儒学正是一个开放的、不断发展的理论体系。

---

① 　参见成中英：《合外内之道——儒家哲学论》，中国社会科学出版社 2001 年版，第 9 页。

第十三章　世界大同，道通为一

——开放的现代新儒家与当代世界哲学

在当代，中西哲学正经历着实质性的转向。整个世界哲学处于一个大转折、大转型的关头。中西会通和世界多元文化的融合成为当代世界文化思潮主要的趋势。当代中西文化思潮演变的历程表明，西方现代性文化和中国现代文化思潮的发展，已暴露和遭遇极为严重的矛盾和危机。为了因应西方哲学的挑战和世界哲学的危机，以方东美、成中英为代表的开放的现代新儒家乃应运而生。方、成二氏的哲学以其开放的精神和突出的现代意识与世界意识在中国哲学现代重建运动中独树一帜，其哲学创构可谓中西哲学融合、会通中的一个典范。他们坚持一种中国文化本位意识的中西互为体用论的观点，注重易经哲学的一体多元、本体创生精神，并借此作为会通、沟通中西哲学的理论原点和中介，进而导向一个整体相生又互补统一的世界哲学的系统。可见，方、成二氏的哲学建构，为中西哲学的融合、会通，开辟了一条重要的思想路线，也为世界哲学的整合、重建提供了一个源于中国哲学的智慧洞见和方案。

一、中国哲学的现代化与世界化的趋势

中国社会的现代化历程乃是中国文化现代化真正的动力源泉。19世纪中叶，西方列强用武力打开中国这个"天朝上国"的大门，西方资本主义的因素开始汹涌而来，导致中国社会急遽而深刻的近代化嬗变的历程。中国社

会被迫裹入了世界性的近代化、现代化进程。从此，近代化、现代化成为中国社会近代以来基本的发展趋势和方向。

随着中国社会在经济、政治等领域的近代化、现代化的展开，中国文化的近代化、现代化也提上了历史的议程。中国哲学、文化的现代化发轫于20世纪初叶的"新文化运动"。新文化运动的实质，其实就是一场中国文化的现代化运动。它将中国文化现代化作为中心任务和当务之急，第一次明确地提上了中国历史演绎的议程。从一个后设的理论视野来看，当时的学界对现代化的认识是模糊的，表象的，甚或是肤浅的，而且很大程度上受到传统思维的局限。在西方中心主义强势话语的主导下，人们一边倒地抛弃传统文化，渴望西学新知，期盼通过与旧式传统的决裂，立马可待地拥抱西方新潮。这当然是一种非常极端的接受、汲取外来文化的方式、方法，也是传统文化衰敝已极、积重难返的一种极端表现。他们不可能意识到传统和现代之间其实是一种辩证的关系，二者之间具有深刻的、内在的联系。人们不可能完全割裂自己的传统，而一下子走入一片乌托邦式的美好新天地。这个道理，已是被国内外无数现代化的实践所证实。实际上，传统文化也是不可能一厢情愿地割断了事的。事实是，人们往往忽略了在接纳外来文化时传统文化作为前知、前见的作用。人们热衷于用意识形态的方式来接纳西方文化，企冀以此来达到一劳永逸地改造中国社会文化的目的，这正是传统文化"单元简易心态"的曲折表达。

在新文化运动中，学术界希冀通过融会中西，以此创新文化，可谓共识、共见。但他们尚无法意识到，传统文化作为一种思维定式，是不可能轻易摆脱的。人们受制于传统的思想模式而无法自觉和突破，可谓此一时代学人共同的历史局限性所在。由于历史条件的限制，当时的学人不可能意识到现代化其实是一个复杂的历史运动和过程。也不可能认识到现代化所蕴含的多重的内涵和结构，特别是他们基本上没有将经济、政治和社会等文化以外的要素，纳入其现代化思考的框架。而且，他们对文化现代化的方案大体上也只是一种单一的、排他性的文化设计，而不可能将现代多元化的文化质素纳入其思想轨辙。最严重的是，其现代化的思路，不仅局限于文化一隅，而且基本上将现代化等同于西方化，将西方文化某种流行的思潮或思想流派奉为圭臬。

新文化运动中西化的主张，引起了另一种反动。传统派奋起抗衡，这便是现代新儒学思潮的兴起。现代新儒学思潮的主旨在于坚持中国传统文化的本位立场，在此基础上接受、汲纳西学新知。梁漱溟在新文化运动以狂飙突进之势横扫传统之时，挺身而出为孔子和儒学辩护，他本人以宋明儒学遥契孔孟哲学，开启了现代儒学复兴之路。梁氏可谓现代新儒学运动在精神上的奠基人。而真正在理论上为现代新儒学树立根基的人物则是熊十力。现代新儒学力主儒学传统的现代更新与发展，因其自身所具备的得天独厚的传统文化的理论资源，在中国现代文化几大思潮中尤以理论的原创力而见长。而且，现代新儒学运动的发展，不仅具有深厚的传统文化的基础，甚至具有一定的社会基础。近代以来的自强运动、维新运动都是在"中学为体，西学为用"的指导思想下举行的，为现代新儒学思潮的兴起提供了社会的支援。在 20 世纪三四十年代，随着日本帝国主义的大举入侵，中国民族主义思想空前高涨，现代儒学重建运动因而达至一个巅峰。其间出现了冯友兰的"新理学"、贺麟的"新心学"、金岳霖的"新道论"的理论体系。而战后短暂的民主宪政运动中，则出现了以张君劢为代表的"第三条道路"及其新儒学体系。臻至 20 世纪六七十年代，东亚地区的日本和韩国、新加坡以及中国台湾、香港地区所谓亚洲"四小龙"这些儒家文化圈的国家经济崛起，又一次掀起了儒学复兴的浪潮。方东美、唐君毅、牟宗三、徐复观诸氏的新儒学理论皆于此时风靡于世。而当代儒学仍向纵深发展，在理论上的重要成果有成中英的本体诠释学，鼓吹中国哲学的现代化和世界化。杜维明则接续"儒学的第三期发展说"，在儒学与其他文明的多元互动与对话中盛张一帜。余英时、刘述先等也积极推动儒学传统的现代化和多元文化对话的研究，成为驰名国际的当代儒家学者。而在祖国大陆，随着改革开放的深入发展，儒学复兴的呼声与趋势也日趋显著。从理论上来说，现代新儒学实质上是宋明儒学的现代翻版。对此，冯友兰明确地自承其哲学是"接着讲"，他所"接着讲"的其实是宋明儒学中程朱理学的统绪。而现代新儒学的另一支熊十力哲学，其实也是"接着讲"。不过，他们所"接着讲"的是宋明儒学中陆王心学的统绪。近来国内有些学者将张岱年具有唯物主义倾向的哲学理论，也作为现代新儒学发展的一个支脉，并断认其为"新气学"，是张载、王船山的"气学"理论的现代发展。这样看来，宋明儒学的主要流派在现代都有其理论的传人了。尤其值得关注的是，现代新儒学运动在其发展过程中，还孕育了另一个重要的趋向，这就是以方东美、成中英为代表的所谓"开放的现代新儒家"的理论发展。他们不是"接着（宋明儒）讲"，而是力主"回到中国哲学的原点"。其立意正与西方文艺复兴运动"回到古希腊"的精神主旨相仿佛，实质上是为中国哲学的现代重建标举一个价值学的目标，从而重开大本大源。他们主张"先深入西方，再回头重建传统"即所谓"后五四建设心态"，代表了儒学现代重建的一个重要精神方向。①

　　以上为中国现代文化思潮发展的几大主要流派。在此之外，其实还有一个相当重要的趋向，这便是基督教中国化运动。当时一些基督教神学家认为，西方文化除了"科学"与"民主"即"德先生"与"赛先生"之外，尚有很重要的方面也就是基督教，即"基先生"，意在引进与汲纳。几乎与新文化运动同时，基督教包括新教与天主教开展了相当广泛地与中国文化相结合的中国化运动。基督教新教在传教中延续"耶稣加孔子"的传教方略，在思想上力图将基督教精神融入中华文化，实现东西洋文化的结婚的宗旨。经过近一个世纪的发展，中国新教神学走上了一条自我创新和独立发展的道路，而且，在不同的时期和地域的发展呈现出多样性的特点。他们在思想主旨上谋求建构本土化、本色化的中国神学，利用中国传统文化的思想资源，尤其是用儒家传统思想来诠释和发挥基督教思想。天主教中国化运动的开展，继承了历史上耶稣会士学术传教的传统，遵循天主教神学与中国传统文化主要是儒学相结合的思想路线，并注重以中国传统哲学的语言和思想来表述天主教的信仰。在 20 世纪上半叶，出现了一批有影响的中国天主教神学家。在国民党退据台湾后，台湾地区的天主教神学发展，形成了一个以辅仁大学为中心的具有自己鲜明特色的理论学派，即台湾"新士林哲学"，值得关注。

　　由上可见，中国现代文化思潮的发展表现出显著的西方化的趋向。外

---

① 参见丁祖豪、郭庆堂、唐明贵、孟伟：《20 世纪中国哲学的历程》，中国社会科学出版社2006 年版，第六章"现代新儒学的兴起与中国哲学新体系的构建"。

来的思想文化纷纷传入，并在中国现代文化发展中据有一席之地。现代新儒家坚持中国传统文化的本位立场，但其理论主旨明确地体现出对于中西文化融会贯通的取向。显然，中西会通成为 20 世纪以来中国现代文化思潮的基本主题，而西方化则据有显著的优势地位。

二、当代西方哲学转向东方的趋势

中国哲学与西方哲学在近代之前大体上处在各自独立发展的态势，真正形成具有实质性的交流与影响尚待近代以后。当今的一般人士，提到中西文化交流，便自然联想到西方文化对中国文化的影响。殊不知自近代以来，西方文化即已开始以开放的态度，自觉地学习中国传统文化，开始了东方化的进程。也可见近代以来西方文化的强势地位的造成，不是一蹴而就的。据中国学者朱谦之、法国学者谢和耐的研究，在西方近代启蒙运动中，伏尔泰、莱布尼茨的哲学都受到中国哲学的深刻影响。伏尔泰极力推崇中国哲学的理性精神，被时人称作"欧洲的孔夫子"。莱布尼茨的单子论哲学与"先定和谐"理论则显然受到中国宋明理学的影响。另据当代新儒家学者成中英的研究，德国古典哲学也受到中国传统哲学的影响。康德哲学就是显著的例证。他提出康德哲学是在中国古典儒家与宋明理学的影响下形成的，指出儒家的道德哲学与性理哲学以及牛顿的物理学构成了康德哲学体系的两大支柱，促使康德急切地追求知识与道德的心性统一，并在此基础上发展出三大批判的相分而互涵的认识。[①] 此说论证充分，相当具有说服力。再者，据笔者的推测，西方近代自由主义学说奠基人洛克的学说，有可能受到中国传统道家哲学的影响。他的"自然状态"说，与老子返"朴"归真，回归远古的观念相契合，也与当时的一些译本将道德经译作"向后，到自然去"的意涵相吻合。[②] 他的天赋人权和有限政府的理论，与老庄哲学的精神若合符节。

---

① 参见成中英：《康德和儒学的理论联系：序论》，成中英、冯俊主编：《康德与中国哲学智慧》，中国人民大学出版社 2009 年版，第 1 页。

② 参见朱谦之：《中国哲学对欧洲的影响》，上海人民出版社 2006 年版，第 221 页。

其自由学说总体上甚至可以视为中国道家在异域的知音和一种富有创意的诠释与发挥。略举数端，可知近代西方哲学的东方化趋向，为现当代西方哲学的东方化趋向的源头。

20 世纪初叶，欧陆哲学的发展出现了生命哲学思潮，与西方传统的理性主义的主流哲学相抗衡，进而形成了现代西方哲学发展的一个鲜明的特征。现代西方文化开始也主要是以此走上与东方哲学相汇合、相会通的道路。这股非理性主义思潮的形成，甚至可以追溯至叔本华、尼采的唯意志主义哲学。他们反对西方主流的理性主义哲学，又反对基督教传统，从而开启了一股强大的非理性主义的思想运动，影响西方现代哲学至为深远。生命哲学跃居西方现代哲学的中心地位，是在第一次世界大战之后。这与战争对人类文明的摧毁，引发了哲学家的反思有关。当时生命哲学蔓延于欧陆的德、法等国。生命哲学起源于德国，它主要是作为一种文化哲学的类型，代表了德国文化中与启蒙运动中理性主义相决裂的一股潜流。他们标举"生命"作为非理性主义的标帜，以反对传统哲学中占主导地位的理性原则，用非理性的生命、意志、价值等来说明社会文化的存在。德国生命哲学的主要代表人物有狄尔泰、齐美尔、倭伊铿等。其主要的理论特征是将人类的历史文化视为生命创造的活动和结果。而且，人类的历史文化传统既是一个不断创造的过程，又是一个需要不断诠释的进程。柏格森是 20 世纪上半叶法国生命哲学的最重要的代表人物。他吸收和结合当时自然科学尤其是生物学的理论成果，又试图超越理性和科学，建立了一个以生命为中心的形而上学体系。它以生命冲动为本源，以时间与纯粹绵延为本质，以直觉为通向真实的方法，建立了一个相当完善的生命哲学的范型。柏格森的学说，由于突出了生命的本体创造性，乃至将宇宙看作一个创造性的过程，极其注重直觉的思维方式，与中国传统哲学尤其是易经哲学易于会通，因而受到当时的中国启蒙大师梁启超以及现代新儒家梁漱溟、熊十力、方东美等极大的兴趣。他们大都援引生命哲学来构建其理论体系，对于现代新儒家的兴起直接有推动的作用。[①]

---

① 参见刘放桐主编：《现代西方哲学》，人民出版社 1990 年版，第五章"生命哲学"。

　　在现代西方哲学发展的历程中，从胡塞尔到海德格尔以至伽德默尔，构成了一个一脉相承的学术谱系。他们的哲学体现为一种向东方哲学趋近的显著特征，也促成了西方哲学自身的现代转向。胡塞尔是西方现象学运动的开启者和奠基者。他提出回到意向性和先验自我，进而"面向事情本身"。他的哲学扭转了西方现代哲学中主流的科学主义的外在性的、客体化的研究方法和方向，从而转向了一种内在性的、主体性的研究。他提出现象学的本质直观的思维方法，主张悬置西方流行的主客二分的对象化思维和概念思维，而求诸体验、知觉乃至纯粹意识，力图摆脱西方传统的"实体化"的形而上学思维。胡塞尔晚年注重生活世界的研究，将科学与哲学的理念化世界还原为生活世界，又将生活世界还原为纯粹自我和纯粹意识，对于西方哲学诠释学的兴起有直接的推动作用，对现代西方哲学的发展影响重大。[1] 海德格尔更加系统和深刻地批判和反思了西方自古希腊以来实体论的、形而上学的思维方式。他认为西方惯常的主客二分的、对象化的概念思维，导致"存在"本质的遮蔽和遗忘。整个西方哲学史就是一部以"存在者"取代"存在"的历史，以致西方哲学长期将"存在"与"存在者"混同起来，因而"存在"这一根本问题反而失落了。海德格尔通过对传统西方形而上学的批判，为现代西方哲学开辟了一种全新的思维方式和思想路径，而与西方传统的实体论的、本质论的思维方式大相径庭，其思想境域反而体现出与中国哲学"天人合一"的整体思维尤其是道家老庄哲学的意蕴相趋近、相会通的理论旨趣。海德格尔认为，西方传统的形而上学，实质上是一种实体化的本体论，其思想根源在于西方传统中一贯的主客二分的、对象化的概念思维。海氏对西方传统形而上学和逻各斯中心论的批判，旨在破斥西方传统哲学对存在作主客二分式的对象化的切割，以致将人的存在及其意义当作凝固化的、现成性的"存在者"。他事实上领悟到存在及其本质并非这种"二元对立"的、"主客二分"的思维方式所能把握。海德格尔意在对西方两千年来习惯于将思想等同于理性的惯性思维作出否定和纠偏。他在对荷尔德林等西方诗人的诗歌的研究中，发现诗性语言比逻辑化的、概念化的语言更具有

────────────

[1]　参见刘放桐主编：《现代西方哲学》，人民出版社 1990 年版，第十三章"现象学"。

本源性，也更能接近和揭示存在的本质。他赞赏人类"诗意地栖居大地"，趋向原初的、本源的存在境域。海氏哲学借助"缘在"（Dasein）来揭示存在的本质及其意义，他在后期哲学中将人的存在作为一种"自身缘构发生"（Ereignis）的存在，也就是将其作为一种动态化的整体，在天、地、神、人一体相通的境域中彰显人的存在的本真状态及其意义。① 胡塞尔、海德格尔哲学以其全方位的辐射和影响，成为欧洲现代哲学当之无愧的领跑者。在他们之后，伽达默尔以其哲学诠释学为理论基础，来理解和阐释人类历史与文化传统，从而大大丰富和发展了哲学诠释学的理论。尤其是他试图通过对话的途径诠释人类文化传统及其意义，致力于世界诸大文化传统的沟通与融合，对当代世界文化的走向具有难以估量的深远影响。而法国哲学家萨特则专注于以现象学的理论方法，来反思和诠释人的存在及其意义，成为存在主义的重要理论代表。当代德国最重要的哲学家哈贝马斯的沟通与社会交往理论，与胡塞尔的"生活世界"理论的密切联系是毋庸置疑的。他的理性和主体间性理论其实也吸收了不少现象学理论的睿见。甚至是当代西方形形色色的后现代哲学的兴起，其最重要的理论特征是批判和反思传统哲学本质论、实体论的形而上学，解构和清理西方传统中居主导地位的二元对立的思想模式，也不难发现其与现象学运动内在的深刻联系。②

总体来看，欧陆哲学向东方哲学趋近或者说东方化的趋向具有这样几个显著特点：首先，由西方哲学传统中非主流的非理性主义哲学肇始，经由叔本华、尼采的唯意志哲学和柏格森等的生命哲学，演化为影响深广的现象学、存在主义，最终衍生出后现代哲学等哲学流派。不仅与西方主流的理性主义哲学相抗衡，同时也向东方哲学相趋近。其次，欧洲现代非理性主义哲学的演进，体现出解构与重构同时并进和并行不悖的趋势。一方面对西方传统的理性主义的、实体论的形而上学予以批判与解构，其理论发展具有"虚无化"、"非实体化"的明显特征，体现出与中国道家哲学相趋近的理论意蕴；另一方面，则又力图通过对传统理性精神的批判和重释，重新建构和恢

① 参见王树人：《回归原创之思》，江苏人民出版社 2005 年版，"绪论"。

② 参见倪梁康：《现象学及其效应》下篇，生活·读书·新知三联书店 1996 年版，第二、四章。

复理性哲学应有的地位。前者以海德格尔、后现代哲学为代表，后者以伽达默尔、哈贝马斯为代表。另外，欧陆非理性哲学的发展，具有显著的对中西哲学和西方自身传统综合和整合的倾向，表现出与东方整体思维的理论境域的趋近。其理论建构不仅要整合和统合西方传统中的科学与哲学以及人文学科，也要将东方哲学容摄、纳入自己的理论体系之内。这种特征在海德格尔的后期哲学特别明显地显示出来。

美国哲学在 20 世纪初叶开始登上世界历史的舞台。它一开始就展现出强烈的创新和融合的精神。而这两者恰是一体相连的。也可以说，美国哲学保持创新的活力，一大动源就是异乎寻常的融合精神。因此，把握美国哲学的这种融合精神，对于理解美国哲学的精神特质至关重要。美国哲学的融合精神具有自身的特点，它不像欧陆哲学借助于非理性主义，而是汇合、熔冶理性主义与非理性主义于一体，体现出独特的精神气质。它既包括对欧陆与英美哲学的融合，又包括对东西方哲学的融合，乃至对科学、哲学与宗教的融合。可见，美国哲学的融合的规模和深广程度都是空前的。美国人在其现代文化的塑形和发展中憬悟到，现代文化不仅是理性精神，也不仅是非理性精神，现代文化的深层本质更多是对理性精神与非理性精神的一种综合与汇合。其具体内容就是寻求在科学、人文和宗教之间的整合与融合，实现现代文化的多元化与一体化的结合。这样，美国文化在总体上开拓出一种天（宗教）、地（科学）、人（人文）融会贯通的大境界、大思路，从而展现出美国文化的最显著最鲜明的特色，也将现代文化的发展推进至新的境界。这是与以往以理性化为特质的现代化范式不一样的。最能体现美国哲学这种融合精神和特色的理论，当推怀特海的过程哲学和实用主义哲学。

怀特海被称为 20 世纪"形而上学的祭酒"。可见，他的哲学在现代形而上学重建中的独特地位。怀特海受当时的科学思想和柏格森生命哲学、亚历山大的层创进化论的影响，其过程哲学具有突出的综合与融合的理论特色。他曾研究数学和逻辑以及量子力学、相对论的科学思想，但他却与流行的科学主义的"拒斥形而上学"背道而驰，趋向科学与哲学相调和的思想，力图将形而上学建构在科学的基础之上。怀特海将世界看成是处在一定时空关系中的"事件"的汇合，而"事件"不过是"多种关系"的综合。其过程哲学的一个基本特征就是将实在界看作一个富有生命精神的不断创造进化的过程，整个世界乃是由诸多"事件"的综合或有机联系的整体。怀特海在回答和解释这个机体统一而又创进不已的世界的根源及其终极目标时，走向了内在论的神学，而与西方传统的"外在超越"的神学思想迥然有别。他将上帝作为创造性的最高原理和一种终极的非理性的现象，也是世界存在的最终依据和基础。他的过程哲学具有浓郁的宗教神学的色彩，他所开创的过程神学属于西方现代神学中的一个重要流派。怀特海将科学、哲学、宗教、美学和知识论融为一体，铸造了一个创造性的神学与形上学体系。怀特海哲学可谓是当代美国哲学融合精神的一个典范。①

实用主义可谓美国社会的主流哲学，也是美国精神的主要代表。美国人富于行动的创造力和科学的精神以及包容万类的气概，集中的体现便是其实用主义哲学。美国哲学的形成是以英国的经验主义为出发点和基础的，在其发展过程中又注意吸收欧陆哲学的思想成果。实用主义可以视作美国哲学融合西方这两大传统的理论结晶。就其总体特征来说，实用主义重视人的经验，强调经验事实作为认识活动的基础，又很重视实践和行动，特别是将行动效果的有用性、实效性作为行为的准则乃至真理的标准。实用主义哲学重视科学，但并不是由此走向否定形而上学和宗教，以至于将它们截然对立起来。对于现代文化中突出的科学、哲学与宗教的矛盾与冲突，实用主义竭力予以调和与会通。对于现代思潮中出现的多元化、多样化的趋向和花样翻新的哲学流派，实用主义甚至将自己譬喻成联通其间的"走廊"，设法将自身作为实现其间融合会通的中介和工具。可见，实用主义所特具的融合精神，成为其作为最富有美国特色的哲学理论，是美国"大熔炉"文化的精神代表。美国实用主义的代表人物有皮尔士、詹姆士和杜威。皮尔士被公认为实用主义的奠基者。杜威的实用主义哲学经过胡适的宣扬，在中国产生极大的影响。②

---

① 参见刘放桐主编：《现代西方哲学》，人民出版社 1990 年版，第八章"20 世纪的实在主义思潮"。

② 参见刘放桐主编：《现代西方哲学》，人民出版社 1990 年版，第七章"实用主义"。

西方思想和中国文化的会通与融合，还存在另一个至关重要的途径和领域，这就是宗教神学。而这也是易于为中国学者所轻忽的。本来，西方宗教神学以探讨上帝存在、灵魂不死和彼岸世界等问题为要义。其神学以上帝论为中心，主要属于一种外在超越的思想形态。与中国传统文化重视此生此世的现实取向和以天道论为中心的内在超越思想，大异其趣，可谓两种截然不同的文化形态。然而，西方宗教神学主要是新教自宗教改革以来，受到西方现代文化和人文主义思潮的影响，已越来越趋向理性化、世俗化的方向发展，其思想旨趣表现出处于自由资本主义上升时期的西方资产阶级对理性精神的信赖和在地上建立人间天国的抱负和雄心壮志。而自 20 世纪以来，这种趋向有增无减，同时体现出新的理论特色。尤其是在两次世界大战发生，造成对人类文明灾难性的摧毁和破坏，西方神学家更是掀起了一轮宗教复兴的浪潮，企图以宗教神学更多地介入和干预人间事务。

从 19 世纪末至 20 世纪初，对西方影响最大的神学流派是自由派神学。它立足于现实社会的发展和进化，承认理性精神及其现实意义，宣称人们只要宣扬"社会福音"，相信上帝的启示就体现于充满信心的世人和现实社会之中，上帝之国通过理性的方式和渐进改良的社会工程，就可以在地上建立。其主要代表有德国神学家里奇尔、哈纳克和美国的麦金托什。社会福音神学是由自由派神学发展而来，一度成为美国新教神学的主流思想，也是 19 世纪末至 20 世纪 30 年代西方基督教社会运动的一部分。其最重要的神学家有劳兴布希等。他们冀望整个社会在基督教的"社会福音"的基础上实现社会变革和正义与道德的建构，坚持在社会现实中实现宗教理想，以宗教信仰引导社会改革，成为美国社会主流价值观的主要组成部分。第一次世界大战之后，人们对理性和社会福音的乐观信念趋于幻灭，以巴特为代表的危机神学应运而生。巴特批评以往的内在论的上帝观，乃是由人类中心论而导致基督教神学的时代危机。他强调"上帝与人世的隔离"，必须恢复正统神学中上帝启示的绝对权威，反对将神学变作理性化思考或单纯的人类思想意识。他所宣称的上帝，乃是一个作为"绝对的他者"的无限者和外在超越的神圣对象。巴特的危机神学因此又被称为"新正统神学"。以上自由主义神学、福音主义神学和新正统神学被称为"20 世纪的三大神学思潮"。第二次世界大战之后，西方当代神学仍处于一个方兴未艾的发展态势，出现了美国以尼布尔为代表的新正统神学，克尔凯郭尔、布尔特曼、蒂利希的存在主义神学，以及怀特海的过程神学，乃至黑人神学、女权神学和生态神学等林林总总的神学流派，呈现出一片奇光异彩的神学奇观，以至于成为当代西方思潮的一个突出的生长点。①

　　天主教在西方社会因其历史悠久、信徒众多和组织谨严而成为西方最具影响力的传统，它在西方近代以来的历史上以保守传统的价值而著称，成为维护西方传统的一个重心和最强大的保守势力的代表。天主教本身在西方的存在，似乎也在证明西方社会中传统与现代之间的辩证的、张力的关系。如果说，西方近代以来人文主义的发展，其主流是以理性精神为凭借，以此会通宗教神学，例如康德、黑格尔的哲学。当然，西方现代哲学也有以非理性主义来作为会通宗教神学的途径和中介的，例如海德格尔、克尔恺郭尔。而天主教神学则力主以宗教信仰为基石和纽带，接通其与现代的联系。新托马斯主义可谓天主教的官方哲学。其基本精神乃是重宣托马斯哲学以宗教指导科学，以理性服从信仰的原则。同时它又号召人们在信仰的指导下，用理性的方法研究科学和社会的问题，甚至是将宗教作为现代人权和民主的保障。法国哲学家马利坦被公认为新托马斯主义的领袖人物。最能表明天主教与现代社会文化保持协调与开放精神的，是梵蒂冈第二次大公会议。"梵二会议"高标"革新"与"开放"的旗帜，彻底改变了以往对现代主义责难和排斥的态度，并促发各种关注社会、政治、文化的新的神学思潮和社会运动。"梵二会议"还以开放的精神，积极推动天主教与其他宗教乃至世俗文化的对话。其宗旨就是努力使天主教适应现代化的世俗社会。可见，天主教是以宗教信仰为据点，以此汲纳、统摄现代文化并与之保持协调一致的。②

---

① 参见于可主编：《当代基督新教》，东方出版社 1994 年版，第二章"当代神学的发展与派别"。

② 参见詹姆斯·C.利文斯顿：《现代基督教思想》，何光沪译，四川人民出版社 1999 年版，第十六章"第二届梵蒂冈公会议的冲击"。

三、当代世界文明的深刻危机与历史机遇

西方现代文化思潮的发展，主要是以理性主义精神开辟道路的。它一度昂首阔步，凯歌高奏，谱写了一曲现代主义光辉灿烂的华美篇章。随着20世纪两次世界大战的爆发，这种以理性主义为基调的乐观演奏终止了。然而，西方现代主义思潮仍然在寻找新的前进方向。其基本的趋向先是与非理性主义相汇合。借用尼采的说法，就是代表理性的阿波罗（日神）精神让位于代表非理性的狄奥尼索斯（酒神）精神。但是这两者的分途与汇合，还只是西方文化传统中属于希腊文化传统的要素在现代性建构中的崭露头角。进一步来说，西方文化传统中属于希伯来文化传统的宗教信仰精神从幕后重新走上前台。或者说，西方传统中代表希腊传统的阿波罗精神和狄奥尼索斯精神终归要在代表希伯来传统的上帝的灵光之下实现整合与融合。纵观20世纪以来西方文化思潮演进的大势，可以看出主要是以上三大思潮即理性主义、非理性主义和信仰主义的碰撞与汇合。其大的方向是在相互斗争与碰撞中走向三者之间深度的融合与会通。但是就目前而言，这种融合与会通还远没有完成，离理想的境界尚有一段距离，当前尚处在其整合与转型的时期。

从西方现代主义思潮演化的历史尤其是20世纪以来的发展历程来看，它所蕴含的内在矛盾及其负面效应也渐趋显露乃至尖锐地暴露出来。

首先，现代性的文化特征体现在以理性主义精神为内核的科学主义思潮的流行和泛滥。西方现代性的滥觞，无疑是以理性主义精神来开辟前进道路的。从特定的角度而言，现代化也就是理性化。整个西方现代文明可以视为由理性主义精神主导而不断拓展和进步并取得成功的历史。当然，理性主义的发展也包含多方面的思想内涵。而其关键的环节便是科学思想的发皇和发达。正是科学思想的贡献和科学技术的进步造成了西方工业文明的辉煌成就。时至今日，科学的发展和更新仍然是推动现代社会重组和进步最重要的原动力。科学方法不仅被运用于自然科学的领域，更被广泛运用于社会科学

领域，成为当代科际整合的范导性原理。科学主义的理性原则实际上已成为构建现代性文化最重要的整合性、统合性原理。必须看到，它在呈现出对现代社会文化诸多领域的整合、统合及其一往无前的生机活力的同时，也崭露出一些突出的问题。科学主义的思想路线和认识方法，往往强调经验事实，对于价值问题则采取中立主义的立场予以消解，对于传统哲学的本体论、价值论问题一概视为形而上学问题予以拒斥。科学主义的这种立场难免会造成对文学、艺术、伦理道德和宗教神学等领域的抑制甚或消解。进而言之，科学主义在运用科学的理性化原则对社会文化各部门进行的整合、统合，推进和塑造了现代文化一体化、普遍化的进程和基本样态。但是，这种科学的理性精神的扩张，也导致对价值理性的疏离和消解，以及对于社会文化中多元性、特殊性和差异性的抑制和损伤。可见，现代主义的科学的理性主义精神，固然以其无与伦比的普遍化、一体化的力量，将世界历史纳入到一个总体化的进程，但它所付出的代价和负面效应也是巨大的。

其次，西方现代性文化的深层是一种源于理性精神的主客二分式的思想模式。科学主义的客观理性精神和人文主义的主观理性精神构成了相反相成的、相偕并行的两翼。一般论者将西方现代性文化归结为逻各斯中心主义，就是指西方文化尤其是西方现代性文化的深层盘踞着一种源于理性的、概念思维的、本质论的形而上学思维方式。西方现代性的主体性精神演化为一套人道主义的价值体系。它包含自由、民主、平等、博爱、效率、公平、正义等一系列价值观念，奠定和树立了现代社会文化的基础和模型，开创了人类历史的一个新纪元。其积极的意义是毋庸置疑的，也是不容否认的。但是，历史发展的进程和事实尤其是 20 世纪以来的历史演变的风雨，已将现代性的价值体系冲刷得斑驳不堪。人们发现在其历史进步主义的外衣下包裹着深层的本质主义的内核。现代性的价值体系乃是与主体性思维相联系，基于一种普遍性的、本质论的人性论的观点，它对现代社会所作出的整体性建构的理论框架，其实质不脱一种人类中心主义的权力话语体系的建制。从哲学上看，现代主义试图将理性、人性、人道等价值奉为绝对的标准和权威，旨在建立一个标准化、一体化和中心论的权威性社会秩序。在西方现代性的表演中，理性或非理性，主体性或客体性，其思想根源都难以摆脱人性自我的壁垒和束缚。现代主义价值观流行和膨胀，导致人类在这种价值观的主导下利用科学技术的成就，勘天役物，造成对自然环境的掠夺、破坏和宰制，以及族群内部与族群之间严重的权利斗争，少数和弱势族群遭受压迫和奴役的命运，乃至残酷的世界大战的爆发。两次世界大战便是现代性文化及其价值体系内在矛盾的尖锐体现和总爆发。后现代主义在对现代主义的实体论、本质论思想的批判、解构中，转而趋向一种非实体、非本质、非基础和非中心论的哲学，体现为一种彻底的虚无主义和相对主义的思想。这固然表明西方传统哲学正在经历一次极其重大和深刻的转向。而后现代哲学本身仍然没有摆脱西方固有的二元对立性的思维，可谓是其另一种极端的表现。这也说明，单靠西方文化传统自身的主客二分的、天人二分的思想传统，可能难以实现和完成这种转向。①

最后，西方宗教神学中具有排他性的文化基因。其思想根源在于其排他性的唯一真神信仰和超自然主义的实体论的上帝观。这种特征在亚伯拉罕系宗教包括犹太教、基督新教、天主教、东正教和伊斯兰教中都有所体现。近代以来西方基督教是在继承古希腊的理性精神和古希伯来的宗教信仰精神，并在宗教改革实践的基础上整合而成的。根据马克斯·韦伯的理论，西方传统的基督教经过理性化、世俗化的变革，新教伦理已成为近代资本主义精神的一个有机组成部分。在资本主义上升时期，基督教及其神学对内成为西方资产阶级凝铸民族国家的内聚力和意识形态，对外成为传播和扩张资本主义现代文明的重要载体和工具。西方近代传教运动一面传播和扩散西方先进的资本主义文化的现代性精神，一面又难免和带有这一历史时期西方中心主义的文化征服和霸权心态。第二次世界大战之后，西方基督教主流的自由派社会福音神学思想的乐观进步的幻梦，被严酷的现实所击碎。西方基督教神学又一次发生严峻的转向。在当代，随着冷战的结束和全球化时代的来临，世界文化有关和平发展与斗争冲突的主题日趋凸显出来。美国学者亨廷顿在《文明冲突与世界秩序的重建》一书中，由宗教来界定和划分文明的类

---

① 参见冯俊等：《后现代主义哲学讲演录》，商务印书馆 2003 年版，"导言：从现代主义向后现代主义的哲学转向"。

型，并认为当前世界的冲突不再是经济的或意识形态的，而是文明之间的冲突。他甚至预言，未来世界的冲突将是西方基督教文明对抗伊斯兰教文明与儒教文明的联盟。亨氏的理论观点引起轩然大波。但这是否也说明了一个亟待澄清的事实，即基督教或由其主导的西方文明中包含冲突文化的基因，西方基督教传统因其自身所固有的根深蒂固的排他性，在当前世界文明对话中担当的角色和作用尤其值得关注和讨论，由其主导和推动宗教对话和文化的融合，甚至是值得怀疑的。①

可见，西方主流的现代性文化在当代的发展，正遭遇空前的危机和挑战。而它当前正力图凭借自身传统内部的整合，以实现西方传统的重建和转向。在这个过程中，西方文化当然也并不拒绝甚至努力地汲取一些其他文化的要素来充实自身，以便更好地实现这一前所未有的转折和转型。中国传统文化的天人合一精神，可望在帮助西方文化克服其二元对立思想传统的弊端，实现其创造性的综合和整合的过程中发挥实质性的作用。

总体上来看，20世纪中国现代文化思潮的发展历程，就是中国文化寻求现代重建的历程。而严格来说，这一历程迄今尚未完成。中国社会文化尚处在从传统向现代艰难蜕变和转型的时期。如果说西方现代文化思潮在当代发展的趋向，主要是以理性主义主导的现代性精神在其发展中面临着与西方其他文化传统主要是非理性主义与信仰主义传统的整合与融合。它在此过程中所透显出来的文化矛盾和问题可以理解为现代性的一种异化形式。而中国文化在当代的发展，则是传统文化在西方现代性思潮冲击下崩溃后，面临现代重建的问题。学界一般倾向于认为，中国社会文化的转型尚是一个当下的状态。因此，大体上可以将20世纪中国文化演进的历程，看作是一个前现代的文化形态处于特定历史时期的一种异化形式。迄今为止，中国文化的现代化和世界化，成为制约中国社会现代化的瓶颈和一个关键环节。中国文化在20世纪的发展中所透显的矛盾和问题，理应受到深度的关切和重视。

第一，20世纪中国现代文化思潮发展中以文化激进主义、文化保守主

---

① 参见塞缪尔·亨廷顿：《文明的冲突与世界秩序的重建》导读，周琪等译，新华出版社2010年版；白朗明：《基督教与现代文明的危机》，载高师宁、何光沪编：《基督教文化与现代化》，中国社会科学出版社1996年版。

义和自由主义等三大主要思潮所主导的文化论争占据了社会文化的中心位置。它们彼此之间的尖锐对立，互不相容，或许恰恰表明一个现代社会文化的模型尚未有效地建立起来。而它们自身也以各自特殊的方式表现出与传统意识形式的内在联系。20 世纪中国文化思潮演进中一个最突出的现象和问题是，一种为现实政治合法性论证和服务的意识形态和权力话语体系，在社会生活中取得了主导和中心的地位。这种"主义话语"在形式上和内容上的现代主义色彩，并不能阻断它与其母体"儒教中国"血脉相通的联系纽带。它其实可以视作传统社会中正统思想崩塌后的替代品，并成为始终主导和主宰 20 世纪中国人社会政治生活乃至精神生活的主要意识形式。概观之，20 世纪的中国人表现得似乎比以往任何时代都更加重视思想、文化的力量，以至于各种文化论战、思想路线的斗争层出不穷。但它所体现的更多是前现代社会借助某一权威的学说、理论或信仰，将全体社会及其成员圣化的意愿，因而不啻是一种现代迷信，却与现代性所揭橥的多元化、思想自由和开放社会诸要义，关系甚微，不管其表象具有多少现代性的色彩。

第二，20 世纪中国现代文化思潮总体上表现出对现代理性精神和超越信仰以及对现代性文化所包含的多元性、涵容性精神的缺失。虽然新文化运动鼓吹现代性的"科学"与"民主"精神，但这其实只是作为一种意识形态的方式来宣传和推崇，并不表明其宣教者具有科学与民主的真实素养。由于缺少文化的根基，科学与民主等现代性价值理念在现代中国文化中很难扎根，并在相当程度上存在着将其工具化的倾向。自由主义大师胡适后来沉溺于考据学，可能正是现代性价值无法在中国文化的深层理论层面扎下根来的一个缩影和隐喻，是他本人无法也无力解答这个理论难题的一种逃遁。文化激进主义从一开始就是一种政治化意识形态的世俗信仰，成为政党组织民众革命的思想武器和工具，而在革命取得成功后则成为一种主导全民思想和行动的一元化的国家意识形态。现代新儒学则主要是循着传统哲学泛道德主义的路径，主张从"内圣学"开出"新外王"，力图疏通其与以科学和民主为核心内容的西方现代性精神的联系。但这一思路乃是将西方现代性的理性精神作为工具化的理解，可以说与西方现代性的精神本旨是不相容的。可见，从新文化运动开始的中国现代文化思潮，整体上所彰显的现代性精神是先天不足的，其理论基础堪称薄弱。

　　第三，20世纪中国现代文化思潮理论建构和发展的问题，集中体现在对传统哲学核心的思想模式的沿承和袭取，即所谓的"单元简易心态"。[1]就西化论而言，他们都竭力引进一种自我认同的外来的学理学说，并以此为圭臬和准则来评判和范导中国哲学、文化。他们引进的学理学说是外来的、西方的，其思想心态却是中国的、传统的。他们意在将其认同的外来学说奉为新的社会文化的中心，而对其他的学术思潮和文化传统则采取贬抑、压制，乃至改造、取消的态度。显见这种文化心态乃是传统的"儒教中国"一贯奉行的"罢黜百家，独尊儒术"的正统思想对待异端做法的延续和遗传。而20世纪中国几乎所有文化论战和思想路线之争，都是在这种排他性的、独断论的意识形态的话语模式下运作进行的，既不利于正常的学术、学理的讨论、争鸣，也不利于全面、深入的中西文化交流的开展。激进派将传统之"旧"与现代之"新"截然对立起来，采取非此即彼的简单二分法的观点，进而演化为激进反传统的立场，终于陷入历史虚无主义的思想误区，便是这种心态的极端表现。现代新儒学持守传统本位的立场，对外来文化必欲纳入传统的轨辙方称本旨。表面上看，保守派与激进派的文化理念可谓大相径庭，乃至正相反对。但是两者在深层思想结构上却具有两极相通的一致性。这却是一般论者所忽略的。自20世纪末以来，激进派与保守派在当下中国的思想演进中，日趋明显地体现出汇合、合流的趋向，可谓这一断语的注脚。

　　总体上看，人类文化在当代发展中暴露出种种的矛盾和危机，也面临着空前的挑战和机遇，正处在一个千载难逢的大转折、大转型的关头。西方文化发展所透显的矛盾及问题乃是，以概念化思维为内核，以理性化精神为实质的现代性精神在一种根深蒂固的二元对立性格和思维惯性主导下，发展至当代已暴露出严重的困难和问题。其出路不仅在于西方文化自身诸种传统和要素的整合，也在于借助其他的文化传统，寻求解决之道。中国传统文化的天人合一精神，可望在这一过程中发挥一种中介、转化的作用。中国现代

---

[1]　参见傅伟勋：《从西方哲学到禅佛教》，生活·读书·新知三联书店1989年版，第447页。

文化的发展所暴露出来的问题也是严重的。由于传统的大一统的思维惯性或所谓"单元简易心态"的影响，新文化运动沿袭一种源于"儒教中国"的意识形态的方式发展新文化，导致现代性精神的要素只是作为工具性的、表象化的存在，其深层结构仍然是传统社会文化的一种异化形式。其出路是必须借助西方文化，实现传统文化的现代化和世界化。而其中的关键是深层的思维方式的转换。可见，东西方文化在当前出现了一个相互需求的历史机遇，东西方必须通力合作，把握这一历史机遇，建立相互合作的机制，才能克服自身文化发展中的异化和问题，创制新型文化理想，共同面对21世纪和人类文化的美好明天。

四、开放的现代新儒家：中西哲学会通的 中介和桥梁及世界哲学的重建

当代世界文化的会通与融合，已是蔚成风潮，汇成一股沛然不可抵御的时代潮流。它对中国哲学文化的当代发展来说，既是挑战，又是机遇，客观上要求中国哲学文化作出全面回应。然而，虽然中国学术界大都具有自觉的中西会通的文化意识，中西哲学、文化的会通，已成为学界普遍的共识。但检讨百多年来此一领域的成果，却是差强人意。那种真正体现和反映这一时代精神趋向的理论作品并不多见。就中国现代文化思潮诸主要流派来说，现代新儒家可谓具有明确的中西会通的文化意识。但是由于他们固守传统的中体西用的理论模式，其学术宗旨大抵是引进西方哲学某一学术流派的理论和方法，用来阐发中国传统哲学主要是宋明儒学某一学术流派或理学或心学的理论系统。可见，他们对中西哲学传统的了解和把握，很难说是全面而系统，其开展的中西沟通的渠道也是狭窄的。文化激进主义虽然在原则上也承认对传统文化批判地继承的立场，但是他们对中西传统事实上是批判有余而继承不足，甚至是陷于全盘否定的文化虚无主义的泥淖而难以自拔，更遑论中西会通中的创造与发展。自由派虽然对西方现代文化的科学、民主精神多有推崇，但是由于他们在文化创新上根基尚浅，故虽有开创之功，但显是发

展不足。这说明，中国现代文化思潮诸流派之间，在内部需要大的整合，对外部需要更加开放。也就是说，对于中国传统文化一方面需要彻底的批判和检讨，一方面需要更加全面地继承和整合，进而以更加开放的精神接受和汲纳西方哲学和文化思想，在此基础上面对外来文化的刺激和挑战。这也是源于时代精神深处的呼唤和要求。

以方东美、成中英为代表的"开放的现代新儒家"，可谓适应和表达了这一时代精神发展的需要和方向。他们在对待中西文化会通的态度上表现出更加开放的眼界和胸襟，突破和扬弃了现代新儒家群体中普遍流行的中体西用的理论模式，而渐趋形成和树立了一种中国本位意识的中西互为体用的理论范式，从而将中西哲学的会通、融合，推进至新的理论境界。开放的现代新儒家哲学在思想理论上的开放精神主要体现在两个方面。一方面以更加开放的态度对待中国传统文化。他们不是拘守于中国传统文化的某一传统或个别学术流派，而是将中国传统文化视为一个有机的整体，力图从内部完成新的整合和综合。另一方面是以一种更加开放的精神面对西方文化的挑战。他们提出，必须先深入了解和把握西方哲学文化的全体精神，在此基础上再回头致力于中国哲学传统的重建。可见，开放的现代新儒家对中西哲学传统的融合与会通，其涵盖面至为宽广，所体现的文化精神也是至为深远。他们力图把握中国哲学全体的精神，再以重建的中国哲学去回馈西方哲学，参与世界哲学重建的进程。可以说，开放的现代新儒家在致力于中国哲学重建和现代转型的理论探索和实践中，凸显出明确的现代意识和世界意识。他们在中国现代文化思潮中，以其突出的开放精神而独树一帜。其理论创构体现出更加自觉地中西会通和世界整体哲学的文化意识，因而其本身也成为中西哲学会通、融合的一道桥梁和中介。

方东美是开放的现代新儒家的开创者。方氏一生潜心研究哲学思潮，冀能了悟其源流正变。他在哲学探索与创新的活动中，走出了一条"先深入西方，再回头重建传统"的独特道路。其门人成中英推许其为"后五四建设心态"的代表。方东美是在中西融合的理论背景下进行哲学思考的。方氏终身教授西方哲学，对西方哲学的了解绝非泛泛。他竟其毕生之功，致力于西方哲学的消化与理解，乃得深入西方哲学之堂奥。他对西方哲学从古希腊哲学，中世纪哲学，乃至近代哲学和现当代哲学，均有非同寻常的造诣。对于其中一些关键性的人物，都有极为深入而精湛的研究，所论每每洞烛幽微，卓见超群。方东美的哲学研究具有一个比较哲学的理论视域。方氏通过比较研究，吸收和容纳了西方哲学中柏格森生命哲学、怀特海过程哲学，柏拉图哲学，新康德主义，还有尼采，海德格尔与其他西方重要哲学流派的思想内容，为他建构其本人的生命哲学提供了重要的理论基础和思想来源。尤其是他的比较哲学的理论视域的开拓，突破了单元文化心态，使其哲学研究具备了一个跨文化的视野。正是因为方氏具有中西哲学双方面的卓越造诣，使他能深入领会和把握中国哲学之精神特质。他对中国哲学的重建面也最为宽广。他主张讲中国哲学传统应该诸家并重，不执一偏。中国传统哲学儒道释诸家应当融合会通，而不可独尊一家一派。对于儒学研究，他反对一般现代新儒家的道统意识，也不同意"接着讲"的思想路线，将儒学研究局限于宋明儒学的领域。他认为宋明儒学只能代表中国传统哲学的一个部分，比重不大；而且其思想境界已经失坠。他所推崇的是中国传统的易经哲学和原始儒家、道家哲学。可见，方氏对于中西哲学的传统的体认，确实富于开放性与包容性的精神。

方东美坚持中国传统文化的本位立场，同时汲纳西方哲学，力图为中国文化的现代转折提供理论基础。方氏综合和总结中国传统哲学尤其是易经哲学，又借鉴和吸收西方柏格森生命哲学和怀特海过程哲学，在此基础上提出了其独特的生命本体哲学。他的生命本体哲学可以归源于中国传统哲学和易经哲学。据他看来，中国传统哲学包括儒家、道家乃至墨家，都是一套以生命为中心的哲学。方氏对生命本体的理解和阐释，可以溯源于对易经的"太极无名"的诠释。由此衍生出"情理二仪"，两者各自体现本体系统"含情契理"的原始意象，复由此展开为对情理系统中包括现实世界与价值理想世界中情与理的考察。在他看来，情与理是一对彼是相因，相互关联的函数关系，二者共同构成了生命活动的整体系统。方氏据此乃将哲学归结为"衡情度理"的活动。在情与理之间，他更重视"情之世界"对"理之世界"的支配和统摄的关系。由此引发出他对知识与价值，科学与哲学等问题的思考。他强调形而上的价值世界对形而下的知识领域和事实世界的统摄性作用。他的生命本体哲学最终趋向于一种价值本体哲学。可见，方氏生命哲学的基本理论乃是立足于中国传统的易经哲学和原始儒道哲学，又参照和汲取了西方古希腊哲学的酒神精神和日神精神以及近现代哲学特别是柏格森生命哲学、怀特海过程哲学的理论观点。方氏关于科学与哲学乃至中西哲学文化的探讨，其思考方式及思想模式没有超出中体西用的范围。他的生命本体哲学事实上成为他评判和会通中西哲学的依据，他据此力图将中西哲学纳入其哲学思考的架构中来。

方东美经过比较哲学回归于中国传统哲学的本位文化立场。他认为中国哲学的根本精神就在于深体广大和谐之道，体现为圆融和谐的生命精神，因而是对西方以"二元对立"、"矛盾冲突"为主的思想形态的超越。他断认西方"二元对立"的"二分法"思想乃是一种偏颇的乃至病态的思想方式和模式。而只有中国哲学"天人合一"的和谐思想才是唯一正确的思想形态，乃至是其唯一的解剂和药方。方氏自承，其哲学宗旨即在于以中国哲学的"广大和谐之道"，向西方哲学"二元对立"、"矛盾对立"的思想形态展开挑战，以克服西方哲学的理论困境和难题。应该说，方氏对西方哲学的批评，确曾触及其要害，对于西方当代哲学的转向也有一定的促进作用。他的不少理论观点与后现代哲学竟不谋而合。显见，在方氏比较哲学的理论框架内，中国哲学的圆融和谐的智慧和"广大和谐之道"与西方哲学的"矛盾对立"精神和"二分法"思想，成为截然二分和对峙的系统。这种理论观点固然可以进一步探讨。但他将中西哲学放在同一理论架构内来比较，可以说是开启了世界整体哲学建构的进程和重要步骤。他的比较研究得以突破固有的单元文化心态的限制，而趋向一个整体性世界哲学的系统。总体言之，方东美的比较哲学提供的是一个中西哲学截然二分、尖锐对立的图景。这在很大程度上反映的是中西哲学的大体而很难说是全体的面貌。但他毕竟将中西哲学传统异质性的问题明确地凸显出来，激发着研究者的关注和进一步的思考。他所主张的以挑战的方式回应西方哲学的挑战，甚至也不失为中国哲学应对西方哲学挑战的一种方式和策略。尽管在当下尚只是一个开端，或因为历史条件不够具备，所表达的更多的是一种理想和期待。它意味着，中国哲学经过现代化的洗礼和转型，在逻辑上和事实上是可能也应当以一种更加积极的方式应对外来文化的刺激和挑战，同时更加深入地投入到世界哲学重建的进程当中。①

　　中西文化在当代正经由激烈冲突、碰撞走向深度融合、会通。当代世界哲学也正经历至为深刻的转向。在这种特殊的时代背景下，当代新儒家代表人物成中英先生的本体诠释学应运而生。成氏本体诠释学的创立，具有明确的中西会通的文化意识，力图在中西哲学文化之间搭建一座沟通的桥梁与中介。成氏推许和认同"一代大哲"方东美的"先深入西方，再回头重建传统"的所谓"后五四建设心态"。他在中西哲学融合、会通的理论探索中，走出了一条经由中西互诠互释的比较融通，进而导向一条中国文化本位意识的中西互为体用论的哲学重建之路。其本体诠释学可谓既是中国哲学现代化、世界化的一个理论探索和尝试，又是中西哲学融合、会通中创造的一个样本。也可以说，成氏哲学既是中国哲学在现代历史条件下寻求重建的理论探索和思想结晶，又是在世界哲学整体意识引领下会通中西哲学的一个重要实践的代表。成中英在综合中西哲学传统的基础上，回归于中国哲学的本位立场，其本体诠释学根植于中国传统哲学尤其是易经哲学，又采纳和汲取西方现代哲学尤其是分析哲学和诠释学的理论与方法，而归源于中国传统的易经哲学的一种创造性诠释。成氏力图将中西哲学全体整合并纳入其哲学理论体系之中，其本体诠释学本身就是熔冶中西哲学于一体的理论产物。成氏哲学表现出极为显著的中西融合及融会贯通的理论特色。可见，成氏本体诠释学的创立，意在致力于中西哲学两方面的整合，最终导向一个新的整体性的世界哲学的重建。就中国传统哲学内部而言，他依据易经哲学一体多元、整体会通的观点，力图将中国传统哲学看作一个辩证统一的有机整体，其中原始儒学与宋明儒学以至陆王心学与程朱理学经由整合、统合，可以兼容会通，乃至传统哲学的各家各派，也可以汇合为一体。由此出发，本体诠释学进一步致力于中西哲学的整合与融合，中西哲学乃至成为其本体哲学架构中相反相成的"一体之二元"。这样，中西哲学经由互诠互释的比较融通和双

---

①　参见李安泽：《生命理境与形而上学——方东美哲学的阐释与批评》，中国社会科学出版社 2007 年版，"绪论"。

向的批评与并建的历程，进而趋向一个新的世界哲学的整体系统的建构。

成中英希冀以其本体诠释学为坐标为中西哲学定位，从而建构一个世界整体哲学的秩序和体系。可以说，成氏本体诠释学的理论宗旨即在中西哲学之间架设一道沟通的桥梁与中介。在他的哲学理论架构中，中西哲学作为本体理性精神和分析理性精神构成了整体理性的两翼，二者相反相成，一起成为世界整体哲学密切关联的有机组成部分。在他看来，西方哲学本质上是一种知识哲学，力图以知识性建构来了解和把握世界；中国哲学本质上是一种价值哲学，旨在以价值性建构来了解和领会宇宙人生的问题和思考。由此观之，中西哲学的融合与会通乃是源于双方的内在需求而发动的顺乎自然的趋势。通过双方的互诠互释和双向的批评与并建，促进两者相互的丰富和发展，乃是中西会通的题中应有之义。一方面需要通过知识学的途径来了解和建立价值，另一方面需要通过价值学的途径来了解和建立知识，由知识和价值双向的活动导向中西哲学的并建和世界哲学的进程。质言之，比较哲学是成氏构建世界哲学的一个重要环节。在他看来，中国哲学趋于本体理性的精神和整体思考，天人合一的整体思维十分突出；而西方哲学则趋于分析理性的精神和概念思维，主客分离、神人相分的趋向很显著。

成中英尤其注重从本体的层面对世界哲学诸种方法论系统的比较研究。他区分世界哲学三大辩证法的系统和类型，即印度佛学全然否定、全然无执的"中观辩证法"；西方以黑格尔为代表的以矛盾、斗争为本质的追求永恒进步的"冲突辩证法"和中国哲学的根源于易经哲学的以普遍和谐为特征的"和谐化辩证法"。成氏从根源性的本体层面探讨世界哲学的方法论和思维方式，从而从根本上将中国哲学的重建研究，纳入到世界整体哲学的轨道中来。中西哲学的比较也可以归诸两种辩证法即"和谐化辩证法"与"冲突辩证法"的比较。成氏从一个深广的世界哲学的理论视域来比观和统合中西辩证法，这本身就是在施展一种高层次的和谐化辩证法。他进而将中西文化作为"和谐文化"与"冲突文化"的典型，力主通过中国文化根源性的"天人合一"精神及和谐、融合精神，来转化、消融西方文化核心的上帝意识及其深层的权力意志和宰制意识的思想根源，从而消解当代文化面临的危机。他认为中国哲学的"和谐化辩证法"及"中道涵容"精神与西方哲学的"冲突辩证法"及"二元对立"精神之间，可以建立协作互补关系。而从一个长远的历史眼光来看，中西哲学的竞争将是一个长期的历史过程。中国文化在其中可以发挥兼容、转化和特殊的优势的作用和地位。①成中英认为，当前世界哲学的总体趋势是中西哲学的互诠互释和双向对流的运动，进而趋向一个一体多元的世界整体哲学的系统。简言之，就是呈现为世界哲学的中国化与中国哲学的世界化这样一个双向并进的过程。一方面，西方哲学乃至世界哲学面临的问题和危机需要中国哲学的参与和贡献；另一方面，中国哲学要实现自身的现代转型，顺利参与到世界整体哲学的建构的进程，也必须借鉴和参照西方哲学的理性形式和系统。在当代，西方哲学的主流仍然是理性的、分析的知识哲学的建构。但它也表现出突破理性的、分析的方法的限制，而企图达到对理性全体的把握。当代西方哲学趋于从分析的、理性的哲学建构转向价值化的、整体性的哲学建构。同样，当代中国哲学的主流仍然是价值哲学的建构，但也表现出对理性形式和知识系统建构的重视。成中英主张，中国传统哲学经过内部的整合，借助于西方哲学的理性形式和架构，以实现自身的现代重建；再以重建的中国哲学来批评西方哲学，进而回馈世界哲学。成中英强调易经哲学在沟通、会通中西哲学和世界整体哲学建构中的特殊地位和作用。他力主易经哲学一体多元、整体创生的思维方式经过创造性的诠释和重构，可以作为中国哲学现代重建和中国哲学世界化的理论原点，以及中西哲学会通的理论中介。②

　　毋庸置疑，中西哲学的融合与会通，乃是现代中国哲学发展的一个主要的趋势，甚至也是世界哲学当代发展中的一个重要的趋势。以方东美、成中英为代表的开放的现代新儒家的哲学创构，以其突出的现代意识和世界哲学的整体意识而格外引人瞩目。方、成二氏力主在世界哲学的背景下实现中国哲学的现代重建。他们倡导一种中国文化的本位意识下的中西互为体用论的观点，力图实现思想范式的突破与更新。他们重视易经哲学的一体多元、本体创生精神，主张以此作为会通、沟通中西哲学的理论原点和中介。中西

① 参见成中英：《论知识的价值与价值的知识》，《中国文化的现代化与世界化》，中国和平出版社 1989 年版。

② 参见成中英：《论中西哲学精神》，《当代西方哲学的最新发展》，东方出版中心 1996 年版。

哲学在易经哲学的整体通观下而汇为一体。可以说，方东美、成中英的哲学乃是中西哲学融合、会通中的一个典范。他们的哲学也以其原创性的理论创构而成为会通与沟通中西哲学的一道桥梁与中介，也是推动中西文化会通、融合中的一个重要的思想动源。

概言之，在当代世界哲学总体上趋于融合、会通的主流思潮和时代背景下，方、成二氏的哲学为中西哲学的融合、会通开辟了一条重要的思想路线。这其实是代表了中国文化的本位意识下的中西互为体用论的观点，也就是在中西哲学的互诠互释中，坚持易经哲学的一体多元、整体创生精神，以此作为沟通、会通中西哲学的理论原点和中介，进而导向一个整体相生又辩证统一的世界哲学的有机体。质言之，在当代中西会通和世界多元文化融合的总体趋势下，开放的现代新儒家致力于中国传统哲学的重建，进而参与世界哲学整合的进程，推动中国文化的世界化与世界文化的中国化的双向进程，成为中西哲学融合的一个重要的思想动源。可见，方东美、成中英的哲学探索为中西哲学的融合、会通，开辟了一条具有原创性的思想路线，也为世界整体哲学的建构提供了一个源于中国哲学的智慧洞见与理论方案，值得重视和探讨。

参 考 文 献

1. 方东美：《生生之德》，台湾黎明文化事业公司 1979 年版。

2. 方东美：《中国人生哲学概要》，台湾问学出版社 1980 年版。

3. 方东美：《科学哲学与人生》，台湾成均出版社 1980 年版。

4.《方东美先生演讲集》，台湾黎明文化事业公司 1979 年版。

5. 方东美：《中国哲学之精神及其发展》，孙智燊译，台湾黎明文化事业公司 1978 年版。

6. 方东美：《原始儒家道家哲学》，台湾黎明文化事业公司 1984 年版

7. 方东美：《新儒家哲学十八讲》，台湾黎明文化事业公司 1983 年版。

8. 方东美：《中国大乘佛学》，台湾黎明文化事业公司 1984 年版。

9. 方东美：《华严宗哲学》，台湾黎明文化事业公司 1981 年版。

10.《方东美作品系列》，中华书局 2013 年版。

11. *Chinese Philosophy*：*Its Spirit and Its Development Thome H. Fang*，Taibei，Linking Publishing Co. Ltd. 1981.

12. 成中英：《中国哲学与中国文化》，台湾三民书局 1974 年版。

13. 成中英：《中国哲学的现代化与世界化》，台湾联经出版事业公司 1985 年版。

14. 成中英：《知识与价值：和谐，真理与正义的探索》，台湾联经出版事业公司 1986 年版。

15. 成中英：《中国现代化的哲学省思——传统与现代理性的结合》，台湾三民书局 1988 年版。

16. 成中英：《中国文化的现代化与世界化》，中国和平出版社 1989 年版。

17. 成中英：《世纪之交的抉择》，知识出版社 1991 年版。

18. 成中英：《文化、伦理与管理》，贵州人民出版社 1991 年版。

19. 成中英：《中西哲学的会面对话》，台湾文津出版公司 1994 年版。

20. 成中英：《C 理论：易经管理哲学》，台湾东大书局 1995 年版。

21. 成中英：《论中西哲学精神》，东方出版中心 1996 年版。

22. 成中英：《21 世纪：经济竞争力与文明说服力》，华中理工大学出版社 1996 年版。

23. 成中英、周翰光：《智慧之光：中国管理哲学的现代应用》，中国纺织工业大学出版社。

24. 成中英：《C 理论——中国管理哲学》（修订本），学林出版社 1999 年版。

25. 成中英：《合内外之道——儒家哲学论》，中国社会科学院出版社 2001 年版。

26. 成中英：《创造和谐》（论文摘录），上海文艺出版社 2002 年版。

27.《成中英自选集》，山东教育出版社 2005 年版。

28. 成中英：《从中西互释中挺立：中国哲学与中国文化的新定位》，人民大学出版社 2005 年版。

29. 成中英：《新觉醒时代——论中国哲学之再创造》，中央编译出版社 2014 年版。

30. 黄克剑、钟小霖编：《方东美集》，群言出版社 1993 年版。

31. 蒋国保、周亚洲编：《生命理想与文化类型——方东美新儒学论著辑要》，中国广播电视出版社 1992 年版。

32. 李安泽：《生命理境与形而上学——方东美哲学的阐释与批评》，中国社会科学出版社 2007 年版。

33. 蒋国保、余秉颐：《方东美思想研究》，天津人民出版社 2004 年版。

34. 宛小平：《方东美与中西哲学》，安徽大学出版社 2008 年版。

35. 李翔海编：《知识与价值——成中英新儒学论著辑要》，中国广播电视出版社 1996 年版。

36. 李翔海：《寻求德性与理性的统一：成中英本体诠释学研究》，文史哲出版社 1998 年版。

37. 成中英、杨庆中：《从中西会通到本体诠释——成中英教授访谈录》，中国人民大学出版社 2013 年版。

38. 潘德荣、赖贤宗主编：《东西哲学与本体诠释：成中英先生七十寿诞论文集》，台湾康德出版社 2005 年版。

39. 潘德荣、施永敏主编：《中国哲学再创造：成中英先生八秩寿庆论文集》，上海交通大学出版社 2015 年版。

40. 李翔海、邓克武编：《成中英文集》，湖北人民出版社 2006 年版。

41. 杨成寅：《成中英太极创化论》，浙江大学出版社 2012 年版。

42. 冯友兰：《中国哲学史新编》，人民出版社 2001 年版。

43. 贺麟：《文化与人生》，商务印书馆 1996 年版。

44. 张岱年：《中国哲学大纲》，江苏教育出版社 2005 年版。

45. 李泽厚：《中国思想史论》，安徽文艺出版社 1999 年版。

46. 张世英：《天人之际——中西哲学的困惑与选择》，人民出版社 1995 年版。

47. 汤一介：《瞩望新轴心时代——在新世纪的哲学思考》，中央编译出版社 2014 年版。

48. 叶秀山：《思、史、诗——现象学和存在哲学研究》，人民出版社 1988 年版。

49. 王树人：《思辨哲学新探》，人民出版社 1985 年版。

50. 王树人：《回归原创之思》，江苏人民出版社 2005 年版。

51. 蒙培元：《情感与理性》，中国社会科学出版社 2002 年版。

52. 张立文：《和合哲学论》，人民出版社 2004 年版。

53. 陈来：《有无之境：王阳明哲学的精神》，人民出版社 1997 年版。

54. 杨国荣：《心学之思——王阳明哲学的阐释》，三联书店 1994 年版。

55. 王正平主编：《罗素文集》，改革出版社 1996 年版。

56. 谢和耐：《中国与基督教——中西文化的首次撞击》，耿昇译，上海古籍出版社 2003 年版。

57. 牟宗三：《中西哲学之会通十四讲》，上海古籍出版社 1997 年版。

58. 李震：《中外形上学比较研究》，台湾"中央文物供应社"1992 年版。

59. 胡伟希：《中国本土文化视野下的西方哲学》，首都师范大学出版社 2002 年版。

60. 黄见德等：《西方哲学东渐史》，武汉出版社 1991 年版。

61. 邓晓芒、易中天：《黄与蓝的交响》，人民文学出版社 1999 年版。

62. 何光沪、许志伟主编：《对话：儒释道与基督教》，社会科学文献出版社 1998 年版。

63. 牟宗三：《心体与性体》，上海古籍出版社 1999 年版。

64. 刘述先：《理一分殊》，上海文艺出版社 2000 年版。

65. 殷海光：《中国文化的展望》，上海三联书店 2002 年版。

66. 陈鼓应：《易传与道家思想》，上海三联书店 1996 年版。

67. 林毓生：《中国传统的创造性转化》，上海三联书店 1988 年版。

68. 林安梧：《儒学革命论：后新儒家哲学的问题向度》，台湾学生书局 1997 年版。

69. 余英时：《现代儒学的回顾与展望》，上海三联书店 2004 年版。

70. 唐力权：《周易与怀德海之间》，辽宁大学出版社 1997 年版。

71. 列文森：《儒教中国及其现代命运》，郑大华、任菁译，中国社会科学出版社 2000 年版。

72. 林语堂：《信仰之旅》，胡簪云译，四川人民出版社 2000 年版。

73. 吴经熊：《超越东西方》，周伟驰译，社会科学文献出版社 2002 年版。

74. 罗光：《生命哲学》，台湾学生书局 1990 年版。

75. 张振东：《士林哲学的基本概念》，台湾学生书局 1984 年版。

76. 项退结：《中国哲学之路》，台湾东大图书公司 1991 年版。

77. 傅佩荣：《儒道天论发微》，台湾学生书局 1985 年版。

78. 沈清松：《现代哲学论衡》，台湾黎明文化事业公司 1990 年版。

79. 方克立：《现代新儒学与中国现代化》，天津人民出版社 1997 年版。

80. 黄克剑：《百年新儒林——当代新儒学八大家论略》，中国青年出版社 2000 年版。

81. 颜炳罡：《当代新儒学引论》，北京图书馆出版社 1998 年版。

82. 启良：《新儒学批判》，上海三联书店 1995 年版。

83. 郑家栋：《断裂中的传统》，中国社会科学出版社 2001 年版。

84. 李山、张重岗、王来宁：《现代新儒家传》，山东人民出版社 2002 年版。

85. 哈佛燕京学社主编：《波士顿的儒家》，江苏教育出版社 2009 年版。

86. 叶秀山、王树人总主编：《西方哲学史》（总论），江苏人民出版社 2004 年版。

87. 刘放桐主编：《现代西方哲学》，人民出版社 1990 年版。

88. 罗素：《西方的智慧》，崔权醴译，文化艺术出版社 1997 年版。

89. 怀特海：《过程与实在》，杨富斌译，中国城市出版社 2003 年版。

90. 南乐山：《在上帝面具的背后：儒道与基督教》，辛岩、李然 译，社会科学文献出版社 1999 年版。

91. 郝大维、安乐哲：《孔子哲学思微》，蒋弋为、李志林译，江苏人民出版社 1996 年版。

92. 约翰·B.科布 、大卫·格里芬：《过程神学》，曲跃厚译，中央编译出版社 1999 年版。

93. 黑格尔：《哲学史讲演录》，贺麟、王太庆译，商务印书馆 1981 年版。

94. 冯俊等：《后现代主义哲学讲演录 》，商务印书馆 2003 年版。

后　记

（一）

胜缘万里一线牵，文运连绵赖此传。

大荒深处炼文采，沧海观世觅遗篇。

古国新魂谁铸就？薪火嬗递济时艰。

道德不孤亦叹孤，流转天际堪知天。

与成中英先生结识，是 2014 年 11 月在北京师范大学举办的一次方东美哲学思想的研讨会上。成先生听了我的会议论文和发言，主动邀请我到夏威夷大学作为期一年的访学。初步确定以方东美与成中英哲学比较为题。这个提议，正合我意。事实上，我一直期待着这样一个机会。于是，我便开始了这次访学的申请。

研究计划很快就制订出来，并发给成先生。答复也很快。他与夏威夷大学哲学系主任 Ron Bontakoe 教授商妥，正式寄出邀请函。事情开始显得还算顺利。但我清楚，现在的大学，一个普通教师要办点事，那可真是不大容易！我先后请示了两位校长。因为准备材料齐备，论证充分，他们都同意了。校方资助我这次访学 10 万元，待回程后报销。难办的事倒真不少。可能就是盖几个章，但有无尽的手续要办。还要与各个职能部门打交道，不厌其烦，一点马虎不得。因为任何一个部门都完全有权力，也有充足的理由否决你！

等到所有的这些手续都办妥，已是六月份了。反馈到夏威夷大学，该联系的人忽然都找不到了。真是急煞人也！稍后才知道，原来人家已放暑假了。好不容易跟成先生联系上。他建议办商务签证，这样可以尽量节省时间。当我心怀忐忑地去沈阳美国领事馆办签证时，没想到签证官对我准备的一大摞材料看也没看，只是简单问了几个问题，便通过了。谢天谢地。当我终于登上2015年11月的赴美班机时，打心眼里长舒了一口气。

<h2 style="text-align:center">（二）</h2>

> 桃花源里喜逢迎，
> 煮茶论道濯素心。
> 一缕清风潜入味，
> 浑将闲情掬流云。

刚到夏威夷，便被此地旖旎无比的自然风光所吸引，所折服。这里天蓝蓝，云飘飘，花木葱茏，溪水潺潺，小鸟依人，空气清爽，风里飘散的都是馨香的味道。感觉人们相处其实很是友善。晚上睡觉自然十分香甜。这简直就是传说中的桃花源的境界了。刚来的几天，我怀着很大的好奇心，在马诺阿山谷到处溜达。夏威夷大学就坐落在山谷中间的位置。回到住处，彻底放松一下自己，将所有的思虑清空、过滤。希望这一年着实作出一点成绩来吧！

在这里，我很快找到了意想中的那种读书问学的感觉和状态。每天早上，从住处出发，沿着花香四溢的小径，走到办公室，开始一天的学习和工作。没有那些不相干的人和事来烦扰，生活简单而充实。坐在成先生为我安排的逼仄而摆满各种书籍的办公室里，我的思绪穿越时空，遐想联翩。我在思索美国这个执当今世界牛耳的国家在文化上卓越之奥秘所在。必须以一种谦虚乃至虔敬之心，才能学有所成，也才能不辜负师友之嘱托。

成先生跟我约定，每一周或两周见面约谈一次。讨论的问题大都跟方东美和成中英哲学有关。论辩有时相当地激烈。让我感触很深的是，成先生所表现出的虚怀若谷、平等待人的胸襟和风度。这一点与国内相比，尤显突出。上学期我还选修了成先生的两门课，以及安乐哲等系里其他老师的课程。一大部分的时间在看书，查资料，记笔记中度过。我决定要克期完成课题。工作的压力其实是蛮大的。每天的日程大约是上午和晚间工作。写作的进度往往越来越快。甚至一周就可以完成一章。下午要走到海边。来回估计得有20里的路程。可喜的是，路上要经过马诺阿溪谷，那里栖息着成群的野鸭。我一呼唤，它们都嘎嘎叫着从树荫里蹿出来，老朋友似的迎接我了。到了海边，坐在崖畔一块突兀的大礁石上，一任海风吹拂，倾听阵阵的涛声，人也很快恢复了。也有忙中偷闲的时候。与友人结伴去爬山、捡芒果、逛中国城，都是饶有兴味的事情。在此期间，我还得以参加夏威夷大学哲学系主办的第11届东西方哲学家会议。与世界各地的哲学家欢聚一堂，讨论哲学，感觉又有了新的收获。

（三）

> 托生天地间，
>
> 幻形历众苦。
>
> 愿得一人心，
>
> 忻然偕此旅。

书稿的主体是在夏威夷访学期间完成的。之后的三章和绪论部分是回国后完成的。本书汲取了本人前期有关方东美研究的部分成果。将近两年时间的朝夕劳作，乃有此书的面世，也总算是有了一个交代。感谢所有帮助我进步的人！感谢那些陪伴我一起成长的人！

书稿的出版得到黑龙江大学社科规划项目宝贵的资助。人民出版社方国根老师为本书的出版给予了十分诚恳的指导和无私的帮助。他从项目选题到文字校对等各个环节都亲力亲为，严格把关，所表现的高度负责的敬业精神和开诚布公的风度令人肃然起敬，由衷敬佩。在此一并致谢！

庄生曰：吾生也有涯，而知也无涯。生命就是一个不断奋斗不断超越的历程。在真理的祭坛前，吾人愿焚身供奉，馨尽所有。也愿与所有的同道共勉之！

李安泽

谨识于 2021 年 1 月 3 日黑龙江大学芳洲园

责任编辑:方国根　崔秀军

封面设计:汪　莹

图书在版编目(CIP)数据

开放的现代新儒家:方东美、成中英的哲学探索及其学术流派/李安泽 著. —北京:
　人民出版社,2021.4
ISBN 978－7－01－022182－3

Ⅰ.①开…　Ⅱ.①李…　Ⅲ.①新儒家-研究-中国-现代　Ⅳ.①B244.05

中国版本图书馆 CIP 数据核字(2020)第 097521 号

开放的现代新儒家

KAIFANG DE XIANDAI XINRUJIA

——方东美、成中英的哲学探索及其学术流派

李安泽　著

人民出版社 出版发行

(100706　北京市东城区隆福寺街 99 号)

北京汇林印务有限公司印刷　新华书店经销

2021 年 4 月第 1 版　2021 年 4 月北京第 1 次印刷
开本:710 毫米×1000 毫米 1/16　印张:26.75
字数:420 千字

ISBN 978－7－01－022182－3　定价:86.00 元

邮购地址 100706　北京市东城区隆福寺街 99 号
人民东方图书销售中心　电话 (010)65250042　65289539